山川
歴史モノグラフ
㊳

# 第一次マケドニア戦争とローマ・ヘレニズム諸国の外交

伊藤雅之
*Ito Masayuki*

山川出版社

The First Macedonian War and Diplomacy of Rome and Hellenistic States
by
Ito Masayuki
Yamakawa Shuppansha Ltd 2019

# 第一次マケドニア戦争とローマ・ヘレニズム諸国の外交　目次

序章　第一次マケドニア戦争とその後のローマの東進をめぐって　3
第一章　第一次マケドニア戦争の始まりとローマ・アイトリア同盟　22
はじめに　22
1　ローマ・アイトリア同盟とその成立に関する先行研究の理解　27
2　アカルナニア征服条項　30
3　前三世紀のアイトリア連邦とその史料　50
4　ナウパクトスの和約の後のアイトリアと前二一一年の同盟　55
結論　80
第二章　フォイニケ和約とギリシア人たちの「世論」　83
はじめに　83
1　調停者たちの出現　85
2　アイトリアにおける和平派の出現とヘレニズム諸国の連携　95
3　アイトリアの講和　110
4　フォイニケ和約とマケドニアの外交　122

結論　129

第三章　フォイニケ和約後のローマとヘレニズム諸国　132

はじめに　132

1　ローマにおける対マケドニア開戦派の出現とギリシア人へのアプローチ　135

2　対マケドニア開戦派・大スキピオ関係とフラミニヌスの登場　153

3　前二〇一年のロドスとアッタロス朝による対マケドニア開戦　170

結論　191

第四章　第二次マケドニア戦争の始まりとローマ　194

はじめに　194

1　第二次マケドニア戦争への先行研究の姿勢と開戦までのローマ国内の状況　197

2　第二次マケドニア戦争の開幕とローマ外交　215

結論　233

終　章　その後のローマ・ヘレニズム諸国関係——236
補　遺　デルフォイにおけるプロクセニア被認定者表とデルフォイ・アイトリアの政務官——245
あとがき——250
表１・２——252
索　引——*1*
参考文献——*7*
註——*18*
略号表——*78*
用語解説——*80*

# 第一次マケドニア戦争とローマ・ヘレニズム諸国の外交

# 序章　第一次マケドニア戦争とその後のローマの東進をめぐって

本書は、古代ローマが地中海沿岸部を政治的に統一していく上で重要なステップとなった四次にわたるマケドニア戦争のうちで、特に第一次マケドニア戦争(紀元前二一四年頃〜前二〇五年)中と、それが終わってから第二次マケドニア戦争(前二〇〇年〜前一九七年)が始まる頃までの数年間に、つまり前三世紀最後の十数年を中心とした時期に展開された、ローマ人と、そして彼らとかかわった東方のギリシア人の外交に関する検討である。この時期のローマは地中海西部において、北アフリカの雄カルタゴを第二次ポエニ戦争でくだす。これによって以前から属州となっていたシチリアにおける同国の支配権はより確実なものとなり、またイタリア北部、そして新たに多くの支配地を得たイベリア半島においても、もはや強力な競合者に邪魔されることなしにその影響力を強化していくことができるようになる。一方でそのカルタゴと戦うかたわら、ローマはギリシア北部の強国にしてカルタゴの同盟者でもあったアンティゴノス朝マケドニアとの断続的な衝突を通し、地中海東部でギリシア・マケドニア系の人々を中心に形成されていたひとまとまりの国際社会、いわゆるヘレニズム世界の国々ともかかわりをもつようになる。そして前二〇〇年にはついにそのマケドニアに対しての大規模な派兵に踏み切り、それを機にローマは急速に地中海規模の超大国への道を歩み始める。この意味で前三世紀最後の十数年は、ローマの歴史のみならず、同国を中心とした新たな秩序に組み込まれていくことになるギリシア人たちにとっても、新時代へと向かい始めるダイナミズムに富んだ時期だった。そして重要なのは、この十数年に、西方での覇権争いが主に大規模な武力衝突により決せられていった一方で、ローマ人とギリシア人の間では外交の舞台において激しい角逐が展開され、そこでの優劣が両者の関係の帰趨を定めていったという点である。本書は、こうした国際政治上の攻防の存在とその重要性、そしてその実像を明らかにすることをめざしていく。

　ローマとヘレニズム諸国のかかわりの中での外交の重要性は、まず問題の十数年に続く数十年の、ローマ人たちのギリシアや小アジアを中心とした地域における活動のありようからうかがうことができる。この時期の東方の国際政治の舞台でローマがギリシア人たちに対して示した姿勢の基本は、第二次マケドニア戦争終結時にローマ軍を率いていたT・クィンクティウス・フラミニヌスが前一九六年にコリントスのイストミア祭（用語解説参照）の場で宣言したことでよく知られる、「ギリシアの自由」の守護者として振る舞うことだった。この表現自体は、同宣言以前にローマ人の口から発せられた様子はない。しかし第二次マケドニア戦争前夜から、ローマは勢力拡張を図るマケドニアからギリシア人たちを守り、力による現状変更の試みを阻止するという意思を東方に向けて広く発信して、彼らの多くの支持をとりつけた。前一九六年の宣言は、そのマケドニアを退けたローマが、同王国に取って代わるということはせず、当初の、いわば国際公約を履行し、かつ今後もそれを続けることを約束するものだった。そしてローマは前一九四年にギリシアから軍を撤退させて宣言が実のあるものであることを広く東方世界に示し、それ以降のギリシア周辺やさらに小アジアのギリシア人居住地域における戦役でも、折にふれてこの「ギリシア（人）の自由」を守ってきたことと、それをさらに維持することを唱え、その時その時の反ローマ的動きを退けていく。[1]

　こうしたある種のスローガンをヘレニズム諸国の人々がどの程度、本当の意味で信じたかはわからない。しかしローマは自分たちを支持した人々の眼前で、多分にその時々の事情や自分たちの都合に合わせながらというものではあったにせよ、それを実践するということを重ねた。そしてそのことは、ギリシア人のうちで強力な軍事力をもつローマとの衝突を望まない者たちや、あるいはまた親ローマ的であることがより有益と判断した勢力に、ローマをヘレニズム世界から排除し本当の意味でのギリシアの自由を回復するよう主張する声に与しない大義ないし口実を与えた。この意味で、ギリシアを守るという主張は、事実としてヘレニズム諸国の間でローマを敵視する声の高まりを抑制する作用をもっていた。

一見すると、ローマの東進を阻もうとする動きが結実せずに終わっていったのは、そのような対外的なアピールの効果や、あるいはまたローマ側がどのようなスローガンを押し出したかなどにかかわりなく、単にローマの軍事力の大きさによるものだったようにもみえるかもしれない。実際、ローマが第二次マケドニア戦争やさらにその後のセレウコス朝との武力衝突に勝利した後のローマ・ヘレニズム諸国関係においては、少なからずそうした傾向が見出せる。[2] また第一次マケドニア戦争やこれとほぼ重なる第二次ポエニ戦争期においても、カルタゴの攻勢によりしばしば揺らいだとはいえ、イタリア全域を征服して久しいローマと大小さまざまな国家が乱立するヘレニズム世界の個々の国とでは、戦力差は明白だった。

しかしながら、この後にみる第一次マケドニア戦争や、二度目のそれで前述のフラミニヌスが司令官に就任してかなりの時が経ってギリシア本土の人々の多くが味方となるまで、ローマ側はマケドニア軍の主力を決戦に追い込むこともできず、あまつさえ最初の戦役ではギリシア諸国間の反ローマの大合唱に押し出されるように撤退することになる。ローマはほとんど常に、総合的な武力の面でギリシア人に優っていた。しかし外交の舞台で多数派を味方にするまで、それを戦争や国際政治上の勝利へと結びつけることは、実はできなかったのである。こうした、軍事と車の両輪をなす形でヘレニズム世界への進出を支えまたその形を決めるのにも少なからず影響を及ぼしたローマの対外的なアプローチのありようと、これに相対した同時代のギリシア人たちのそれに注目しつつ、ローマの東進の始まりにおける外交と軍事の有機的な結合のインパクトを論じていくというのが、この後の議論の基本的な方向性となる。

ただし本論に入る前に、筆者としてはなおいくつかの事項について述べておかなければならないと考える。特に重要なのが、これからおこなう検討が先行研究のどのような流れ、あるいは欠落を意識したものであるかという点である。というのもローマの東方進出は、西洋古代文明の主役ともいうべきローマとギリシアが、政治面では前者がリードしつつも、地中海全域をひとまとまりの社会へと編成していく直接の契機となったこともあって、古くより多くの研究者の関心を集めてきた。そして特に、本書のようにそこで展開された外交や、あるいはその担い手たちを取り上げた議論は、その中でも最もポピュラーな領域の一つだからである。本書が先達の諸検討のどういった部分を問題と認識し、それをどう解決するかを論じておくことは、本論における議論の前提の一端を示す意味でも必要不可欠だろう。

そこでまずふれておきたいのが、この第一次マケドニア戦争期から二度目のそれの始まりまでのローマ・ヘレニズム諸国関係をひとまとまりのトピックとして扱うということが、先行研究においてはそもそも必ずしも自明のこととされていない点である。第二次マケドニア戦争は、ローマが東方に本格的な遠征軍を派遣してマケドニアを正面から破り、さらにその後も継続的にヘレニズム世界に関与し続けやがてこれを従えるに至るまでの流れの重要な、そして最初の一歩と一般に位置付けられている。こうした認識から、同戦争の意義やそれにまつわる史料その他の問題については、早くから多くの研究者が議論をおこなってきた。

一方で第一次マケドニア戦争に関しては、先行研究における関心の程度は相対的に低い。M・オローの一九二一年の議論以来、研究者たちは当該戦役を、同じ時期に戦われ一時はローマの存立をも危うくした第二次ポエニ戦争に付随して生じた、防衛的かつ限定的な軍事衝突とみなしてきたからである。[3] もちろん、同戦役を、前二二〇年代からギリシア北西のイリュリア地方に徐々に手を伸ばしていたローマが、同地の経営を通しギリシア人たちとも次第にかかわりをもつようになっていった、ある種の反作用として生じた事件であると論じるなど、ヘレニズム期ギリシア世界の展開を考える文脈でこの戦役をとらえる向きもある。[4] それでも、そもそもイリュリア自体が、実態はどうあれしばしばヘレニズム世界の圏外であったかのようにギリシア史研究の中ではみられ、[5] また当の第一次マケドニア戦争においては、後述するように史料における存在感の面で、そして事実としても、戦いの主役だったといえるのは実はローマではなく、ローマがギリシアにおいてはじめてもった有力な同盟国アイトリア連邦であったこともあり、ローマ史とギリシア史のいずれの立場からも、当該戦役におけるローマに関し論じられる機会がそれほど多くない点は否定しがたい。そしてこのことは図らずも、第一次マケドニア戦争から第二次マケドニア戦争開幕までの時期のローマ・ヘレニズム諸国のかかわりを一つの議論として取り上げるという検討もまた、両戦役の時間的・空間的な近さにもかかわらず、やはり先行研究において活発とはいいがたい状況にあることを示しているといってよいだろう。

先行研究のこうした傾向は次の二つの点によりもたらされた、あるいは少なくとも強められたと筆者は考える。一つは現存史料の中で当該時期のローマの状況について最も詳細な情報を提供してくれるリウィウスの著書 *Ab Urbe Condita*（タイトルの邦訳は幾種類かあるがここでは『ローマ建国以来の歴史』としておく）の構成である。よく知られているように、彼は五巻ないしは一〇巻をひとまとまりの区切りとして、特定の時期やトピックがその中におさまるようその作品を構成した。そして第二一巻から三〇巻では第二次ポエニ戦争を主要テーマとして取り上げ、第一次マケドニア戦争はその中の諸々の事項の一つという形で取り扱い、その後の第三一巻の冒頭部では新たなまとまりに入ったことを明言するある種の序文をおいた上で、そこから第三五巻までを第二次マケドニア戦争とそれに付随する出来事を中心に書き進めている。[6] こうした構成は、リウィウスの作品を順を追って読むか、あるいはまた五巻・一〇巻のまとまりごとに読むかを問わず、第一次マケドニア戦争と第二次の戦いに関し読者が抱く印象に、どうしてもそれぞれがまったく別個の事件で、そしてまたその史的重要性においても大きな差があるという意識を生んでしまう。特に、二つのマケドニア戦争やその間の時期においてローマ側では、かなりの程度同じ顔ぶれが継続的に東方諸国との軍事的、そして外交的なかかわりに参画していることがほかならぬ彼の作品から認められるのであるが、第三一巻になってにわかにマケドニアその他のヘレニズム諸国とのかかわりが主題に躍り出るという構成は、このような関係者の同一性やその重要性に研究者たちの目が向きにくくした面があることは否めない。

付け加えると、こうした史料の状況により第一次マケドニア戦争から第二次マケドニア戦争開幕期までのローマとギリシア諸国の関係を連続的にとらえることが難しくなっていることには、前二〇〇年頃に先ほど登場したアイトリアのさらに南方に存在した有力国家アカイアで生まれた政治指導者にして歴史家であるポリュビオスの著書 Ἱστορίαι（一般に『歴史』の名で知られている）の残存状況も、少なからず影響している。同書はリウィウスを含め古代以来多くの歴史家の、前三世紀から前二世紀の地中海世界に関する主要な情報源となっており、現在でもこれを参照することなしに当時の歴史を研究することはほぼ不可能であるといってよい。ところが、前三世紀の最後の十年ほどを扱った第九巻から一六巻には実はかなりの欠落があり、さらに第二次マケドニア戦争開幕期を扱った第一七巻に至っては、完全に散逸しているからである。実際にポリュビオスがどれほど第一次マケドニア戦争やその後数年のローマ・ギリシア関係にその作品の中でふれたのかは、判然としない部分も多い。ただ少なくとも、問題の時期に関し現存する彼のテクストを精読しても、そこから得られる情報は、時系列的にはもちろん内容的にも非常に断片的で、この数年に何があったのかを包括的に理解できるようにはなっていない。[7]

しかしより重要なのは、第二の要因である。それはローマがギリシアへと派兵し第二次マケドニア戦争を始めた理由を問う諸検討の中で登場した、時のマケドニア王フィリッポス五世と中近東を支配していた大国セレウコス朝の王アンティオコス三世による、エジプトを拠点に地中海東部の各地を勢力下においていたプトレマイオス朝の領土を分割するという秘密協定をめぐる議論である。前三世紀の最末期、プトレマイオス朝の統治は、エジプト原住民の大規模反乱が起こる中での国王プトレマイオス四世の急死と、それによる幼い同五世の即位、およびこれに付随して生じた重臣間の対立により激しく動揺する。そして古代の史家たちがここで信憑性に疑いありとしながらも伝え、現代の研究者たちも大きな関心を寄せるのが、こうしたプトレマイオス朝の窮状に乗じてフィリッポスとアンティオコスが密かに手を結び、協調しつつ同王朝支配圏の外縁部をなしていたエーゲ海と小アジア沿岸、そしていわゆるコイレ・シリアの奪取に動いたという情報である。特に前記のオローは、この秘密協定それ自体に関する記述もさることながら、その情報を得たエーゲ海の島国ロドスが使節を通してローマの元老院にもそれを伝えたと述べる、古代史家の一人アッピアノスの一文に注目した。それは、ローマが二人の王により地中海東部が制覇されることはやがて自分たちに大きな危険をもたらすことにつながると判断し、それを抑止したいがために、ようやく終結した第二次ポエニ戦争における痛手を押してマケドニアを攻撃し、さらにそれまでそれほどの関心があったわけでもなかった東方世界に関与するようになっていったという、ダイナミックな歴史展開を浮かび上がらせるように思われたからである。[8]

そしてこうしたオローの議論は、賛否両論ありながらも、その後の諸検討の方向性に多大な影響を与えた。[9]多くの研究者がそうしたある種の「大きな物語」を意識しつつ、問題の分割協定の内容と情報の信憑性の検証や、あるいはまた近現代の戦略論でいうところの予防戦争として第二次マケドニア戦争をとらえることの妥当性についてのそれに、多大な労力を割くようになったからである。そしてこのことは、特にオローの議論に賛同する立場においてより顕著なのであるが、研究者たちの間に、同戦役がそれまでのローマとギリシア諸国のさまざまなやり取りの延長線上のものだったというよりは、前三世紀末の地中海世界全体のうねりの中で生じた事件だったという認識を広めることになった。

もちろん、これまでの研究者が第一次マケドニア戦争や二度目の戦役までの数年間におけるローマ・ヘレニズム諸国の関係と、第二次戦争期とを連続的にとらえる検討をまったくおこなわなかったわけではない。例えばP・S・デロウは今世紀の初頭、ローマの二度のイリュリア戦争からマケドニア打倒までの時期をひとまとまりのテーマとした論考を発表している。[10]しかしこれもまた本書がその重要性を主張する、前三世紀最後の十数年のローマとギリシア人たちの外交面での角逐や、またそれがその後のローマによる地中海世界統合にどう影響したのかという点に目を向けた議論では必ずしもない。依然として第一次マケドニア戦争の見た目の上での影の薄さが、同戦役の第二次の戦争とのかかわりや、あるいはまた、両戦役のはざまの時期のローマ人とギリシア人の外交の舞台におけるやり取りの細かな検討や、その史的意義を問うという観点の有用性への認識を妨げているからである。

では、その前三世紀最後の十数年のローマとギリシアの外交の舞台における角逐は、どのように検討するのが望ましいのか。また、それを検討する意義はどこにあるのだろうか。本書が第一にその重要性を指摘したいのは、当該時期の両者の指導層と自国内外の世論との関係である。というのも有史以来、ギリシア人たちは大小さまざまな国家を各地で形成し、そしてしばしば自身の属する共同体の勢力拡大を図っての軍事衝突や外交戦を展開したが、その動向は多分に各共同体の構成員たちの意向、つまりは民意に左右された。もちろん、実際に各共同体の指導部に入ることができたのは比較的限定された層の者だった。また「民衆」や共同体の構成員たちの意思決定の場たる民会やこれに準じる会を、常に政治的にアクティブな存在だったとみなすことも適切とはいえない。しかしこうした集会が共同体としての公式の意思を決める場であったことは間違いなく、そこで参加者たちがどのような判断をくだすか、また彼らの支持を誰が得るかは、その共同体内の勢力図のみならず、その共同体の規模やまたその外部において同じ意思を示す共同体の数次第では、国際政治にも大きな影響を与えた。そしてこの構図は、君主やその廷臣たちが指導部を構成する王朝国家が大きな存在感を示したヘレニズム期においてもそれほど変わらなかった。既に登場したフィリッポスにせよアンティオコスにせよ、その勢力圏内やまたその周辺地域にはギリシア人の共同体が多数あり、彼らの支持を得ることは、自分たちの勢力を維持・拡張していく上でも不可欠だったからである。

さらにまた自国内、そして国外の人々の世論の動向を見極めつつ外交を展開する必要に迫られたという構図は、ローマにも、それも特に前三世紀最後の十数年にかけてのギリシアとのかかわりにおいて、非常によく当てはまる。群雄割拠の様相が強まったヘレニズム期においても、ギリシア人たちの間でギリシア人と非ギリシア人の差異はその外交的な意思決定に、時に大きな影響を及ぼし、またある種の政治的キャンペーンの材料として機能し得たからである。こうした排外主義とも評せる意識・言説は、王を戴きつつギリシア北辺で勢力を伸ばし前四世紀から絶えず南に影響力を伸ばそうと活動を続けたマケドニアとその南のギリシア諸ポリスとの間で発現することもあったが、アドリア海東岸部を足掛かりにそこからさらに南東のギリシア人が密集する地域へと大人数で足を伸ばすようになっていったローマ人に対しても、ヘレニズム諸国の人々はしばしば不信感や反感・恐怖の念を抱き、あるいは声高にそれらを表明した[11]。問題の十数年におけるギリシア人との接触は、ある意味において、まさにローマがこうした異邦人意識や、ローマとは利害を異にする者たちがそれを利用しながら形成した反ローマ的な国際世論というものの威力を目の当たりにし、そしてその圧力を緩和する外交政策のモデルを形成していくステップだったといえる。

またローマ国内に関しても、周知のように同国の民会はギリシアのそれと比べ格段にパッシブな存在で、外交は専ら元老院が管理していたとはいえ、そこでの決定はまぎれもなく国家としての最終的な意思であり、民会参加者の支持をいかに確保するかは、指導層にとって常に最重要課題たり得た[12]。加えて、ローマにおいて指導層が政治指導者として活動するには、選挙で政務官職を獲得しなければならなかった。これはしばしば大衆的な支持というよりは、いわゆるパトロネージ関係をはじめとした個人的な紐帯《ちゅうたい》やそれに類するツールを介して、多数の有権者の投票行動に影響を与えられる者の支持を集めることが勝利の鍵となった。特に前二世紀の終わりになって秘密投票制が広まるまで、この傾向はより顕著だった[13]。しかしどういった層がその中心になるにせよ、大勢の支持を得なければ継続的に一つの政策、特に対外的なそれを実施することはローマでも不可能だった。

そしてこれと関連して注目すべきが、当該時期にこうした内外の世論の動向を見極めまたそれに働きかけることで、必ずしも国家を代表する存在そのものではなかったにもかかわらず、国際政治の舞台である意味で一個のプレイヤーとして活動した、いくつかの指導者たちの集団の存在と、その政治・外交手法である。よく知られている通り、ギリシアやローマにおいて選挙で選ばれる高位公職の多くは任期が一年で、かつ前三世紀や前二世紀の主要国では連続的に再任可能というケースはまれだった。ローマにはプロコンスル(用語解説参照)やプロプラエトル(用語解説参照)の制度があったので、外地に派遣された高官が年度をまたいで担当区域で軍事や外交を統括するという状況はまま起こったが、当の本人がそれを望んだからといってそれがそのまま認められるわけではなかった。つまり指揮権の延長にせよ、また自身が推す政策、特に外交に関するそれを共同体の名のもとに持続的に展開するにせよ、その実現には他の指導者たちと結びついて集団を形成し、かつ国内の世論を味方にしてその勢力の維持・拡大を図らなければならなかった。そして、前三世紀最後の十数年にはそれを現実におこなう者たちがいて、そして彼らの活動がローマの東進にも大きな影響を与えたからである。

こうしたある種の指導者集団の活動や、あるいはそうした集団と他の指導層の者たち、ないしはまた別の集団との、場合によってはそれぞれの国の枠をさえ超えながらの角逐が、各々の共同体の政治や外交に大きな影響を与えたという観点は、それ自体としては特に真新しいものではない。実際、例えばローマ指導層の動向については、主に有力家門やその姻族関係を軸とした集団の離合集散という視点から、しばしば疑問が投げかけられつつも、半世紀以上前より検討が続けられている。[14] ただし、第一次マケドニア戦争から第二次戦役にかけての時期におけるローマとギリシアの関係を連続的にとらえるという視点が先行研究に総じて欠けている状況を反映して、この前三世紀最後の十数年のローマで、ギリシアとどう関与するかを軸に形成された指導者集団や、その集団と他の指導層の者たちとの関係がローマの外交に及ぼした影響を論じた検討は、管見の限りでは存在しない。[15]

また注意すべきは、指導層の者たちの角逐がローマとギリシア諸国の関係にどう影響したかという視座は、ローマとかかわりをもった東方の勢力の動向を考える上でも有用といえる点である。特に既に登場したアイトリア連邦は、第一次マケドニア戦争の帰趨やその中でのローマの立場に直接的に、また実は間接的にも少なくないインパクトを与えたのであるが、同国もまたその指導部は選挙で選ばれ、しかも任期は一年であった。このため、政策やその遂行状況による利害関係の変化などを軸とした指導者集団の形成や党派的対立、およびそれに付随しての国政の方向転換が生じやすい環境にあった。またアイトリアの場合、前三世紀最後の十数年、あるいはそこからさらに数十年前よりの基本的な国是が、ギリシア本土への影響力強化に引き続き力を注ぐマケドニアをいかに退けるか、そしてまた自分たち自身がそのギリシアにおいてどう存在感を高めていくかというものだったという事情もある。二つの目標は一体のものとなる場合もあった。しかしマケドニアと今まさに争うべきか、それともひとまずは矛をおさめておくかという選択に関し、指導層の中でしばしば不一致がみられたからである。本書においては、こうした前三世紀最後の十数年のローマの指導者集団と、そのローマとかかわりをもった隣人たちのそれの動向にもまた目を向けていきたい。

ただ、筆者がこのような指導者集団に注目する重要性に関して最も強く主張しておきたいのは、それが、本書がその十数年間、より正確には第一次マケドニア戦争期から二度目の戦争の開幕期までという比較的限定された、そして一見するとやや中途半端な時期をひとまとめの議論の対象とすることとの意義と、大きくかかわっているという点である。前述の通り、ローマの地中海東部における覇権は、一般に第二次マケドニア戦争期に始まると理解されている。しかしローマとマケドニア、あるいはその他のヘレニズム諸国との競合関係それ自体はこれで終わらず、ギリシア本土周辺に話を限定しても、第三次と第四次のマケドニア戦争を経て前一四〇年代にマケドニアおよびその南のギリシア諸国の多くが属州に編入されるまで、ローマの東方での支配権は公式のものとはいえなかった。[16] また、そのローマの優位がともかくも認められるようになったのも、前一九七年のキュノスケファライ会戦でローマがマケドニアの主力を撃破して第二次マケドニア戦争を勝利のうちに終結させて以降のことで、それ以前の段階においては、ローマとヘレニズム諸国の関係は、非常に不確かなものだった。[17] この意味で、長期的なスパンにおいてはローマと東方の関係やその外交を考える上で大きな一ステップとしてとらえられるマケドニア戦争であるが、より厳密な議論においては、第一次・第二次とその後の戦役とは、多分に別個の事件であるといえる。

ではそうした、後の二度の戦いとは大きく区別されるべき第一次と第二次のマケドニア戦争の全体をひとまとまりに論じるのではなく、最初の戦役があった時期から二度目のそれの開幕期までと、あえて時期を絞るのはなぜか。それは、公式にはともかく実質的な面においては、前段落でもふれたキュノスケファライ戦そのもの以降と以前とで、ローマ・ヘレニズム諸国関係は基本的に別のものとなるといえるからである。同会戦以前においても、ローマが地中海西方の大国であることは、多くのギリシア人に知られていた。しかしその力がマケドニアをはじめとしたヘレニズム諸国のそれを凌駕するものであるということは、決して自明のことではなかった。事実、本論で細かくみていく内容ではあるが、第一次マケドニア戦争では、自分たちの本拠であるイタリアを主戦場としたカルタゴとの第二次ポエニ戦争に忙殺されていたためとはいえ、ローマはマケドニアやその同盟者と幾度か交戦したものの、全体として決して積極的でも優勢でもなく、局地戦では敗走することもあった。またそうした状況をみた他のギリシア人たちがマケドニアと同調する動きを強めると、戦いを終わらせるため、開戦前の勢力圏の一部を放棄することをさえ、甘んじて受け入れた。

ところが第二次マケドニア戦争前夜になると、ローマはギリシア人たちのうちで、第一次戦争後にマケドニアと対立するようになった者たちとの協調体制を構築し、さらにその他のヘレニズム諸国にも精力的に自分たちの派兵の正当性を訴えた上、それから速やかに、東方諸国のほとんどが動員し得ない規模の部隊を陸海で活発に動かすようになる。こうした外交・軍事両面での積極性とその有機的結合により、ローマは最終的に、ギリシア周辺の主要勢力のほぼすべてを味方に引き入れてマケドニアと相対する形をつくることに成功する。そしてキュノスケファライでは、少なからずこうしたローマ側に立ったギリシア人たちの支援があったとはいえ、間違いなくヘレニズム期ギリシアの大国であったマケドニアの主力と正面衝突してこれを打ち負かすに至る。こうした展開は、ローマの武力やまた国際世論への発信力が、東方の大国と同等以上であることをギリシア人たちに否応なく納得させ、それまでの、優劣がはっきりしないかあるいはややローマが不利だったローマ・ヘレニズム諸国関係を、明確にローマ優位のものに変えた。実際、これ以降のヘレニズム世界の国際政治は、第二次マケドニア戦争が正式に終結するまでの時期はもとより、それ以降も基本的に常に、ローマが力と支持者の数の面でその敵対者に勝っているという前提で展開されていく。

そして重要なのは、こうしたキュノスケファライでの決戦がおこなわれる大きな要因となったのが、ギリシア人たちの多くがローマの味方となったことでマケドニアが同地まで防衛線を後退させざるを得なくなったことと、そうした外交情勢をつくり上げたのが、第一次マケドニア戦争時に東方で直接ローマ軍を率いた指導者たちと、これに協力した一部の元老院議員たちの集団だったという点である。彼らは第一次マケドニア戦争において、軍事的にはともかく外交の面でヘレニズム諸国に大きく後れをとり、ローマという国家や自分たち自身の利益、あるいは名誉を少なからず傷つけられながら、前述したように撤退を強いられる。しかし終戦の頃より彼らは、ヘレニズム世界における多数派工作の重要性を認識し、ローマ内部において味方を増やし再度のマケドニア戦争を自分たちの手で開幕・推進できるよう布石を打つ一方、積極的にギリシア人たちへの働きかけもおこなうようになる。第二次ポエニ戦争が終わってすぐの時期であったにもかかわらずおこなわれた東方への派兵も、そして前述の「ギリシアの自由」宣言や、それに先立つ、マケドニアが目論む力による国際秩序の変更を抑止しようという訴えや、それに呼応して多くのヘレニズム諸国がローマ支持に傾いたのも、実は彼らのそうしたローマ内外における活動の産物、ないしはその延長線上のものだった。つまり、前三世紀最後の十数年は、ヘレニズム諸国の外交に直接ふれた一部のローマ人指導者たちの挫折と、彼らによるそれに対するある種のリベンジが試みられ、結果として、キュノスケファライでのローマの勝利と、そこに至るまでの過程と戦いの結果の両方を基にした、新たな国際秩序形成への道が開かれていった時期だった、ともいえるわけである。このような構図を、当時活動した個々のローマ人指導者や、これとかかわりをもった人々の動きから浮かび上がらせていきたいという考えから、筆者は問題の十数年を議論の中心として設定した。

本書は以上のような見通しと観点のもとに議論を進める予定であるが、こうしたギリシア・ローマの邂逅を大きな論点とすることに鑑み、序論の締めくくりとして、いま一つこれに関連した重要な議論と本書との関連にもふれておきたい。それは、ローマの東方進出の始まりの中で、ギリシアの文化や考え方がローマ側に及ぼした影響と、逆にローマのそれらがギリシア側に与えたインパクトをどうとらえるかという点である。もちろん、こちらはこちらでやはり古くより研究者たちの関心を集めてきた話題であるので、取り上げる時期を問わなければ先行研究は枚挙にいとまがない。一方で、本書のように両者の外交的角逐やその手法、それも第一次マケドニア戦争から第二次戦争開幕期のそれらに注目しているものとなると、前述の通り、そもそも両戦役をひとまとめに扱う研究が少ないので、直接的な比較対象をあげることは実は難しい。それでも両戦役を包摂した期間におけるローマやその隣人たちの外交、特にローマの対外政策形成については、いくつかの包括的かつ重要な検討が提出されており、その指摘するところや、あるいはまた筆者がそのアプローチに対して抱いている問題意識は、本書の方向性にも大きな影響を与えているからである。

例えば一九五八年にE・ベイディアンは、共和政の中期以降ローマはその市民の間で発達していたパトロン・クライアント、彼らが用いたラテン語でいうところの *patronus* と *cliens* の間で形成される、上位者にして保護者と従属者にして被保護者の紐帯である前記のパトロネージの概念を、外部の共同体や個人をその統制下においていく理論的枠組みとして活用するようになっていったと論じ、その中で形成されたローマとその外の従属者との関係を foreign *clientelae* と呼んだ。[18] 彼の検討は、それまでのローマの対外政策研究が条約や法、あるいは国家の代表間の交渉といった正規の外交チャンネルや枠組みに注目していた中、[19] そうした領域の外にあるいわば非公式の結びつきが、ローマの対外関係において大きな役割を果たしていたという展望を提示し、その後の同国と地中海各地の国家や個人とのかかわりをめぐる議論に大きな影響を与えた。[20] 筆者としても、公式の外交的枠組みと並行してそうではないルートが国際関係に重要な影響を及ぼしたととらえ、その具体像を探るべくローマと外部の共同体やその中の個人、あるいはローマの個人と外国の当局や個人との関係を追うという方向性は、非常に有益と考える。本論において幾度となく示すことになるが、ローマやこれとかかわった国家および両者内部の個人間のかかわりは、少なくとも第一次マケドニア戦争から二度目のそれにかけてのローマ・ギリシア諸国の外交の舞台の構図や、その中で誰がプレイヤーであったかを明らかにしていく上で、重要な鍵となるからである。

ただ、ベイディアンの一九五八年の研究の中心をなしていた、ローマがその隣人たちとの関係構築の中でパトロネージをその基本的モデルとしていたという主張それ自体に関しては、既に先行研究のいくつかが指摘しているように[21]、ローマ人が外部の者たちに対しパトロヌスとして振る舞った、あるいはそのように外部の者たちからみなされたという史料的根拠が十分とはいいがたく、全面的には受け入れがたい。もちろん、同概念に関連する用語を現存史料中に見出すことはできる。例えば既に登場したリウィウスによると、第二次マケドニア戦争終結後の前一九四年末頃、ローマにおいて前述のフラミニヌスは、ローマとの勢力範囲についての対立が顕在化しつつあったセレウコス朝の使節と議論した中で、「ギリシア人たちの自由の守護者たること(*patrocinium libertatis Graecorum*)」をローマ人は決して止めないと述べたという[22]。このことは、第一次および第二次の対マケドニア戦期を生きたローマ人が既に、自分たちがある種の優越的立場を保持している状況を他者に説明し、あるいはまた優越性を保持している相手とのかかわり方を規定する概念として、パトロネージを援用することがあったことをうかがわせる。また同じリウィウスによると、第三次マケドニア戦争が始まる前一七二年頃、ヘレニズム諸国の指導的勢力の一角であるロドスの使節の者は、既にローマの友邦となって久しくなっていたアッタロス朝の時の王エウメネス二世がマケドニアのローマへの敵意を元老院に訴えつつ、さらに彼とかねて不仲であったロドスをも批判しているという話を聞き、「パトロヌスたちおよび賓客関係にある者たちを通じて(*per patronos hospitesque*)」エウメネスと元老院の面前で話ができるよう運動したという[23]。こちらの方は、ローマのパトロネージがギリシア人側にも認識されるようになっており、またその中で形成された紐帯が、現実に機能していたことを暗示する。

しかしフラミニヌスの例は、ローマ側がたまたまその時にある自分たちと外国勢力との関係で、条約などにより明確に説明できる状態にないものを、便宜的にパトロネージ的な表現で、それもクリエンスの立場におかれている側の意向を特に考慮することなく、用いているだけというような説明もでき、自国と他国の関係を考える際に同概念をローマが基本モデルとしていたという論拠とするには弱い。またロドスのケースでも、一見すると外国人側がローマ指導層の者たちの中に有事の際に支援を仰げるようなパイプ、つまりはパトロヌス・クリエンス関係を構築・活用していたようにもみえるものの、その記述を残したのがローマ側の者である限り、それは必ずしもパトロネージに由来する紐帯とは断定できない。そうした結びつきをローマ人がパトロヌス・クリエンス関係ととらえているだけで、当の外国人側は自分たちの流儀でそれを説明しているというようであれば、両者の関係がローマのパトロネージをベースに展開されていたとは、必ずしもいえないからである。[24] そしてローマ外部の者の手で作成され、かつその中でローマないしはその指導層をパトロヌスと呼んでいることが確認できる同時代的史料は、早くとも前一六〇年代までであらわれない。[25] 共和政も末期に近づく前九〇年代以降であれば、そうした例が各地の共同体が作成した碑文などの形で多数確認できるようになるので、[26] パトロネージがローマとその隣人たちの紐帯のモデルとして機能していたというベイディアンの議論の妥当性も高まるが、しかし少なくとも彼がその主張の射程内におさめている前三世紀と前二世紀に関しては、そうとは断言できないのである。

こうした、ベイディアンの説く、ローマは条約のような正規の外交オプション以外の枠組みをも用いつつ対外関係を処理していたという展望の有用性はともかく、パトロネージをその議論の中心におくことについてはなかなか首肯しがたいという状況に関し、P・J・バートンは近年の検討において、パトロネージではなく別の概念をローマは活用していたととらえることで、問題を解決できるのではないかと論じている。彼は前四世紀から前二世紀のローマについての史料において頻繁に登場する *amicitia* に、つまり友人関係に注目し、その概念の構成を探ることで、条約などの明示的な規定がない外部の共同体やその指導者個人との関係を解き明かせるのではないかと考えている。[27] 実際、彼はベイディアンのパトロネージ論と異なり、文献史料において *amicitia* やそれに類する語句を、ローマの支配圏の拡大が顕著になる前三世紀や前二世紀はもちろん、それ以前の前四世紀の対外関係にまつわる事例でも多数見つけることに成功している。またそもそもパトロネージは、関係を構築する二者間の互助を原則としつつも、同時に明確な上下関係があることを前提としている。ローマ側の優位が確立して久しい時期ならともかく、そうでなければ、実質的にはローマに劣る立場にあることに甘んじなければならない状況にある者であっても、一般に自身をローマやその指導者のクリエンスであると明示することや、あるいはローマ側からそう呼ばれることは好まなかっただろう。これに対し *amicitia* の場合、互助の精神と同時に両者の対等性が謳われているといえ、双方にとって口にして心地よい関係を柔軟に形成・運用することができた。これらの事情もあって、昨今バートンの議論は一定の支持を集めつつある。[28]

しかし筆者としては、こうした議論の妥当性および有効性には懐疑的である。というのも、外部の者たちとの関係のモデルとして機能していたならば、その概念の含意するところや用法はそれなりに固定的・テクニカルなものだったはずであるが、バートンも認めているように *amicitia* の意味やニュアンス、そして同語句が使用される文脈は非常に多様だからである。また友人関係に限らず、一つの概念が三世紀もの間そのありようを変化させなかったというのもなかなか考えにくい上、逆に変化があってもそれはゆるやかないし段階的なものであったと仮定しても、今度は議論の対象とする時期においてその概念がどのような状況にあったかをまず明らかにしなければならない。同時代の史料がそれなりに数多く見つけられるならばそれでも問題はないかもしれないが、そうでないという場合には、相応の確度をもってそれ以上の議論を展開することは非常に困難だろう。実際、バートンは友人関係の構造の検討の中で、史料の残存状況から来るやむを得ない事情からとはいえ、キケロなど共和政末期の作品、それも必ずしも外交の文脈で当該語句を意識的に用いているわけではない作品を頻繁に利用している。[29] 仮にキケロらが、自分以前の時代の同概念の形を念頭におきつつそれらを執筆していたとしても、その内容分析の結果を例えば前三世紀のローマと外国の王との関係の理解に活用できると主張するには、この時間差をどうとらえるかという説明が必要だが、全体としてそれが成功裏におこなわれているとはいいがたい。

またベイディアンのパトロネージの議論と同様、ローマ人の側が外部の者たちと人的紐帯を形成した際に何らかの人間関係にまつわる概念をそのモデルとして援用していたとしても、それが相手側に共有されていなければその概念が両者の関係を規定していたとはいえないわけであるが、友人関係の議論においても、この点への整合的な確認は基本的になされておらず、また筆者の知る限り、他の研究者の議論でもその目途は立っていない。それを実践するには、ローマの隣人たちの友好関係に関する概念や、それがローマとかかわる時期、ローマのそれとどの程度重なっていたかを検討する必要がある。しかし関連史料を多数見つけられると予想されるギリシア語圏はともかく、[30]自前の文書をほとんど残していない者たちに関し、それをおこなうことはほぼ不可能だからである。

そしてまたベイディアンやあるいはまたバートン、および彼らの議論の賛同者たちは全体として、ローマが外部の者たちと正規の外交チャンネル以外の枠組みを用いて関係を形成するにあたり、自分たちのもとで発達させた人間関係に関する概念をそのモデルとしていたという方向で話を進めているが、筆者としては正規・非正規を問わず、ローマの外交スタイルが外部の者たちのそれからも影響を受け、また時代と共にその程度が増減したという可能性にも目を向けるべきと考える。少なくともパトロネージや友人関係のような、人間関係に関する概念を構築したのは何もローマ人だけではないからである。事実、第一次・第二次の対マケドニア戦でローマ人とたびたびかかわりをもつことになるギリシア人は、国家とその外部の個人の友好関係とでもいうべきプロクセニアの概念を、当該戦役期よりはるか以前から外交の文脈で用いていた。[31]ローマとヘレニズム諸国との接触では、前者の優位が時代と共に確立されていくことから、その行動様式にギリシア側が次第に従う部分が多くなっていったことは、前述のようにギリシア語碑文においてパトロネージの事例の増加が確認できることもあって間違いない。しかしローマ側もそうしたギリシア人たちの間で発展していた概念や慣行、あるいは外交手法から直接・間接の影響を受けたのではないかという視点もまたもっておくべきだろう。特に、後述するように、第一次マケドニア戦争期においてはギリシア側の外交活動はローマを翻弄したといってよいほどに活発かつ成功裏に展開され、ローマ人がそこで目にした技術や概念をそのまま取り入れるという部分は少なかったように思われるものの、それらに対応した方策を模索するということは確実にあった。

本書はこうしたことを踏まえ、ベイディアンらの説く、なかば私的な紐帯を交えた多彩な外交をローマが展開したという状況に目を向けつつも、そこにモデルとなるローマ独自の、あるいはまた外来の概念を想定しその特定を図るのではなく、むしろ外部からの刺激を受けつつ、まさにその多様性ある外交を編み出していったという点と、またその重要な一幕が特に第一次マケドニア戦争から第二次戦争開幕にかけての時期にあったということを論じ、その具体像を明らかにしていきたい。またそれを通し、従来ひとまとまりにはとらえられてこなかったこの十数年が、ローマの息の長い東方進出の方向性やそのための具体的方策、特に外交におけるそれが構築された、ローマ史全体の中の一つの転換点であったということを説いていく。そしてこうした取り組みを通じ、超大国の形成へと向かい始めるローマ人と、そして長きにわたる国際競争の中で揉まれてきたヘレニズム諸国の人々の双方が、自分たちの国家やあるいは自分たち自身のため、多様な主体が交差する国際政治の舞台においてどのような角逐を繰り広げたのかを、多少なりとも再現できればと考えている。

第一章

# 第一次マケドニア戦争の始まりとローマ・アイトリア同盟

## はじめに

この章では、本書が焦点を当てる前三世紀最後の十数年のうちの初めの数年程度の期間、つまり第一次マケドニア戦争前半期のローマと、この戦いの中で同国とかかわりをもったギリシア人たち、特にこの時期のローマの東方との関係に大きな影響を及ぼしたアイトリア連邦の外交を検討する。同戦争は、ローマがカルタゴを相手にイタリアを含めた西地中海のほぼ全域を舞台に死闘を繰り広げた第二次ポエニ戦争の最中、これに連動する形で勃発した。その開幕は、前二一四年夏頃のローマによるアンティゴノス朝マケドニアへの宣戦布告とするのが一般的である。しかしこの戦いの実質的な始まりは、そのマケドニアの若き王フィリッポス五世の、前二一六年のアドリア海東岸のイリュリア地方への進軍とすべきだろう。こう述べる理由はいささか複雑である。しかしこの部分は本章のタイトルにもあげた第一次マケドニア戦争の開幕と、そしてそれから少し後に成立するローマ・アイトリア同盟を考える上の前提ともいうべき事情が多々含まれている。そこでまずは、やや長くなるが、この第一次マケドニア戦争が始まる少し前のイリュリアと、そしてギリシアの状況について説明をしておきたい。

序章でも少しふれたが、イリュリアは、古代ギリシア人たちの居住・活動圏からなかば外れた地域である。実際ローマ人の到来以前、同地域は長らく、イリュリア人たちの共同体とギリシア系の諸都市国家が、支配域において総じて前者が優勢な形で割拠する状態にあった。こうしたイリュリアに前二二〇年代初頭、イタリア半島の住民への海賊行為に対する報復としてローマが軍を派遣し、沿岸部のいくつかの勢力を「同盟国」、実質的にはローマの優位を認めた従属勢力とする。[1] 一般にこの戦いは、第一次イリュリア戦争と呼ばれる。そしてその十年弱の後、今度はその「同盟国」の指導者の一人で、ファロスのデメトリオスと呼ばれる人物の王国をローマは攻め、前二一〇年代の初めにこれを撃破した。第二次イリュリア戦争と呼ばれるこの戦いをローマが始めた理由については、いろいろと議論があって判然としない部分も多い。基本的には、デメトリオスがローマの影響下から離れるべくマケドニアと手を結んだことをローマ側が察知し、これを除いてイリュリアへの統制強化を図ったという見方が優勢である。[2] しかしいくつかのラテン語史料の記述からすると、イタリア半島から北へと勢力拡張を続けていたローマが、前線に物資を送る際のリスク低減のため、「同盟者」とはいえ、イリュリアで有力となっていたデメトリオスを排除するのが望ましいのではないかと考えていた様子もうかがえるからである。[3] 実際、デメトリオス敗北後のファロス人がおこなった決議が刻み込まれているとみられる一碑文は、ローマとの「同盟」に言及しつつも、その意思決定に同国が積極的に関与したというような様子は伝えていない。[4] またこうしたローマのアドリア海東岸への進出やそのテコ入れともみえる動きが、以前よりイリュリア人たちとしばしば争いつつその領域への影響力強化に努めデメトリオスとも気脈を通じていたとされるマケドニア側とどうかかわっていたのか、あるいはそのマケドニアの以後の行動にどう影響したかの判断も難しい。[5] ただ、ほどなく第二次ポエニ戦争が始まり、カルタゴのあのハンニバルがアルプスを越えてイタリア半島に攻め入ってローマ軍を幾度も撃破したことで、各地でローマの支配力が揺らぎ、[6] イリュリアにおいても第一次マケドニア戦争の勃発という形でその波が押し寄せてくる情勢となる。

一方ギリシアでは、その第一次マケドニア戦争の始まる直前まで、アイトリア連邦とこれに同調する諸勢力がマケドニアと一般にSocial Warの、つまり同盟市戦争の名で知られている戦いを繰り広げていた。この戦争は、かつてのフィリッポス二世の時のようにギリシアを従えることをめざすマケドニアと、地理的な事情もあってこれに反発する人々の先頭に立っていたアイトリアの数十年来の対立に根ざすものといえるが、[7]直接的には前二二〇年代中頃のギリシア情勢の大きな変化によりもたらされた。というのは、まずアイトリア南方のペロポネソス半島中・北部では、やはりマケドニアの影響力排除を唱えるアカイア連邦が、これに先立つ四半世紀ほどの間、その勢力を積極的に広げていた。ところが前二二〇年代に入って同連邦は、ペロポネソスにおける勢力回復に乗り出したスパルタと衝突し苦境に陥る。すると状況打開のため、アカイアの指導者アラトスは自国民を説得し、それまでの外交姿勢を一転させてマケドニアとの同盟に動く。[8]そしてギリシア中・南部における影響力回復の好機を見出したマケドニアは、この提案に応じた。のみならず、ペロポネソスに軍を進めてスパルタ勢を破りつつ、アカイアだけでなく、こうした状況をみてマケドニアと結ぶ道を選んだエペイロス、ボイオティア、エウボイア、アカルナニアなども盟約を交わし、自らを盟主としたいわゆるヘラス同盟(用語解説参照)を成立させる。[9]スパルタへの戦勝もあって、同盟の指導者たるマケドニアの国際的な地位は大きく高まった。

他方で、こうした情勢に危機感を抱いたのがアイトリアである。同国はこの頃既にギリシアの中央部の相当部をまとめていたが、ヘラス同盟成立は、連邦の存在感を相対的に低下させただけでなく、その勢力圏が長年の敵たるマケドニアや、これににわかに従うことを選んだ者たちになかば包囲される状況をつくり出したからである。そしてそうした中、前二二一年に時のマケドニア王アンティゴノス三世がイリュリアでの戦いの中で没し、若年のフィリッポスが即位する。これをみたアイトリア側は、今ならば状況を有利に動かすことができるという判断と、加えて既に隣接する諸勢力との間に紛争が生じていたことから、前二二〇年に軍事行動に踏み切る。

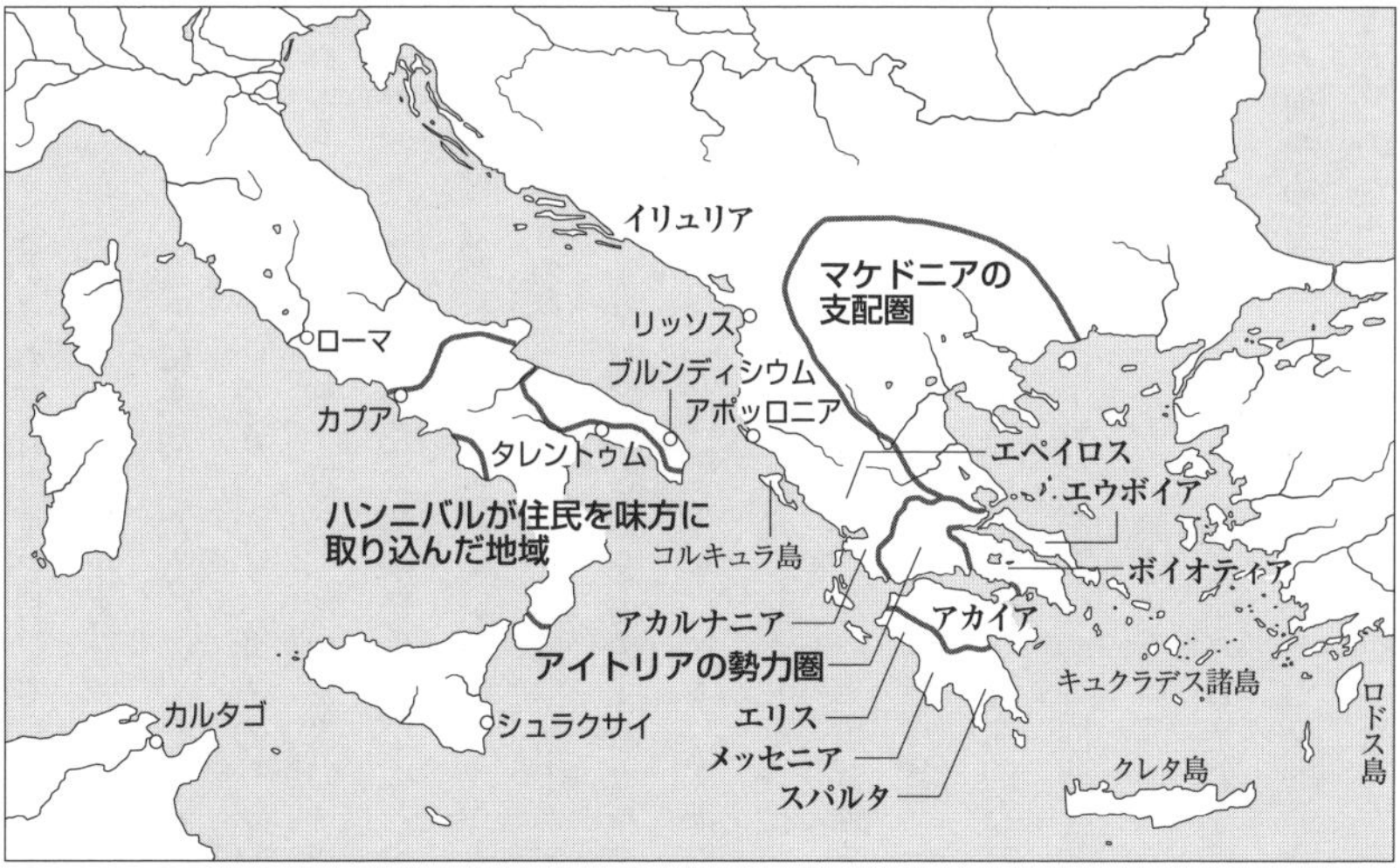


第一次マケドニア戦争直前・最初期のマケドニア・ハンニバル・アイトリアおよび主な関連勢力・都市

こうして始まった同盟市戦争は、当初はある意味で先手をとったことや数年前にヘラス同盟により北進を阻まれたスパルタが同調して再度の挙兵に動いたこともあって、反マケドニア陣営に勢いがあった。しかし彼らの予想に反してフィリッポスは手早く自派をまとめ各地で反マケドニア派を圧迫し、前二一七年にはその優位を確固たるものとする。ところがこうした折、イタリアでローマがハンニバル相手に苦戦しているという知らせが入る。これを受けてフィリッポスは、ローマに追われて自身のもとに身を寄せていた前述のデメトリオスの勧めと求めもあって、早々に反マケドニア陣営の中心たるアイトリアとナウパクトスで和平を結び、ハンニバルと連絡をとる。[10]そしてローマの警戒網をかいくぐりながらの交渉に少なからず時間をとられながらも同盟締結に成功し、イリュリアへと出兵する。

ところが、こうした同盟市戦争で実質的な勝利をおさめ、ヘラス同盟の盟主としての立場を強化した余勢を駆って始めたという体の対ローマ戦だったが、マケドニアの攻勢は快調には進まなかった。フィリッポスは前二一三年頃までイリュリアに繰り返し遠征し、ローマ傘下のアポッロニア近辺ではローマ軍に攻撃をかける場面もあった。しかしここでまず、マケドニアの海軍がローマのそれに比して格段に貧弱であることが判明する。また前二一六年にカンナエで大敗して間もなかったにもかかわらず、ローマ側の抵抗も頑強だった。そのためか、フィリッポスはローマと「友好関係」にあったコルキュラ島を占領することに成功したものの、その維持にはそれほどこだわらなかった。そして良港を有し、それでいてローマの勢力圏に入っていなかったより北方のリッソスを占領して、将来イタリアへと軍を進められるようになるかもしれない形をともかくも構築すると、ギリシアのメッセニアに転進するなど、ローマ軍との交戦にあまり意欲を示さなくなる。[11]

ただ、たとえ直接的な戦闘が発生しなくとも、フィリッポスがハンニバルと連動してローマに攻めかかり、その後も依然として優勢に戦いを進めているカルタゴと同盟関係にあるこの状況は、ローマにとって大きな脅威であり、また負担を強いるものだった。ローマ側はマケドニアの参戦を察知したところで、各方面に振り向けられていた艦隊や資金をかき集め、南イタリアの多くを占領するカルタゴ軍を睨みつつイリュリアの変事にも対応できる体制をどうにか構築した。フィリッポスが前二一二年にアドリア海沿岸で目立った動きをみせなかったのも、多分にこうしたローマの比較的素早い対応によるものだった。しかしそうはいうものの、フィリッポスがリッソスやコルキュラを占領し、かつ依然としてイタリアから遠くないところで軍事行動を続けている以上、警戒を緩めるわけにもいかなかったからである。[12]

そしてこうした状況の中で起こったのが、そのローマと、マケドニアを相手に思わぬ敗北を喫しつつも、フィリッポスがローマとの開戦を急いだため、致命的な打撃を受けるまでには至っていなかったアイトリアの急接近である。両国はほどなくマケドニア打倒を謳いつつ同盟を結び、これにより第一次マケドニア戦争は新たな段階に入る。そしてだいぶ前置きが長くなったが、ローマとヘレニズム諸国の外交に注目する本書がまず検討したいのは、この同盟形成をめぐる状況と、そこで展開された交渉のありようである。これらを考えていく中で、ローマおよびギリシア諸国の指導者たちが何をめざし、どのような軍事・外交的競合を繰り広げ、さらにそれが第一次マケドニア戦争と、その後のローマの東方とのかかわりにどう影響していったのかを論じていきたい。

## 1　ローマ・アイトリア同盟とその成立に関する先行研究の理解

はじめに、両国の同盟成立のもう少し細かい状況説明と、それが研究者たちの間でどう評価されているかを確認しておきたい。まず、ローマの本土たるイタリアにおいてカルタゴとの戦闘が続く前二一一年、南イタリア・ギリシア方面のローマ軍を率いていたM・ヴァレリウス・ラエウィヌスがアイトリア連邦総会(*concilium Aetorum*)の場に赴き、出席者たちに対マケドニア共闘の必要を訴える。そして連邦が要請に応えてくれるのであればローマ側としては、同国が前の同盟市戦争で失った領域や、また当時はヘラス同盟の一角ともなっていたアカルナニアにおいてかつて連邦がもっていた支配権を取り戻すのを支援し、[13] さらにローマがコルキュラより南で戦った時に獲得した戦利品についても、持ち運びができないものはすべて連邦側に引き渡すなどの条件を受け入れる用意があると述べたという。彼の申し出はアイトリア人たちに好意的に受け止められ、ここにローマ・アイトリア同盟が成立する。[14] それは第二次ポエニ戦争において依然ハンニバルに苦戦していたローマが、彼の同盟者たるフィリッポスに対抗するための有力な支援者をギリシアで確保したことを意味した。そしてアイトリアはすぐに総力をあげて問題のアカルナニア攻撃に着手し、ローマも同時に当該地域に艦隊を出した。そして以降、ローマの対マケドニア戦の主戦場は、それまでのイリュリアからギリシアへと移り、ローマがイタリア本土をマケドニアに衝かれる懸念、つまり東方から受ける圧力は大幅に減退する。

こうしたローマ側の軍事・外交上の利益と、それまでのイタリアにおける苦境や、また東方におけるローマの代表者たるラエウィヌスが連邦総会で同盟を訴えているという状況から、先行研究はかねてよりこの同盟を、ローマがイタリアでの対カルタゴ戦へのフィリッポスの介入を抑止するため、アイトリアに条件面で大幅に譲歩しつつ成立させた共闘の約束とみなしてきた。[15] 実際、ローマ側には少なくとも前二一二年頃の段階で、既にアイトリアとの同盟に期待を寄せる声が存在した[16]。また同盟が成立する前二一一年時点では、ローマ側がいくらか押し返しつつも、ハンニバルが依然として南イタリアのかなりの部分を掌握しており、カルタゴ陣営がマケドニアと海上を中心に共闘する可能性もなお十分にあった[17]。こうした状況を踏まえれば、同盟者をより必要としていたのはローマ側であり、そのローマがアイトリアに同盟を乞うたという流れを想定することは、一見すると自明の理のように思われる。

しかしながら、次にあげる諸事実を考えると、こうした見方は必ずしも正鵠《せいこく》を得ていない。第一に、既存の情報をみる限り、同盟に関する交渉をローマ側が先に持ちかけたことを示す直接的な証拠はない。史料における前二一二年のローマ指導層内の連邦との同盟への期待の声についても、ローマから一方的に生じたものではなく、むしろ連邦側がそうした提案を先におこなったからこそ、ローマでもそれが期待されるようになっていたとも解し得る。

また第二に注目すべきは、ローマがアイトリアと同盟して以降にギリシアで展開されたマケドニアとの戦いについて、ヘレニズム諸国には、これは連邦とマケドニアの争いであり、ローマのギリシアへの派兵もそれに付随した現象なのだ、という声があったことが史料にみえる点である[18]。これは前二〇九年から始まる、主としてこのアイトリアとマケドニアの二国の和平をめざした東方各国の調停活動の中で展開された主張で、その目的を踏まえると、そこでの発言をそのまま受け止めることはできない。しかしそうした見方が交渉の中で提示されたことは、実際に同盟成立後に軍事、およびその前後の外交の面で積極的に行動したのも、ローマではなくアイトリアであったことを強く示唆する。そしてそのことは、前記のような条件の同盟についても、それを主導したのがローマではなく、むしろ連邦側が、戦域をローマ本国から遠ざけるということを餌に、ローマ軍をギリシアへと引き込んで自分たちのため戦わせるよう誘導した結果だったという可能性をも提示しているといえる。

こうしたことを踏まえ本書では、ここからはまず同盟成立について言及する史料を再検討し、条約交渉を主体的に進めたのがローマではなく、多くの研究者がこれまで述べてきたのとは異なり実はアイトリアの側であった、という可能性を探る。特に注目するのは、そもそもこの交渉がどう進められ、何が同盟成立の決め手になったのかという点である。そしてそこから導き出された結論を基に、さらに同盟成立以前の連邦の動向を伝える碑文を中心とした他の史料をも交えた、両国の条約に関するより総合的な議論をおこない、第一次マケドニア戦争期ローマ・ギリシア関係の実態を解明していきたい。

そこでまず確認しておきたいのは、先行研究がこの同盟を、ローマがアイトリアに働きかけたことで成立したとみることを当然視してきた理由である。これについては、ヘレニズム期を含めた古代史の碩学《せきがく》であるN・G・L・ハモンドとF・W・ウォールバンクが一九八八年に発表した共著における、同条約に関する検討をみるのが有益だろう。彼らはこの中で、おおむね次のように論じる。（彼らによると）注目すべきは、本書でも既にふれた、ローマがアイトリアによるアカルナニア征服を支援することを約束し、その他の地域においても獲得した都市や領域をすべて連邦に引き渡すと宣言した点である。こうした約束の存在は、ローマとアイトリアの共同戦線が、全体として連邦にかなり有利なものであったことを示す。そしてそうした構図が形成された理由として、イタリアでの対カルタゴ戦に苦しむローマが連邦に助けを求め、これに後者がある意味でローマ側の足下をみつつ応じたという流れがあったことがみえてくるからである[19]。

彼らの述べるように、確かに戦利品の分配に関しては、アイトリアがローマに対し優位に立っていることは疑いない。連邦側はこの同盟により、たとえ自身が参加せずローマが独自におこなった作戦の戦果であった場合でさえ、その占領地を領土化できることとなった。これに対し、ローマ側は戦争の行方にかかわらず、その勢力圏を少なくとも戦前よりの「友好国」コルキュラ以南では広げることができないとされたからである[20]。またこの後で細かくみていくが、条約締結の様子を伝えるリウィウスも、アイトリアの総会参加者たちが同盟を決意した大きな要因は、ローマが連邦のアカルナニア征服を実現すると約束したことだったと述べている。これらの条文が、ローマが献身的に連邦の利益を図ることを謳ったもので、それが多くの連邦市民を同盟に賛成票を投じる方向に動かしたことは間違いないだろう。

しかしこうした取り決めは、あくまで条約が定める条件の一部であり、またそれに関する先行研究の理解もいささか表面的に過ぎる。なぜなら、この時のローマ、アイトリア、およびマケドニアやその指導下のヘラス同盟をめぐる情勢や、その中での前記のアカルナニアに関する条項の実際の運用状況とその他の条文にある内容との関連を勘案すると、先行研究の見方にはいくつかの矛盾があることがわかってくるからである。そこで本書は、これらのことを証明するため、次節においてこのアカルナニア条項に関し四つの論点を提示してみたい。そしてそれを切り口に、このローマ・アイトリア同盟についてのこれまでの理解に関する不合理を浮き彫りにし、条約全体の構造を再検討していきたい。

## 2　アカルナニア征服条項

さてその条約の成り立ちに関する検討であるが、まずはそもそもこの同盟が史料でどのように説明されているのかを確認しておきたい。特に注目すべきなのが、リウィウスのそれである。条約全体を伝える記録は現存しないのであるが、ラエウィヌスがアイトリアに赴いて同盟を締結するまでの流れが彼により書き残されており、先行研究の検討も、基本的にはこれをベースに展開されているからである。そこではじめに、いささか長くなり、また部分的には既にふれた内容もあるが、彼の著作の当該箇所、すなわち第二六巻二四章を、その一文一文とそれら相互の関連の重要性に鑑み、ほぼ全文を訳出しつつみてみよう。

その頃M・ウァレリウス・ラエウィヌスはアイトリア人たちの指導層の一部と非公式の会合を重ね、その政治的な目的について確認した。そして彼がアイトリアの総会で話をするという手はずが整うと、快速船でその場に赴いた。彼はその総会の場で演説をおこない、ローマ人たちの武力を示すためシチリアやイタリアにおける軍事的成功の最たるものといえるシュラクサイやカプアの攻略にふれてから、次のように続けた。「…〔中略〕…そしてここからは、彼らマケドニア人たちを、諸君らより奪い取った諸都市から手を引くことを強いられるだけでなく、マケドニアそれ自体を守るのに汲々としなければならなくなるところへと追い込んでいきたいと考えている。また私としては諸君らが、アカルナニア人たちが諸君らのもとを離れてしまっているところに思うことが多いようである点に鑑み、彼らを以前の状態に戻し、そこでの諸君らの権利と彼らへの優越性が守られるようにしたい。」こうしたローマの司令官の発言や約束は、この時の主席政務官であるスコパスと、アイトリア人たちの間で強い影響力をもっていたドリマコスとが、その公的な立場による権威をもってそれが確かなものであることを保証したことで、より信じるに値するものとして人々に受け止められた。そしてアイトリア人たちはそれほど逡巡することなく、ローマの力と偉大さを称賛しつつ、その述べるところを受け入れる旨を表明した。もっとも、実際に総会の出席者たちを最も惹きつけたのは、〔ローマの力や偉大さなどではなく〕彼らがアカルナニアの主になれるという希望が生まれた点であったのだが。ただそれはともかく、アイトリア人たちはローマ人たちの友人にして同盟者となる条約をまとめ、また追加条項として、エリス人たち、ラケダイモン人たち、そしてまたアッタロスとプレウラトスおよびスケルディライダスも、本人たちが望んだならば、この条約に参加できるということを定めた。アッタロスはアシアの、あとの二人はトラキア人たちとイリュリア人たちを治める王たちである。またアイトリア人たちは、速やかにフィリッポスとの戦争を陸上で始め、ローマ側は二五隻を下回らない数の五段櫂船でこれを支援することを約束した。さらに、〔両者が戦いの中で獲得した〕土地や建造物および城塞に関しては、〔アイトリアから〕コルキュラに至るまでのもののすべてはアイトリア人たちのものとなり、その他の戦利品はローマ人が得ることとなった。またローマ側はアカルナニアがアイトリア人たちの支配下に入るようにする義務をも負った。加えて、アイトリア人たちがフィリッポスと和平を結ぶ場合には、フィリッポスがローマやその同盟者たちおよび従属者たちへの敵対行為を止めるという条件を加えるべきことが定められ、同様にして、ローマ人たちがフィリッポスと和平を結ぶ場合にも、フィリッポスがアイトリア人やその同盟者たちと戦うことは許されないという条件を加えることとされた。以上が合意された条件であった。そして二年の間があった後、周辺の聖なる諸建造物が定められた内容に関する永遠の証人となるよう、条約の写しがアイトリア人たちによりオリュンピアへ、別の写しがローマ人たちによりカピトリウムへとおさめられた。この二年の間というものが生じた理由は、アイトリアの使節の者たちがローマで相当に長く待たされたためであった。そしてそうした遅れが〔ローマ側で〕生じていたにもかかわらず、〔アイトリア人たちの方は〕時間を無駄にすることなく開戦の支度を整え、これを受けてラエウィヌスもザキュントスを攻撃した。この小さな島はアイトリアに程近いところにあり、島内には島と同じ名前の都市が一つあった。ラエウィヌスはこの攻撃で、同市の城山の部分以外を占領し、さらにそこから今度はアカルナニアに属す二つの都市オイニアダイとナソスを攻め、勝利をおさめた後に占領地のすべてをアイトリア人たちに引き渡した。そしてこれらの活動を終えると、フィリッポスが自らの勢力圏の守りに手一杯となり、イタリアやカルタゴ人たちのこと、そしてハンニバルとの協定のことを考える余裕がなくなる形勢となったことに満足しつつ、コルキュラに引き上げた。[21]

以上、やや長くなったが、今示したように、リウィウスはラエウィヌスがアイトリア指導部と接触し、その上でどういった条件を提示しつつ連邦総会を動かして同盟成立に漕ぎ着けたかを、かなり詳しく説明している。もちろんリウィウス以外の古代の人々も、この同盟やそれに関連した情報をそれなりには伝えている。しかしその分量や細かな部分への言及は、リウィウスのそれよりはだいぶ断片的で、交渉の状況やその背景・内容の包括的な議論の土台として提示するには、いささか使い勝手が悪い。そこで、彼以外の者が残した史料についてはおいおい紹介していくこととして、ひとまずは先行研究のやり方にも倣って、このリウィウスの記述を基に、既に述べた通りアカルナニア征服条項に特に注目しつつ、ローマ・アイトリア同盟の再検討に取りかかってみたい。

さて、前にも述べたように、本章は先行研究が提示する、両国の同盟はポエニ戦争での苦境にあえぐローマ側がアイ

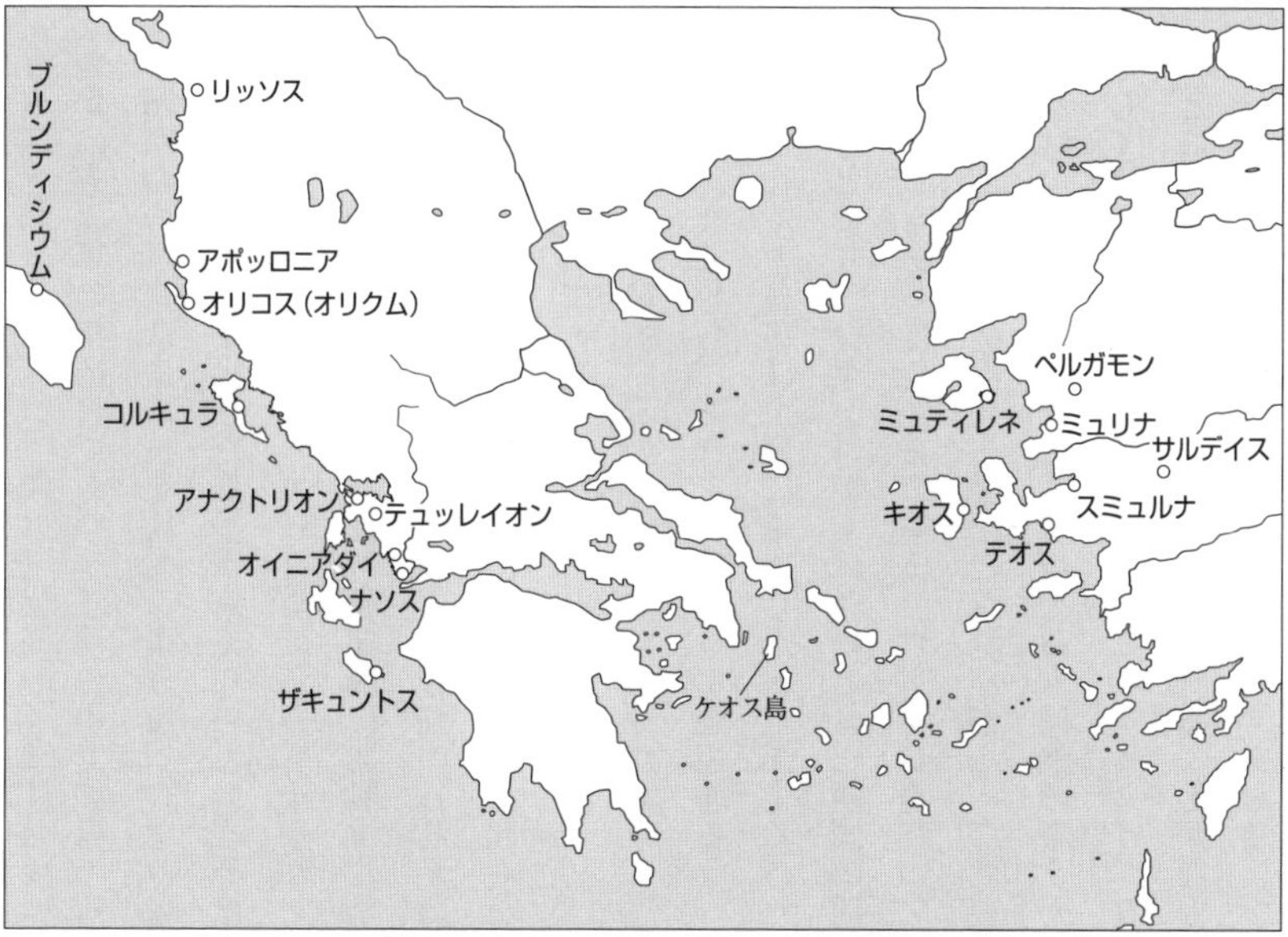


ローマ・アイトリア同盟成立前後の議論で登場する主な都市・地域(アイトリア外)

トリアに助力を求め、条件面でさまざまな譲歩を、特に連邦によるアカルナニア支配の実現を約束したことで成立に至ったという見方に、四つの論点を軸に修正を迫っていく。そしてその論点の第一としてあげたいのが、ローマがその力の大部分をイタリアでの戦いに割いている最中に、ラエウィヌスがアカルナニアという決して小さくない領域の併合を約束したという点である。前述の通り、この時アカルナニアはマケドニアの同盟国であり、ローマにとってこれを攻撃することに法的な問題はなかっただろう。しかし実利的および実際的な面において、ローマ側がどの程度まで本気でこの条文を持ち出し、かつ遵守すべきものととらえていたのか、また逆にどこまで連邦側がこの約束を信じたのかという点は、条約全体の性格を知る上で不可欠の要素といえる。

第二の論点は、ラエウィヌスの立場とこのアカルナニア条項の関係である。これは論点一とも関係するが、同国の制圧はもし完全に履行しようとすれば、ローマ全体にとって少なからぬ負担を強いられる可能性があった。ラエウィヌスはギリシア方面を管轄(*provincia*)とする、それも戦時下の司令官であることから、任地において外国勢力と独自に交渉することは間違いなく可能であった。[22] しかしいかに方面軍の指揮官であり、任務の中で独自の対外交渉が許されていたとしても、戦争遂行のための負担増、例えば本国からのさらなる増援を要するような、つまりはローマの戦争運営全体に影響を及ぼしかねない条文の設定にローマ本国の人々が口を出した様子がみえないというのは、なかなかに奇異な状況といえる。前章の註でふれたシュラクサイ攻撃中のマルケッルスのエピソードからもうかがえるように、ローマ指導層は明らかにラエウィヌスのアイトリアとの接触を知っており、またそれが成功裏に進展するかどうかに少なからず関心と期待を向けていたはずだからである。

第三の論点は、こうした大きな負担を強いられかねない条文が存在する一方で、ローマが連邦との共同戦線には前記のリウィウスの記述にあるように「二五隻を下回らない五段櫂船」を送り出すという規定が、アイトリアに関するそれが特に言及されていない中で盛り込まれた点である。[23] 一見するとこれは、ローマ側が片務的に連邦の勢力拡大を支援するという約束を補強するための条件であったように思われる。しかし実は、この項目はむしろローマにとって有利なものだった。なぜなら、これを文字通りに運用すると、戦端が開かれた際、ローマ側は二五隻の艦船を派遣しさえすれば、同盟者としての義務は十分に果たしたと主張することができ、逆にアイトリア側は、任意という形でアカルナニア奪回作戦はもとより、マケドニアをはじめとした同国の同盟者たちとの戦闘でも必要なだけ、つまりは無制限の負担を強いられることもあり得たからである。ローマが連邦のアカルナニア征服を支援すると約束したことがアイトリア人たちをローマとの同盟に踏み切らせたとされながら、なぜ連邦側が状況によっては相当程度、独力でそのための作戦を遂行しなければならないことを公式に認めるも同然の条文が添えられたのだろうか。[24]

そして第四に注目すべきなのが、このアカルナニア獲得のための作戦が一度は試みられながらも完遂されず、また結局のところ最後までこの約束が実現されることがなかったにもかかわらず、第一次マケドニア戦争中はもちろん、その後になっても連邦側がそれについてローマを非難しなかった点である。特に奇妙なのは、ローマとアイトリアの関係がこの後の第二次マケドニア戦争終結の頃から悪化し、ついには連邦側がセレウコス朝のアンティオコス三世などを招いて対ローマ戦に動く中、さかんにローマ人を批判するようになった時ですら、アイトリア側がこの件に関してはローマの約束不履行を非難した様子がまったくない点である。[25] もちろん、この時点においてはアカルナニアも反ローマ陣営に迎えるべく働きかけをおこなう対象であったことから、それを踏まえて同国の反発を買いかねない発言を避けたとも考えられる。しかしその後さらに、アイトリア側の敗北が確定しローマの指導者たちに和平を乞うことになり、それ以前の友好・協力関係を持ち出しながら、少しでも彼らの連邦への姿勢を和らげようとした時でさえ、この条文やそれに基づく共同作戦にふれられることがなかったのはなぜなのか。[26] 本章はこれら四つの疑問ないし論点から、問題の征服条項とさらにはこの前二一一年条約の状況全体を再検討していきたい。

第一の点についてはまず、この問題が議論として成り立つか否かということを確認する意味も含めて、そもそもこの条文が本当に存在したのか、という点を絡めつつ考えてみたい。というのもリウィウスと、そしてポリュビオスが伝えるところによると、同盟が成立した前二一一年のうちにアイトリアは集められるだけの兵士を動員し、アカルナニア制圧に向けた大規模な作戦に動く。ところがこうした情勢をみたフィリッポスが別方面での軍事行動を急遽切り上げてアカルナニア支援に動いたという情報を得るや、連邦側は作戦を中止してしまい、以後同じ試みがなされた様子がまったくないのである。[27] またローマ側は、既に提示したリウィウスの記述にあるように、沿海部でいくつか軍事作戦を、そのタイミングからして明らかに連邦のアカルナニア攻撃と連動して遂行した。しかしラエウィヌスはアイトリア支配圏に近い地域を制圧してこれを連邦に引き渡しはしたものの、それ以上に踏み込んでアカルナニアに深刻な打撃を与えようとはしなかった。むしろ連邦軍の活動が始まると、これ以上の戦いは無用であるとばかりに、拠点をおいていたと思しきコルキュラに帰還したようにみえる。もちろん前二一一年の動きに関しては、総じて戦闘に不向きな冬が近づいていたことも重要だっただろう。しかし連邦と同様にローマもこれ以降アカルナニアに特に関心を示した様子がない点も勘案すると、連邦がローマと結んでの対マケドニア戦を決意する際にアカルナニア征服支援の約束が大きな影響力をもったというリウィウスの説明や、あるいはそもそもこの条文の存在自体が、一見すると事実ではないようにも思われる。

しかし交渉の流れや、それにかかわった者たちの立場や状況を考えると、問題の条項はやはり実在したとみるべきだろう。というのも、まず引用文の通りリウィウスは、同盟成立に先立っての話として、ラエウィヌスが連邦の指導者たちの一部と非公式な会談をおこなったと述べている。これを疑う研究は管見の限り存在しない。これは、同盟条約が部分的ながらも碑文史料によりその内容が裏付けられており、そのことからリウィウスが信頼度の高い情報源に拠りつつその他の状況についても記したと考えられるからである。どういうことかというと、リウィウスが記す前二一一年同盟の説明の中に出てくる、コルキュラに至るまでにある土地、建造物、城塞は、アイトリアのものとなるという規定が、アカルナニアのテュッレイオンで見つかっている碑文の断片から、より細かい説明と共に確認されているのである[28]。同碑文は上部が欠落しているため、リウィウスが伝える他の規定や条件、例えばローマによるアカルナニア併合支援の文言についての事実性をただちに確定するものではない。またそうした欠落から、当然ながらなぜこの碑文がアカルナニアに建立ないしは運び込まれることとなったのかも判然としない。しかし発見されている断片は、ローマがアイトリアの勢力拡大を助け、自身のそれについては求めないことを、リウィウスが記しているよりもはるかに詳細に場合分けしつつ約束したことを明示している。そのため当該碑文がローマ・アイトリアによるアカルナニア攻撃の戦利品分割の方法を定めたもので、なおかつ前二一一年の条約以外にこうした協定の存在が一切知られていないことから、この年の両国の同盟条約の写しを刻んだものであることは間違いない。そして残存部のみとはいえ、リウィウスのそれに関する記述と同趣旨の内容を伝えている。これらのことから、リウィウスは問題の条約について、総じて信頼のおける情報を基にその叙述をおこなったと考えられる。そしてそれを踏まえると、戦利品分割以外についての彼の記述も、基本的には信じてよいといえるだろう[29]。

そしてこうした状況を踏まえつつ、さらにラエウィヌスが連邦指導部の者たちとおこなったという非公式の会談の状況をあわせて考察していくと、アカルナニア条項についても、その存在を疑うという方向性が、どのように考えても有力な視点ではあり得ないことがわかる。というのもまず、そうした非公式の会談でアイトリア側が領土の拡大を希望し、かつそれをローマに支援するよう求めなかったということや、またそうしたことが連邦側から打診された時に、その要望をローマ側が拒絶できたとは考えにくい。なぜなら、前述の通りローマ指導部は、基本的に連邦との友好関係の強化とその延長上にある同盟に期待を寄せていた。ラエウィヌスとしては、そうした状況で連邦からの要請に消極的な姿勢を示すわけにはいかなかったはずだからである。またアイトリア側でラエウィヌスと事前の話し合いをもった者たち、おそらくリウィウスの史料に出てくるスコパスとドリマコスら、状況からして対マケドニア主戦派と呼んでよいであろう者たちとしても、数年前の同盟市戦争で実質的に敗北したばかりの相手と再戦することを総会の場で出席者たちに決意させるには、富の源泉たる土地についてのそれを含めたそれなりの見返りの約束や、そのための目算を示す必要があっただろう。そしてアイトリアが領土の拡大を図る方向性を考えた場合、ローマとの共闘が地理的に容易であり、また過去にたびたび連邦と衝突し相互に反感を高めていた上、基本的な国力で自分たちに大きく劣り、かつ当時マケドニアの同盟国だったアカルナニア以上に好ましい選択肢はなかった。[30]

さらにローマ側には、アカルナニア征服条項に同意することに少なからず利点もあった。というのも、前記の通り、アカルナニアがヘラス同盟に加盟していたことを踏まえれば、ローマとの共闘成立によりアイトリアが同国を攻撃すれば、同盟の盟主としてフィリッポスがその対応に動かなければならなくなることは確実であり、それはイタリアにこれ以上の外敵が侵入することを阻止したいローマの、戦略的利益にかなう状況といえるからである。[31] ローマにとってアカルナニアは、それまでの経緯からして決して敵対的な存在ではなく、この時点においても攻撃することに直接的な益はなかったものの、それにより、同盟市戦争終結に際し結んだナウパクトスの和約を特にこの時点で破棄する必要性があったわけでもなかったアイトリアを確実に対マケドニア戦へと動かせるのであれば、こうした項目を条約の中に含めることは、むしろごく自然な措置だったと考えるべきだろう。以上の点からして、アカルナニア征服条項が実際に存在したこと自体は疑いないといえる。

ではそうなると、この条項が結局のところ履行されず、それにもかかわらずそれが、その後アイトリアがローマを非難する際の材料として用いられなかったという点は、どう説明されるのだろうか。考えられるのは、この条項が連邦の意向により条約に盛り込まれつつも、アイトリア人たち自身の判断で、それもローマとは無関係の理由でその履行が中止されたという可能性である。これであれば、連邦がその後ローマを非難する際のみならず同国との過去の友好を語る際においても、この件が一切言及されなかった点にも説明がつく。批判をしてもすぐさま合理的な反論がなされることが確実な話題であれば、連邦側がふれないのは当然といえるからである。一見するとこの場合、逆にローマ側がアイトリアとの関係が悪化した際、ラエウィヌスが少なくともアカルナニア領のいくつかの地域を攻め落として連邦に引き渡すということをしたにもかかわらず、アイトリア人たち自身はこの件に関し十分な努力をしなかったという批判をしそうにも思われる。しかしこの点は、論点四を提示する中で連邦がそうした批判をおこなわなかった理由を考察した際にもふれた、アカルナニアの反感をあえて買うような発言を控える政治的配慮という観点から説明できる。この第一次マケドニア戦争においてと同様、その後の諸戦役でも、アカルナニアは多くの場合、ローマの敵対者に親和的だった。しかしローマにとって、アカルナニアは自分たちの勢力圏とマケドニアとの間、あるいは第二次マケドニア戦争後に利害対立が目立ってくるセレウコス朝やアイトリアとの間にある緩衝地帯のような存在であり、基本的にはその反感を買わないようにし、可能であれば支持ないしは中立の約束をとりつけたい相手だったからである。[32]

しかしそうなると今度は、なぜアイトリアがそうしたローマを批判できないような状況でアカルナニア制圧作戦を中止するということが起こり得たのか、という点が問題となる。というのも、もしこの同盟がローマからの求めにより成立したのであれば、たとえ問題の条項自体は連邦の要望により盛り込まれたものであったとしても、それは同盟を受諾することに対しての当然の見返りといえるからである。そうした状況で約束が履行されなかったのであれば、ローマ側にはなお多少非難される余地があるといえ、その後、例えば前述のように、連邦と結んだセレウコス朝がローマに敗れ、連邦が自国の滅亡を避けるべくローマとの修好を試み、これを手厳しく迎えるローマ側がアイトリア人のそれまでの非礼を詰《なじ》る際など、もはやアカルナニアへの配慮をおこなうどころではない状況で、形振り構わずこの点にふれてローマ側に反論をおこない、その非難の鋭鋒を鈍らせることに利用したはずである。しかし現存の史料は、そうした様子も一切伝えていない。

こうしたことを踏まえてあらためて指摘したいのが、この同盟をローマ側から求めたという直接的な証拠というものはそもそも存在せず、このため逆に、話を持ちかけたのはアイトリアの方だったとも考えられるという点である。前二一一年の条約がここまでみてきたように、一見ローマにとって不利な面が多いことから、先行研究はごく自然とこの可能性を考慮の対象から外してきた。しかし同盟交渉がアイトリア側の働きかけから始まったとみることは、現存史料の状況にまったく矛盾しない。そして連邦側がこの共闘を持ちかけ、件の征服条項もその交渉の中で盛り込まれたものだったならば、今論じた、条項の不履行についてアイトリアにすべての責任が帰せられるという状況の出来《しゅったい》も、すんなりと説明できるようになる。

またもし同盟を持ちかけたのがアイトリア側であったのなら、ラエウィヌスが単に一方面を担当するだけの指揮官でありながら、なぜローマにとって大きな負担となりかねないアカルナニア全域の獲得を戦略目標として連邦総会の場で提示することになったのかという点や、その一方で当該時期におけるローマ全体の苦境にもかかわらず、五段櫂船二五隻という投入戦力の下限、つまりローマ側がある程度任意に負担を制限し得る規定をアイトリア側に認めさせることができたのかという、前述した問題点の二と三も説明できるようになる。というのも、もしローマ側が連邦に乞う形で同盟が実現したのであれば、持ちかけた側にのみ投入戦力を圧縮する権利が認められ、戦利品分配の面でのアイトリア側の優位といわば相殺されるという状況は、非常に不自然である。しかし件の征服条項に限らず、この同盟自体がそもそも連邦から持ちかけたものであったなら、ローマ側がそれを承諾する代償として、提示された案を部分的に自身に有利なものに変更するよう迫り、両国共通の戦略目標として大きなものを設定しつつも、ローマが実質的に耐えるべき負担はその時々の都合によりコントロールできるものとしたと考えることが可能となり、論点の二と三も、整合的に理解できるようになるからである。[33]

そして実は、同盟交渉がローマではなくアイトリア側のアプローチにより始められたという状況は、既にあげたリウィウスの文章からも読みとれる。引用部冒頭で彼は、「ラエウィヌスはアイトリア人たちの指導層の一部と非公式の会合を重ね、その政治的な目的について確認した。そして彼がアイトリアの総会で話をするという手はずが整うと、快速船でその場に赴いた」と伝えている。[34] 文字通りに解せば、ラエウィヌスは総会の場での公式交渉の前に、連邦指導部の中で彼との交渉に関心を示し、最終的には彼が連邦の総会の場で話ができるよう動いた者たちと、非公式、もしくは秘密の話し合いをおこなって、その上で船に乗って正式交渉の場へと赴いたわけである。換言すれば、公式・公開のものではない事前交渉は、彼にとって船を使う必要がない場所、つまりはローマ側の勢力圏内で、おそらくは彼が目を光らせるよう本国から指示されている区域内のいずれかの基地、例えば彼が前二一一年の作戦を終えてから「帰還した（*se recepit*）」コルキュラでなされたということになる。[35]

引用文冒頭部の原文中の「*temptatis . . . principum animis*」という表現に関しては、連邦指導者の側がラエウィヌスの説得を受け、それを経て彼がアイトリアの総会に出席することとなった、という解し方も一応可能である。しかしもしそうであれば、特にローマとの同盟にそれまで前向きでもなかった連邦の者たちが非公式にローマ側の陣地へと呼び寄せられ、そこで同盟について提案された上でその必要性について説得されたということになり、文法的にはともかく実務上考えにくい事態となってしまう。よってリウィウスの記述は、アイトリア側の指導層のうちでローマと共に対マケドニア戦をおこなうことに前向きな、というよりは、わざわざ他国の勢力圏まで赴いている点を踏まえると、主戦派と呼んでさしつかえないほどに積極的であると評すべき者たちが、非公式に複数回ラエウィヌスのもとを訪れて、同盟の必要を論じたと解すべきだろう。そして申し出を受け入れたラエウィヌスと、またことによってはその他のローマの指導者たちも含めての交渉の中で、彼が総会の場でアイトリアのアカルナニア制圧を支援すると表明することを含めた合意を形成し、その上で彼のアイトリア訪問と総会の場での出席者たちへの説得がなされたわけである。つまりテクスト解釈の上からも、同盟交渉はローマ側からではなく、アイトリアの側から、正確にはアイトリア内でマケドニアとの戦いを望む者たちの提案・主導のもとで進められたことが読みとれるのである。

またリウィウスの記述へのこうした理解は、前述の第二の問題点、つまり南イタリアとギリシア方面のみを管轄するラエウィヌスになぜローマ全体に負担を強いるかもしれない条約を締結できたのかという点に、また別の面からの説明も提供してくれる。注目したいのは、ラエウィヌスがどのような立場と権限を帯びて交渉に臨んでいたのか、そして件のアカルナニア条項はその彼がおかれていた状況の中でどのような意味をもっていたのかという点である。まず理解しておかなければならないのは、彼は任された区域の最高位者としての権限(*imperium*)を保有していたことから、ローマ全体の代表者として外国勢力と交渉する資格を保有していたということと、しかしその一方で、そうした交渉の中で形成された合意は、ローマにおいて民会で批准されなければ正式なものとはならなかったという点である。

A・M・エックシュタインは中期共和政において外地の、特に海外に派遣された指揮官の判断は、ローマ本国において総じて尊重されたと論じる。[36] しかし実際には、前三世紀においてもしばしば前線で結ばれた合意が本国で否決され、さらにはその内容や合意達成までの過程がローマにとって屈辱的であるとして、合意の無効宣言と共に交渉責任者が罪人として相手側に引き渡されるという事態も起こっている。[37] つまりラエウィヌスは、アイトリアとの同盟を有益なものと感じたとしても、その内容や交渉の過程がローマの威信を損なうものとならないよう配慮する必要もあったわけである。そうしなければ、たとえ合意から実際上の利益が見込まれたとしても、それが白紙に戻される可能性があった。この点は、ローマが連邦に同盟を乞うたという流れを想定することの難しさをあらためて示す要素ともいえる。

ただここでより注目すべきなのは、ラエウィヌスが「アイトリア人たちの指導層の一部と非公式の会合を重ね」てから連邦総会に招かれ、そこで連邦のアカルナニア制圧の実現を約束し、アイトリア人たちに同盟を承諾させたという点である。このことは、その非公式交渉をおこなった連邦の指導者たちは、同国が正式にローマとの同盟交渉をおこなうことを決定したため派遣された使節というわけではなく、その全体の意向とは無関係にラエウィヌスのもとを訪れたといえるということと、さらにまた、彼らがこの時点においてなお総会の場で過半数を独力で制するほどの勢力になってはいなかったことを示す。なぜなら、もしマケドニアとの開戦がアイトリアの多数派の、そして正式な意向となっていたならば、ラエウィヌスと連邦の指導者たちとの非公式会合の後に彼が総会の場でおこなった、連邦によるアカルナニア獲得の支援の約束を出席者たちが歓迎するということはあっても、「もっとも、実際に総会の出席者たちを最も惹きつけたのは、彼らがアカルナニアの主になれるという希望が生まれた点であった」、つまりそれが同盟受諾の決め手になるということは、論理的にあり得ないからである。要するに、ラエウィヌスと非公式の交渉をおこなった連邦の対マケドニア主戦派の者たちは、事前会合で彼に総会でアカルナニア征服支援を表明するよう話をつけ、それにより実現した彼の来訪とそこでの発言を利用して、国内世論を動かしたわけである。

このことは、アイトリアの主戦派が国の枠を超えて自分たちの政治目標実現のための活動を、少なくとも総会前の段階においては連邦の意思とは無関係に、つまり独断でおこなっていたことを意味し、一見するとローマ側がこうした者たちと交渉するということがあったとは考えにくいようにも思われる。しかし彼らの計画に乗ることは、先行研究が説いてきたような、戦況への危機感から連邦に助けを乞うたという形より、実は当時のローマや、あるいはまた前線指揮官たるラエウィヌスにとって実行するのに困難が少ない選択肢だった。確かに、このパターンにおいても、公式の総会の場において同盟を求めるのはローマ側となってしまうことから、その流れで成立する条約にローマにとって不利な規定が盛り込まれることや、共闘を乞うているとみえかねない外観を呈してしまうことは避けられないという、実利および体面上のデメリットがあった。しかし連邦が主戦派の計画通りにローマと同盟して開戦することは、そのスキームを実行する者たちが連邦の指導部ないしはその与党となることと基本的に同義であり、彼らのプランに乗ることは、ローマ側にとって新たな同盟国を確保し、かついうなればローマに恩がある者たちをその中枢に送り込むことを意味した。ローマと彼ら主戦派の関係という面からみると、連携しての対マケドニア戦の話を持ちかけたのは後者であり、さらに彼らの政権獲得もいわばローマの協力次第だったといえるからである。こうした状況はまた、この時まさに作成しようとしていた条約の細目、例えば軍船を二五隻出せば同盟者としての義務は履行したとみなすといったような項目の挿入や、それらのその後の運用をローマにとって有利な形にすることにも大きく影響しただろう。これらを踏まえると、アカルナニア条項はローマがアイトリアにどういった形で貢献すべきかを明らかにするという面はあったにせよ、連邦の主戦派とこれに協力するローマによる、他のアイトリア市民たちを味方に引き入れるためのある種の撒き餌という面の強い項目だったといえる。そしてそのように考えれば、この条項を含め、一見するとアイトリア側に著しく有利と思われる条約が、その後ローマ本国において特に非難されず、速やかにとはいかなかったものの、最終的には無事に批准されるに至った点も説明できるようになる。[38]

アイトリア内の主戦派がローマに同盟を持ちかけたという説明はまた、今もふれた論点の第三、つまりローマ側にのみ五段櫂船二五隻という投入戦力の下限が設定された点と、そしてさらに、そこに登場する数字が意味するところと、興味深い符合をみせる。というのは、まずラエウィヌスは前二一五年度にプラエトル(用語解説参照)としてルカニア・アプリア方面に同地の守備のため派遣された。そして同年にハンニバルとフィリッポスの同盟が明らかになってからは、この両者からイタリア東岸を守ることを命じられ、この任務を果たすためとして、艦隊を率いて同沿岸部を守っていたプラエフェクトゥス(用語解説参照)ないしはレガトゥス(用語解説参照)と表記されているP・ウァレリウス・フラックスなどをその部隊と共に指揮下におくこととなった。情報は少なからず錯綜しているが、おおむね二個レギオ(用語解説参照)規模の部隊と五五隻の艦船がラエウィヌスのもとに集約されたらしい[39]。そしてフラックスの動向については前二一三年からは判然としなくなるのであるが、ラエウィヌスの指揮権が前二一一年度終わりまで毎年延長され、関連史料の中に、特にその指揮下の戦力への言及がないという状況からすると、彼を司令とする当該方面軍は基本的にその前二一一年度末までは同じ規模・体制であったとみてよいだろう。

そして重要なのは、これらの点を勘案すると、アイトリアとの条約で記された五段櫂船二五隻という数は、ラエウィヌスが指揮する艦船の総数の約半分、五五隻のすべてが五段櫂船ではなかったかもしれないという点を考慮すれば、預かっている海上戦力のあるいは半分強、つまりはカルタゴへの備えを残しつつアドリア海以東での作戦に割き得る全戦力とほぼ同一の規模であったといえる点である[40]。つまりローマ側は二五隻以上の五段櫂船とそれを動かせるだけの人員をアイトリアとの共同戦線のために出動させる義務を負ったわけであるが、実はその義務は、ローマが既にラエウィヌスのもとに集約していた戦力、そして彼に課せられた戦略的使命と、うまい具合にかみ合った内容だったわけである。ローマ側は既に手配済みの艦隊の半分程度を動かすだけで、同盟者への最低限の義務は果たしつつ、アドリア海以東での戦域をより確実にローマの勢力圏から遠ざけ、かつカルタゴへの備えも疎かにしないという体制を構築できたといえるからである。このことは、連邦との共同作戦が始まってからもラエウィヌスの保有する戦力にこれといった増員があった様子がみられず、それどころか、前二一〇年度になって指揮官がP・スルピキウス・ガルバと交代しても、状況にこれといった変化が生じなかったことからも裏付けられる[41]。要するに、二五隻派遣の規定はローマにとって義務であると同時に、さらなる負担増を招くことなくアイトリアから助力を引き出したという意味で、外交上の成果であったともいえるわけである。

一見すると、この二五隻派遣の規定は、同盟はローマがアイトリアに支援を求めた結果成立したと説く先行研究の見方でも、説明がつくようにも思われる。窮地を脱するため共闘を求めたのがローマの方であったとしても、連邦側がアカルナニア征服の支援などをローマに認めさせる一方、同国の目下の窮状を考慮して、おこなわなければならない支援の規模は現時点でアドリア海方面に展開できる範囲内での最大限でよいということにし、それをある程度、明文化するという発想からこうした規定が設けられたと考えることもできそうだからである。しかしアイトリアという国家の利害得失の観点でいえば、そもそもこの時期に対マケドニア戦をおこなう必要性は少なくともローマほどにはなかった。マケドニアやその同盟国の弱体化を希望する声や、それを直接おこないたいという願望が連邦内にそれなり以上にあった可能性はある。[42] それでも自国民に無制限の出血を強いる可能性がある中で、同盟国にはそれを抑制する余地を認めるというような関係を甘受してまでローマと同盟する理由が、アイトリアという国家にあったとは考えにくい。連邦としては、相対的に窮地にあるローマがより好ましい条件を提示するのを待っても、特に不都合はないからである。

他方で、連邦内の主戦派、それも史料をみる限りなお自国民の多数派からマケドニアと再戦しようという自分たちの政見を支持されるには至っていなかった者たちにとっては、事情はやや異なる。彼らにとってマケドニアとローマが交戦状態にあることは、自分たちの政治目標を早期に実現させる好機だった。自国の安全性向上のため、ローマがアイトリアとの連携に前向きな姿勢を示し、かつそのために連邦内の主戦派が今まさに欲している、自国民多数派からの支持獲得にも協力してくれることが期待できたからである。ただしこの協力は、決して無条件に得られるものではなかった。前記の通り、フィリッポスはアドリア海東岸からギリシア西部にその勢力圏を広げる試みを続けていたものの、ローマの支配域への攻撃は低調になっていたからである。ローマにとって、アイトリアとの連携は望ましいものではあったが、実はその実現は必ずしも喫緊《きっきん》の課題ではなかった。こうした中で主戦派がローマから自国民の早期説得のための協力を得るとなれば、ローマ側の都合もいくらかは考慮する必要があった。こうした連邦内の主戦派の存在と彼らが抱えていたある種の弱みに目を向けてはじめて、ローマ側が表向きは連邦に同盟を持ちかけ戦利品分配においてもアイトリアの優位を認める立場をとることになる一方、自分たちの実質的な負担はそのままという体制を構築することができたという状況が、説明可能となるのである。

このような、アイトリアの主戦派がローマとの同盟を連邦の国内世論を開戦へと向けるための材料としてとらえていたという見方の妥当性は、開戦後に政権を獲得した彼らの戦争運営の模様からも裏付けられる。というのも、前述のようにローマとの同盟が成立するや、アイトリアはただちにアカルナニア征服のため軍の大規模動員を開始する。そしてこの作戦に合わせる形で、ローマ側は定められた規模の艦船を動かして同国海岸部を攻撃し、制圧した都市を条約に従って連邦に引き渡した。[43] しかし、もし連邦当局がフィリッポスの早々の救援の動きを理由に進軍を停止しなかった場合、[44] アカルナニア進攻作戦は参加人数の面からいうとほとんどアイトリア軍により進められる結果となったはずだからである。[45] こうしたアイトリアの大掛かりな動きがローマから大きな支援を引き出すことなく始められたことは、対マケドニア戦の開幕戦ともいうべきアカルナニア進攻作戦を主導した連邦指導部が、そもそもローマの助力を少なくともこの段階ではあまり当てにしていなかったということを示す。つまり同連邦の主戦派にとっては、ラエウィヌスに総会の場で発言させ、さらに一定の戦力を提供する旨を明言させて同胞市民の多数派に開戦を決意させることに成功した時点で、ひとまずローマとの交渉の目的は達成されたといえるわけである。

また実務的に考えても、前二一一年の状況からして、連邦では既に大規模な作戦行動をおこなうだけの準備が整っていたはずであるが、[46] もしローマ側にも大規模な戦力の提供を約束させた場合、その準備を待つ必要が生じただろう。そうなれば結果として、フィリッポスらマケドニア側の人々がアイトリアのナウパクトスの和平維持を前提に動いている中で開戦を決議しアカルナニアを攻めるという、ある種の奇襲効果が失われてしまう可能性もあった。この意味からも、連邦の主戦派にとって、ローマに大規模な戦力の提供を約束させないことは、やむを得ない決断であったといえる。

ただしこれはあくまで前二一一年の状況のみについてのことであり、ローマがアイトリアのアカルナニア制圧を支援するという約束をめぐる事情のすべてを説明したことにはならない。つまり前述した問題点の第四の点である、なぜこの対マケドニア共闘中に結局アカルナニア征服が成らなかったにもかかわらず、その後両者の関係が悪化した際も含め、この項目の不履行を両者、特に同地域獲得支援の約束を受けたアイトリアは、少なくとも史料に残るほどには大きな問題として取り上げなかったのかという点への検討は、なお十分とはいえない。ただ、前二一一年より後の戦いの中での同条項の不履行についても、ここまで縷々論じているように、同盟を提案したのがそもそもローマ側ではなく連邦の主戦派であり、そして彼らが何を必要としていたかを考えれば、基本的には解決する。というのはまず、戦争の主導権は前二〇八年頃まではおおむねローマ・アイトリア側にあり[47]、両国にその気があれば再度のアカルナニア攻撃は容易であった。それにもかかわらず同地が重要な作戦区域として再浮上することがなかったことは、既にその可能性を提示した、アカルナニア獲得という計画が、アイトリアの総会において大きく取り上げられたのとは裏腹に、開戦決議を得た後に連邦の指導部を形成した者たちにとって、それほどの重要性をもたなかったという見方の妥当性をあらためて示す状況といえる。実際、主戦派としては、ともかくも戦端が開かれたならば、もはやそれに先立って人々を惹きつける看板として掲げたプランに優先的に取り組む必要はあまりなかった。戦局が外地において有利に進展すれば、アカルナニアが手に入らずとも、アイトリアはローマの助力を得つつ十分な戦利品や占領地を確保でき[48]、主戦派の国内での立場にも影響はなかっただろうからである。そして当の連邦が同地の獲得にその後もあまり熱意を示さず、あるいはまた戦利品分配の規定を守り続けているローマがその他の地域を当面より優先するべき攻撃対象として提案して連邦側がそれに賛同するということが繰り返された結果アカルナニアが最後まで征服されなかったのであれば、その不履行を連邦は責められなかったであろうし、ローマ側としても、この件について特にふれる理由はなかったはずである。このように考えれば、アカルナニア条項が前二一一年以降、両国の作戦行動の中で話題とならなかっただけでなく、戦後になっても両者がこの条項の不履行を問題としなかった点も説明がつく。[49]

こうした見方の妥当性は、この当時のアカルナニアの国際的な立場についてのもう少し細かい考察からも間接的に裏付けられる。既に少しふれたが、リウィウスによると、アイトリアはローマとの同盟成立後すぐに対アカルナニア戦に向けて動き出したものの、フィリッポスが同国の救援に早々に動いたために、これといった戦闘をおこなうことなく撤退したという。[50] しかしこれは実は理屈に合わない。前述のように、アカルナニアはヘラス同盟に参加し親マケドニアの立場を保っていた。[51] となると、その動きの早さこそ連邦側の想定を上回っていたかもしれないものの、フィリッポスがやがて同国救援のためやって来ること自体は、決して予想外でなかったはずである。つまり、もし連邦の主戦派が本気でアカルナニア全域の征服を望んでいたのだとすれば、遅かれ早かれ救援に駆けつけたフィリッポスと対峙し、彼によるアカルナニア住民への支援を阻止しなければならなかったのである。そうした状況でアイトリア側がマケドニア軍の来援によりアカルナニアから撤退したことは、作戦遂行に問題が生じたためにそれを止めたというよりは、むしろ当初からアカルナニア征服が本気で取り組むべき課題としてとらえられていなかったことを示すといえる。

もちろん、たとえ予定の行動ではあっても、敵地からの撤退、それもさしたる戦果をあげることなしのそれは、対外的には、また場合によっては国内政治的にも失敗と同義であり、作戦指導部にとって決して好ましいものではなかっただろう。しかしこのケースに関しては、アカルナニアを全力で攻める構えをみせるというその一手を打っただけでもアイトリア連邦としては、あるいは少なくともその主戦派としては十分に有益だった。というのもまずこの作戦の発動により、ローマもまたアカルナニアへと出兵することとなり、連邦は同盟条約により労せずしてその占領地を獲得できた。このことは、ローマと共闘しての対マケドニア戦が連邦にとって旨味のある事業であることを自国民に実感させ、またそれを実現させた主戦派の国内的な人気を大いに高めただろう。また空振りに終わったとはいえマケドニアの同盟国に敵対姿勢をあらわにするという既成事実をつくることで、主戦派はアイトリア連邦に特に何も失わせることなく再びその外交的立ち位置を、ギリシアにおけるマケドニアの覇権に挑戦するというものに戻すことに成功した。これは彼らにとって、前二一七年のナウパクトスの和約以降、同王国との和平の維持を是とする人々への政治的勝利を意味した。そしてまたもう一つ注目するべきは、彼ら主戦派は国家の代表というよりは一つの党派として活動し、ラエウィヌスを使って他のアイトリア人たちを開戦へと動かし、さらに連邦軍を特に損なうことなく、ローマ軍を利用しての領土拡張まで成し遂げたという点である。彼らは国際政治の舞台にいうなれば非正規のプレイヤーとして参入し、さらにはひとまずという留保がつくものではあるが、そこでの勝者にさえなったといえる。

以上のような四つの点を軸としたアカルナニア条項への考察は、同盟締結に向けての交渉を主導したのが、ローマ側ではなくアイトリア側、それも同連邦内の対マケドニア主戦派とでも呼ぶべき人々であったことを浮かび上がらせた。また実際、それにより政治・外交的な利益を手にしたのも、短期的な意味では彼らがその一番手で、その次がおそらくアイトリア連邦であった。しかし、前述のように前二〇九年まで遅れたものの、最終的にはこの前二一一年条約がローマでも批准され、しかもラエウィヌスが前二一〇年度コンスルに選出されたことからして、この同盟がローマ本国の多数派にも有益と認められるものだった点もまた疑いない。事実、前二一一年の状況が示すように、フィリッポスの攻撃目標は既にイリュリア方面のローマやその同盟勢力のみでは必ずしもなかったものの、連邦が再び反マケドニアに起ったことで、それらが脅かされる可能性はよりいっそう小さくなった。そしてこれも前記の通り、東方各国が後にアイトリアをマケドニアとの戦争の主たる調停の対象としたことが間接的に示すように、同盟成立によりアドリア海以東における戦争の主要当事者は、疑いなくローマから連邦へと変わった。つまりローマの立場からすると、同盟を通し、対マケドニア戦にまつわる負担やそして何より危険を、かなりの程度アイトリアに肩代わりさせることができたといえるわけである。この意味で、たとえアカルナニアでの戦闘が直接的な利益をもたらすものではなかったとしても、中・長期的な視点でみればローマもまた少なくともこの段階においては、軍事的にはもとより外交の面でも決して敗者ではなかった。

ただしここで注意すべきは、これらの議論は現時点ではなお、主にローマを中心に同時代の状況を記した諸史料のテクスト分析が導く結果に過ぎず、そこには一つの視点が欠けているという点である。本節でおこなった考察は、この条約の成立に関してはむしろローマ以上に重要な役割を果たしたという情景がみえてきたアイトリア、ないしは既にたびたびその存在にふれた連邦内の主戦派の実在性を含めた、同盟成立時およびそこに至るまでのアイトリア人たちについての検討による裏付けを目下のところほぼ得ていない。つまりあえて自虐的に述べるなら、リウィウスをはじめとした古代人たちの言葉足らずの部分をとらえて天邪鬼な議論をしているだけのようにもみえかねない状態になおあるわけである。そこでこうした問題を解決するため、次節からはこのアイトリア人たちの動向、あるいはそのありようというものに目を向けてみたい。特に重要なのは、前二一七年のナウパクトスの和約でマケドニアに対し事実上の敗北を認めてからのそれらである。こうしたことを彼らにまつわる史料、それもここまでの議論においてはそれほど登場してこなかった碑文史料を活用しつつ考え、この前二一一年の同盟成立の状況をさらに広い国際政治の文脈からとらえていきたい。

## 3　前三世紀のアイトリア連邦とその史料

さてそのアイトリアであるが、本章だけでなく本書が取り上げる時期全体におけるローマとヘレニズム諸国のかかわりの中での重要性に鑑み、議論を続けるのに先立って少しこの国に関する情報と、同国の人々にまつわる史料環境について述べておきたい。まずアイトリアは、既にたびたび記してきた通り、現代でいうところの連邦国家を形成していた。同時代的な言い回しでいえば、「アイトリア人たちの共同体(τὸ κοινόν τών Αιτωλών)」である。その名の通り、デルフ

**ローマ・アイトリア同盟成立前後の議論で登場する主な都市・地域**(アイトリアとその周辺)

ォイがあるフォキス地方の西方にして、コリントス湾やパトライコス湾を挟んでペロポネソス半島の北に位置するアイトリア地方で、諸々のポリスや必ずしも都市を拠点としない共同体が多数寄り集まって形成した連合体である。その始まりや政治体制構築の模様については、情報がまばらで確言できるところは少ない。ただいわゆるヘレニズム期に入るまでは、アイトリア連邦にせよ、それを形成あるいは参加するに至っていない段階のアイトリア人にせよ、国際政治の舞台における彼らのありようは、総じてパッシブなものだったといってよい。前五世紀に覇権を求めて争ったアテナイやスパルタ、前四世紀にその力を南に伸ばしたマケドニアは、アイトリア人たちを認識し、またしばしばその活動圏に足を踏み入れた。しかし、アイトリア側の能動的な動きが、彼らの軍事・外交に大きな影響を及ぼすということは基本的になかったからである。ギリシアの国際政治の舞台でアイトリアがその存在感を高めるのは、前三世紀に入る頃からである。ペルシアを征服したアレクサンドロス(いわゆる大王)死後のマケドニアの内紛と、ギリシア・マケドニアの混乱を衝く形で南下してきた北方民族との戦いの中で、アイトリア連邦は徐々にその勢力を拡大し、かつまたギリシアの守り手という意識をもち、あるいはそうした姿を喧伝するようになっていく。[52]

また注目すべきは、このアイトリアが勢力拡大と連動して進めた、デルフォイの神域・祭儀管理権の掌握である。よく知られているように、ギリシアでは強い権威を帯びた神殿やその祭祀、所領などの財産の運営はしばしば、その神殿を包摂する共同体だけではなく、周辺の「隣人たち(ἀμφικτύονες)」と共同で、つまりアンフィクティオニアでの合議を通しておこなわれた。アポッロンを祀るデルフォイの神殿はその典型である。といってもヘレニズム期デルフォイのアンフィクティオニアの運営に関しても、比較的早い時期の連邦の状況と同じくやはり不明な点が多い。まずその合議および投票は、アンフィクティオニアに加盟する共同体より派遣されたヒエロムネモンと呼ばれる役職者によりなされたのであるが、その全体像が判然としないのである。それ以前においては、多い時期には二四名のヒエロムネモンが会議に出るということや、またマケドニアのフィリッポス二世がいわゆる神聖戦争に介入した結果、同王国が通常のそれに加えてさらに二名のヒエロムネモンを出す権利を認められるということもあったようだが、アイトリアの加盟国にしてアンフィクティオニアにも所属しているという共同体から派遣された同職保有者というのが史料にあらわれるようになる前二七〇年代頃からは、そのマケドニア代表の投票がなぜか確認できなくなり、会議に出たと記録されるヒエロムネモンも最大で一六名程度、時には一〇名に満たないこともまま起こるようになる。[53] ただし全体的な傾向として、連邦が出すヒエロムネモンが多数派を確保していくことと、それがヒエロムネモンを派遣する権利を有する共同体を連邦に加えていくことで実現されたらしいことは、基本的に認められている。[54] 当初は二名程度だったアイトリア加盟国が派遣したヒエロムネモンは、前二六〇年代末頃には七名に増加し、連邦の者たちだけで会議構成員の過半数を占める例がみえるようになり、[55] 前二三〇年代末頃には一一名、[56] 同盟市戦争期には一五名という数がみえる場合もあるからである。[57]

ではそのデルフォイのアンフィクティオニアの運営を掌握したことで、アイトリアは具体的にどのような利益を得たのか。アイトリアに限らず、史料は必ずしもデルフォイを確保することの意味をストレートに論じないので、実はこれについて確言することは容易ではない。ただ例えばこれ以前の時代においては、デルフォイの神殿がその格式の高さを反映して大量に保有する奉納品を、神域を手に入れた者たちが自身の必要を満たすために使うということがしばしば話題となった。[58] また各地より神託を求めて人々が訪れる場であったことから、自分たちが他に優越した立場にあることや、その道義的優位を喧伝する場としても大いに期待できた。[59] アイトリアに関しても、聖財の利用についてはともかく、既にふれた、南下を試みた異邦人たちとの争いの中での活躍、特に前二七九年にあった大規模な襲撃と、ギリシア各国が連合してその対応にあたった折にアイトリアが大きな役割を果たしたことを、それを記念するソテリア（「（災厄などからの）救済」というような意味）の祭典を通じて定期的に内外に周知するのにデルフォイを活用したことや、それが連邦による同地への継続的な影響力の強化と連動する面が多分にあったことは間違いない。[60] またそうした発信力のある場所とその管理団体の掌握には、自分たちに友好的な者がデルフォイで国際社会に向けて何らかのメッセージを効果的に送ることをサポートできるという利点もあった。[61]

そして、アイトリアのデルフォイへの影響力の拡大はまた、同地で作成される文書やそれを刻み込んだ碑文の冒頭部などに連邦の政務官の名が非常に頻繁に刻み込まれるという状況をもたらした。これは同時代的にはまさしくデルフォイが連邦の管理下にあることを世に示すための措置だったといえるのであるが、アイトリアに関する史料状況にも非常に好ましい影響を及ぼしている。アイトリア人たちが作成した文書は、基本的に任期一年の国家元首たるストラテゴス（用語解説参照）、そして場合によってはそれに続くヒッパルコス（用語解説参照）やグランマテウス（用語解説参照）その他の政務官に誰が就いていたかを記すところから始まる。しかしアイトリアに限らず、このいわゆる名祖《めいそ》政務官（英語でいうeponymous magistrate）の名前がわかっても、その在任時期が現代の暦に換算していつになるかを特定するのは必ずしも容易ではない。既にたびたび登場したリウィウスやポリュビオスをはじめ史書を残した作家たちは、総じてその後の時代に大きな影響を及ぼした事件の関係者や国家以外にはあまり言及しないので、政務官の名前とそれに続く文書の内容がわかっても、ただちに時期の特定や、また各役職保有者が時間的にどのような順でその地位を得たのかを示すことはできないという場合が多いからである。しかしデルフォイの文書に連邦政務官名が頻繁に登場するという状況は、連邦とそしてまたデルフォイ、あるいはさらに同地に自分たちの文書を刻んだ碑を建立したその他の勢力のそれぞれの政務官がある同じ時期に各人の共同体でその地位にあったことをしばしば明らかにしてくれる。このためアイトリア連邦の成立からその終わりまで、あるいはまた同時代のデルフォイその他の共同体の各年の政務官に誰が就任したのかの全容解明にはなお遠いとはいえ、大きなパズルのいくつかの部分では複数のピースの結合を確言できるという程度には、その状況を論じられるようになっている。この後に取り上げる第一次マケドニア戦争期の連邦にまつわる分析も、多分にこうした史料状況の恩恵を受けている。

もう一点、本論に戻る前にアイトリアの国制についてもいくらかふれておきたい。前述のような史料的制約から古典期のアテナイにおけるそれのような議論は望むべくもないが、それでも先行研究の間で基本的な合意が形成されている部分もあり、本書の議論も多分にそれを前提としているからである。まずアイトリアの人々は、古くよりトリコニス湖の東岸のテルモス、あるいはしばしばテルモンと表記されている地を、そして特にそこにあるアポッロン・テルミオスの神域を、その宗教的な中心地としていた。といってもテルモスに限らず、連邦が形を成すようになってからも、アイトリアは恒久的な中心都市というものをおそらくもたなかった。ただテルモスでは毎年秋分の頃に祭典と、連邦に加盟する共同体の成人男性の誰もが参加する権利をもつ、連邦全体の意思決定をおこなうテルミカの名で知られる総会、そしてストラテゴスをはじめとした政務官たちの選挙がおこなわれた。こうした状況を反映してか、アイトリアが国家としておこなった決定事項を刻んだ碑文も、その多くがこのテルモスで見つかっている。また連邦の指導部はこのテルモスで選ばれた政務官たちと、そしておそらく連邦に加盟する共同体からそれぞれの規模に応じて選ばれた委員たちから成るシュネドリオン(συνέδριον)、あるいはまたブラ(βουλά)の名で知られる評議会で構成された。総会に関しては、もう一つ春の頃、おそらくは春分の時期に開催された、パンアイトリカの名で知られる大会があった。こちらの開催地は一定しなかったようだが、テルミカと同じく祭典がおこなわれる場でもあったらしい。毎年決まって開催される総会はこの二回だけだったとみられているが、緊急時には臨時総会も開かれた。[62]

指導部の実務的な運営や地方組織についてもある程度判明していることや議論されている点はあるが、本章の主題たる前二一一年同盟の頃の連邦の状況を論じる上ではひとまず今述べたところで十分なので、これらについては後の検討で必要に応じてふれていくこととしたい。本書として重要なのは、既にみたラエウィヌスが演説をおこなった際の総会やその前後のスコパスやドリマコスの活動からもうかがえるように、連邦の指導層が何らかの政策を実現する、あるいはまた継続的にそれを実施するには、自身や同調者がストラテゴス職などを選挙で獲得し続け、またあわせて総会で参加者の支持を確保することが不可欠だったという点である。次節ではこうした連邦の体制と事情を念頭におきつつ、ローマと出会った時期のアイトリアと、同国にとってローマとの同盟がどのようなものだったのかを考えていきたい。

## 4　ナウパクトスの和約の後のアイトリアと前二一一年の同盟

前二一一年のローマ・アイトリア同盟を連邦の立場から考えていく上で最初に認識しておくべきは、この同盟とそれに続く対マケドニア戦がアイトリアの人々にとって、前二二〇年から前二一七年にわたって続いた同盟市戦争の復讐戦であったという点である。このことは特に、同戦役の際に連邦の指導部に身をおいていた者たちやその支持者たちによく当てはまる。同盟市戦争は形の上では和平ということで終わったものの、実質的に連邦がマケドニアおよび同国の主導のもとにあるヘラス同盟に対し劣勢であることは、同時代人の目には明らかだったからである。またそうした中で締結された講和条約には、戦争終結の時点で双方が所有しているものを戦後もそのまま保有するという条文があったので、領土面で失ったものが少なからずあったこともまた間違いない。[63] さらにこうした状況は、アイトリア人たちがそれまで広く発信してきたギリシア人やその自由の守護者というありようが、成立して十年にも満たないヘラス同盟に劣るものであるという印象を内外の人々に与えた。このことは物理的な面と並んで、ギリシア諸国における存在感という面でも痛手だっただろう。加えて、当然ながらこうした結果は、アイトリア市民たちの間に鬱屈した心情を芽生えさせもした。それは結果として戦争の運営に失敗した指導部に向けられることもあったが、その指導部にいた者たちやその支援者たちを中心に、そうした諸々の好ましくない状況を自分たちに押しつけた外部の人々、とりわけその先頭に立ったマケドニアへも常に少なからず向かっていた。前二一一年のローマとの同盟に至る連邦を理解するには、前節で示した同国のそれまでの歩みと、こうした、その延長であると同時に比較的近い過去でもある同盟市戦争が連邦にもたらした物心両面での影響に留意する必要がある。

そしてそれを踏まえた上でまずみておきたいのが、ナウパクトスの和約により戦争が終結して間もなくのアイトリアの状況である。ポリュビオスによると、この時期のアイトリアの人々は、軍事的劣勢とそれによる苦境が解消されたことから、ヘラス同盟との和平を歓迎した。そしてそれもあって、彼らは講和会議で見事な演説によって関係各国の代表たちに感銘を与え、連邦が公式に敗北を認めさせられることなしに終戦を迎えるのに少なからず貢献したとみられた、ナウパクトスの人アゲラオスを次の年度のストラテゴスに選出したという。[64] この演説というのは、ローマのギリシア進出の始まりを検討する先行研究においてもよく取り上げられる、「西の空にあらわれた黒雲」たるローマとカルタゴの戦いに目を向け、こうした「異民族(βάρβαροι)」の東進に備えてギリシア人同士の争いを一刻も早く終息させ団結することを訴えたそれのことである。[65]

ポリュビオスがその作品を著した時には既にローマは地中海で最強の勢力となっていたので、この演説におけるローマの脅威への言及は、成就することを読者の誰もが知っている予言のような役割をその作中で果たしているともいえる。

このため他の演説と同等かそれ以上に、このアゲラオス演説やその前後の状況は、先行研究の間で特に情報の信憑性を軸に議論が進められてきた。つまり、ローマがギリシア世界を支配するに至ることをまだ誰も知らない時代に、将来の情景を寸分違わず言い当てるような演説が実際になされたと考えるよりは、既に先の展開を知っているポリュビオスがある種の演出効果を狙って、このナウパクトスの和約に関する記述のところで、挿入的な作文をおこなったとみる方が妥当なのではないか、という疑問を多くの研究者が抱いたわけである。実際、トゥキュディデスが一般に『戦史』と呼ばれているその著作の始まりの方で述べているように、演説は内政・外交を問わずしばしば人々の決断に大きな影響を及ぼしたが、まとまった分量のメモをとることが難しかったがために、現代人よりも記憶力が優れていたとも考えられる古代人にとってさえ、これを後で正確に再現することは非常に困難だった。[66] そのためトゥキュディデスのであれ、ポリュビオスのであれ、歴史書に出てくる演説や発言は、多かれ少なかれその作者の作文という面があったことは否定しがたい。

しかしアゲラオス演説は、ポリュビオスが活動した時代の者たちにとっておおむね同時代の出来事であり、またフィリッポスやその他ヘラス同盟各国の代表者らの前でおこなわれたものである。細部の再現はともかく、そのおおよその内容を再構成することは比較的容易だっただろう。またポリュビオスは明らかに不特定多数かつ自分自身とそれなりに歴史的知見を共有し、また向学心ある人々を読者として想定している。[67] となれば、調査すれば比較的容易にその記述の正誤を確かめることができる大勢の者の前でなされた演説について、実際に話された内容と甚だしく乖離《かいり》した文章をあえて書き記すということはしなかっただろう。先行研究も、切り口はさまざまであるがその多くはやはりこうした結論に至っており、またそれに付随して演説の前後の状況についての説明も、大筋で信用できるものとみている。[68] つまり、同盟市戦争が敗色濃厚かつ領土面で失うところも多いという結果に終わったにもかかわらず、アイトリアの人々はおおむね和約を歓迎した。かつそれを、西方で覇権を争うローマとカルタゴという異邦人の国家が、これは直接そのように述べているわけではないが、例えばかつてのペルシアのような大勢力を形成しその余勢を駆ってギリシアの併呑を図るというような状況に備える、という大義により正当化するということがあったことも、基本的に真実であるとみなすことを否定する要素はないわけである。

そして、こうした終戦直後の状況に関する説明が信じられるとなると、次に注目しなければならないのは、ポリュビオスがさらに、そのアゲラオスの前二一七／六年度のストラテゴス任期のうちに早くも和平についての不満が出始めたと述べている点である。[69]彼によると、その理由はナウパクトスの和約がマケドニアのみならずそれと同盟関係にある諸勢力との広範な和平であったため、外地での収奪がおこなえなくなったことにあったという。先行研究の中にはこれを踏まえて、連邦がローマと同盟して再度の対マケドニア戦に乗り出した理由の一つとして、開戦により戦利品の獲得や周辺地域への掠奪が可能となると期待されたことをあげる声がある。[70]しかし、こうしたアイトリアの経済的な欲求が前二一一年の同盟成立にどのように影響したのかを具体的に示す史料は存在しない。何より、そうした掠奪や戦いを好む、あるいは必要とする者たちというアイトリア人像は、この記述にコメントのように挿入されている、アゲラオスが和平への不満の声がより大きな運動となることを成功裏に抑えたため、連邦の人々は、より正確には反対派は、アイトリア人の「本性に反して(παρὰ φύσιν)」引き下がらざるを得なかった、といった文言に代表される、ポリュビオスがしばしば示す、アイトリアへの反感に根ざす記述の影響を多分に受けたもので、これを素直に受け止めるべきではない。[71]既にみた通り、連邦はかなりの時間をかけて、つまりは関係者の合意をとりつけるのに相当な労力を割いてデルフォイの管理権掌握やその勢力の拡大を成し遂げた。また同盟市戦争においても、連邦は軍事的劣勢にあっても特に分解の兆しをみせず強い結束を示した。[72]同戦争その他で利害が衝突することが多かったアカイア連邦の指導層に生まれたポリュビオスの視点においてはともかく、協力関係にある者やそうしたかかわりをもつ余地がある者にとって、アイトリアが必ずしも居心地の悪い共同体でも、付き合いにくい相手でもなかったということは留意しておくべきだろう。

その一方で、ナウパクトスの和約をどのようにとらえるか、あるいはまたそれに先立つ同盟市戦争とどうかかわったのかという点は、ローマとの同盟やそれに続く対マケドニア戦に至るまでアイトリアの人々の間でかなり重要視された。というのは、この間連邦の政務官に就任したと思しき者たちの顔ぶれをみると、同盟市戦争を推進した者たち、つまりはマケドニアに率いられたヘラス同盟との対決に積極的に動いた者たちがしばらく連邦内で力を失い、政局を動かしたのは戦争指導にかかわりつつもその事実上の敗戦に直接責任がなかった者か、あるいは和平を支持した者たちであったと考えられるからである。実のところ、同盟市戦争の結果を受けて、戦争中の指導者たちが連邦内でどうみられたのかを直接示す史料はない。しかし例えば前述のアゲラオスは、戦争中は開戦の直接のきっかけをつくった上に前二二〇／一九年のストラテゴスにもなったスコパスや、その仲間にして翌前二一九／八年に同役職に選ばれたドリマコスのもとで対マケドニア戦を主導し、前二一八年まで軍を指揮している。[73] ところが、このスコパスとドリマコスの二人が戦後しばらく政局の中心を離れることになったのとは対照的に、[74] 彼は戦後もストラテゴスとしてそのまま指導部に残った。このことは、史料が伝えるように和平がアイトリア人たちの間で歓迎され、そしてその締結に際しての功績と、またさらに和平に反対する人々の運動が拡大するのを抑えるのにも成功したことで彼が敗戦の責を免れ、その影響力を維持できたことの証とみてよいだろう。

こうした状況は、前二一八／七年度に同職を務めたアゲタスをめぐる情報からもうかがえる。彼は前二一七年中の軍事作戦を指揮しているが、戦後のかなりの期間、ストラテゴスとしての再登場という点からいえばスコパスやドリマコスの場合より長きにわたって、その名前が史料にあらわれなくなる。彼は軍指揮官としてそれなりに実績を積んだ人物だったらしく、実際アカルナニアとエペイロスに農村の破壊を主眼としたものだったとはいえ大規模攻勢をかけて成功裏にそれを遂行している。しかしその留守をアカイアに攻められてカリュドンやナウパクトス周辺の収穫物を奪われ、またフティオティスのテバイをマケドニアに奪取される。近くのメリタイアは維持できたものの、これもフィリッポスの側の手落ちが主な理由だった。[75] こうした連邦の中核地域における被害と北東部でマケドニアの南進を許すことになるという結果は、連邦の人々の間で間違いなく戦争指導上の大失敗ととらえられたはずで、その名が史料にあらわれなくなるのもこのような事情から彼が人々の怒りを買い、あるいはその能力を疑問視され立場を失ったためだろう。[76]

こうした敗戦の責任者への反感は、連邦指導部周辺の状況をみるに、アゲラオスの任期終了後もしばらくは強かったと思われる。実のところ、前掲のリウィウスの伝えるローマ・アイトリア同盟成立の場面からその在任が確定できる前二一二／一年度のスコパスの二期目のストラテゴス職獲得まで、誰がアゲラオスより後の四年の同職その他の公職を務めたのかを確言するのは難しい。古くは *IG* IX.1$^2$ の編者G・クラッフェンバッハが同碑文集で、近いところではJ・D・グレンジャーがこの時期のそれを含めた連邦政務官の顔ぶれや包括的な再構成を試みているが、異論をはさむ余地のない結論を提示できる状況にはなお至っていない。[77] ただ、高い蓋然性を主張できる者は幾人か存在する。そして彼らがどのような人物であったかを検討していくと、同盟市戦争における事実上の敗北が連邦内でどのように受け止められ、さらにマケドニアとの対決を是とする人々が、そうした中で生まれた状況ならではの動きをさまざまな形で示したということが、またみえてくるからである。

そのような人物の一人としてまず注目したいのが、ヘラクレイアの人ピュッリアスである。彼は同盟市戦争中の前二一八年にアゲラオスと共にエリス方面で軍の指揮を執るなど、戦争指導に深くかかわった人物である。[78] また前二二〇年代の終わり頃にアイトリアが、おそらくマケドニアおよびヘラス同盟に対抗すべく、周辺の人々との紐帯《ちゅうたい》の強化を進めるべくプロクセニアやアシュリア（用語解説参照）の認定を数多くおこなった時期に、ストラテゴスとしてその推進に参与している。[79] そして何より、アゲラオスの前二一七／六年度ストラテゴス在任からローマとの同盟までの四年間のどこかで、同職二期目を務めているとみられるからである。

彼の二期目のストラテゴス就任は、史料から直接には確認されない。しかしテルモスから見つかっている一碑文によると、「三期目」と明記されたストラテゴス任期中、彼の指導下の連邦は再び複数の外国市民にプロクセノス(用語解説参照)認定をおこなっている。[80]つまりそれ以前のどこかの時期に、彼が二期目のストラテゴスを務めた年度があったはずなのである。そして問題の碑文の一九行目から二〇行目には、前二一四年から前二一二年にかけての攻防戦の末ローマの軍門にくだったシュラクサイの者が、それもスコパスの保証のもとでプロクセノスとされている。このことは、スコパスがローマの強い影響下におかれることになったはずの同共同体所属の、プロクセノスと認定されるに値する程度には重要な人々と懇意にしていたことと、そうした交流の結果の一つたるプロクセノス認定がおこなわれたピュッリアスの三期目のストラテゴス在任が、前二一二年より後であることを示す。というのも、まずそもそもシュラクサイはハンニバルと結んだことでローマから派遣された前述のマルケッルス指揮下の討伐軍の攻撃を受けたわけであるが、彼の部隊がシュラクサイ周辺で軍事行動を始めた前二一四年の終わり頃より同市の陥落まで、アイトリアの者がそのシュラクサイの人々と接触することは物理的に難しかったはずである。[81]そしてリウィウスの記述から、ローマとの同盟を経て再度の対マケドニア戦が始まって間もない前二一〇／〇九年度に、ピュッリアスがストラテゴスとして同王国との戦いの先頭に立ち、しかも敗走していることが確認できる。[82]理屈の上では、この前二一〇／〇九年にピュッリアスの二度目のストラテゴス就任があったとみることも可能である。しかし細かな点は後述するが、スコパスの方はローマと同盟しての再度の対マケドニア戦がまたも不調に終わったことや戦後の政争における敗北などから、前二〇五年頃にアイトリアを去り、プトレマイオス朝のもとで傭兵の募集やその指揮官として活動するようになる。物理的にも立場的にも、この年以降にスコパスがシチリアの名士と交際し、また連邦においてそうした者へのプロクセノス認定のサポートをおこなうことは難しかっただろう。またこれも後で述べるが、前二〇六／五年度ストラテゴスも、別の史料からピュッリアスとは異なる人物がその任にあったことが確認できる。つまり前二一〇／〇九年に彼のストラテゴス二期目があった場合、三期目は同職の保有者が誰なのか議論の余地のある前二〇九／八年から前二〇七／六年にかけてということになる。

しかし前二一〇／〇九年に戦争指導で失敗した人物が、その翌年やさらに戦局が振るわなくなっていく以降の二年度に再選されたとは考えにくい。となると、ピュッリアスのストラテゴス三期目が前二一〇／〇九年で、二期目はアゲラオスが同職を保有した前二一七／六年度より後からスコパスがやはりこれを務めた前二一二／一年より前までの時期とみるべきだろう。[83]

では、ピュッリアスのその四年間のどこかにあった二度目のストラテゴス就任は、アイトリアのどのような状況を反映しているとみるべきなのだろうか。一見すると彼の経歴、特に同盟市戦争に司令官として参加している点は、彼もまたスコパスやドリマコスと同じく同戦役の運営における中核的な指導者の一人であったことを示すように思われる。しかし注意すべきは、彼が戦争中はあくまで一方面指揮官であっただけで、必ずしも戦争指導全体に責任を負う立場にいたわけではなかったことと、さらにまた、前二一八年から前二一七年にかけてエリス方面で軍を率いた際には、戦局が既に連邦に不利となっていた中で、例外的にアカイアに大きな被害を与え、その後も大きな戦果こそ上げられなかったものの特に味方に損害を出すような戦いもしなかったという点である。[84] つまりピュッリアスは、戦役の結果の直接的な責任者とはいいがたい人物なのである。彼がナウパクトスの和約をどうみていたのか、また和平の実現・維持に努めたアゲラオスや、あるいはローマとの同盟の推進や同盟市戦争への積極的なかかわりからマケドニアとの対決を望んでいたといえるスコパスおよびドリマコスらとどうかかわっていたのかは判然としない。しかし同戦争中やそれ以前の活動と実績、そして連邦内にアゲラオスがストラテゴスの任にあった時点で既に和平への不満が生じていたことを踏まえると、ピュッリアスはマケドニアとの和平を維持しようという人々と、これに不満な者たちの双方から一定の支持を得られる人物だったといえる。換言すれば、彼の二期目のストラテゴス就任は、当時のアイトリアに、前二一一年にはある意味で和平派の意見が全否定されてしまう情勢になるのとは対照的に、なおアゲラオス路線の支持者ないしは反マケドニア路線を推す者たちに不信の念を抱く人々が相当数いたことの証とみるべきだろう。

また、この時期にストラテゴスに就任したことに高い蓋然性が認められる人物として、さらにプレウロンの人パンタレオンがいる。彼は、デルフォイから見つかった、メリタイアの二件の領土紛争が連邦当局から任命された調停委員の手で解決されたことを記す碑文によると、時系列的に先にあったと思われるクシュニアイとの騒動の折に五期目のストラテゴスを務めていたという。[85] アイトリアは前二二〇年代の初めの頃にテッサリア南部やその周辺に勢力を伸ばし、メリタイアとクシュニアイもこの時に連邦に加盟したとみられている。[86] このためまず、メリタイア文書をそれ以降のものとみなすことには十分な妥当性が認められる。ただこれだけではまだ、パンタレオンのストラテゴス五期目が前二一〇年代半ばだったとみなすには弱い。そこで目を向けたいのがキュクラデス諸島のケオスで見つかった一碑文である。[87] 同碑は、アイトリアがケオスと友好関係を結び、連邦側が同島の者に対し暴力行為に及ぶことを包括的に禁じたものであるが、どうやらこの決定がなされた時に、パンタレオンは四期目のストラテゴスを務めていたらしいのである。「らしい」というのは、「四期目」という文言は確認できるのであるが、名前の部分が欠落しているためである。ただこの碑文は、両サイドが無事に残っている部分があるので、一行当たりの字数はほぼ確定できる。つまり、欠落部に入り得る文字数と、そこに入る文字が示し得る人名は、かなり限定される。そして何より、四回、五回とストラテゴス職を得られる人物はそういないのである。よって、パンタレオン以外の者が欠落部に当てはまるとは考えにくい。[88] またアイトリアは前二二〇年代初頭にギリシアの東海岸部に足掛かりを築いた後、同時期のマケドニアがアカイアと共にヘラス同盟を形成する動きへの対抗と、物理的にそれが容易となったことから、エーゲ海域や小アジア方面の共同体との提携を進めるようになったことが知られており、ケオスとの友好関係樹立もこの文脈で理解されている。[89] 以上のような事情から、パンタレオンが前二二〇年代の終わり頃に四期目、そして同盟市戦争後の前二一〇年代半ばに五期目のストラテゴス職を得た蓋然性は高い。

そしてこのパンタレオンであるが、彼自身が同盟市戦争にかかわった様子はない。逆にマケドニアとの和平に賛同していたことを示す証拠もないのであるが、彼は息子のアルキダモスを同戦役中に亡くしている[90]。このことが連邦内でどう受け止められたかは明らかではない。しかし、彼がピュッリアスとは事情は異なるものの、この同盟市戦争後の時期においては、やはりナウパクトスの和約を是とする人々からだけでなく、非とする人々からも、指導者として受け入れやすい面をもった人物だったことは間違いないだろう。

加えて注目したいのが、テルモスから見つかっている別の碑文によると、パンタレオンが五期目のストラテゴスを務めた年度には、次席政務官のヒッパルコス職を、アルシノエの人アゲラオスが保有している点である[91]。連邦の碑文文書は多くの場合、誰がその年度のストラテゴスであったかを記すことでその文書の作成がいつのことであるかを示す。しかし前節でもふれたように、数は比較的少ないが、中にはこのストラテゴスに続いてヒッパルコス、そしてさらにグランマテウスの職に誰が就いていたかということが言及されるものがある。国家元首にして軍事指導者としての役割を帯びていたことが確実なストラテゴスと異なり、残る二職がどのように選出され、またいかなる職権を帯びていたのかを確言することは難しい。さらにこの三役にローマ的な公職階梯が、つまり下位の公職をまず務めてはじめて上位の公職を務めることができ、また上位職を得た者がその後で下位の職に就くことはないというルールがあったかも判然としない。しかし連邦の碑文において、ヒッパルコスがいわば名祖政務官として登場する際には、基本的にストラテゴスおよびグランマテウスと共に表記されるので、この三役が毎年秋分の頃に選ばれたことは間違いない[92]。またヒッパルコス、そしてまたグランマテウスの就任者で名前が判明している者がそもそも少ないにもかかわらず、その就任が確認できる者は、かなりの部分がその後ストラテゴスに選ばれている[93]。さらに前三世紀中頃のものではあるが、アカルナニアと結んだとある条約において、連邦代表としてストラテゴス以下十数名の政務官の名が並ぶ中でも、ヒッパルコスは二番目に、またグランマテウスは三番目に登場している[94]。これらの状況はヒッパルコス、あるいはまたグランマテウスの職が一定の実権を帯び、市民の強い支持があってはじめて得られるもので、決して名誉職やストラテゴスが自由に任免できる単なる副官ではなく、その就任者の顔ぶれが、その時点の連邦の世論を反映したものであることを示す。

ではそのアルシノエのアゲラオスのヒッパルコス就任からは、パンタレオンの五期目のストラテゴス職獲得からうかがえる当時のアイトリアの状況に、さらにどのような色合いを見出すことができるのか。それを考える上で役立つのが、リュキアのクサントスから見つかっている碑文から、彼が前二〇六/五年にストラテゴスを務めていることがかなりの蓋然性をもって主張できる点と、[95]そこからうかがえる彼のナウパクトスの和約に対する肯定的、ないしは消極的にこれを是とする姿勢である。というのも、彼が和約に否定的なそぶりをみせる人物であったならば、ヒッパルコスを経験したことよりうかがえる彼の能力への連邦市民の信頼の高さからして比較的すぐ、つまり連邦が前二一一年にローマと同盟して対マケドニア戦を再開する前後にストラテゴスに昇っただろうからである。ヒッパルコスを務めてから十年程度を経てからのストラテゴス職獲得は、彼が再度の対マケドニア戦に否定的だったか、もしくは賛否を鮮明にしない人物だったため、連邦で再戦の気運が高まりあるいはまた実際にそれが始まるという中、彼以外で開戦に前向きな者や、賛否を鮮明にしない中立的な人物であっても彼以上に実績を積んでいる者、つまりはストラテゴス経験者が同職に選ばれ続け、結果としてより後の、人々の間に厭戦気分が強まる時期まで彼の出番が来なくなるということが起こったわけである。こうしたアゲラオスのやや遅めのストラテゴス昇格からうかがえる状況と、前記のパンタレオンについてわかっていることをまとめると、パンタレオンが五期目のストラテゴスを務め、かつアゲラオスがヒッパルコス職を保有した年度においても、ピュッリアスのストラテゴス二期目の年度と同様かあるいはそれ以上に、反マケドニア路線を推す人々への風当たりは強かったとみておくべきだろう。

その一方で注目すべきは、このパンタレオンが新たなプロクセノスの確保を通し、ギリシア内外で親アイトリア勢力を再形成しようとしていることである。というのも、テルモスに建立され、アイトリアによる複数の年にまたがるプロクセニアなどの認定を記録した碑文が、彼のストラテゴス在任中のアイトリアが、彼を含めた政務三役の名のもとにエウボイアの要地カルキス、エーゲ海のキオス、エペイロス西方のコルキュラ、シリアの大都市アンティオケイア、アカイアの中核都市アイギオン、ヒスティアイア、アテナイなどの市民をプロクセノスと認定していることを伝えているからである。[96] もちろん、プロクセニア付与という行動そのものはヘレニズム諸国の間において決して珍しいものではなく、それのみから当該国家の外交政策全般を論じることはできない。外部の共同体内の個人と友好関係を構築し、何かしらの恩典と共にプロクセノス認定をおこないつつ自国と親しい間柄にあることを公にし、被認定者が所属する共同体と自国が交渉する際のサポーターや、その共同体の中で自国に好意的な声がより増えるよう働きかけるためのツールとするという対外的なアプローチは、政治党派や人物を問わず、実行可能であればいつでも実施され得たからである。それでも目下のところ前二一七／六年度のアゲラオスや、いつのことかは断定できないもののその少し後であると思われるピュッリアスのストラテゴス二期目の時期に活発であったと主張できるだけの証拠が見当たらない、ギリシア本土の有力ポリス市民とのコネクション強化や海外勢力との紐帯の確保ないしは再建の動きがこの年度に活発化し、そして成功裏に展開されていることは注目すべきだろう。プロクセニアは単に認定すればよいというものではなく、被認定者側ときちんとした合意を形成しなければ認定後にプロクセノスとしての役割を果たしてくれることは期待できない。またプロクセニア付与に至るには、保証人を立てるなどして自国の者たちに対象者が信頼に値する人物であると判断させるだけでなく、対象者にも相応の水準や回数の働きかけをおこなって、個人としてこの共同体の友人となってもよいと決断させる必要がある。つまりパンタレオンのストラテゴス五期目の時期のアイトリアは、同盟市戦争とそこでの実質的敗北により周辺国の人々の連邦への好意や敬意が大いに低下したであろう中、新たな友人を獲得することに成功したわけである。その意味で、この比較的大規模なプロクセニア付与は、連邦がその国際的な影響力の回復にかなりの努力をし、一定の成果をあげたことの証といえる。[97]

こうしたアイトリアの行動の意味を考える上でさらに留意すべきは、同盟市戦争の結果、開戦以前より連邦を半包囲する形になっていたヘラス同盟がより確固としたものとなり、ギリシアにおける軍事バランスや影響力の面での連邦の劣勢がいっそう深まっていたということと、[98] そうした困難を外交により解消しようという動きが連邦指導部の間にあったといえる点である。ギリシア本土外の者へのプロクセノス認定、換言すれば海外における親アイトリア勢力の扶植は、マケドニア・ヘラス同盟が結束とその優位をより確かなものとしたギリシアにおけるアイトリアの相対的な勢力後退をある程度補完するのみならず、再度の有事の際には連邦の劣勢を覆す布石ともなり得るからである。また注意すべきは、この時期小アジアにおいて、セレウコス朝に背いて同地の少なくない地域を掌握していたアカイオスが、ペルガモンを拠点に彼に抵抗し続けていたアッタロス朝との戦いや、これと手を結んだアンティオコス三世とのサルデイスでの二年ほどの攻防戦の末前二一三年に斃《たお》れ、同地域に新しい秩序が形成されつつあったことと、そうした小アジアの諸勢力に対しおそらくはパンタレオンがストラテゴスを務めた翌年度にその地位に就いたアイトリア政務三役の者たちもまた、連邦市民権をイオニアの有力都市スミュルナの市民二名に付与するというテルモスの一碑文の事例のような形で接近している点である。[99] 前述した一連のプロクセノス認定者の中にアンティオケイア市民の名があったことも踏まえると、これはアイトリアが同時期のセレウコス朝の急速な勢力回復に注目し、それとつながりをもちうる者との関係樹立に一定の力を注いだ証とみてよいだろう。またアイトリアは既に前二二〇年頃から、今しがた登場したアッタロス朝とも友好関係を結んでいた。[100] もちろん、アイギオンやカルキスのおそらくは有力市民であろう者との関係が同時期に形成されていることからして、当時の連邦が既にマケドニアやそれを支持する勢力を完全に敵とみなす路線を進んでいたとまではいえない。またセレウコス朝との間にパイプを構築しようとしたというのが事実であったとしても、同王朝とマケドニアの関係が特に敵対的でなかったことを踏まえれば、これもやはり必ずしも反マケドニアを意図しての行動だったとはいえない。それでも一連の碑文を中心とした史料の状況からして、この時期の連邦の行動を、アテナイへの接近を含め、非ヘラス同盟勢力との関係強化に意を注いだものであったとみなし、そしてその中でギリシア外の勢力の重要性が高まりつつあったと考えることには十分な妥当性があるだろう。

またそうしたギリシア本土外勢力への接近の中で、小アジアとは別の意味で注目すべきなのが、コルキュラへのそれである。というのも、前二一六年から前二一三年にかけての同島は、ローマの同盟者であるとしてフィリッポスの攻撃対象の一つとなっていたからである。[101] つまりパンタレオンらは、ローマにとってマケドニアの西進が深刻な問題であった最中に、両者の最前線ともいえる地域の者をプロクセノスとしたわけである。このことを即座に、グレンジャーが説くように連邦によるローマへの間接的な支持表明ととらえることはできない。[102] しかし同盟市戦争後の連邦が新たな友好勢力やコネクションを海外において求め、その視界にローマが入っていたことは確かだろう。

そして注目すべきは、さらに前二一三／二年頃におそらくアルシノエの人ストラトンがストラテゴスになるあたりから、連邦内において同盟市戦争を主導した者たちの政治の表舞台への復帰がみてとれる点である。ここまで取り上げてきたピュッリアスやパンタレオンのストラテゴス在任時期に関し、前二一六／五年度から前二一三／二年の四年間のどこかというように述べておきながら、おそらくという留保つきながらも、ストラトンについてはそのストラテゴス在任が前二一三／二年頃と、その四年間の後の方にあっただろうという具合のより細かな推測を、同盟市戦争期指導部の復帰が看取できるというコメントと共に提示できるのには少し事情がある。というのは、まずテルモスから見つかっているとある台座碑文の記述が、このアルシノエのストラトンが前述のアゲタスの後にストラテゴスに就任したことを伝えているのである。この台座碑文はその上部の文言から、元々はラミア市が像と共にアゲタスのために用意したものだったとみられる。しかし碑文の状況からすると、連邦の聖域たるテルモスにこの台座が運ばれてから、ストラトンがストラテゴスを務める年度になって、アイトリアの人々は既に述べたスミュルナ市民の二人に連邦市民権を付与するという決議をおこない、その際に新たな石碑を用意する手間を省くためか、アゲタス像の台座の特に何も記されていなかった下部にその決議文を刻み込むこととしたらしい。[103] こうした様子がうかがえる碑文の配置状況から、まずアゲタスのストラテゴス在任期間の後にストラトンのそれが来たことがわかる。

さらに、ここでまた目を向けたいのが、既に登場したデルフォイで見つかったメリタイアの二つの領土紛争の調停に関する碑文である。片方の争いは前述の通り、パンタレオンが五期目のストラテゴスを務めた際にクシュニアイとの間で生じたものであるが、今回はそのクシュニアイとの争いに関する記述に続けて記されている、メリタイアとそこから北北西に二〇キロ程度のところにあるペレイアとの紛争の仲裁についての文書の方に注目したい。当該部分は損壊が激しく、読めないところも多い。しかし、写しが刻み込まれた状態のよい碑文がメリタイア跡地から見つかっているので、内容は判明している。[104] そして重要なのは、こうした碑文文書の記され方からして、また仮に二つの紛争が同じ時に問題となったならば一つの調停委員会がまとめてこれを扱ったはずであることから、連邦ストラテゴス名への言及はないながら、メリタイア・クシュニアイ紛争とメリタイア・ペレイア紛争は別の年度に取り上げられ、かつ時系列的にクシュニアイとの紛争調停があった後にペレイアとのそれもまたおこなわれたということがわかる点と、また既にたびたび述べているように、アイトリアが前二一一年にローマと同盟し再度の対マケドニア戦に入る点である。

戦時下において、マケドニア支配圏と接する地域で、境界線確定交渉というセンシティブな議論がなされたとは考えにくい。しかしそうかといって、終戦後にこの件が話し合われたというのも信じがたい。ペレイアの調停に関する記述の頭の部分に記されている調停委員の筆頭に、ドリマコスの名があるからである。[105]

ローマ・アイトリア同盟成立の際のリウィウスの記述からも明らかなように、ドリマコスは時のストラテゴス、つまり前二一二／一年度のそれに選ばれ政治の中心に復帰していたスコパスと共に、条約が連邦総会で可決されるよう積極的に後押しした。しかし細かな点は後に譲るが、この再度の対マケドニア戦でも、連邦は思うような結果を得ることができなかった。そして戦後アイトリアの市民たちは連年の戦争によりたまった負債に苦しむようになり、ドリマコスとスコパスはおそらくはその減免を主要な目的として臨時におかれた対策委員に就任する。このことは、結果的に不首尾に終わりつつも再度の開戦を後押ししたこの二人がなお市民たちの間で少なからず支持されていたことを示すのであるが、最終的にはこの委員としての取り組みも、政敵たちの反対運動により頓挫し、スコパスは国を離れることになる。ドリマコスの方はその後もアイトリアにあって政治指導者の一角を占め続けるので、[106] 可能性の上では、負債をめぐる政治闘争の最中はともかくそれが失敗してしばらく後であれば調停委員を務めるということも一見するとありそうに思われる。

しかし、実務的にこれはほぼあり得ない。調停内容が確定したことを公にする証人の中に、連邦当局より選任された枠の筆頭にパンタレオンの名があるからである。[107] 遅くとも前二四〇年代に連邦の指導層に入っていた彼は、[108] 前三世紀最後の数年のどこかで間違いなくかなりの高齢で世を去ったか少なくとも引退した。テルモスで見つかっているプロクセニア認定などの諸決議を記した碑文の中のある年度のそれで、パンタレオンの息子フュラクスが保証人に名を連ねており、このことは、当該決議文の成立が、パンタレオンが公務から手を引いた後に成立したことを示すからである。では、具体的にいつの頃にこの決議はおこなわれたのか。鍵となるのは、同決議文中にヒッパルコスとして登場するカリュドンの人アレクサンドロスである。[109] というのも彼がストラテゴスを務めた年、連邦はイオニアのテオスの求めに応じて同市にアシュリア認定をおこなっているからである。

テオスはそれまで、小アジア西岸で力を伸ばしていたアッタロス朝に貢納していた。しかし、前二〇五年を少し過ぎた頃、ここに進軍したアンティオコスがアシュリア、つまり侵すことの許されない共同体という認定を免税特権と共に与えるという形で、同市をアッタロス朝から自立させる。そして同王からのバックアップ、あるいは実質的な指示のもと、テオスの人々は各国に使節を送って、自分たちが受けたアシュリアと免税の認定への支持を精力的に働きかける。アイトリアのアシュリア認定も、当該文書の文言をみるに、こうした文脈の中でおこなわれたもので、それゆえアレクサンドロスのストラテゴス在任も、前二〇四年頃ないしはその少し後のことだったろうというのが先行研究の見立てである。[110] 筆者としても、こうした議論に特に反論すべき点はないと考える。

となると、アレクサンドロスがヒッパルコスを務めてすぐにストラテゴスに昇れた場合でも、そのヒッパルコス職は前二〇五年から前二〇四年頃のものということになり、パンタレオンの他界ないし引退もこれ以前とみなければならない。このことは、仮にペレイアの調停が再度の対マケドニア戦後であった場合、ドリマコスの調停委員としての活動やパンタレオンのその調停内容の証人役としての務めが、前者がスコパスと共におこなった債務問題をめぐる、敗者が国を出なければならないと判断するほどに抜き差しならない政争やその余波に国が揺れている時期や、後者の死没ないし引退、あるいはまた再度の対マケドニア戦の最後の年の頃と重なってしまうということを意味する。これはさすがにあり得ないだろう。

これらの点を勘案すると、メリタイア・ペレイアの調停はナウパクトスのアゲラオスの後にパンタレオンがストラテゴス五期目を務めていた際におこなわれたクシュニアイとのそれがあってすぐ後、つまり連邦総会に関するリウィウスの記述からして明かにそれ以前からドリマコスを交えつつラエウィヌスと話をしていただろうスコパスが前二一二／一年度ストラテゴスとなってローマとの同盟を推進する前の前二一三／二年か前二一四／三年、どれほど早くとも前二一五／四年、ということになる。そしてこのことは、ドリマコスがこうした再度の対マケドニア戦が近づきつつあった時期に、連邦指導者を務めたばかりの人物がかかわるような政務にあずかる立場へと返り咲いていたことをも意味する。

では、このパンタレオン五期目のすぐ後のストラテゴスは誰か。最もありそうなのが、先ほどその名をあげたアルシノエのストラトンなのである。実のところ、この名で呼ばれるストラテゴスは、前二世紀の中頃にもいたことが知られている。[111] このため、これとは別のストラトンが問題の時期にストラテゴスであったとみることの蓋然性の高さを示すには、またも連邦の碑文に関する情報をやや細かくみていく必要がある。

まずストラトンの名は、既にふれた通りアゲタスの像の台座下部の、スミュルナ市民二名への連邦市民権付与決議文から知られている。文章の位置だけで考えれば、アゲタスがストラテゴスであった前二一八／七年以降ならば、ストラトンのストラテゴス在任はいつでもあり得る。しかし歴史的状況を加味すると、可能性がある時期はかなり限定される。というのも前述の通り、アイトリアは第二次マケドニア戦争の後ローマと関係が悪化し、前一九〇年代の末にはついにセレウコス朝と結んでローマと戦うことになる。しかしセレウコス朝との連携が十分に機能しなかったこともあってアイトリア軍は敗れ、そして前一八九年に、これ以後は敵味方を同じくするという約束をはじめとした事実上の降伏条約をローマと結ぶ。そしてこの時アイトリアはまた、オイニアダイのアカルナニアへの返還と、前一九二年以降にローマ軍に制圧されたか住民たちがこれに帰順するなどした共同体に関しては、そのまま永久的に連邦から離脱するということをも承諾させられる。[112] アイトリア・セレウコス朝軍が前一九一年にテルモピュライでローマ軍に大敗する前後の段階でローマ側は少なくとも連邦北東部を制圧しているので、[113] 戦後の連邦は、完全とはいえないものの、オイニアダイの喪失とあわせて海を通して海外の勢力と緊密な連携をとりつつ国際社会の中で自国の存在感を誇示することが物理的に難しくなり、また政治的にもその能力や志向を基本的に失ったはずである。つまり前一八〇年代以降にスミュルナ市民のうちで、連邦と親しい関係にある者がいることを公にするということは、物理的に不可能ではないがなかなかに困難で、かつ独自の外交を展開する余地がかなり制限された時期のアイトリアがそれなりの労力を投じ続けてそうした外国人との紐帯を形成・維持する利点があったかというと甚だ疑わしいのである。[114] 実際、そうしたものが存在し活用された様子も、管見の限り現存史料からはうかがえない。そして実は前一九〇年代のストラテゴスも基本的にその名が判明しており、ストラトンの同職在任期間をこの中に見出すことも難しい。[115]

　ではその前の、前三世紀最後の十年はどうか。ここにも一考すべき点がある。ストラトンはおそらくストラテゴスを二期務めており、[116] この二期目が同十年代の前半に入りそうだからである。というのは、まず「アルシノエのストラトンが二期目のストラテゴスの任にあった折」という文言が、今のところ二つの碑文で見つかっている。一つはデルフォイで発見された、とある親子を奴隷身分から解放することを記したと思しき文書である。ただこちらについては、同碑文を収録する *Fouilles de Delphes* の編者およびグレンジャーは、前二世紀半ばのものであろうと推測している。[117] つまり先ほどふれた、前二世紀半ばに活動したとみられる同名異人のストラトンの方に言及した文書とみなされているわけで、筆者としてもそれは妥当と考える。そう判断される理由はやや複雑だが、端的に述べればデルフォイのアルコン(用語解説参照)としてあわせてアンフィストラトスの名が記されている点に求められる。ただデルフォイのアルコンをいつ誰が務めたかについては、補遺の部分で紹介する史料についての議論の中でふれる予定なので、具体的なところはそちらに譲る。ただいずれにせよ、当該奴隷解放文書それ自体の中には、それが前三世紀末に作成されたということを主張できるような要素は一切見出せない。そのため、同碑についてはこれ以上論じなくともよいだろう。

注目すべきは、テルモスで見つかっている、アリストマコスなるスパルタ人への、プロクセノス認定と「戦時と平時を問わずのアシュリア」などの恩典付与を記した碑文の方である。[118] というのも、アイトリアとスパルタの間には、前二世紀の初頭にその関係を決定的に悪化させたであろう事件が知られているからである。これを踏まえると、それ以前の時期に二度ストラテゴスを務めた可能性を指摘できるアルシノエのストラトンという名の人物が今のところ他に見出せないことや、前述の通り連邦がローマに敗れて以降その対外政策に積極性を欠くようになったこともあって、このテルモス文書が作成されたというアルシノエのストラトンが二度目のストラテゴスを務めた年度が前三世紀の最後の十年の前半にあったと判断し、さらにそれに立脚して一期目の時期もおおむね絞り込むことができる。

どういった理由からそう述べることができるのかを説明するため、まずは今述べたアイトリアとスパルタの関係を悪化させた事件というものについてふれておきたい。事の起こりは、既に幾度かふれた前一九〇年代末のアイトリアの対ローマ戦の、その開幕の折の連邦のスパルタへの攻撃である。この時アイトリアはローマとの戦いに備えて戦略上重要と判断した諸地域の確保を図り、その一環としてスパルタにも軍を送った。そして派遣部隊の者たちは、それまで連邦とは友好関係にあったことからこうした動きを予期していなかったスパルタの指導者ナビスを騙し討ちにし、そのまま市内に攻め込んだ。しかし市民たちはこうした仕打ちに強く反発し、侵入してきたアイトリア人たちを激しく攻撃して指揮官共々多くの者を討ち取りこれを退けた。ただ、この後スパルタは指導者を失ったことで混乱状態に陥り、それを好機とみてすぐに軍を出したアカイアに編入されてしまい、その後の数十年は再度の独立のためローマなどを巻き込みつつ、このアカイア当局と争うことになる。[119]

ナビス謀殺事件は、基本的には、かつてのような強国の座を取り戻そうと国政改革や対外戦争を繰り返したスパルタが、マケドニアや新興のアカイア、あるいはローマなどの台頭により幾度となく挫折を経験し、ついにはその独立を失っていくという歴史的展開の重要な一コマとして理解すべき出来事といえるだろう。ただ同時代の多くのスパルタ人が、自分たちがアカイア当局の命令に服さなければならなくなったことは少なからずアイトリアの背信行為によるものだと感じ、アイトリアに対しアカイアに勝るとも劣らぬ反感を抱いたことは想像に難くない。もちろんスパルタ人にもさまざまな立場があったので、中にはアイトリアに親近感を抱く者や、アカイアからの独立を実現する一助となれば、という気持ちから連邦に近づく者もいたかもしれない。しかしプロクセニアやアシュリアの認定を受けるということは、自身が完全にアイトリア支援者たることを宣言するも同然の行為である。同胞の多くがアイトリアに悪感情を抱いている中で、あえて親連邦の立場を人々の前で鮮明にすることに利益を見出すスパルタ人がいたとはなかなか考えにくい。また前記の通り、前一八〇年代以降の連邦は、そもそも独自に「戦時と平時」を問うことが基本的になくなる。そしてスパルタもまた、その独立運動への警戒もあって独自の意思で国際関係に関与することをアカイア当局から取り締まられるようになっていく。これらの状況を勘案すると、アリストマコスに諸々の恩典を付与した「ストラトンが二期目のストラテゴスの任にあった折」は、前一八〇年代より後とみるべきではないだろう。

ただし、アイトリアとスパルタの関係は少なくともナビス謀殺までは一般に良好だったといわれているものの、常に親密だったわけではない。両者の友好が強調されるのは共通の敵との戦いが近づいているか、それが始まっている時である。実際、連邦がローマと結んで対マケドニア戦を再開した折も、スパルタは参戦を促す連邦使節の話を聞く一方で、なおヘラス同盟とも接触をもっていた。またローマが第一次マケドニア戦争を終結させるべく前二〇五年にフィリッポスらと交渉した際も、スパルタはこれに関与したが連邦の方はそうしなかった[120]。こうした点を踏まえると、「戦時と平時を問わずのアシュリア」が話題となるのも、スパルタが連邦の要請を受け入れてローマと結んでの対マケドニア・ヘラス同盟戦に参加していた期間中で、なおかつ誰が連邦ストラテゴスだったかに議論の余地がある、前二〇九／八年から前二〇七／六年のうちのどこかとみるべきだろう。そしてこれらの状況を総合すると、アゲタスのストラテゴス任期より後であるというストラトンの同職一期目も、前二一六／五年から前二一三／二年にかけての四年間のどこかにあったといえるわけである。

そしてここであらためて考えたいのが、既に幾度かふれたストラトンのストラテゴス一期目の期間中のスミュルナ市民二人への連邦市民権付与と、この時期の小アジアでセレウコス朝から自立を図ったアカイオスを同王国のアンティオコス三世およびこれと結んだアッタロス朝が滅ぼしにかかるという情勢になっていたということとの関連である。というのも実は、ポリュビオスによるとアカイオスがサルデイスに立て籠もるに至る少し前、アッタロス朝は彼に奪われていた小アジア西岸部の支配圏を取り戻すべく軍事行動を起こし、前二一八年のうちにスミュルナを(再)征服したというからである。先行研究はしばしば「スミュルナ」は写本の誤りで、実際に従えたのはキュメやアイガイに程近いミュリナであろうと主張している[121]。確かにキュメとアイガイがこの時アッタロス朝のもとに戻ったとポリュビオスは述べているので、通り道のミュリナもまた制圧された蓋然性は高い。ただこの作戦ではテオスやコロフォンもまたアッタロス朝に従うことになったとあり、そうであるならば、両市に向かう途中にあるスミュルナもまた当時同王朝を率いていたアッタロス一世の勢力下に入ったとみておくべきようにも思われる。しかしいずれにせよ、スミュルナの近辺において同国の支配力が回復されるという政治的な変化が前二一八年に生じ、かつまた前二一三年にアカイオスが斃れるまで、周辺地域の状況が非常に流動的だったことは間違いない。そしてこのことは、スミュルナの市民との接触が物理的に不可能となったということを意味するわけではないが、それでもアイトリアを含めた外部の人々にとって、同地にアプローチするリスクが高まり、かつそこに属する誰が市民権を付与するほどの深い交流をするに値するのかが判然としないという状況をしばらくの間もたらしただろう。また特に、アッタロス朝の軍事行動はアカイオスに打撃を与えたとはいえ、アンティオコスが前二一六年から本腰を入れて彼を攻め始めてそれが軌道に乗るまで、情勢はなおどのように展開するか予断を許さなかった。[122] こうした状況を踏まえると、市民権を付与するに至る水準の交流が問題のスミュルナ市民二人との間にもたれ、実際に市民権が付与される運びになったストラトンのストラテゴス一期目というのは、前二一六／五年から前二一三／二年までの四年間の中頃以降とみるべきだろう。

では、ストラトンがこの時期にストラテゴスを務めたことは、アイトリアのどのような状況を反映したものといえるか。一つ確かなのは、国際情勢への、それも現在進行形で勢力バランスに変化が生じている地域への強い関心である。スミュルナにせよ、あるいは前にふれたコルキュラやシュラクサイにせよ、この時期のアイトリアのプロクセニアその他の認定や、それに先立ってあったはずの交流は、連邦の人々が、あるいは少なくともその一部の人々が、戦いが起こっているまさにその時はともかく、力関係に変化が生じている地域の者たちに積極的にアプローチをしていたという様子をはっきり示しているからである。[123]

そしてこうした様子を踏まえた上でこれまでにみてきたアイトリアのギリシア内外での新たな友好勢力獲得の動きを考えた時、そうした活動が少なからずマケドニアとの再戦を期した声に支援された、あるいはより強く押されての結果であったと推測することは、決して的外れではないだろう。少なくともパンタレオンとドリマコスが同じ仲裁作業の場に姿をみせていることは、同盟市戦争期指導部への風当たりがなお強かったと思しき時期にストラテゴスとなった人物が、対マケドニア政策の是非と直接にはかかわりのない問題において共同し得たことを示している。そして国外における友好勢力再構築の動きは、明らかにマケドニアとの和平維持を是とする人々よりもその反対派にとって好ましい政策であった。連邦内においていかに対マケドニア戦を望む声が優勢になったとしても、ギリシア本土で強固な立場を築いている同王国とヘラス同盟に単独で対抗することは困難であるからである。実際、ローマとの同盟条約においては、スパルタやアッタロス朝といった、かねてより連邦と所縁のある国々がさらなる同盟者の候補として提示されており、このことはアイトリアが同盟成立時、あるいはまたそれ以前から多方面の反マケドニア勢力を糾合する形で同国と再戦することを考えていたことを示唆する。[124] そこに至るまでの友好勢力獲得の動きのすべてを反マケドニア的な動きやそれを求める声の高まりの証とみなすことは必ずしもできないが、それらがそうした勢力に、その政治目標を実現するための具体的な見通しを与えたことは間違いないだろう。そしてこのような流れがあったからこそ、前に引用したリウィウスのローマ・アイトリア同盟成立の際の記述にあるように、前二一二/一年にスコパスが、さらにその翌年度にドリマコスがストラテゴスに就任するという状況が、[125] つまり同盟市戦争を指導しその敗戦の後しばらく政治の表舞台から姿を消していた者たちが再び指導者として信望を集めるようになっていくという状況が、生まれたわけである。

もちろんこうしたアイトリアにおける外部の共同体内の個人への働きかけは、前二一一年のローマとの同盟へと直接につながるものではなかっただろう。例えば勢力を回復しつつあったセレウコス朝支配下のアンティオケイアの者への接近などは、連邦内で海外との交流に活路を見出した者たちが同王朝の動静に、そしておそらくはこれとよりはっきりした提携にも関心をもっていたことを示唆する。こちらはアンティオコスがアカイオスを滅ぼした後、その目を東方へと向けて大規模な遠征に乗り出したため当面そうしたことは見込めなくなったわけであるが、しかしスミュルナやコルキュラの者ともおおむね同じ時期に交流が進められたという状況は、アイトリア人たちの中で海外情勢と連邦の勢力回復に少なからず関心をもつ者たちが、交流相手たちの居住地やその周辺を確保したアッタロス朝とそしてローマといったその他の有力勢力にも同時並行的に関心を向け、すべては無理でもそのうちのいくつかと手を結べればよいという方向性で動いていたことをうかがわせる。

ただここで一考しておくべきなのが、既に登場したナウパクトスの和約の際のアゲラオス演説である。彼は、異邦人たるローマ人やカルタゴ人が西方を制覇し、やがてギリシアに攻めて来るかもしれないので、ギリシア人同士の争いをおさめるべきであると論じ、和平会議に参加した者たちはこれに大いに賛意を示し、そしてまた連邦の人々もこうした状況を評価して彼をストラテゴスに選んだ。このような経緯があったにもかかわらず、連邦にローマとの提携を模索する動きがあったと考えることは、一見無理がありそうにも思われるからである。

しかし実のところ、ナウパクトスの和約を肯定的にみたか、否定的にみたかを問わず、例えば前述の「西の空にあらわれた黒雲」という類の言辞やそれを交えつつ和平を成立させたことが、その後のローマとの提携の妨げになると考える者が当時のヘレニズム諸国にそう多くいたとは思えない。もちろんそうした発言をおこなったアゲラオスについては、特に本人が何らかの説明をおこなうということがない限り、その後も和約の維持とギリシア人の間の協調を主張する者というように周囲から認識されただろう。しかしその他の会議参加者やより一般的な有権者がアゲラオス演説やその結果としての和平をその時に支持したことと、その後の自分たちの言動との整合性に注意を払った様子はない。例えば「黒雲」にはローマだけでなくカルタゴも含まれていたはずであるが、フィリッポスは和約後すぐにこれとためらうことなく提携し、またそれを特に自分の同盟者たちの前でも隠さなかった[126]。また第一次マケドニア戦争の末期において、ロドスをはじめとした東方諸国はアイトリアとマケドニアの仲裁を積極的に試みたが、その中で用いられた論法は、アゲラオスの演説と類似の、西方の勢力、こちらの場合には特にローマを名指ししてその脅威や残酷さを説き、そうした「異邦人」と手を結ぶことがいかにギリシア人を危険にさらすことになるかと主張するものだった[127]。しかしその中心であったロドスは、前二〇一年になって自国がマケドニアの脅威にさらされるや、数年前に批判の対象としたローマに東方への出兵を促し、対マケドニア戦の共闘者としている。

加えて、そもそも異民族の脅威を前にギリシア人同士で戦うべきでないという言説自体、必ずしも同時代の者たちにとって常に正論というわけではなかった。例えばこの第一次マケドニア戦争中においても、アカルナニアの使節リュキスコスがアゲラオスと同じく西方勢力、ここでもローマを名指ししてその脅威をスパルタ人たちに説いたが、対マケドニア戦への参加を勧めるアイトリアのクライネアスの議論に打ち破られている。[128] つまりアゲラオス演説において異民族としてのローマおよびカルタゴの脅威が論じられ、それが和約の成立を後押しするということがあったとしても、それは非ギリシア人とギリシア人が混在する中でギリシア人の間の協調を推したい場合に用いるステレオタイプな言い回しという面も多分にあり、そうした表現が同時期のアイトリア人たちのローマへの本心からの認識を反映したものであった、あるいはまたそうした経緯がありながら同国と手を結ぶことに、連邦やその他のヘレニズム諸国の間で深刻なレベルの反発が巻き起こると予想されるような状況があったとみなす理由はないのである。

以上の点を整理すると次のようになる。まず同盟市戦争後のアイトリアにおいては、戦争を指導しその事実上の敗北に責任があったとみなされたと思しき者たちが、市民たちからの風当たりが強くなった結果しばらく政治の中枢から追われた。国政の主導権はアゲラオスのように和平を実現させそれを維持しようと努めた者たちや、そうした人々と敵対はしていない者たち、あるいはマケドニアとの再戦を望む側からも是とされ得る者たちの手に握られた。一方でこうした体制の中でアイトリアは、主に後の方にあげた者たちの主導で、ギリシア内外で新たな友好勢力の獲得に動き、その視野には政治情勢に大きな変化がみられた小アジア、および明らかにローマを含んだ西方がおさめられていた。そしてアンティオコスが東征を開始して彼との連携の可能性が遠のくのと同じ頃、連邦内においては同盟市戦争により政権の座から退いていた者たちの復権の動きが顕著になっていた。彼ら、マケドニアとの戦いを主導し、そしてナウパクトスのアゲラオスのようにはっきりとした立場の変更をおこなうことがなかったという意味でなお同様の対外政策の推進を是としていたとみなされるべき人々、つまり主戦派にとって、ナウパクトスの和約を破棄してマケドニアと再戦するため、あるいはまた自分たち自身の影響力の回復をより確固としたものにするために次に必要だったのは、アイトリア国内を開戦へとまとめることだっただろう。そうした彼らが求めたのは、新たな戦いを始めるきっかけと、開戦した後の戦果やそれを実際に手に入れるための勝算であったはずである。[129] 前二一二年頃から同盟のための交渉を始めた、あるいは持ちかけられたローマ人たちが目にしたのは、こうしたアイトリア人たちであった。

## 結論

第2節において示したように、アカルナニア征服条項をめぐる史料状況は、ローマとアイトリアの同盟交渉全体が先行研究の指摘とは裏腹に、そもそも連邦側から積極的に始められたことを示すものであった。そして第4節でおこなったアイトリア関連諸碑文の考察は、同盟市戦争後の政務官たちの就任状況や、その中で進められた外部への精力的かつ戦略的ともいえるアプローチからは、連邦側にもローマと同等か、あるいはそれ以上に新たな提携相手を獲得して当時の国際情勢の中での自国の退勢を挽回しようという動きがあったことを明らかにした。これらの検討は、前二一一年に成立した両者の同盟が、決してローマ側が苦境の中でアイトリアに乞い、一方的に不利な条件下で締結したものなどではなく、むしろ逆にギリシアにおけるその中の地位改善や自国における自分たちのそれを図る、同盟市戦争期に連邦を率いた者たちを中心としたアイトリア人たちの主導のもとで結ばれたという面が多分にあったとみることの妥当性を十分に示したといえるだろう。

一方で留意しておくべきは、この同盟交渉がそうしたアイトリア内の、自国の地位改善のために積極的な行動を求める人々、具体的には対マケドニア主戦派と呼んでよい人々にとって苦渋の決断でもあった点である。なぜならラエウィヌスの協力を得られたことで、彼らは連邦総会で参加者の多数派に開戦への賛成票を投じさせることに成功したものの、ローマに大規模な戦力投入を求められなくもなったからである。この意味で、主にアイトリアと縁の深い者たちを対象としての新たな同盟者の参加を予定した文言が条約の中に加えられたのは、こうした戦力不足を補おうという試みをローマとの同盟がまとまった時点において既に連邦側が進めていたことと、そうした行動をあらかじめローマ側に認めさせておく配慮とみるべきだろう。前二一一年の条約は、こうした東方の外交環境の中でのアイトリアの主戦派の国内政治と国際政治を股にかけた活動と、そうした積極性があったからこそおこなう必要が生じた、交渉相手であるローマ側への妥協の産物でもあったといえるわけである。

こうした検討から導き出されるのは、ローマが東方世界へと進出する直前の時期において、なおヘレニズム諸国が対外政策において非常に積極的かつ敏捷な動きをみせていたという点である。本章において大きく取り上げたアイトリアは、同盟市戦争で勢力を後退させつつも精力的に新たな友好勢力の確保をめざし、結果としてその努力はローマと東方世界のはじめての共闘と、そしてこれは次章のトピックの一つだが、それに続くアッタロス朝やスパルタその他の参加を経ての対マケドニア・ヘラス同盟包囲網という形で結実した。またそのマケドニアにしても、そもそもローマと開戦したのは同時期の同国のハンニバルとの戦いでの苦戦という状況をみて、機敏に後者との共闘を決意したからだった。

そして重要なのは、こうした外交面での躍動性や精緻さ、あるいはまた国際的な多数派形成という発想を、この頃のローマは明らかに欠いていたという点である。同国はアイトリアとの交渉に関しては、連邦内の開戦派を支援しつつ正式な条約をまとめるというような幾分変則的なスタイルを許容し、また条文の構築に関してもかなりの巧妙さをみせた。しかしより複数のプレイヤーを相手に国際政治の舞台を泳ぎながら、必要ならば後で提携を模索するかもしれない相手をも目下の必要を満たすために利用し、自国の利益とそしてあるいはまたさらに自分たち自身のそれにかなう道を見出すという点については、その技術の高さを示したのはアイトリア側だった。ローマがこうした連邦の人々のありようや、彼らの隣人たる他のギリシア人たちのそうしたやり方を認識し、それを自分たちの外交をつくる場に反映させるようになるのは、やはり詳しくは次章以降のトピックとなるが、第一次マケドニア戦争の後半で苦い経験を味わって後の、第二次マケドニア戦争が始まる直前になってからのことだった。この意味で、前二一一年の同盟は、ローマの東方進出の最初期の単なる一事件ではなく、その外交政策のありようにおける変化の始まりでもあったといえる。

## 第二章　フォイニケ和約とギリシア人たちの「世論」

### はじめに

ここからは、前章でも取り上げた第一次マケドニア戦争の後半、特にその終結に向けてローマとヘレニズム諸国の人々が国際政治あるいはまた国内情勢を睨みつつ展開した、政治・外交活動を議論する。とりわけ注目するのは、両者のそこでの角逐と、その中でギリシア人たちの間でみられた「世論」の活用、そしてその展開の中であらわになっていったローマ側の外交的敗北である。

これまでにもしばしばふれたが、第一次マケドニア戦争はローマの立場からいえば、カルタゴを相手に総力戦と呼んでよい規模の戦いを繰り広げた第二次ポエニ戦争に付随して生じた、いわば舞台裏の戦いだった。カルタゴと同盟してローマの背後を脅かしたマケドニアのフィリッポスの存在は、ローマにとって潜在的な脅威だった。しかし彼の軍がイタリアに上陸しカルタゴ軍と合流する、あるいはまたアドリア海東岸部のローマの勢力圏を制圧するというような事態は、ローマが東方に派遣した部隊の活動もあって、結局最後まで起こらなかった。特に前章で取り上げた前二一一年のローマ・アイトリア同盟成立以降は戦場もほぼギリシアに限定され、さらにこれも既にみた通り、ローマはそこに投じなければならない戦力やコスト、甘受しなければならないリスクも、かなりの程度アイトリアに肩代わりさせることもできた。そして同戦役はそのまま、ザマで敗れたカルタゴがローマに屈服するのに四年先立つ前二〇五年に、歴史に名を残すほどの戦闘もないまま、エペイロスのフォイニケで結ばれた和約によりひっそりと終結する。

こうした状況は一見すると、ローマは敗北したどころか、特に危なげなく主敵たるカルタゴとの戦いを妨げる要素を効果的に抑制し続け、そしてついに前二〇五年の和約によりこれを完全なものとするという、戦略上の勝利を得たとさえいえるようにも思われる。実際、先行研究も、第一次マケドニア戦争でローマが主眼としたのは、フィリッポスをイタリアでのカルタゴとの戦闘に関与させないようにすることで、それはおおむね成功し、和平とそれによる終戦も、イタリアに攻め入った時期の勢いを失ったカルタゴの先行きに見切りをつけたフィリッポスと、対カルタゴ戦に集中するため他の戦いから手を引きたいローマの利益が一致した結果とみている。[1]

しかしながら、戦役を終結させたフォイニケ和約は、戦闘において取り立てて大きな敗北を喫したわけでもなかったローマに、勢力圏の一部をマケドニアに引き渡すことを強いるものだった。これは、フィリッポスの東方での求心力をさらに高めるものだったといえるだろう。またこの和約の一年ほど前には、ローマの同盟国だったアイトリアが、和戦を共にするという同盟条約内の約束を無視して対マケドニア共同戦線を離脱するということが起こっている。[2] これは直接には、連邦の市民たちがローマとの共闘の維持を拒絶したことによるものだった。しかしそうした同連邦の立場の変化は、これを取り巻くヘレニズム諸国が一致してアイトリアの停戦と、ローマをギリシアの国際政治の舞台から退去させるよう求めたことが大きく影響していた。本章ではこうした連邦とギリシア諸国の世論の動向、およびその延長上のものという面を多分に含んでいたフォイニケ和約、そして何より、その背後にあったギリシア人たちの外交の模様を明らかにする。そしてこれらに取り組む中で、前二一一年のローマ・アイトリア同盟成立後のローマ人とヘレニズム諸国の人々の外国面での角逐と、そこで両者がどのように、複数のプレイヤーが活動する国際政治の舞台でその利益を追求し、成功ないし失敗していったのかを考えていきたい。

## 1 調停者たちの出現

最初に議論の起点として、アイトリアが参戦する前二一一年から二年ほどの戦争の流れについて概説しておきたい。まずローマと同盟した連邦は、前章でもふれたように、同国と連携しての、マケドニアの同盟国アカルナニア攻撃に着手した。これはフィリッポスが素早い対応をみせたことですぐに中止となるが、連邦軍はそのままローマ軍と共同作戦を続け、前二一〇年にコリントス湾北岸のアンティキュラを占領した。[3] そして前二〇九年までにはエリス、メッセニア、アッタロス朝、そしてスパルタがアイトリアの友邦として参戦し、多方面からマケドニア側を攻撃する形勢となる。[4] ところがフィリッポスの反撃が始まると、既に幾度も登場しているトリコニオンのドリマコス率いる連邦軍とローマ軍の妨害にもかかわらず、テッサリアのエキノスがまず占領され、またその西方のラミア付近でもストラテゴスに再任されていたピュッリアスが、アッタロス朝のアッタロス一世とローマから派遣された支援部隊と共に敗走を強いられる。[5] こうした反マケドニア陣営の苦戦が目立ち始める中で登場するのが、プトレマイオス朝、アテナイ、キオス、そしてロドスの使節団である。リウィウスの伝えるところでは、彼らは「フィリッポスとアイトリア人たちの間の戦争を止めるため」[6]、つまりは調停のためあらわれた。そしてこの時の交渉は、マケドニアとアイトリアがそれぞれ提示した条件が合わなかったため失敗に終わるものの、この後も彼ら(便宜上、これ以降「調停者」とひとまとめに呼ぶ)は、年によって顔ぶれはやや異なるものの、ほぼ終戦まで一つの勢力として戦争の行方を左右していくこととなる。本章がまず注目するのは、このヘレニズム諸国の調停の動きである。

彼らの活動が及ぼした影響を明らかにするため最初に目を向けたいのは、彼ら調停者たちが、そもそもどういった思

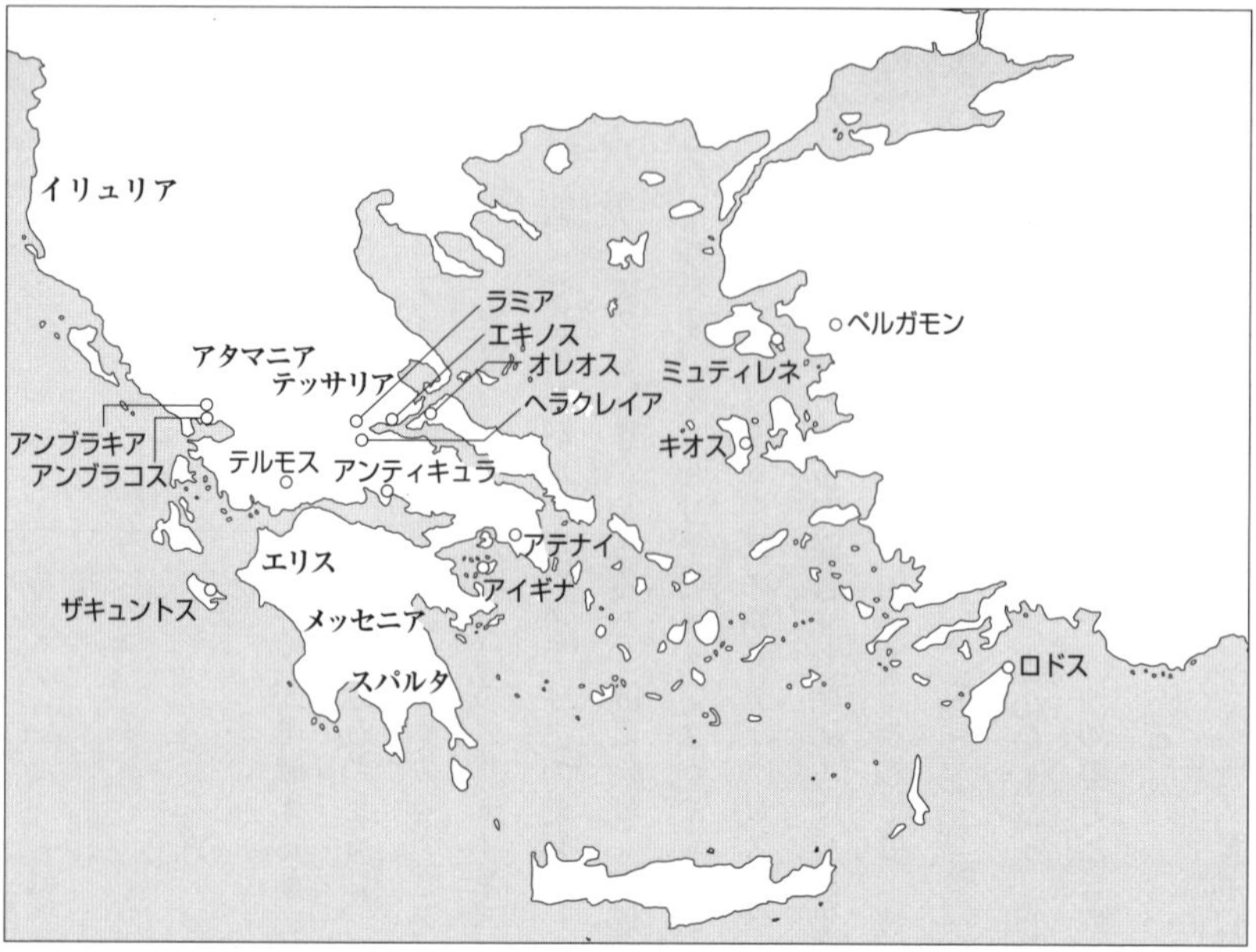


調停者たちがあらわれ始めた頃に関する議論で登場する主な都市・地域(ギリシア・小アジア西部)

惑からこの戦争に介入したのか、そして先に示したリウィウスの彼らについての言及の中に、フィリッポスとアイトリアの名があって、その連邦の他の同盟者、とりわけ軍事的に大きな存在感をもっていたはずのローマの名がないのはなぜかという点である。実はこれについてW・フスとエックシュタインは、調停者たちは、戦争の中でアイトリア人がしばしばおこなったとされる海賊行為により、自分たちがエーゲ海でおこなう交易に損害が生じることを懸念し、その一方で陸上の状況については、特に利害関係や関心がなかったため、アイトリアとマケドニアのみを交渉相手にしたという可能性を提示している。[7] しかし、商業的利益の保全が、この戦役での調停者たちの一番の関心事であったということを裏付ける史料は特にない。何より、ローマは彼らがあらわれる前二〇九年まででさえ頻繁に海軍を動かしており、またアッタロス朝もその参戦後すぐの時期に三五隻の艦隊を出撃させていることからもうかがえるように[8]、それなりの規模の艦隊を以前から保有し[9]、当然そのことは、周辺各国に特に秘密にはされていなかっただろう。つまりマケドニアとアイトリアが和解しても、ローマとアッタロス朝が戦い続けている限り、ギリシア近海は特に安全とはならず、また同時代人たちにもそれは自明のことだった。交易が調停者たちの主たる関心事であったというのは、彼らの前二〇九年の行動への適切な説明とはいえないだろう。

となると有効と思われるのが、調停者たちの前二〇九年の言動を、政治的な利害の面から考えるというアプローチである。これは既にいくつかの先行研究でも試みられているが[10]、この方向の妥当性は、特にリウィウスが彼らの登場にふれるところで、「ただし彼らが総じて問題としたのは、他のギリシア人たちよりも好んで紛争を起こすアイトリア人たち〔の窮状〕ではなく、フィリッポスと彼の王国が〔自分たちの〕自由にとって危険となるほどにギリシアの情勢に密接に絡み合ったものとなっていくことがないように」することだったと述べている点から確かめることができる[11]。つまり調停者たちは、対アイトリア戦がフィリッポスに有利なものとなればなるほど、彼がヘラス同盟の盟主であることもあって、連邦など反マケドニア陣営はもとより、その他のギリシア人にも大きすぎる影響力をもつようになると危惧していたわけである。この調停者たちの動機に関する記述の情報源は、前章でもたびたび登場した、リウィウスのこの時代についての主要史料にして現代でも全体としてその伝える内容の信憑性の高さが認められているポリュビオスであるといわれている[12]。実際、アイトリアに対する、その好戦性への指摘を含めた総じて冷淡な姿勢は、同連邦への彼の否定的な評価や、折にふれてそれを読者に印象付けようとする著述スタイルとよく重なる[13]。また何より、調停者たちがマケドニアの拡大抑止を一番の目的としていたとみると、この前二〇九年の彼らの行動はもちろん、終戦までのそれについても整合的な説明が可能となる。

まず前述のリウィウスの記述にある、調停者たちがアイトリアとフィリッポスのみを交渉相手とみなし、ローマやその他の勢力が一見、彼らの関心の外にあるような状況についてであるが、そもそも調停者たちがギリシアにやって来た時点において、ローマおよびアッタロス朝の人員はギリシア本土にはほぼいなかった。[14]またアイトリアに味方したスパルタは隣接するマケドニアの同盟者アカイアと戦端を開いたばかりであり、同じくアイトリア側に立って参戦したエリスも同連邦の力を借りつつやはりアカイア領で掠奪を始めたというような状況で、ギリシア近辺のアイトリア・マケドニア両陣営の多くは本格的な戦闘状態になかった。[15]要するに、前二〇九年の調停者たちの行動は劣勢が相対的に、それもマケドニアに対し際立っているアイトリアをまず休戦させようというもので、ローマをはじめその他の勢力に声がかからなかったのは、物理的にそれが難しかったのと、単純に軍事・外交面でその必要性が低かったためというように理解することができる。

この見方は、ポリュビオスがこの時期の状況を記した巻の残存断片中の、調停者たちを交えた会談の模様を伝えたと思しき箇所から退けられるように思われるかもしれない。というのも、そこでは一人の弁者が、目下の戦争はギリシア人に犠牲を強い、ローマ人に漁夫の利を得させるだけであると発言しているからである。もし彼が調停者たちの一員であった場合、彼らは当初から少なくともローマには反感を抱いており、そのため彼らはローマにこの時声をかけなかったというようにも考えられる。[16]しかしこの可能性は否定することができる。エックシュタインが既に指摘しているように、[17]まずこの弁者がどこの国の者なのかは、史料中には明示されていない。そしてこの人物はアイトリアが勝った場合でも得をするのはローマであると述べるところで、挿入的に、同連邦の勝利の可能性を「神々のもとで是とはされない」と述べている。[18]これは少なくとも建前上は中立の立場を示したであろう調停者の発言としては、いかにも不自然である。これらを踏まえると、問題の主張はこの時点の調停者たちのものではなく、アイトリア陣営の分裂を図るマケドニア、ないしはその同盟者のものとみるべきだろう。

調停者たちの目標があくまでマケドニアの勢力拡大の阻止であったことは、前二〇八年になって、彼らが前年とは一転して、ローマや他の連邦の同盟者とも接触をもったことと、その際の状況からも裏付けられる。この時には反マケドニア陣営の活動が再度活発化し、こうした中での和平に同王国が消極的であったため交渉自体は再び物別れに終わるのであるが、調停者たちがアイトリアで催した和平を検討する会議には、ローマやアッタロス朝の代表も加わっているからである。エックシュタインは、調停者たちは包括的な講和を特に求めていたわけではなく、この二国がここでの交渉に加わっているのは、彼らが連邦を訪れた際にたまたま両国の代表者がそこに居合わせたからではないかと考えている。[19]しかし調停者たちは和平提案を連邦領へラクレイアでおこなったのであるが、それがこの地でなされたのは、アイトリア人たちがそこで戦争の今後について話し合う予定であることを聞きつけたからだった。同会議は、連邦が通常年に二度開催した総会だったと思われるが、リウィウスやこの会議のことを知ってフィリッポスが同地の急襲を試みたことを記しているポリュビオスの単語の用法が、当時の連邦の意思決定機関や会議の名称を厳密に踏まえたものなのかが判然としないため、この点については確証がもてない。[20]しかし外部に容易に知られるほど大きな会議であり、また戦争の今後が議題であることもわかっていた以上、調停者たちは、連邦の同盟者たちがそこに同席していることも予測できたはずである。となると、ローマやアッタロス朝が和平案検討の会合に参加したのは、決して偶然ではない。ここで調停提案がなされれば、彼らがそれを察知し関係者として交渉に加わろうとすることは確実であり、連邦およびマケドニア以外とかかわりをもつことを望まなかったのであれば、調停者たちはそもそもこのタイミングで和平を打診しようとは考えなかっただろうからである。

そしてフィリッポスの勢力拡大阻止という観点から考えると、前二〇九年とは一転してアイトリアの同盟者たちを交渉に引き込むことは、何より非常に合理的だった。というのもこの前二〇八年には、ローマとアッタロス朝の海軍が既にギリシア沿岸部で戦闘を再開してエウボイアのオレオスを攻略し、またマケドニア側がその戦略的重要性から防衛にかなりの注意を払っていたカルキスを脅かすなどしていた。加えてイリュリアの指導者スケルディライダスとプレウラトス父子や、トラキアのいくつかの集団も対マケドニア戦に動き始め、またスパルタやエリスなども健在だった。こうした情勢の中で、フィリッポスは同盟者たちの救援要請にも応えつつ、各地を転戦してこれらに対処して回ることを余儀なくされていた。[21] もしこの時に彼とアイトリアのみの間で和平が成立した場合、その条約は後者に有利なものとなっただろう。しかし彼は残りの反マケドニア勢力との戦闘を、連邦の圧力が消えた分より容易に進められるようになり、結果としてむしろマケドニアの拡大を助長してしまうかもしれなかった。反マケドニア陣営が一様に振るわないようであれば、より敗色濃厚なところから戦線離脱させることが、同王国の勢力拡張を最小限に止める方策だったといえるが、前二〇八年の状況では、可能な限り包括的な和平を実現させることが、調停者たちの目的がマケドニアの拡大阻止であった場合、最もそれに合致した行動だった。

そして調停者たちの行動原理に関するこうした理解は、続く前二〇七年からの彼らのローマへの姿勢と、それに対する同国の対応が彼らとの関係にどう影響したのかという点をも整合的に説明してくれる。まずこの年から、調停者たちの一角であるロドスの代表トラシュクラテスが交渉の席でアイトリア人たちに対し、ローマ人の占領した諸都市における振る舞いは「蛮族のそれ」であり、連邦のローマとの同盟は「すべてのギリシア人たちにとっての大きな禍の端緒」であると論じるなど、調停者たちがアイトリアに対しローマと断交してマケドニアと和平を結ぶことを勧めるようになる。[22] 実のところ、こうした発言が実際になされたかどうかという点には一考の余地がある。ローマはギリシアにやがて害をなす蛮族でありギリシア人はこうした外敵を前に団結すべきであるという主張は、前章でもふれたように、アイトリアとフィリッポスの間で戦われた同盟市戦争末期のアゲラオス演説や、この第一次マケドニア戦争に際しスパルタに反マケドニア戦への参加を促すアイトリア使節への反論として展開されたアカルナニアのリュキスコスの演説でも、ほぼそのまま登場している。[23] そしてこれらの記述は、いずれもポリュビオスが残したものだからである。こうした類似の趣旨や文言から成る文章の繰り返しての登場は、彼による、ローマ人のギリシアの自由の破壊者としての側面を読者に強調しようという意図に基づく、史料操作というようにも解せる。[24] しかしながら、先行研究は基本的に、演説中の個々の語句についてはさておき、調停者たちを含め、同時代のギリシア人たちのうちに反ローマ的な声があったことは特に疑問視していない。[25] ローマが東方に派遣した部隊が作戦行動の中で複数のギリシア都市に被害を与えたことは疑いようがなく、それを批判的にとらえる人々がいたことは、想像に難くないからである。

また何より、こうした声を利用してアイトリアにローマと手を切り停戦するよう促すことは、この時点の戦況を踏まえると、マケドニアの拡張を抑える上では最善手だった。この前二〇七年、アイトリア側は前年とは一転して苦境に立たされていた。まずアッタロス朝が、北東の隣国にしてマケドニアの同盟国たるビテュニアの攻勢を受けギリシアから撤退する。スパルタでも同じく、フィリッポスの友邦アカイアとの戦闘で指導者マカニダスが敗死し、アイトリア自体も、フィリッポスに連邦の聖地テルモスにまで踏み込まれていた。[26] 調停者たちとしては、特に連邦がマケドニアに対しこれ以上敗北を重ねる前に戦争を終結させるか、あるいは、なお大きな敗北を喫していないローマが大規模な増援を派遣するなどの形で戦線にテコ入れをすることを期待しただろう。

そして重要なのは、ローマ側がこうした状況で調停者たち、そしてまた苦境にあえぐ連邦その他の反マケドニア陣営の人々の期待に対しまったく配慮を示さなかった、より正確にいえば、彼らのような外部の人々をローマにとって有利な方向に誘導しようという発想や技術を十分にもっていなかったことである。アッピアノスによると、調停者たちを交えてアイトリア市民らの前でおこなわれた会議で、前二一五年度にプラエトルとして派遣されて以来東方を担当していたラエウィヌスに代わって、アンティキュラ戦後から東方派遣部隊をプロコンスルとして率いていたP・スルピキウス・ガルバ（前二一一年度コンスル）は、[27]「和平交渉は自分の権限のうちのことではないと述べ、その一方で密かに元老院へと書簡を送って、アイトリア人たちがフィリッポスと戦い続けることがローマ人たちにとって好ましいと伝え、これを受けて元老院も彼に対しいかなる条約も結んではならないという正式な命令を発することとした」という。[28] ガルバはある種の法律論を持ち出して和平交渉の進展を阻害し、おそらくローマ本国が増援を派遣するまで時間稼ぎをするか、あるいはより単純かつ冷酷に、アイトリアの犠牲のもと、可能な限りローマのリソースを割くことなく、そしていずれにせよできるだけ長くフィリッポスをギリシアにおける戦闘に引き留めることを企図し、ローマ本国もこうした方針とやり方を是としていたことが、ここからは読みとれる。

しかし前任者ラエウィヌスは、連邦との同盟交渉の際、総会の場でアイトリア市民たちを前にさまざまな条件にふれつつ条約について論じた。そうしたローマの前線指揮官の行動を、多くのアイトリア人および調停者たちは記憶・伝聞していたはずである。ガルバの手法は、目前の交渉を遅滞させるには有効だったかもしれないが、彼らの不信を買っただろう。またアッピアノスは、ガルバの書簡を受け取った後に元老院はすぐに増援を送ってアイトリア北西のアンブラキアに軍を向けたが、戦線を維持できず間もなく撤退したと同じ章で伝える。傍証がなく、研究者たちは一般にこの作戦の事実性そのものを否定しているが[29]、仮に事実であったとしても、ローマ側はアイトリアの苦境を救うのに、全体として消極的であったといえる。そしてこうした姿勢は、それがもたらすだろう結果、つまりは連邦のさらなる被害への予想とあわせて、アイトリア人および調停者たちを大いに失望させただろう。

調停者たちによる、ローマをギリシアの敵と非難しつつアイトリアに戦争終結を勧めるという行動は、こうしたローマの姿勢に対応してのものであったといってよい。調停者たちとしては、ローマとの間に本質的な利害の対立はなく、むしろ同国がマケドニアに軍事面でいくらか優勢である方が好ましかっただろう。しかしローマが状況を覆すほどの積極的な行動を起こさず、アイトリアや調停者たちの利益に配慮する姿勢もみせない以上、同連邦だけでも戦線を離脱させることが、マケドニアの拡張を多少なりとも抑えることにつながる方向性だったからである。

一見すると、ローマ軍によるギリシア人への被害が疑いなくあった以上、調停者たちがローマ人をギリシアに害をなす異邦人と論じたのは、単なる合理的計算、つまりは外交戦術上の行動などではなく、実際に反ローマ的な気運が調停者やその他の国々で高まっていたからという可能性もあるように思われる。しかしもしローマの攻撃でギリシア人が被害を受けたことが調停者たちにとって本質的な問題であったなら、この前二〇七年以前にもそれに関する批判がなされていただろう。実はトラシュクラテスの演説は、ローマの「野蛮な」振る舞いの例として既にあげたオレオスとさらにアイギナの占領の際の市民への加害行為をあげているのであるが、両市の制圧はそれぞれ前二〇八年と前二一〇年のことだからである。[30] 調停者たちのローマへの批判は、前二〇七年の戦況判断とあくまでマケドニアの拡大を最小限に止めようという目標に基づく、弁論戦術の産物だったとみるべきだろう。

そして実際、調停者たちのこうした議論は、この時のアイトリアにとって有効な助け船となるものだった。ギリシアの敵に利するところがないようにすべきという主張は、軍事的に劣勢な同連邦にも名誉ある停戦を可能とするが、アイトリア人たち自身は、実は同盟市戦争の際のアゲラオスのようにこの大義を「思い出す」ことができなかったからである。連邦は今回の戦役に先立って、総会の場ではっきりと非ギリシア人であるローマと同盟することを決定した。マケドニア側にこの点を指摘された場合、仮に連邦側がギリシアの結束を声高に叫んでも、苦しい交渉になることは必至だった。またそれをマケドニア側から「思い出させられる」わけにもいかなかった。内容がどうあれ、フィリッポスやその同盟者が持ち出した主張を受け入れることは、彼の側の立場により理があることを認めることになるからである。特に今回の場合、前二一〇年頃に、前述のようにマケドニアの同盟国アカルナニアのリュキスコスがスパルタの対マケドニア戦参加を止めさせようと試みた中でこの論を持ち出した折、その交渉に同席した連邦使節がそうした彼の主張を明確に否定する立場を大勢のスパルタ人の前で示していた。[31] 調停者たちが持ち出したことでアイトリアははじめて、ギリシアのためという大義のもと、和議を論じられるようになったわけである。

さて、調停者たちが何をどのように求めていたのかがみえてきたところで、ローマ・アイトリア同盟が成立してから数年の第一次マケドニア戦争の模様を少し整理してみたい。まず当該戦役は、その始まりはアドリア海東岸のイリュリアという比較的限定された空間を舞台に展開された、ほぼローマとマケドニアという二つの勢力間の武力衝突であった。

マケドニアはその開戦のタイミングからして、少なくとも当初はカルタゴと連動してローマに圧力をかけることを企図していたはずであるが、これはローマ側の防戦によりほぼ機能しなかった。一方でローマは、アイトリアと手を結びマケドニアからの圧力のさらなる減退を図った。アイトリアの参戦は、ヘレニズム世界その他のさらにいくつかの勢力の軍事行動の引き金となり、マケドニアはその対応に奔走せざるを得なくなる。こうした展開は当然、ローマにとって歓迎すべきものだっただろう。また連邦との同盟が話し合われた時に重要トピックとなっていたアカルナニアに限らず、ギリシア東岸部などでもしばしば戦闘がおこなわれた点も加味すると、ローマ側は戦域の拡散をさえ狙っていたと考えてよいかもしれない。

ところが、アイトリアやヘレニズム世界におけるその同調者たちの戦績は、必ずしも振るわなかった。そしてそれが明確になってきた頃、今度は調停者たちが舞台にあらわれる。彼らの行動は、一見すると場当たり的にもみえる。調停の話を持ちかける相手や、関係者への姿勢はしばしば揺れた。しかし調停者たちが求めていたのは、つまるところマケドニアの勢力拡大を抑制することであった。これは近現代でいう勢力均衡の発想と似ているが、そうでもない点もある。彼らはマケドニアの強大化を望まなかったが、ここまでのところ、少なくとも史料からみえる範囲でそれを実現すべくおこなったといえるのは、複数の国の代表が一体となって和平を促すということだけである。彼らは関係各国に、戦闘を中止しなければより大きなデメリットを甘受しなければならない、あるいは中止すれば相応のメリットがあると判断されるようなプランを大きく掲げるということはしていない。だからこそアイトリアもマケドニアも、戦況が自分たちに極端に不利である場合や、また逆に戦闘継続により状況が好ましいものとなりそうな場合には、和平の勧めを表面上はともかく実質的には黙殺した。

しかし調停者たちは、やがて反マケドニアの先頭にあるアイトリアの劣勢と、その同盟者であるローマがギリシア人たちにある意味で不誠実な姿勢をみせる中、このギリシア人にとって異邦人たるローマとアイトリアの関係を断絶させるという方向性を見出す。これによりローマの人々がいうところの第一次マケドニア戦争は、前二一一年のローマ・アイトリア同盟を機にそのフィールドを一気に拡大させたという流れから一転して、参戦勢力のうちのいくつかの退場やフェイドアウトと連動しつつ、紛争拡大のきっかけとなった連邦の人々の動向が、またも戦役やそれをめぐる外交の展開を決めるという局面に移行していく。次節では、こうした状況をより明らかにするべく、再び同連邦内の動きに注目し、調停者たちの働きかけがなされる中で同国の人々がどのような動きを示し、そしてそれがローマ、マケドニア、アイトリア、調停者の四者の関係とどうかかわっていったのかを考えていきたい。

## 2　アイトリアにおける和平派の出現とヘレニズム諸国の連携

調停者たちがあらわれてからの第一次マケドニア戦争の模様を考えていく上でまず言及しておくべきは、マケドニアのフィリッポスの動きである。彼は調停者たちの前では当初より和平を否定するような姿勢はみせなかったが、前二〇七年になって彼らがローマとアイトリアの離間を志向しそのためにギリシア人と非ギリシア人の差異に言及し始めると、連邦領への攻撃を続けて軍事的優位を固めつつ、わざわざ調停者たちがアイトリア人たちに和平を勧める場に使者を送って、連邦が望むなら自分としても和平に異存はないと表明するようになる。[32] これはアイトリアが調停者たちの説く、野蛮なる異邦人ローマと手を切ってギリシアを守るという大義を受け入れてそれを実践するのであれば、自身もそうした調停者たちのお膳立てした和平を承諾し、アイトリアを公式に屈服させるという形での終戦は求めないと約束したことを意味する。

こうした姿勢は、連邦や調停者たちの利害や体面に配慮したものだったといえるが、彼にとっても有益だった。マケドニアはここ数年、連邦やローマの対マケドニア戦に便乗した多くの勢力の攻勢を受けており、[33] ギリシア方面での終戦は、軍事的な負担やリスクを大きく減らすことになるからである。また戦争をマケドニア有利のうちに、そして調停者たちとも少なくとも表面上協調しつつ終結させることで、和平条約がどのようなものとなるにせよ、フィリッポスはヘラス同盟の諸加盟国、そして何よりギリシアを守った者として、ヘレニズム世界全体でより大きな影響力をもつことが期待できた。フィリッポスが調停者たちの目的や振る舞いをどうみていたかは不明だが、彼らの行動とその原理を踏まえつつ、彼は、表向きは調停者たちや連邦に柔軟な姿勢をみせ、他方で、表立っては語られない自国の利益をも最大化できるよう行動していたといえる。

そしてこうした調停者たちとフィリッポスのある種の連動は、アイトリア国内にも影響を及ぼした。アッピアノスによると、おそらく同じ年度のうちにもう一度催された公開の交渉の場で、調停者たちが「フィリッポスとアイトリア人たちの諍いがギリシア人たちのローマ人たちへの隷属をもたらすことにつながるのは明らかであると説き、…〔中略〕…スルピキウス〔・ガルバ〕がこれに反論しようと登壇したところ、聴衆はもはや彼の話を聞こうとせず、使節の者たちは真実を述べていると叫んだ」というからである[34]。一見すると、ガルバはたまたま興奮した市民たちに発言を妨害されただけのようにも思われる。しかしギリシアにおいて戦争が続くことを期待するガルバやローマに反感を抱くアイトリア人は、この時期ローマ・アイトリア同盟を主導した対マケドニア主戦派とは一線を画す人々により組織化され、その勢いを増しつつあった。

こうした連邦内部の状況は、前章と同じくその指導部の構成から明らかにすることができる。もっとも、その前章で取り上げたナウパクトスの和約からローマ・アイトリア同盟成立の頃までの数年と同じように、ピュッリアスが前二一〇／〇九年度ストラテゴスを務めてから後の三年度、つまりアイトリアがついにマケドニアと和平を結んで戦線を離脱する前二〇六／五年に至るまでの時期に、どういった人々が、どのような順で、連邦指導部を構成したのかを確言することは難しい。前章の場合と同様、クラッフェンバッハとグレンジャーは幾人かの名を提示しつつ、各年度の三役の就任表を一応は作成している。しかし当人たちも認めているように、異論の余地がない状態とは程遠いのが現状だからである。そのため連邦内で調停者、さらにまたある意味でフィリッポスに同調する声の高まりというものを確認するのも、一見すると不可能なようにも思われる。しかしこれも前の章と同じく、大まかな状況の把握はやはり可能である。

例えば前章の第4節で論じたように、この三年度のうちの一年度にはおそらくアルシノエのストラトンのストラテゴス二期目が入る。この年度にアイトリアは、アリストマコスなるスパルタの市民にプロクセニア認定やアシュリア、さらにはイソポリテイア、つまりは市民相当の権利を付与している。[35] こうした厚遇ぶりは、スパルタがローマ・アイトリアの対マケドニア戦線に加わった前二〇九年頃から、この後でふれるように、連邦が単独で戦線を離脱する前二〇六／五年以前が最もふさわしい。

問題はこうしたストラトンのストラテゴス二期目が、アイトリアのどのような状況を反映しているかである。これもまた前章で論じた通り、前二一六／五から前二一三／二年にかけての四年度の後の方と思われる時期にあった彼のストラテゴス一期目には、スミュルナ市民二人への市民権付与がなされた。これは海外で新たな協力者や友好国を確保してマケドニアと再度争うことをめざす、対マケドニア主戦派が好みそうな措置であるといえるが、単に連邦の国際政治上の影響力を高めたいという者であっても、実行が可能なら同じようにしただろう。スパルタ人アリストマコスへのプロクセノスやイソポリテイアの認定についても、同様のことがいえる。調停者たちが提案する、ローマと断交してのマケドニアとの和平という提案をどう考えるかに関係なく、戦いが続いている中で自国に益をもたらした外国人に相応の恩典が付与されるのを妨げるということはしなかっただろうからである。ただストラトンが、ストラテゴス二期目を務めた時期に調停者たちの提案に好意的な反応を示したと指摘できるような証拠は何一つない。そして前二〇九／八年から前二〇七／六年にかけての三年度に連邦がともかくもローマの同盟者であり続けた点を踏まえれば、ストラトンに限らずこの時期の国家元首たるストラテゴスは、基本的にスコパスやドリマコスと同じ対マケドニア主戦派か、少なくとも和平に積極的な人物ではなかったとみておくべきだろう。
こうした見立ての妥当性は、この時期にストラテゴスとなったと思しきいま一人の人物ストラトスの人フィッレアスをめぐる状況からも補強される。彼については、その活動は本書でも既にたびたび参照している、*IG* IX.1$^{2}$.1.31と番号付けされた、連邦によるプロクセノスなどの認定を記した諸々の文書が刻まれた碑文中の、六〇行目から七〇行少し過ぎまでの部分に残されている、下部が欠落した一決議からのみ確認できる。[36]通常であれば、こうした人物の活動時期を特定することはほぼできない。しかしこの決議文は、フィッレアスがストラテゴスを務めたことだけでなく、プロクセニア認定の保証人の一人を、スコパスが務めたことを伝えている。[37]前にも述べた通り彼は、第一次マケドニア戦争後ほどなくアイトリアを出てエジプトに渡ることになる。このことから、この決議はそれより後ではあり得ないことがまずわかる。では同戦役の終わり以前であるとして、例えば同盟市戦争より前の時期という可能性はないか。彼は前二二〇年代末頃にグランマテウスを務めており、そうした立場であったなら、連邦の名士の一人として、プロクセノス認定の保証人をこの時期に務めていても不思議はないように思われるからである。[38]
そこで注目したいのが、この決議にはヒッパルコスとしてカリュドンのダモクリトスが登場している点である。[39]彼は前二〇〇／一九九年にはストラテゴスを務め、その際、第二次マケドニア戦争が勃発したのをみてアイトリア人たちの多くがまたもローマと結んでマケドニアを攻撃しようとするのを押し止めるべく動いたことが知られている。[40]リウィウスは、こうした行動を彼がとったのは彼がフィリッポスから密かに金品を贈られたからだと噂されたと伝えている。ただダモクリトスが、前一九〇年代になってアイトリアが反ローマ色を強めた際にその指導者の一人となり、前一九三／二年には二期目のストラテゴス職まで得ている点も踏まえると、[41]彼は政治指導者となって比較的早い段階から、マケドニアについてどうだったかはさておき、ローマに対しては少なくともあまり親和的ではない立場をとっていたと思われる。もし彼が以前にローマ寄りの立場を明確にしたことがあったなら、前一九〇年代に他の指導者たちとの競争を制してストラテゴス職を得られたとは考えにくいからである。というのは、ローマと結んでマケドニアと戦うという判断は前章でもみた通り、決して連邦の指導層全体が賛成して決まったというものではなかった。つまりローマとの協調を是とすると公言していない指導者というのもそれなりにいたはずで、そうした者たちは、ローマとの関係が悪化した時期の選挙などでは、この点を自身のセールスポイントの一つとしてあげただろう。もしダモクリトスがローマとの協調を推したことがある人物であったなら、こうした環境下の選挙で勝つことは難しかったはずである。

ではそうしたダモクリトスがヒッパルコスを務めた折のプロクセニア認定決議を、第一次マケドニア戦争の前、例えば前二二〇年代末頃や、あるいはまた前二一〇年代半ばのストラテゴスその他の政務官がはっきりとはわからない期間のものとみることは可能だろうか。この場合、彼はヒッパルコスに就任してからストラテゴスに昇るまで十数年から二十年をかけ、それほど鳴かず飛ばずの時間があってから前二〇〇／一九九年度から前一九〇年度にかけて、一気に時の人として国を引っ張るようになったということになる。これは制度の上ではあり得ない話ではない。しかし、他のいくつかの情報が示唆するところも勘案すると、あまりありそうにない。というのも彼は、アイトリアがいよいよローマと衝突しようという前一九三／二年に前述したストラテゴス二期目を務めている[42]。そして前一九一年にはヘラクレイアでローマ軍を迎え撃った際にその戦闘指揮を執り、さらにローマ軍に捕らえられてローマに護送された際にも、脱走して衛兵たちと渡り合いつつティベレ川の畔まで逃れ、そこで取り囲まれて再度拘束されようというところで自害したというからである[43]。これらのエピソードをみる限り、ダモクリトスは前一九〇年代においても老年からは遠かったと考えるべきだろう。つまり前二〇九／八から前二〇七／六年頃にヒッパルコス、そして数年をおいた前二〇〇／一九九年にストラテゴスへと、おおむね順調にそのキャリアを伸ばした人物だったとみる方が、現存史料からは整合的であるといえるわけである[44]。

それではこのダモクリトスと、彼が前二〇九／八年から前二〇七／六年頃にヒッパルコスを務めたとみられることから同じ時期にストラテゴスの任にあったと考えることができる、先に登場したフィッレアスによるこの時期の政務官職就任は、どういった意味をもつのか。史料の面で影の薄いフィッレアスがどのような人物であったのかの判断は、どうにもくだしがたい。しかし戦時下の連邦においてストラテゴスに選ばれている以上、戦争指導に長けていると市民たちから期待され、かつスコパスやドリマコスと同じようにマケドニアとの対決を求める人物であったか、少なくとも既に始まっている戦役を成功裏に進めるにはどうすべきかを論じつつ当選した人物だったことは間違いないだろう。また彼がストラテゴスを務めた年度におこなわれたと記されている前述のプロクセニア認定の決議で、スコパスと並んでフィッレアス自身も認定保証人の一人になっているので[45]、国外で協力者を増やすための活動に積極的であった様子もうかがえる。しかしこれ以上のことを述べるのは難しい。フィッレアスのストラテゴス期間の連邦の状況を検討する上で重要なのは、やはり考える材料が多いダモクリトスの登場をどうみるかである。

既に述べた通り、ダモクリトスは第二次マケドニア戦争開幕の折、ローマと再び手を結んでの対マケドニア戦に慎重な姿勢を示し、戦後は反ローマの急先鋒となる人物である。ローマへの強い敵意をもつようになったアイトリア人たちから信頼を得続けることができたという状況は、彼がローマとの対立が顕在化する以前から人々の記憶に残る形で同国に不信の念を表明する人物だったことを示唆する。しかしそうであるからといって、彼がこの第一次マケドニア戦争期や、あるいはまた第二次戦役の終わり以前から反ローマ色をみせる人物だったとは限らない。ましてや、彼が対マケドニア路線に異を唱えるということがあったとも考えにくい。この第一次マケドニア戦争期だったと思われる時期のヒッパルコス就任にせよ、前二〇〇／一九九年度のストラテゴス就任にせよ、彼はローマとマケドニアがギリシアを舞台に戦っているか、そうなることがほぼ確実視されてしかるべき時にこれらの役職に就いている。彼は連邦の人々に、自分が指導者となればこれまで幾度も刃を交えたマケドニアとの関係を連邦にとって好ましいものにできるだろうと訴えたであろうし、市民たちもそれを信じて彼に投票したはずである。またそうであったとみてはじめて、彼がストラテゴスの一期目を務めた際にマケドニアとの再戦に慎重な姿勢を示した時、マケドニアから金品を受け取ったという噂が流れたという状況も整合的に理解できる。もし彼が元からローマとの協調だけでなくマケドニアとの対決にも消極的だったなら、第二次マケドニア戦争への参加を渋った際にそこに金品が介在したとは誰も考えなかっただろうからである。

しかしながら、ローマとの同盟を通して始まったこの前三世紀末の対マケドニア戦の中で、そのローマとの協調に関しては前向きな姿勢を示すのを避けることになる人物が政務官職に就任しているという状況は、やはり連邦の人々の間で現在進行中の戦いへの眼差しに変化が生じたことを意味するとみるべきだろう。それはつまりマケドニアに対し有利な立場を築くことを望みはしても、それを実現するプロセスにおいてローマとの友好ないしは同国への義理を重んじる必要は必ずしもなく、アイトリアの利益にかなうのであればこれを切り捨てることをも厭うべきではないという声がある程度高まったことを示すといえるからである。そしてまたこうした状況は、ローマと同盟しての対マケドニア戦を訴えたスコパスやドリマコスらの路線を支持する声の相対的な弱体化をも指し示す。彼らは開戦が実現した時の成り行き上、ローマを粗略に扱うことはできないのである。そうした姿勢をみせることは、自分たちが提示したプランの破綻ないしは誤りを自ら認めるのと同義だからである。こうしたスコパスやドリマコスらがとり得ない路線を明示できるダモクリトスのような人物の登場は、連邦内で調停者たちが前二〇七年から求めるようになる、ローマと断交してのマケドニアとの停戦を受け入れる下地ができ始めた証ととらえるべきだろう。

こうした傾向は、やはり前二〇九／八から前二〇七／六年のどこかであったと思われる、既にたびたび取り上げたアイトリアのプロクセニア認定その他の諸決議を刻み込んだテルモス碑文で言及されている、カリュドンの人アレクサンドロスのヒッパルコス職就任からもうかがえる。[46] 彼は第一次マケドニア戦争後の前二〇五／四年頃、戦争を推進したスコパスとドリマコスが相次ぐ戦いの中で積み重なっていたアイトリア人たちの負債減免を図った際、これに反対する運動の先頭に立ち、そしてアイトリアでの自身の将来に見切りをつけたスコパスが連邦を去ったおそらくすぐ後の、前二〇四／三年頃にはストラテゴスにもなった人物である。[47] この争い自体は、負債の主因が対マケドニア戦であったとはいえ、基本的には内政問題への対応をめぐる路線の対立だったといえる。しかしアレクサンドロスは第二次マケドニア戦争後の前一九六／五年に再びストラテゴス職を得た際、使節を派遣してローマや他のギリシア諸国に対し、同戦争における連邦の貢献に対し十分な見返りがなかったと不満を表明している。[48] また同ストラテゴス任期中に、前一九一年にローマからアイトリアの反ローマ戦争の責任者として名指しされることになるディカイアルコスと共に、周辺国の者への連邦市民権付与を通しての、連邦の勢力強化を進めてもいる。[49] これらを踏まえると、やはりこのアレクサンドロスも、前三世紀最後の十年においてもローマとの協調を是とするような姿勢をみせなかった人物だったと思われる。

ただしこのアレクサンドロスのヒッパルコス職の実態と、それが本当に問題の三年度のどこかであったかという点については、慎重な検討が必要である。というのもまず、他のケースでもそうだが、アレクサンドロスの第一次マケドニア戦争後のストラテゴス職獲得がわかっているからといって、次席のヒッパルコス就任がそのほんの数年前のことであったとは限らないからである。そこで注目したいのが、アレクサンドロスがヒッパルコスだった際、さらにその次の政務官グランマテウスにアルシノエのファイネアスが選ばれている点である。彼は第二次マケドニア戦争期にストラテゴスに就いているのであるが、[50] それ以前にヒッパルコスに昇っていることがわかっている。彼の同役職在任を伝える連邦市民権付与およびプロクセニア認定の二つの決議文には、それらの決定がなされたのが、スコパスが三期目のストラテゴスを務めている時と明示されているからである。[51] 既にたびたびふれたように、彼はこの第一次マケドニア戦争から連邦が手を引いてほどなく国を去ってプトレマイオス朝のため傭兵を募集・指揮するようになる。そしてこれも以前に述べたように、ストラテゴスやそこに至るまでの段階で既に就任したことがある役職よりも下位のそれに就くことができないというルールが存在したかはわからないものの、そうしたことがあったことをうかがわせる事例は知られていない。そのため現存史料の情報を総合すると、ファイネアスはスコパスがエジプトを去る前二〇五年頃より前にヒッパルコスに就任し、そしてその前のどこかでグランマテウスを経験したことになる。となるとファイネアスのグランマテウス在任時にしてアレクサンドロスのヒッパルコス職保有の時期は、その前二〇五年頃やさらに別の者たちが三役にあったことがわかっている前二〇六／五年度より前、つまり前二〇七／六年度以前のことであるとみなければならない。

さてこうしてアレクサンドロスがヒッパルコスを務めた時期に関し、「いつの時期よりは前」というのはおおむねわかったわけであるが、その逆の「いつの時期よりは後」という点についてはどうだろうか。ここで注目したいのが、このアレクサンドロスとファイネアスがそれぞれヒッパルコスとグランマテウスの任にあった年度中におこなわれたプロクセニア認定の保証人である。この部分には、前章でもふれたプレウロンの人パンタレオンの息子フュラクスが登場する。彼が保証人を務めたことは、その時に彼の父にして連邦の重鎮であるパンタレオンが引退ないし他界していたことと同義であると考えられる。ここまでの事例からも明らかなように、プロクセニア認定の保証人は基本的に連邦の名士が務めている。このためストラテゴスを複数回務めた名士中の名士たるパンタレオンが健在であれば、息子のフュラクスに保証人を任せるという流れになるとは考えにくいからである。そしてやはり前の章でみた通り、本決議文のフュラクスへの言及の状況などから、現存する史料のうちでパンタレオンが最後に登場するのは、前二一一年同盟の早くとも二年程度前に連邦が派遣したドリマコスらの調停を経て作成された、メリタイア・ペレイア間の境界についての協定書である。つまりフュラクスが公式の文書にあらわれるということが起こり得るのは、おおむね連邦の再度の対マケドニア戦の始まり以降ということになる。

ではアレクサンドロスとファイネアスがそれぞれヒッパルコスとグランマテウスを務めた年度というのも、前二一一年の同盟成立後ならいつでもよいのか。ここでこれまであえてふれてこなかった、問題の決議文の中の、ヒッパルコスとグランマテウスの上席者に言及した部分に目を向けたい。実はこの決議においては、どういうわけかここにはストラテゴスではなくブラルコス(βούλαρχος)として、ドリマコスの名前が記されている。さらに不思議なことに、ヒッパルコスとグランマテウスについてはそれぞれ、ἱππαρχεόντος および γραμματεύοντος とごく普通に単数形で記されているのに対し、ブラルコスの部分はドリマコスの名前しか記載されていない一方で、βουλαρχεόντων と複数形で書かれている。[52]

ブラルコスは、一般にアイトリア連邦の下位行政区分とでもいうべき、テロス（τέλος）の主席政務官として理解されている。連邦は、総数は不確かだがその国土を七つ程度のテロスに分割し、それぞれの地域に、エピレクタルケス（ἐπιλεκτάρχης）と呼ばれた兵士の選抜を担ったとみられる役職者と会計役を一名ずつおいていた。[53] そしてそれとは別個に各テロスをブラルコス、ヒッパルコス、グランマテウスが管理し、さらにまた各テロス内の個々の共同体、つまりは連邦の加盟国を、従来からのそれぞれの行政官が統治するという体制になっていたとみられている。またアイトリア中央や連邦の影響下にあったデルフォイなどは、多くの場合、連邦ストラテゴスないし三役の名を文書の冒頭に記したが、ローカルな文書ではしばしばテロスの首長たるブラルコスの名などが記された。[54] ただし全体として地方行政がどのようになされたのかに関する史料は少なく、当然テロスがどういった基準で構成されたかも確言はできない。ただ、可能性のレベルでは、例えばいわゆるクレイステネスの改革により地理的な接続をあえて無視して国土を十分割したアテナイのようなケースもあるとはいえ、デルフォイで見つかっているとある男性奴隷を解放した旨を伝える一決議文に「ロクリスのテロスにおいてフュスケイスの人ダモテレスがブラルコスを務めた時期のアギュエイオスの月（アイトリアで用いられていた暦の中の月名の一つ。おおむね夏至の手前、つまりは初夏の頃に相当）に」といった文言があるところを踏まえると、[55] つまりアテナイのように神話の英雄などではなく地域名とテロスの名が連動していたようであるところをみると、アイトリアのテロスは隣接した区域をまとめて構成していたようにみえる。

ではドリマコス、アレクサンドロス、ファイネアスは、連邦のではなくこのテロスの政務官だったのだろうか。ファイネアスの出身地アルシノエ、アレクサンドロスの故郷カリュドン、そしてドリマコスのトリコニオンは地理的に近い

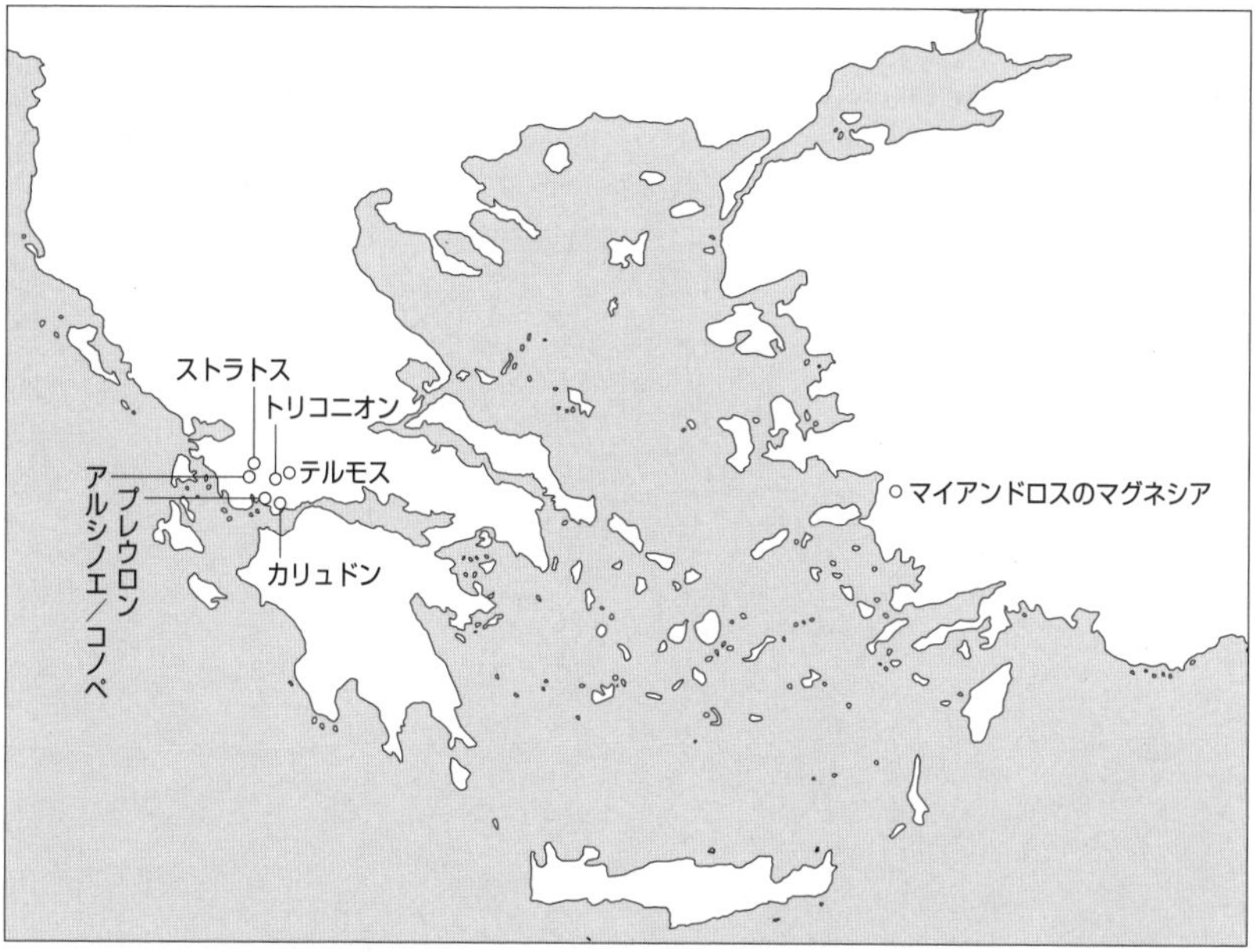


アイトリアにおける和平派の出現に関する議論で登場する主な都市・地域(ギリシア・小アジア西部)

ので[56]、この三つの共同体が同一のテロスに所属していたということ自体はありそうに思われる。しかしこの文書に記されているのは、特定の地域のではなく「アイトリア人たち」、つまりは連邦のプロクセニア認定であり[57]、また碑文の発見場所も連邦の聖地テルモスである。認定の主体が連邦政府であるのなら、自分たちの一部の者たちを代表するだけの役人を、連邦政務官をさしおいて記すというのは奇妙である。ドリマコスのブラルコス在任が複数形で記されている理由は依然不明であるが、この点も含めて連邦が何かしら変則的な状況にある中で、彼やアレクサンドロス、ファイネアスはそれぞれの、連邦政務官としての任に就いたのだろう。

また仮に、この三名がやはり連邦のではなくテロスのそれであったとしても、トリコニオンやカリュドンは連邦初期以来、そしてアルシノエは前二二〇年代以降、アイトリア全体のストラテゴスを継続的に輩出した、いわば連邦の中核地域だった[58]。たとえ一地方当局の政務官であったとしても、こうした重要都市を含んだ地域での政務官の選出状況は、連邦市民の少なくない部分の政治動向を反映しているとみてよい。前二〇七年の交渉の場におけるガルバへの明確な敵意の表明も、このような、対マケドニア戦を主導する者たちとは一線を画す人々がその存在感を示すようになり始め、調停者たちの和平の動きをある程度組織的に歓迎したため生じたものといってよいだろう。

さて、こうして前二〇九／八年から前二〇七／六年までの三年度に連邦政務官に就いていたと思しき者たちについて検討したわけであるが、先行研究はこの時期に関しなお別の者がストラテゴスであった可能性を提示している。まずグレンジャーは、エペイロス出身のメネスタスないしメネストラトスの名をあげている。ただこれはあまり真剣に考える必要はない。この人物は第二次マケドニア戦争後に連邦がセレウコス朝と結んで始めた対ローマ戦の最末期に、戦争の責任者としてローマなどから名指しで非難された者たちのうちの一人として史料に登場する。[59] アンブラキアのように、エペイロスの一部が連邦に属すということもあったので、外部の者からエペイロスの人と呼ばれる人物が連邦政務官となるということは、可能性の上ではあり得た。ただグレンジャーがこのメネスタスないしメネストラトスの問題の三年度中のストラテゴス就任を想定するのは、彼がトアスやディカイアルコスといった前一九〇年代に反ローマを掲げて幾度もストラテゴスとなった人物や、既に登場しているダモクリトスと同格の戦犯のような取り扱いを受けているにもかかわらず、件の対ローマ戦の最末期までいかなる古代の作家の作品にも登場していないことから、そうした史料でカバーされていない時期のどこかで他の三名と同じくストラテゴスを経験していただろうというだけの理由に基づく。[60] ここまでみてきた多くのアイトリアの政務官たちと異なり、ストラテゴスどころか他の公職についても、彼の就任は文献史料、そして碑文史料からも裏付けられていない。そうである以上、本節が件の三年度に連邦指導部を構成したであろうと論じてきた者たちを排してこちらを特に重視する必要はないだろう。

問題は、マイアンドロスのマグネシアが同市のアルテミス・レウコフリュエネ(用語解説参照)の祭典や競技会のアシユリア認定をアイトリアその他のギリシア諸国に求めた際についての議論の中でしばしば注目される欠落の多い一碑文中に登場する、「アイトリア人たちのストラテゴスをマ□□□が、〔ヒッパルコスを〕フュスケイスの人〔□□（人名）が、〕グランマテウスを〔□□（人名）が務めた時のこと〕」という文言中のマ某というストラテゴスを、問題の三年度、特に前二〇八／七年度のそれだったと主張する声をどう考えるかである。[61]まずこの碑文はデルフォイで見つかったものだが、上部に刻まれた文書の中で文字がはっきり読める部分には、ストラテゴス、テルモス、マイアンドロス、アルテミス・レウコフリュエネといった表記がみえる。そしてまた同じ石碑の下部に記された、それとは別に作成された文書においては、デルフォイがやはりレウコフリュエネに関する何らかの決議をおこなったことが述べられている。こうした状況から、上部の文書が、デルフォイを管理する連邦がマイアンドロスのマグネシアからのアルテミス・レウコフリュエネに関する何らかの求めに応じたことを伝える決議であるとみる先行研究の推測は妥当だろう。

しかし納得しがたいのは、近年のそれも含め多くの研究が、このマ某という、同一人物の候補を現存史料中にまったく見出せない連邦のストラテゴスらしき人物を、基本的に校訂者のH・ヴァン・エファンテールの議論に従って、このマ某の名が記されている文書ではなく、その下部に記されたデルフォイの決議文に出てくるマグネシアの使節と思しき者たちの名前と、この者たちが出てくる他の文書についての検討に則って、マ某がストラテゴスに就任したのは前二〇八／七年度とみなしている点である。[62]既にふれたように、この碑文は損壊が激しい。特にアイトリアの文書を記した部分は、人名の部分がほぼ読めない。そこで先行研究は、その下部にくるデルフォイ文書がアイトリア文書のすぐ後の時期に作成されたのだろうという想定のもと、やはり甚だしく破損しているが、その下にあるデルフォイ文書の中の、おそらくコロティオンという名の人の息子コロティオンと、ゴルガソスの息子という文言をみて、その上のアイトリア文書も彼らがアイトリアでもデルフォイでおこなったのと類似の活動をした結果決議されたことが刻まれていると論じる。確かに、碑文の上部と下部に別個の文書が刻まれていた場合、上部のそれが下部のものより相対的に古いものとみるのは合理的である。しかし、そうした関係は、二つの文書が時間的に近接していることを保証するわけではない。下部の文書についての、いささか心許ない部分もあるが、ともかくそこに登場する人名に基づく年代推測は、あるいは妥当かもしれない。だがそうしたヒントが実質的にマ某の部分以外に存在しない上部の文書については、今のところ、それなりに妥当性を主張できるような年代検討ができる状況にはない。まして、マグネシアのアルテミス・レウコフリュエネ関連の諸検討は、管見の限りではいずれも、前二〇九／八年から前二〇七／六年までの三年度やその前後の時期に連邦のストラテゴスその他の公職に就き得た者に関する、包括的な検討を踏まえているわけではない。これらの理由から、マ某が本節の問題とする期間中にストラテゴスに就任したという可能性も却下してよいだろう。

以上のように、本節はピュッリアスがストラテゴスを務めた後の三年度、あるいは再度の対マケドニア戦がまたも思わしくない方向に進むようになってからの時期に連邦指導部を構成したと思しき者たちについて検討した。そしてカリュドンのアレクサンドロスや同ダモクリトスの三役入りが、少なくともローマとの協調に積極的であったとは考えにくい人々の声が国政の中枢に入るようになっていった証とみることの妥当性も、基本的には示されたといってよいだろう。ただあわせて押さえておくべきは、マケドニアとの戦争継続を是とするアイトリア人たちの声も、戦況がフィリッポスに有利でローマも状況を大きく変えるような行動を特に起こさなかったにもかかわらず、なお強力だったという点である。これは調停者たちがあらわれ、さらにフィリッポスがその主張に同調する姿勢をみせても、容易にはアイトリアがローマと断交するという事態に至らなかったという事実それ自体からも明らかではあるが、有権者の多数派の動向からもまた確かめることができる。

今しがたみた通り、アレクサンドロスがヒッパルコス職を得たその時、ドリマコスは、状況は不鮮明ながら文章中の書き順からして少なくともその上席ではあったはずのブラルコスの地位にあった。[63] 彼やその同志たるスコパス、あるいはまたこれに同調する人々は、依然として重要な政務官職や有権者の多数の支持を確保し続けていた。そしてそうであったからこそ、前にみた通り、前二〇七年の調停者たちを交えての話し合いの中で、ガルバに対しそれなりの数の市民たちがあからさまな敵意を示すという一幕がありながらも、経緯は不明ながら結局戦争がその後も続いたわけである。64調停者たちが持ち出した理屈は、アイトリアに名誉ある終戦を可能とするものだったが、劣勢な中での和平は、それでもやはり連邦やあるいはまた連邦指導部内で戦争を主導した人々の立場を、フィリッポスや、ローマとの協調路線から距離をおく人々に対し弱めることが予想されたはずである。スコパスやドリマコスといった主戦派やその支持者たちは、そうした事態は認められないと考え、自分たちの目下の国内的優位を活かし、和平実現を妨げたのだろう。

しかしながら、国際交渉の場で、対マケドニア主戦派とは一線を画すアイトリア人たちが公然と調停者たちの主張に賛意を示し、ガルバおよびローマを実質ギリシアの敵と宣言したことは、第一次マケドニア戦争におけるローマの外交的な敗北を方向付けた、画期的な事件だった。和平派アイトリア人とでも呼ぶべき彼らは、なお連邦内の多数派を占めるほどではなかった。また彼らは少なくとも史料が示す限り、ドリマコスやスコパスのような明確な指導者や、マケドニアを倒してギリシアに覇を唱えるといった、人々を結集させるような目標をもっていなかった。こうした状況は、彼らが基本的に、戦況が思わしくない中で徐々に数を増やしていった、現状に不満をもつというだけの人々であり、少なからず烏合の衆的色合いをもつ、政治勢力としては甚だ不確かな存在であったことを示唆する。

しかし調停者たちが用意した、ローマからギリシアを守るという大義は、彼らに、調停者たちやその主張に既に同調しているフィリッポスと協調してのギリシア防衛という、戦争継続に代わる具体的な政治目標を与えた。また、彼らが調停交渉というある種の国際会議の場で調停者やフィリッポスが幾分場当たり的な都合に基づきつつ提示したスローガンに乗って反ローマの叫びを上げたことは、この大義を唱えていた調停者とフィリッポスたち自身をも、こうした和平派アイトリア人たちとの協調へと向かわせた、あるいはあえていえばそうせざるを得なくした。この三勢力の間に、事前あるいは事後の統一的な話し合いや合意があったという証拠はない。しかし彼らとしては、自分たちが公の場で提示しあるいは支持した、ローマを敵とみなしギリシアでの諍いを止めるという主張に明確に賛同した連邦の和平派を無視することや主張や立場の変更をおこなうことは、もはや体面上できなくなったからである。こうして第一次マケドニア戦争は、ギリシアの防衛と反ローマで結束あるいは固定されたこの三勢力と、軍事的劣勢に苦しむ連邦の主戦派およびローマ人の対峙という局面に移行し、そしてあえて先走っていえば、最終的にローマが外交的に孤立する状況へと向かっていくことになった。次節からは、それがどのように起こっていったのかをみてみよう。

## 3　アイトリアの講和

前節で論じた通り、調停者たちの登場とマケドニアの軍事的優勢、およびそうした中でのローマの状況を転換させようという志向の相対的な、あるいは視覚的な面での弱さは、アイトリア人たちを含めたヘレニズム諸国の人々の間に、そのローマとどう相対するかという点を一つの対立軸として大きく浮かび上がらせた。ところがローマ側は、この後で詳しくみていくように、こうした形勢になっても、イタリアで対カルタゴ戦がまだ続いていたこともあってか、ギリシア情勢の変化への反応は総じて鈍かった。そして結果として、ローマとアイトリアの対マケドニア主戦派の連携が十分に機能しなくなっていく中、アイトリアの和平派、調停者たち、そしてマケドニア陣営は、外交および政治の舞台での直接・間接の連携により、ついに連邦の主戦派を政権の座から追い落とし、またこれと結んでいたローマをも、開戦時の勢力圏の一部放棄に加え、限りなく敗者に近い形での撤兵へと追い込んでいく。本節ではこうした流れを明らかにしていくべく、まずは前二〇六年から前二〇五年にかけての連邦のマケドニアとの講和への動きに注目してみたい。

この時期のアイトリアの状況を考える上で重要なのは、前二〇六／五年度の政務官の顔ぶれとその政治的立場である。そしてこれらを探る手掛かりを得るためまず取り上げたいのが、リュキアのクサントス跡から見つかった、とある碑文

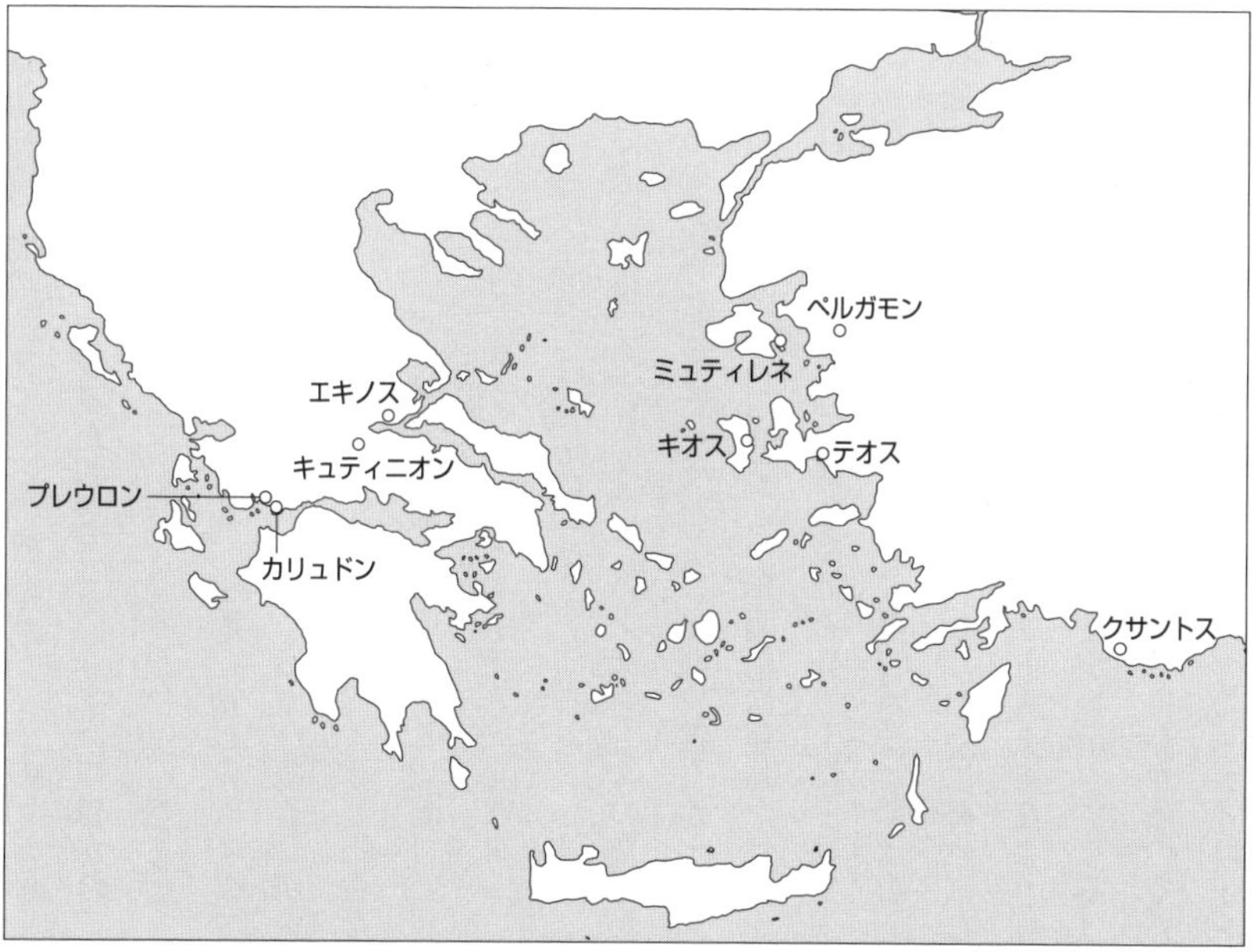


アイトリアの単独講和に関する議論で登場する主な都市・地域(ギリシア・小アジア西部)

である。[65] 同碑文には、アイトリアの加盟国の一つドリスのキュティニオンが、連邦の口添えを得つつクサントスに、神話で語られる同族関係の誼《よしみ》で、損壊している自分たちの街の市壁修復のための支援をしてほしいと求めたということが記されている。この碑文について最初に注目すべきは、冒頭七行に、添え名などからプトレマイオス四世と判断できる王名と、その王の統治一七年目とはっきり記されている点である。これにより碑文を作成したクサントスが、そこに刻まれた文書作成の時点においてプトレマイオス朝の宗主下にあり、かつ同文書が前二〇六／五年のものであることがまず確定できる。[66]

その上で、さらにまた目を向けたいのが六七行目から七一行目である。そこには、この件に関しアイトリアがおこなった決議と、「ストラテゴスの者たちとシュネドロス(用語解説参照)の者たちにより記された書簡を」石碑に刻むと決定されたことが記されている。そして実際、それを受ける形で、七九行目から八八行目には、彼らの名のもとに作成されたという書簡が掲載されているのであるが、その冒頭部をみると「アイトリアのアゲラオス、パンタレオン、モロッソス、およびシュネドロスの者たちが」というように書かれているからである。

「ストラテゴスの者たち」という文言は、一見するとその後に出てくる右記の三名の全員が当時ストラテゴスであったことを示すようにも思われる。実際、前にみたドリマコスのブラルコス職保有の際のように、状況によっては最高指導者の地位が複数の者の保有するところとなることがあり得たかのような記し方をしている史料もある。しかしそのドリマコスのケースも含め、連邦が名誉職のような場合を除いて一名を超える、まして三名のストラテゴスないし実権ある最高指導者をもったことがあると明示する史料は、管見の限り皆無である。このことを踏まえると、書簡冒頭部の三名は、前二〇六／五年のストラテゴスと、そしてヒッパルコスおよびグランマテウスの三役の者たちであると判断すべきだろう。

そして次に注目したいのは、このクサントスの文書が、当該年度の連邦政務官三役の名前だけでなく、前二一一年のローマとの同盟に始まる対マケドニア戦に彼らがどう向き合っていたのかを考えるヒントを提供してもいる点である。ローマの東方での戦いの終結の一年弱前に連邦が戦線から離脱することになるという歴史的事実は、前二〇六／五年度の執行部が、これに先立つ数年度のそれ以上に停戦を求める声の影響を受けて構成されていたという状況を強く示唆する。しかし実は、この点は必ずしも自明のことではない。執行部はなお戦い続けることを志向していたが、例えば定期総会の場などで和平が提案・可決されたために終戦になったという可能性も、少なくとも連邦のルールを考える限りあり得るからである。ところが、クサントス文書をより細かくみてみると、この時期の連邦指導部が、調停者たちと相当に前向きな話し合いを進めていたことがわかってくる。

というのは、まず本文書を読めばすぐにわかるのであるが、キュティニオンの者たちとクサントス側とは、基本的にそれまで疎遠だった。例えば同文書は、キュティニオン側がそれぞれの市民団が始祖と仰ぐ、あるいはその領域と深いかかわりのある神や半神、具体的には女神レトやアポッロン、ドリスからクサントスへやって来て同地の人々を助けたヘラクレスの後裔《こうえい》アレテスなどに縷々ふれたことへの説明に、少なくない行数を割いている。しかし一方、歴史時代に入ってから双方がどのような交流をもったかにはほぼ沈黙している。これは明らかに、キュティニオン使節がこちらについては、ことさら大きく取り上げるような例をあげられなかったことによるものだろう。事実、資金援助を求められたことを受けてクサントスが出したのは五〇〇ドラクマと、国家レベルの交流において登場する金額としてはかなりつつましやかである。[67] クサントス側は、近年支出が多く増税もままならず、提供した金銭も借財によりようやく調達したものであるとわざわざ書いているが、こうした状況は、両市民団がその地理的な遠さもあってそれまでさしたる交流もなく、そのためキュティニオンからの訴えをにべもなく拒絶はしなかったものの、あからさまに困惑の体を示し、形ばかりの援助をするにとどめたという様子を示すものとみてよいだろう。

では、そうした実質的な交流がなかった相手に対し、クサントスが表面上だけとはいえ好意的な対応を示したのはなぜか。これも本文をみるとその理由がわかる。クサントス側は、右記のような神話的つながりを強調し、そしてまたアイトリア当局からの口添えの書簡を提示したキュティニオン使節に対し、「彼らキュティニオンの者たちだけではなく、アイトリア人たちやその他のすべてのドリスの者たち、そして何よりヘラクレスの後裔たるアルゴスの王たちを介してドリスの人々と親族関係にあるといえる王プトレマイオスに好意を示すこととした」というからである。[68] つまりクサントス側は、かなりの程度プトレマイオス朝の顔を立てるということを意識して、キュティニオンの求めに誠実に応えようとする姿勢をみせたわけである。

しかしキュティニオンの求めや、さらにこれに口添えするアイトリア当局に好意的であることが、プトレマイオス朝によい顔をすることとどうつながるのか。既に示した通り、クサントスは同王朝の宗主下にあったので、同市がその王家に敬意を示すという方針をとっていたことは当然だろう。また文中にある通り、いくつか提示された神話的つながりの一つのヘラクレスの後裔という関係から、プトレマイオス朝への敬意を示すためキュティニオン使節にも丁寧に対応するという理屈も、一応は理解できる。しかしクサントス文書は、使節たちが持参した書簡を通して、連邦当局もまたアイトリア人がドリスの者たちと同じくクサントス人の親族であるといえると主張したことを伝えているが、[69] クサントス側はこれについては承知する旨を表明していない。つまりキュティニオン人との間の神々や半神たちの時代の所縁が要請を受理する理由として強調される中で、クサントス側は、こうした結びつきが自分たちとの間にもあるというアイトリア人たちの主張は黙殺した上で、連邦にも敬意を示すと述べているわけである。

　となると、それにもかかわらずアイトリア人が敬意を示す対象に加えられたのは、神話的つながりのあるキュティニオンを包摂する共同体だったからか。それとも単なる儀礼上の理由からか。もちろんどちらも違う。クサントスの人々にとっては、キュティニオンもアイトリアも実質的に見ず知らずの相手だからである。彼らが気にしたのは、神話の時代ではなく同時代の事情であろう。というのも、キュティニオン使節は、持参した連邦の名のもとにおこなわれた決議を記した書簡を通して、アイトリア当局が自分たちに何かしらの所縁のあるポリスのみならず、プトレマイオス朝やまたこの頃クサントスの北西のテオスにまで軍を進めつつあったセレウコス朝に対しても資金援助を求めてよいという許可を与えたことをクサントス側に伝え、かつキュティニオン当局がまた別に出した手紙を介して、自分たちの求めに応じることが、クサントスがプトレマイオスの意向に沿って行動していることを示すのに必要であると、マイルドにではあるが明快に論じているからである。[70] つまりキュティニオンおよびアイトリア指導部は、自分たちが、クサントスの宗主ないし同市の生存に大いに影響を及ぼし得るプトレマイオス朝およびセレウコス朝と支援を求めることができるような関係を構築しており、自分たちの要求に応じなければこの二王国の人々の不興を買うかもしれないと暗に伝えた。そしてこれをみて、クサントス側は余計な危険を回避すべくキュティニオン使節をもてなし、財政難に苦しみつつも何とか資金を調達したと弁じ、かつ自分たちが諸勢力の関係を理解して各所に敬意を払ったということを、行数にして百を超えるいささか長めの碑文を、間違いなくそれなりの費用をかけて作成し、後に残したわけである。71

ではなぜキュティニオン使節やアイトリア指導部は、自分たちの求めに応じることが、プトレマイオス朝の意向に沿うことになると論じることができたのか。それはもちろん、自分たちが現在進行形で同王朝と良好な関係を構築していたからだろう。そして両者がこの時期にポジティブなかかわりをもったとすれば、それはプトレマイオス朝がこの数年の間に幾度も求め、前二〇七年にも使節を派遣して要請したマケドニアとの停戦の提案、特に同年の交渉を踏まえてのものであれば、ローマとの断交を経てのそれに、この前二〇六／五年度の連邦指導部が前向きな対応を示していたからという以外の理由は考えられない。

実のところ、この年度に調停者たちがどのように連邦と接触したのか、あるいはまたその同盟国ローマとのコンタクトの有無はよくわからない。しかし少なくとも前二〇六／五年度には、連邦三役だけでなくその他の執行部の構成員のかなりの部分に、プトレマイオス朝と友好関係にあることを明示しつつ、その宗主下にあるクサントスのような共同体に資金提供を求めるということをしても問題にはならない程度には、同王朝と良好な関係にあるという認識が共有されていたはずである。前にもふれた通り、キュティニオンの資金援助の求めに対する連邦の口添えの書簡は、政務官三名とシュネドロス一同の名のもとに発行されているからである。そしてこうした状況は、当時の連邦指導部が前二〇七年にガルバを批判した人々と同等かそれ以上に、プトレマイオス朝やまたその他の調停者たちに同調し、そして彼らの求めるマケドニアとの和平に関し、具体的かつ友好的な交渉をおこなっていたことを示すといってよいだろう。もちろん、対マケドニア戦後にそれまで戦いの先頭に立ってきたスコパスがプトレマイオス朝のもとで傭兵の募集とその指揮を任されたように、同王朝の求めるところに応じるのを渋った過去のある人物でも、同国と友好的なかかわりをもつことはあり得た。しかし現在進行形で自分たちの奉じるギリシア防衛と反ローマの大義に逆行する者たちにまで同王朝が親和的な姿勢をみせる、あるいはまた、その求めるところに具体的な対応を示さない一方でその宗主下の者たちにはあたかも王の友人であるかのように振る舞うというようなことをした場合でさえ後で問題にならないとは、同時代のアイトリア人たちも考えなかっただろうからである。

しかしながら、あまりなさそうではあるが、ここまでみてきた状況証拠だけではなお、調停者たちの主要構成員たるプトレマイオス朝と友好的な関係を構築し、さらにはその宗主下の者たちから金銭をせしめるということまでやってのけたことと、その求めるところに応じて停戦に動くこととは別問題であるという姿勢を当時の連邦指導部がとった可能性もないではないようにも思われる。以前にもふれたように、指導部は依然として戦争継続に意欲をもっていたのであるが、定例総会などの場で和平を求める声が再び高まり、今度はこれを抑えきれずに和平に至ることになったというルートも、当時の連邦のルール上はあり得るからである。そこでここからは、これまでも幾度かおこなったように、時のストラテゴスがどのような人物であったのかを考えながら、この点を掘り下げてみたい。

ここまでみてきたクサントスの文書で示されている通り、前二〇六／五年度ストラテゴスにはアゲラオスが就任した。問題はこのアゲラオスがどのアゲラオスかという点であるが、碑文にはその出身地が記されていない。このためまず可能性の一つとして、既にたびたび登場している、ナウパクトスの和約の成立に大きくかかわったナウパクトスのアゲラオスの名をあげることができる。そして仮にこれが正しかった場合、前述の通り彼はローマとカルタゴという西方の異邦人に対応するためギリシアの団結を訴えた、少なくともそうした建前を前面に出して関係各国に和平を認めさせた人物なので、その再登場は連邦内で主戦派の政策が有権者の多数に否定された証とみてよいだろう。ただ筆者としては、想定される年齢などの点からこちらはないと考える。また戦況が総じて厳しく、そしてこれを打開すべく調停者陣営の人々と真剣に交渉するようになっていたと思われるような微妙な時期に、これまで史料に登場しなかった、つまり既に三役やそれに準じる役職を経験している者たちより名声や実績の面で劣っている人物がにわかに政局の中心に立つとも考えにくい。こうしたことから、最も蓋然性が高いのは、前二一一年のローマ・アイトリア同盟の少し前の時期にヒッパルコスを務めた、アルシノエのアゲラオスであるというのが筆者の考えである。[72]

そして実は、このアルシノエのアゲラオスは、ナウパクトスのアゲラオスとは別の意味でマケドニアとの和平というプランを推進するのにふさわしい位置にいた。というのは、彼がヒッパルコスになった年度、つまり前二一六／五年から前二一三／二年にかけての四年度中、アイトリアは前二〇七年にプトレマイオス朝と共に調停のため使節を派遣することになるミュティレネ人たちに、[73]より実態に即していえばその外交官への不可侵を約束している。ここで重要なのは、同国がこれに謝意を示し、アイトリア人たちを顕彰した点である。この時、個人として名が明示されているのは、この年に五度目のストラテゴスを務めていたパンタレオンと、交渉がまとまってからミュティレネ当局と接触した連邦の使節たちだけなのであるが、[74]おそらくアルシノエのアゲラオスもその中で同国とコネクションを形成したからである。これは、顕彰対象として「プロエドロス（用語解説参照）の者たち」がパンタレオンらと共にあげられていることからわかる。

一見すると、ヒッパルコスのアゲラオスはプロエドロスの一員ではなく、そのため顕彰の対象から外れていたようにも思われる。しかし当時の連邦に、こうした名称の定員複数の役職が厳密な意味で存在したかは大いに疑わしい。連邦当局が作成した史料からは、そうした様子がうかがえないからである。また一方で、アッピアノスは第二次マケドニア戦争の帰趨を定めたキュノスケファライ戦後に催された和平会議に関する記述において、アイトリア代表の一人アレクサンドロスを ὁ τῶν Αἰτωλῶν πρόεδρος というように、定員一名のプロエドロスという名の役職があって彼がそれを務めていたようにもみえる書き方をしている。[75]ところが同会議におけるアレクサンドロスのことを記している同時代人のポリュビオスは、彼が「イシオスと呼ばれた（ὁ προσαγορευόμενος Ἴσιος）」と書いてはいるものの、[76]同席したストラテゴスのファイネアスとは異なり特に役職には言及していない。前述のクサントス碑文に「ストラテゴスの者たち」というような、いささか大雑把な言い回しがあった点も勘案すると、アイトリア外部の者たちは、総じて連邦の役職を細かく記すことにあまり熱意を示さなかったのだろう。ミュティレネ碑文の作成者やアッピアノスのプロエドロスへの言及の中での不一致も、彼らが連邦内での問題の人物の立場を正確に伝えるよりも、漠然とストラテゴス以外で同国が国家としての意思を決める際に、それを先導する者であることがわかるようにすることに重きをおいたからと考えれば整合的に理解できる。実際、ポリュビオスも同じところでアレクサンドロスを「有能で弁が立つとみなされていた」と述べており、さらにまた戦後体制を決める会議の場にストラテゴスと共に出席しているところからして、彼が連邦指導層の中でも特に上位の者であったことは間違いない。こうした状況をまとめると、ミュティレネ碑文において顕彰されている「プロエドロスの者たち」は、そうした名称の役職にあった者たちではなく、ストラテゴスのパンタレオン以外で当時の連邦の指導部にあった者たち、つまりヒッパルコスだったアゲラオス以下の政務官たちや、あるいはまたシュネドロスの者たちを意味したと考えるべきだろう。

さらに、既に何度かふれたように、パンタレオンは前三世紀の最後の十年が始まる頃には引退ないし他界している。つまり前二〇六／五年の時点においては、政務官経験も加味すると、おそらくこのアルシノエのアゲラオスが、ミュティレネと関係の深い連邦指導者の中の最上位の人物だった。この意味で、彼がこの年度のストラテゴスだった場合、時の連邦はクサントス碑文にみられる活動のみならず、こうした調停者の別の一角とも浅からぬ関係にある人物に率いられていたということになり、そのことは、ナウパクトスのアゲラオスの場合と同様、連邦における和平派、あるいは調停者たちの求めに前向きな姿勢を示す人々が、当時の連邦の中枢を握っていたことの証といってよいだろう。[77]

そして、こうした連邦における和平派の台頭の気配の強まりと、少なくとも連邦指導部と調停者たちの接近の動きの活発化がみられるようになっていたのとは対照的に、ローマと連邦の主戦派の連携は低調だった。スコパスやドリマコスらがローマに救援を求めなかったとは思えないが、[78] 少なくとも前二〇五年になるまで、元老院はもとよりガルバ率いる東方派遣部隊も目にみえる活動をアイトリア近辺ではおこなっていない。これは決して、対カルタゴ戦の緊迫の度が増しローマに東方へ注意を向ける余裕がなかったからではない。元老院はこの時期、イタリア中部では安全が確保されたと判断し、さらに、なお南部を占領し続けるカルタゴ軍との直接対決は避けつつも、離反した地域の再征服を着実に進めていた。[79] もちろん、長引く戦争による生産活動の停滞からくる、物資と資金の不足という問題が生じていた可能性は高い。[80] さらに、対マケドニア戦を担当することになった部隊には、元々イタリア南岸に目を光らせるという役目もあった。しかしイベリア半島でもローマの優勢が明確になっていたことも踏まえれば、[81] ギリシア方面でのローマ側の行動の自由の度合いは軍事的に、そして当然外交面でも、むしろこれまでになく高まっていたといってよい。

こうした状況にもかかわらずギリシア方面でローマの動きが停滞していた理由について、史料は何も語っていない。一見すると、ガルバ本人をめぐる政治的、あるいは健康上の問題に答えが見出せるようにも思われる。この後すぐの前二〇五年度には、彼に代わってP・センプロニウス・トゥディタヌスが新しい指揮官として派遣されるからである。しかしトゥディタヌスは後の章でふれるが、ガルバがコンスルとして第二次マケドニア戦争開幕のため奔走することになった折、東方各国の支持とりつけやローマの政治的スローガンの周知などをおこなうための使節に起用される人物なので、この前二〇五年の人事がガルバを追い落とそうという動きの産物であったとは思えない。またガルバは前二〇三年にはディクタトル(用語解説参照)に指名されているので、[82] 彼の政治的立場やあるいはまた健康不安が、時間的にそう離れていない前二〇六年頃に問題となっていたとも考えにくい。これらを踏まえると、当時の反マケドニア陣営の停滞は、単にガルバや元老院がリスクの高い作戦の実行を躊躇、あるいはそれを求める動きを抑制し、かつ代わって外交面で状況を動かそうという発想や技術も乏しく、結果としてアイトリアの主戦派をも、軍事・国内政治両面で身動きできない状態に追い込んでいたことによるのだとみておくべきだろう。

前二〇六年のこととされるアイトリアのマケドニアとの単独講和は、[83] こうした複数の要素が絡み合った結果だったといえる。交渉の具体的な流れやその内容は知られていない。ただし時期については、ある程度特定が可能である。まずフィリッポスは、新たに指揮官となった前述のトゥディタヌスのもとでローマ軍がイリュリア方面で行動を再開した頃に交渉を妥結させたという。[84]そしてこの後にみるように、ローマはアイトリアの戦線離脱後もしばらくマケドニア軍との睨み合いや、あるいはまた連邦に再度の共闘を促すなどするのであるが、やがて和平交渉の場へと戦いの舞台を移す。こうした諸段階から和平の最終的な成立までどのくらいの時間があったのかはよくわからないが、ただ少なくとも冬を挟んだ様子はない。これらの情報を踏まえると、連邦の和平がまとまったのは前二〇六／五年度の冬以降ということがまずいえそうである。

また前二〇五年の秋より後には、既に幾度かふれた、ローマ・アイトリア同盟の推進者だったスコパスが国を出てエジプトに渡るという事件が起こる。この中で具体的に何が起こったのかという点については、ほぼ唯一の情報源であるポリュビオスの著作の写本に問題があるのか、いささかわかりにくい。ただ大まかな流れとしては、まずスコパスが和平成立後に再びストラテゴスに選ばれ、かつそれと前後して、相次ぐ戦いなどの理由から積み重なった借財に苦しむ連邦市民の救済のため、ドリマコスと共にこれに対応することを目的に臨時におかれたノモグラフォス（「法案起草役」という様な意味）にも就任したらしい。しかし反対派の運動もあって、問題を解決することはできなかった。しかもそれによる影響か、前二〇五／四年度のストラテゴス、あるいは次年度のそれをあと一歩のところで手に入れ損ねたらしい。そしてスコパスは落胆したためか連邦における自分の将来に見切りをつけ、エジプトに渡ったという。[85]

こうした状況からはまず、最終的に債務問題の解決に失敗しているとはいえ、スコパスとドリマコスが、対マケドニア戦が成功から程遠い結果に終わったにもかかわらず、決して終戦後すぐに連邦内で影響力を失ったわけではなかったことがわかる。なぜそうしたことが起こったのか。史料的な確認はできないが、それはやはり彼らの推進した対マケドニア戦を終わらせた人々が、主戦派の声を抑えつつローマを除外しながらの和平を成立させるのに成功するや、目的と勢いを失ったことに求めるべきだろう。そうでなければ、債務問題というどの時代の為政者にとっても厄介極まりないとはいえ、市民の多数派の支持を得れば政敵に打撃を与えつつ一定の成果をあげることもできるというような案件を専門的に扱う臨時の役職を彼らが得ることを、それまで彼らが進めていた対マケドニア戦を止めさせた人々が認めたはずがないからである。ではそうした和平派の相対的な勢力の低下とはいつ起こったのか。これももちろん確言できないが、スコパスが前二〇五／四年度のストラテゴス職をともかくも手に入れたか、そうでなくともそれに手が届きそうだったというポリュビオスの記述は、選挙がある秋分には彼の影響力がかなり回復していた証とみるべきだろう。またスコパスとドリマコスが就任したノモグラフォスが債務問題の解決のため臨時に、かつ早急に作業にかかることが期待されて設置されたものであったなら、こちらの就任はあるいは年度の切れ目とかかわりなくもっと早い時期、つまり前二〇六／五年度の終わりの方だったかもしれない。以上のような、ローマ軍の動きとスコパスの出国という展開やそれに先立つ彼の力の一時的な持ち直しがあったことがうかがえる状況を踏まえると、アイトリアとマケドニアの和平の成立は、前二〇六年というよりは前二〇六／五年度の冬の終わりから、遅ければ前二〇五年の夏くらいまでにかけてのことだったとみるべきだろう。

また、既にみた通りマケドニアとその同盟者たち、調停者たち、そしてアイトリアの和平派の間には、異邦人であるローマに漁夫の利を得させずギリシアの団結を回復するというスローガンと、これに賛同する人々の声、いうなれば「国際世論」に応えるという建前が共有されていた。アイトリアは少なくとも公式には敗者として扱われず、多大な賠償金や領土の割譲を求められることもなかっただろう。[86] さらに連邦の和平派ないしは和平推進を軸に集結した人々に限っていえば、戦争が明らかに勝利とはいえない形で閉幕したことで、連邦内の主戦派あるいはそうした政治方針を柱とした同盟市戦争期以来の連邦の重鎮ドリマコスやスコパスのグループの力を、おそらくは前二〇六／五年の段階では不完全だったとはいえ削ぐことができ、なおかつ最終的にはスコパスの追い落としにも成功したという意味で、国内政治的には勝利をおさめたとさえいえる。[87] フィリッポスにしても、またも連邦に公式に負けを認めさせるには至らなかったという意味で、完全勝利とはいかなかったものの、元々連邦との戦いは同国がローマと結んで攻撃を加えてきたことで始まったものなので、[88]それを止めさせただけでも自陣営の者たちに対し十分に面目を施すことができただろう。調停者たちとしても、連邦の勢力後退とマケドニアのそれの伸長の程度をいくらか緩和でき、彼が他勢力を圧倒する最悪の状況を回避するという当初の目的は一応達成できた。ギリシア本土における戦役は、反異邦人の大義が持ち出される中で形成されたこれら三勢力の、いわば三方一両損ともいえる外交的提携でもって終了したといえる。

## 4 フォイニケ和約とマケドニアの外交

第一次マケドニア戦争を閉幕させたフォイニケ和約は、こうした文脈で成立した。ローマはアイトリアとの同盟以前のように、カルタゴとの戦争が続く中でマケドニアからも攻められる状況に再びおかれた。ガルバの後任である前述のトゥディタヌスは新たな作戦の開始を伝え、自軍の一部をみせつつ連邦に再度の共闘を呼びかけたが、和平派が大きな力をもつようになっていた同国はこれを無視し、さらにフィリッポスがアポッロニア方面へと進軍してきたため、後退して防戦に徹さざるを得なかった。[89]ハンニバルの脅威は既に大幅に低下していたとはいえ、なおともかくも存在していたマケドニア・カルタゴの同盟とフィリッポスとその支持者たちの優位が基本的に確立されたギリシア諸国を前に、軍事・外交の両面でローマは孤立した。

しかし一方で、フィリッポスにとっても、追い込まれたためとはいえ守りに入ったローマとのあらためての対戦は、必ずしも好ましい状況ではなかった。戦闘が長引いた場合、アイトリアでそれに乗じて和平を破棄しようという動きが出てくることが懸念されていたからである。[90]実際、連邦市民の負債減免運動が成功すれば、スコパスやドリマコスが再び連邦内で主導権を握る可能性はあった。また既にみた通り、スコパスは間もなくエジプトへと去ることになるが、

*IG* IX. $1^2$ の編者クラッフェンバッハの推測が正しければドリマコスの方は四期目と史料に明示されたストラテゴス職を前二〇二／一年頃に、そしてそうでなくとも前三世紀の末頃には務めており、[91] 主戦派の力はなお侮れないものがあった。[92]

こうした状況を動かしたのは、またも調停を申し出た者たちだった。ただし今回それを担ったのはエペイロスである。同国の代表者たちはトゥディタヌスに対し、ローマとマケドニアの衝突により自分たちに被害が出ていることを訴えつつフィリッポスと交渉して終戦の道を探るよう求め、次いでフィリッポスにも彼と会見するよう要請した。両者ともこれにすぐに応じ、エペイロス側はそれを受けて自国の重要都市フォイニケを会談の場所として提供した。[93] エペイロスの申し出はローマとマケドニアに、戦闘地域の人々の苦境を救うため矛をおさめるという体裁のよい停戦理由を与えたといえ、両者ともこれによって長引いても状況が好転する見込みの乏しい、あるいはリスクの多い状況の解消を図ったといえる。

重要なのは、両国が同じような思惑から応じたこの調停が、アイトリアを停戦へと誘った調停者たちのそれのように、実は決して、単に紛争当事者の間に入りその利害調整を促すというものではなかった点である。これから述べる状況からしてローマ側はそれを理解していなかったと思われるが、まずそもそもエペイロスは、マケドニアが率いるヘラス同盟の一員で、[94] 決して第三者的な立場になかった。実際フィリッポスは、明らかにこのつながりを利用して交渉を有利に展開させた。彼はフォイニケに入ると、まずエペイロスの政務官たちと「予備交渉をおこない（*prius conlocutus*）」、その上で表向きは調停者たる彼らと、そしてつい先頃ザキュントスを彼から贈られマケドニア寄りとなったアタマニア、およびヘラス同盟加盟国にして数年前にローマに領土の一部を奪われたアカルナニアの代表を同席させて、自らに有利な交渉舞台を用意しつつトゥディタヌスとの会見に臨んだ。さらに交渉が始まると、話し合いの発起人としてごく自然と議長役に就いたエペイロス人たちが、明らかにその「予備交渉」での打ち合わせに則り、あらためて自分たちの苦痛を考慮して戦争を終結させるよう求めた上で、特にローマ側に対し、和平のための案の提示を求めているからである。[95]

これらはエペイロス人たちとフィリッポス、そしてローマ側に無言の圧力をかける役割を果たしただろうアタマニアとアカルナニアの代表たちによる、トゥディタヌスに一定の譲歩を促すためのある種のトリックだった。建前とはいえエペイロス救済を謳って停戦交渉に臨んでいる以上、交渉のテーブルの状況をどうみたにせよ、ローマ側は和平に対し前向きな姿勢を示さざるを得ないからである。事実、トゥディタヌスは「もしローマに送られる使節が元老院から承認を得たなら、パルティニとディマッルム、バルグッルム、エウゲニウムがローマに属し、アティンタニアがマケドニアのものとなる」というように、軍事的に敗れたわけではなかったにもかかわらず、第一次イリュリア戦争以来ローマの勢力圏だったアティンタニアの放棄を提示している。[96] 同地は、フィリッポスの攻勢で早いうちに占領されていた。[97] 奪回には戦争の継続か交渉により彼にこれを放棄させる必要があったが、先に和平とエペイロスの人々の苦痛の、そして間違いなく同席者にしてその隣人たるアタマニアとアカルナニアの人々のそれの解消にも前向きな姿勢を示す必要に迫られたことから、トゥディタヌスはこの時点でローマ側の手にないものの返還を要求できなかったのである。

こうした分析は推測に基づく部分があまりに多く、異論の余地が少なからずあるように思われるかもしれない。例えば、史料に記されていないだけで、実はフィリッポスが先に和平案を提示した、あるいはまたローマ側がある種の妥協を含んだ案を先に示したが、そうした状況がフィリッポスにとって特に意図してつくられたものではなく、彼の方でも独自の案を用意・提示したという見方も、一見できそうである。しかしそうであったなら、トゥディタヌスはフィリッポス案の不当性と和平への消極的な姿勢を非難するという形をとりつつ、双方の戦争前の支配地保全を主張しただろう。ローマの東方派遣部隊はなお健在であり、交渉を呼びかけた人々に配慮する姿勢を一度示しさえすれば、その後はより自由に、少なくとも原状復帰を主張する程度のことは可能だったはずだからである。またローマ側から提示したものでなければ、そうした状況で支配地の放棄がなされることを、ローマ本国の人々が納得するとトゥディタヌスが考えたとも信じがたい。その後のローマにおける批准の可否をめぐる投票ですべてのトリブス（用語解説参照）が賛成票を投じたとあることともあわせ、[98] 和平は史料にある通り、トゥディタヌスがまず和平に前向きで、それでいて本国にも容認されそうな、そしておそらくトゥディタヌスとしては本当の交渉に先立ってエペイロス人らの苦痛を救うという建前を尊重したというある種のアリバイづくりの意味で作成したつもりの案を提示し、フィリッポスがこれをすかさず受け入れまとまったとみるべきだろう。つまりマケドニアは、エペイロスの調停者たちとその他同席者たちの有形・無形の支援を確保することで、首尾よく占領地の確保に成功したわけである。

アティンタニアがローマに多大な貢納をおこなっていた、あるいはそこに重要な基地がおかれていたという情報はなく、同地の放棄はローマにとってさしたる損失ではなかったと思われる。またフィリッポスはこれ以前に、イタリアへの進軍の拠点となり得るリッソスを放棄していたらしく、[99] ローマにとって、彼と戦い続ける軍事的必要性は既にほとんどなかった。しかし内実はどうあれ、アティンタニアは開戦前にローマから取り上げるとフィリッポスがハンニバルとの同盟条約の中で明示していた、つまり自陣営の者たちに制圧を宣言していた地域の一つだった。[100] ローマが同地の放棄を約束したことは、フィリッポスに戦争である程度の勝利をおさめたと彼らに主張することを可能にしたといえる。

そしてフィリッポスと、さらに条約締結の枠組みづくりにもかかわったはずのエペイロス人らは、こうした、彼がやや優位な形で戦いを終わらせた状況を周囲にアピールするということに、明らかに利益を見出していた。このことは、条約成立に際し副署名がなされる運びとなった点から確かめることができる。リウィウスが、「条件がまとまると、ビテュニア王プルシアス、アカイア人、ボイオティア人、テッサリア人、アカルナニア人、エペイロス人たちが王の側で署名をおこない、ローマ人たちの側ではイリオン人、王アッタロス、プレウラトス、ラケダイモン人たちの僭主ナビス、エリス人、メッセニア人、アテナイ人たちが署名した」と伝えているからである。[101] 条約締結に際しこうした副署名者(*adscripti*)、つまりある種の証人を交えるというやり方は、ギリシアの外交スタイルに則ったものとされている。[102] 実際、

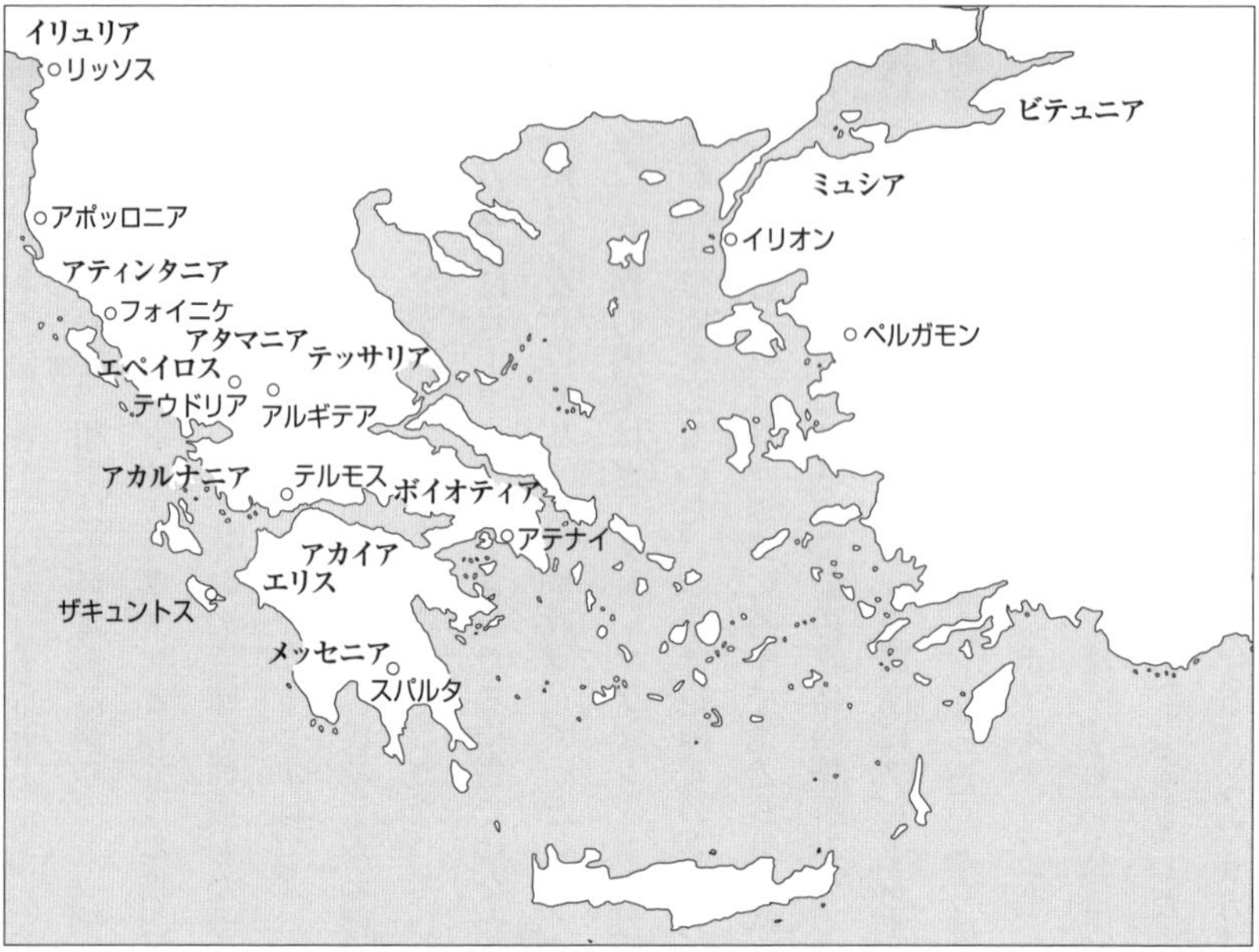


フォイニケ和約に関する議論で登場する主な都市・地域(ギリシア・小アジア西部)

同時代のローマの他の条約にこの種の存在は確認されない。そして重要なのは、ローマ・マケドニア双方とも、副署名者がおおむね、それぞれが共闘関係をもったことがある者たちなどで構成されていながら、アイトリアの名がみえない点である。

同国は前記の通りマケドニアと講和していたが、同盟国だったローマが自分たちと同様に同王国と和平を結ぶのであるから、本来ローマ側で署名することが理論的・道義的に自然だったはずである。そうしたアイトリアが条約締結の場に名を連ねなかったことは、同国がごく普通におこなえた友好的な姿勢さえもはやローマに示す気がなく、表立ってそれをみせるほどではないとはいえ、相対的にマケドニア寄りとなっている、つまりその主張や立場により理があるとみなしていることを、間接的に表明するものだったといえる。ローマ側の副署名者の中にはアッタロス朝のように、連邦が反マケドニア勢力糾合に動いた結果ローマと共闘関係に入った勢力もあったが、その連邦が今はローマを支持していないことが明らかになることは、反マケドニア陣営の分解、つまりは敗北を同時代人たちに印象付けただろう。こうした事態が生じた要因が、フィリッポスらがアイトリアにそれを求めたからなのか、あるいは反ローマを掲げつつ政権を握り、さらにスコパスらの負債減免運動を頓挫させていた和平派アイトリア人たちが自発的にそうしたからなのかはわからない。ただ、副署名者をおくことが交渉の中で取り上げられた際にアイトリアに打診がまったくなかったとは考えにくいことから、このギリシアの外交スタイルに則った条約締結を求めただろうフィリッポスとエペイロス人たちは間違いなく、同連邦の不参加を条約締結が実際になされる前に認識あるいは手配・確認し、それが周囲にどう読み解かれるかを熟知した上で、副署名者を交えた形での調印をそのまま敢行したといえる。

またマケドニア側の副署名者の初めに並ぶプルシアスとアカイアが、それぞれアッタロス朝とスパルタを相手に勝利といってよい戦果をあげていたことも、フィリッポスの優位を周囲に印象付けるのに一役買っただろう。アカイアがスパルタの指導者マカニダスを敗死させたことは既述したが、プルシアスの方もこの時期アッタロス朝のミュシア地方の支配地を切り取っていた[103]。そしてこうした副署名者たちの状況は、そのような優勢な同盟者たちの支持を集めているフィリッポスもまた、劣勢に立たされている者たちのそれを得ているローマに対し優位にあるという外観を形づくったといえるからである。

多くの先行研究はさらに、ローマ側の署名者は実際にはより少なく、リウィウスがローマのそれが劣勢気味なだけでなく数も少ないことを祖国にとって不名誉なことと考え、そうした状況を多少なりとも糊塗するため、例えばイリオンとアテナイの名を、実際には当該戦役中のローマとは特段のかかわりもなかったにもかかわらず付け加えたとみている[104]。もっとも、ローマはこの時期、アッタロス朝と小アジアのマグナ・マテル(用語解説参照)招来のための交渉をおこなっているので、その使節がペルガモンを訪ねる道すがら、アテナイとイリオンに署名を求めることは可能だったかもしれない[105]。しかしいずれにせよ、マケドニア側が副署名者を交えることで、軍事的には必ずしも優勢とはいえなかった対ローマ戦を、アティンタニアをともかくも手に入れたこととあわせて、あたかも相当な優位のうちに終えたように同時代人たちの前で演出したことは間違いない。

ローマがこの時期に至るまで外交運営、特に共同体外の人々への働きかけに関し、ギリシアとは相当に異なる様式や文化を築いていたことを踏まえれば[106]、ここまでにみてきたようなヘレニズム諸国の外交的なしかけの一つ一つは、ローマ人たちの注意をそれほど引くものではなかったかもしれない。実際、既にみたように、ローマの人々は条約を批准した。その上トゥディタヌスは本国にいなかったにもかかわらず、続く前二〇四年度のコンスルに選出され、帰国後に特に波乱もなく同職に就任している。アフリカに進軍してカルタゴと決着をつけることを一番に望んでいたローマの人々が、フォイニケ和約によるマケドニア戦争終結を歓迎したのは間違いない[107]。

しかしそうしたローマ側でも、特に交渉に直にかかわった者たちは、おそらく自分たちがギリシア人たちにいいように翻弄されたことに気付いただろう。実際アッピアノスは「〔ローマ・マケドニア〕いずれの側も、この条約が善意に基づいたものではなく長くは続かないだろうと考えていた」と[108]、トリブス民会の投票状況からして、多くのローマの市民たちが和平を喜ぶ状況だったにもかかわらず記している。もちろんこれは当該戦役終結に関する全般的な状況を述べたもので、さらにまたほどなく勃発する第二次マケドニア戦争に関する、紀元後二世紀に活動した彼から読者への、ある種の予告の意味も含まれていると思われることから、必ずしも和約やそれにまつわる外交についての当時のローマ(およびマケドニア)人の認識を特に反映したものとはいえない。それでも、フォイニケでの交渉において和平条件提示を求められた流れや、反ローマを唱えるようになったアイトリアの副署名への不参加、さらにそうした中でフィリッポスとエペイロス人らがなおも副署名者を並べることを止めなかったことや、また調停者として登場したはずのそのエペイロス人たちが彼の側の副署名者として条約締結の場に立ったのをみれば、ローマ側の戦争指導者たちも、遅まきながら状況を理解したはずである。またフィリッポスらも、彼らの態度からそのことを察知しただろう。アッピアノスの叙述への評価はともかく、まさしく両者は相互に相手の悪意と再戦の萌芽を感じつつ、一方はギリシアを守り侵略者の支配地の一部をさえ奪った者として、もう一方は、和平がイタリアの安全に多少なりとも寄与することと同胞たちの多くが終戦を支持していることをせめてもの慰めに、その場を後にしたのである。

## 結論

第一次マケドニア戦争は、ローマにとって、カルタゴの脅威にさらされる中、それに付随して生じたさまざまな困難の一つであった。この意味で同戦役は、ローマが全力を傾けるべき、あるいは傾けられる案件ではそもそもなかった。しかし多正面戦争を強いられ、あるいは利害の錯綜や派生的な問題が山積する中で難しい対応を迫られたのは、フィリッポスや他のギリシア人たちも同様だった。彼らが一定の成果をおさめつつ終戦を迎えたのは、決して必然的な結果ではなく、彼らが外交運営においてより積極的かつ技術や発想の面でローマより相対的に優れていたことに、その理由は求められるべきだろう。実際ローマは、東方諸国が調停に乗り出す直前、調停者の一角プトレマイオス朝と友好関係を強化すべく、使節を派遣して贈物をするなどしていたが[109]、調停交渉の中では、明らかにそうした接触を活かして同王朝や他の調停者たちとマケドニア戦争をめぐる利害の調整を話し合うということをしなかったか、あるいはそれに失敗した。こうした展開となった要因を、ローマの外交全体のありようではなく、調停者たちが活動した時期の大部分でローマ側の先頭に立った、ガルバ個人に求めるべきであるようにも一見思えるが、既にみた前二〇七年の交渉の様子からも明らかなように、彼の東方の人々への対応は、ローマ本国の支持に基づいていた。また後任のトゥディタヌスも、既に事態がおおむね引き返せない段階になっていたとはいえ、ギリシアの外交をより深く理解していれば、軍事的なポテンシャルをなお維持していたことを活かし、ローマの面目をいま少し守ることができただろう。ただフォイニケ和約に至る道は、本国の元老院を含めたローマの指導者たちの対応の拙さや、あるいは対カルタゴ戦の重圧に少なからず影響を受けたといえるものの[110]、本質的には、ローマ側の悪手というよりは、錯綜する状況の中で、ギリシア側が軍事と外交を有機的に結びつけつつ運営することにより成功したことが、その帰趨を定めたとみるべきだろう。

このような状況に対する同時代のローマ人の評価を、史料的に論証するのは難しい。しかしながら、前節末でも述べたように、おそらく第一次マケドニア戦争に直にかかわった人々を中心に、ローマ指導部の間では、和平やそれに至る流れにおいて自分たちがいいように翻弄されたという認識、あるいは苦い思いがあっただろう。前の章でみたように、そもそもローマのギリシア方面での戦いは、少なからずギリシア世界の都合に引きずられて開幕・展開したものだった。ローマ側としては、戦力が欲しい時には自分たちを招き、かつ自分たちが提供したものもそっくり受け取っておきながら、邪魔になるやこれを余所者と批判し排除するという仕打ちを受けたという感想は、どうしても抱かざるを得なかっただろう。他方で、それとあわせてローマ指導部、少なくとも第一次マケドニア戦争に大きく関与した者たちは、ヘレニズム諸国の人々が展開した国際世論の喚起、あるいは創造された「世論」を介した特定勢力への攻撃や、多数派工作の威力を強く心に刻んだだろう。彼らはアイトリアの指導者たちおよびその同調者たちが自分たちを大歓迎し、共に戦うことを他のギリシア人たちにも呼びかけるのと、また別のギリシア人たちが、戦況が変わっていく中で非ギリシア人に対抗することを説くと、次第に多くの者がこちらにことさら賛同してみせ、ローマに対する敵対的な声を拡散するというさまや、それにより自分たちが戦いにおいて大きな失敗をしたわけでもなかったにもかかわらず孤立していくということを、身をもって体験したからである。実際、カルタゴをくだしたすぐ後に始まる第二次マケドニア戦争において、ローマはその前夜から積極的にヘレニズム諸国へ向けて、ローマこそが第一次戦役後さらなる勢力拡張に乗り出したマケドニアからギリシアを守る者であるというプロパガンダを展開する。そしてカルタゴの脅威から解放されより自由に使えるようになった軍事力を活かしつつ、数多くの東方国家をマケドニアから離反させ、最終的にはフォイニケ和約時とは一転して、キュノスケファライ戦まで特段に戦場において失敗したわけではなかったフィリッポスを、軍事・外交両面で孤立・敗北させるに至る。そしてその実行を担ったのは前二〇〇年度コンスルとして再登場するガルバ、東方に艦隊と共に送られたラエウィヌス、そして前述したように使節として東方各国をめぐったトゥディタヌスだった。こうした流れは、第一次マケドニア戦争期の東方での軍事・外交を直接担った彼ら三名と、そして同時代の他のローマ人たちが、自分たちがギリシア人たちにどう後れをとったのかを理解し、すぐにそれを改め始めたことを示すものといえる。そしてこの第二次マケドニア戦争での勝利がローマの地中海東部におけるさらなる、かつまた急速な勢力拡大の起点となっていったことを踏まえると、同戦役での軍事・外交の有機的な運営とその成功の元となったという意味で、この前二〇五年のフォイニケ和約とその成立過程は、短期的にはローマの対外政策の失敗であったといえる一方で、より長い目でみれば、ローマの外交史、そしてその興隆の歴史全体の中で、一画期をなす出来事でもあったといってよいだろう。

# 第三章　フォイニケ和約後のローマとヘレニズム諸国

## はじめに

本書はここまでヘレニズム諸国側、とりわけアイトリアの動向の検討にかなりの紙幅を割きつつ、前三世紀末のローマ人とギリシア人との邂逅の様子をみてきた。この章からは、この両者の最初の本格的な接触が両者のその後の関係にどのような影響を及ぼしたのかに目を向ける。そして前の章で述べたような、第一次マケドニア戦争におけるローマの失敗が、次なる第二次マケドニア戦争の始まりにどのように作用していったのかを、第一次マケドニア戦争から次のそれの前夜までのヘレニズム諸国とローマ、特に後者の指導部や海外においてその同調者となっていく者たちの、動向への検討を通し考えてみたい。

この検討は、具体的には大きく二つのアプローチから成る。まず一つは、ローマ指導層内における、ギリシア人たちとのコンタクトの拡大を求める人々の台頭と、彼らが何をめざしどのようにそれを追求していったのかを問うというものである。前の二つの章でみたように、アドリア海以東に派遣された者を含め、ローマ指導部の人々にとって第一次マケドニア戦争やその中でのヘレニズム諸国との接触は、カルタゴとの戦いに付随して生じた二次的な問題であり、そこで志向されたのは、ある意味でどのようにして東方の諸勢力とかかわらないようにするか、彼らからの干渉をいかに低負担で凌ぐかということであった。この目的あるいは欲求は、前二一一年のローマ・アイトリア同盟や、そのアイトリアが幅広い対マケドニア・ヘラス同盟戦をヘレニズム諸国内で呼びかけたことで、かなりの程度満たされた。連邦との共闘体制成立によりローマは、マケドニアからの圧力を数年にわたって大幅に減じることができたからである。しかしこうしたローマの見ようによってはパッシブな姿勢は、非ギリシア人がギリシアに害をもたらすことを阻止すべきという「国際世論」が東方諸国で高まるのを、実質的に傍観することにもつながった。これは少なからず、ヘレニズム諸国の人々がそれぞれの戦略的利益に基づいてつくり出した、必ずしも彼らの本心からの欲求に基づく声ではなかった。事実、こうした「世論」が形成される前、アイトリアは喜んでローマと同盟してマケドニアと戦い、あるいはその同盟国、例えばアカルナニアの領土を自分のものとし、そしてそうした連邦とかなりの数のギリシア人国家が連携した。ただ、本心からの求めであろうがあるまいが、ローマをギリシアの敵とみなしてこれを排除するという動きがヘレニズム諸国の間で顕在化し、これによりローマは、連邦の戦線離脱とそれによる軍事的リスクの増大、さらにこれを抑制するため支配圏の一部を放棄しつつ撤退するという事態を受け入れざるを得なくなった。

ところが、こうしたヘレニズム諸国に対する受動的な姿勢は、その第一次マケドニア戦争を終わらせたフォイニケ和約の頃から変化し始める。ローマ指導部の人々は、東方へと使節をたびたび送り、あるいはまた私的な交流をもつようにもなっていく。そしてこうした動きを推進しあるいはその実務を担った人々にはまた同時に、明らかに相互の結びつきと、なおかつそのつながりをローマ指導部内でより拡大していこうという意志がみられた。本章はまず、こうしたローマの指導者たちの動きやそのやり方と、そしてそれが次なるマケドニア戦役の開幕や展開を、少なからず規定していったという点を論じていきたい。

アプローチの第二は、そのヘレニズム諸国の人々、特にロドスとアッタロス朝のフォイニケ和約後の対外政策と、彼らのローマへの接近に注目し、その意味するところを検討するというものである。両国はいずれも、アイトリアやあるいはアカイアと同じく、ヘレニズム期のギリシア系国家の中では中級勢力として位置付けられているが、[1]二度目のマケドニア戦役では、その始まりの段階からローマと共闘し、同国の勝利に少なくない影響を及ぼすことになる。またそればかりか、そもそも彼らとローマのコンタクトが、同国の東方への再派兵のきっかけになったという面も多分にあったといえるからである。

ロドスは、前章で大きく取り上げた調停者たちの有力な一角を占め、第一次マケドニア戦争時には、マケドニアとある意味で口を揃えて異邦人たるローマの排除を唱えた勢力である。一方でアッタロス朝の方は、時の王アッタロス一世のもとアイトリアの同盟国として同戦役に参加し、その中でローマと共同作戦をおこなうこともあった。しかしマケドニアの同盟国ビテュニアからの攻勢のため、行動を共にした期間は決して長くはなかった。こうした、立ち位置もローマとのかかわりにおいても別々だったロドスとアッタロス朝であるが、フォイニケ和約後にそのマケドニアがエーゲ海域での勢力拡張を図るようになると、にわかに手を結ぶ。前二〇一年には共同しての対マケドニア戦に動き、さらに戦況が思わしくないと判断した同年の秋頃には、やはり一緒になって使節を派遣してローマに東方への再派兵を促す。そしてローマ指導部がこれにすかさず反応したことで、時代は一気に第二次マケドニア戦争と、それに続くローマの東方世界の制圧へと進んでいく。こうした歴史的展開のトリガーを引くことになるロドスとアッタロス朝が、そこに手をかける際に何を求め、どのような方策を講じ、そこでローマ人との出会いがどうかかわっていたのかを考えるのが、二つ目の議論の基本的な方向となる。そして、こうした第一次マケドニア戦争と二度目の戦役のはざまの時期に、次なるステップをもたらすのに主体的にかかわったローマ・ヘレニズム諸国の者たちの動きとその思考や外交スタイルを明らかにしていくことが、本章のめざすところである。

## 1 ローマにおける対マケドニア開戦派の出現とギリシア人へのアプローチ

フォイニケ和約の後から第二次マケドニア戦争開幕までのローマを理解する上で重要なのは、その指導部内で二つの集団が成立・拡大し、両者の角逐の中でマケドニアとの再戦やそれがどのように進められるかの大枠が定まっていったという点である。二つのグループのうちの一つは、既に述べた、ローマとギリシアのコンタクトの拡大を図り、またそれを実務面で支えた者たちである。これからみていくように、彼らは第一次マケドニア戦争の運営に大きくかかわった者たちを中核として形成され、そして第二次マケドニア戦争の始まりやその戦争指導、さらには戦後のギリシア秩序の構築において主導的な役割を果たしていく。

そして、彼らとは一線を画すいま一つの集団が、P・コルネリウス・スキピオ、いわゆる大スキピオを中心としたグループである。大スキピオは、裏舞台の戦いともいうべき対マケドニア戦がやや後味の悪い終わりを迎えていたのと同時期に、イベリア半島のカルタゴ勢力を駆逐し、さらに本章が扱う時期にはアフリカに進軍してザマでハンニバルを破りカルタゴ本国をもくだすという具合に、表舞台の戦いで次々と華々しい戦果をあげていく。当然、ローマ市民たちの間における彼の人気も高まる一方で、そのことは彼やその支持を受けた者に、選挙における圧倒的な優勢をもたらした。そして何より、大スキピオにはそうした市民たちの支持を、自身の意図するところを実現するため活用しようという意思があった。ローマ指導層の者たちがすべからくこの二つの集団のいずれかに加わった、あるいは彼らが積極的にそれぞれのめざすところを現実のものとしようとしている中で、その他の者たちがまったくパッシブな存在だったと考える必要はない。しかし、この二集団のアクティブな関与が、第二次マケドニア戦争前後のローマの政治・対外政策を大きく左右したという点は、本書における重要な主張の一つとして明確にしておきたい。

またこれに関連してあらかじめ述べておきたいのは、こうした第二次マケドニア戦争期ローマとT・クィンクティウス・フラミニヌスとのかかわりである。彼は同戦争におけるローマの勝利の立役者にして、またその後のイストミア祭におけるいわゆる「ギリシアの自由」宣言の発布者ともなるなど、ローマの東方進出最初期におけるその軍事・外交の推進役として活躍した。このため彼の人となりや、あるいはまたその戦争や対外政策の運営手法は、古くから研究者たちの関心を集めてきた。[2] また彼が三〇歳を待たずコンスルに就任するという、ローマ史の中でも比較的珍しい経験をしている点や、[3] ギリシアにおける幾度にもわたる指揮権延長に加え、同地での和平が元老院において比較的容易に認められたことなどから、ローマの政治史に注目する研究者たちの間では、彼が元老院内で有力な支持者集団を早くから成功裏に構築していたと思われる点なども議論されている。[4]

しかし彼は、圧倒的な存在感をもって現存諸史料に登場するものの、本質的には自身が属した、第一次マケドニア戦争末期から姿をあらわす、東方との関与の拡大をめざす者たちの集団の一員だった。また彼は、最終的にはそうした人々を代表する人物になっていくわけであるが、当初はむしろ、同集団の形成期にその中核をなした者たちが自派の拡大のため集め、そして引き立てた者たちのうちの一人という面が強かった。本章は、まずは以上のような点を明らかにしつつ、こうした集団の勢力伸長を重要な起点の一つとしたローマの東方進出の始まりと、その推進あるいはそれとは別個の利益の追求に動いた個々のローマ人たちやその集合間の関係を論じ、特定の個人ではなく、いわば大勢の顔がみえる東進開幕期ローマとその外交の像を描いていくことを当面の目標とする。

そこでさしあたっては、本書が、ローマ指導部においてギリシア諸国とのコンタクトの拡大を志向した人々、あるいはその始まりを論じる今の段階でこう呼ぶのはやや先走っている感もあるが、その本質を踏まえて対マケドニア開戦派と位置付けている集団の、第一次マケドニア戦争末期からの出現と拡大を明らかにしていきたい。既にたびたびふれてきたように、そしてまた先行研究もほぼ一様に認めているように、前三世紀末のローマの最大の関心事は、イタリアの一部を占拠しまたアドリア海以西の各地で長期にわたりローマと戦闘を続けていたカルタゴの打倒だった。[5] こうした状況において、カルタゴと同盟したものの最後までイタリアに進軍する具体的な動きをみせなかった、あるいはそれに踏み切れなかったマケドニアや、その他のヘレニズム諸国への関心は、ローマ全体においては決して高くなかった。しかしローマ指導層内には、フォイニケ和約成立の頃から、ギリシア人たちとのコンタクトを強化することにつながるいくつかの事業が立ち上げられる。そしてそれはその推進者たちにとって、二度目の対マケドニア戦に向けた国内外両方を睨んでの布石でもあった。これらのことを示すため、まずは第一次マケドニア戦争最末期の前二〇五年の、ローマによる小アジアのペッシヌスからのマグナ・マテル招来事業に注目してみたい。

この年、元老院は今述べた目的のため、東方へと五名の使節を派遣した。同女神の招来は、公式には『シビュラの書』(用語解説参照)に記されていたとされる、ローマの対カルタゴ戦における困難を解消するための方法を告げた予言の詩に従って講じられた措置だった。[6] それもあってか、近年の研究の多くは基本的にこの出来事を宗教関連の文脈か、あるいは当時のローマの関心がやはりイタリアにあったという議論の中で言及している。[7] しかし『シビュラの書』の神託は決して明瞭なものではなく、その記されたところを実行するには、一般に専門家の、そして実質的に元老院の、その時々の事情を踏まえた「解釈」を経る必要があり、この前二〇五年においてもその状況は変わらなかった。[8] またハンニバルの支援に駆け付けた彼の弟ハスドルバルを撃破した前二〇七年のメタウルス戦以降、イタリアにおけるローマの優位は確かなものとなっており、[9] 遠い異国の女神の助力を仰がずとも、問題解決は既に時間の問題だった。これらを踏まえると、マグナ・マテル招来を、純然たる宗教事案や、あるいはローマがイタリアのみを重視していた証とみることは難しい。

実際この使節派遣には、E・M・オーリンが既に論じているように、[10] 前章で取り上げた、フォイニケ和約において和平当事国たるローマとマケドニアのそれぞれが用意することとなった副署名者を集めるための活動という面があったらしい。このことは、ローマの使節が派遣されたのが直接にはペッシヌスではなく、同和約においてローマ側の副署名者として登場するペルガモンのアッタロス一世のもとであることから裏付けられ、またその途中に、前に述べた通りその信憑性に疑問がないでもないが、同じく副署名者として記録されるアテナイとイリオンがあることからも補強される。[11]この使節のペルガモン訪問は、公式には、アッタロスが第一次マケドニア戦争時に共にマケドニアのフィリッポス五世を相手に戦った同盟者であり、その誼《よしみ》で今回もローマの利益にかなうように取り計らってくれるだろうという理由によるものだった。しかしアッタロスはやはり前記の通り、参戦から二年程度で早々に戦線を離脱してしまうなど、[12]この時点のローマにとって決してかかわりの深い友人ではなかった。女神招来には現地の者の助力も必要と感じられたというのもあったのであろうが、アッタロスが信頼できる盟友だったからというよりは、この件をきっかけに音信不通となっていたかつての共闘者とあらためて友好関係を構築するというのが、ペルガモンへと使節がまず向かうことになった真の理由だろう。

そしてまた重要なのが、この使節団を率いたのが、前二二〇年度と前二一〇年度にコンスルを務め、そして第一章でみたように、第一次マケドニア戦争においてフィリッポスの西進への対処や、またアッタロスも加わった対マケドニア共闘の基軸となったローマ・アイトリア同盟締結の実務を担った、M・ウァレリウス・ラエウィヌスだった点である。[13]彼の起用は一見すると、第一次マケドニア戦争中の経験や、その中での実績を買われてのものと思われる。しかしE・S・グルーエンが詳細な検討から示しているように、[14]この時期のローマ人は、東方に公職者を派遣するのに際し、専門的な知識や外交への造詣の深さというものを重視していない。もちろん、実際に元老院議員たちがこの前二〇五年に誰を派遣するかを決める際に、どのような議論が交わされたのかはわからない。ただこのケースに関してリウィウスは、ローマ指導部がどのような期待のもとでペルガモンに使節を送るかを述べた後、その使節団のメンバーにラエウィヌスその他が選ばれたことを記すところで、「二度のコンスル経験者にしてギリシアにおける諸作戦で指揮を執ったM・ウァレリウス・ラエウィヌス、プラエトル経験者M・カエキリウス・メテッルス、アエディリス(用語解説参照)経験者Ser・スルピキウス・ガルバ、クアエストル(用語解説参照)経験者のCn・トレメッリウス・フラックスとM・ウァレリウス・ファルト」というように書いている。[15] ラエウィヌスに関する部分だけを取り出せば、東方で戦った経験があることが選定理由の一環としてあげられているようにもみえる。しかし他の者についての記述を勘案すると、リウィウスや、あるいはまた彼が用いた史料の作成者、そして同時代の人々が気にしたのは、どういった経験を積んでいたかというよりは、どれほどの重みのある地位を占めたことがあるか、であったとみるべきだろう。そもそもこの記述は、特にこの五名が使節に選ばれた理由として提示されているわけではない。そして「ギリシアにおける諸作戦で指揮を執った」というのも、他の四名についてのそれとあわせて読むと、正規の公職者としてではないがインペリウムを保有する立場を得たという、ある種の公職歴ないしは名誉歴として提示されているといえるからである。

そしてこうした見方の妥当性を補強するのが、ラエウィヌスに続いてその名が記されている四名のうちの一人Ser・ガルバの使節団参加である。彼は前章で登場した、ラエウィヌスの後任として対マケドニア戦の指揮を執り、またアッタロスと実際に何度か共同作戦を展開したP・スルピキウス・ガルバの兄弟である。[16] このSer・ガルバの起用も、一見するとP・ガルバとアッタロスの関係や、P・ガルバが東方で得た知見を活かして交渉を円滑に進めることを期待してのものだったようにも思われる。しかし、Ser・ガルバがペルガモンにおいてP・ガルバとアッタロスのかつての共同作業を持ち出しつつ交渉を進めたというこれといった証拠はない。またもしそうしたコネクション、あるいはまた東方での知見が本当に使節として選ばれる際に重要であったならば、P・ガルバ本人が派遣されたはずである。彼は前二〇三年にディクタトルに選ばれたことが知られているが、[17] この前二〇五年や前二〇四年にはこれといった公職に就いておらず、物理的にペルガモン行きを妨げる要素はなかったからである。また他に使節として選ばれたM・メテッルス、トレメッリウス、ファルトは、これ以前にギリシア関連の業務に携わった形跡こそないものの、メテッルスが前二〇六年、そして他の二人がそれぞれ前二〇二年と前二〇一年にプラエトルに選出されている。つまりそれなりに能力が認められ、また個人としても相応の影響力をもっていたと思われる。これに対しSer・ガルバの方は、前二〇九年にアエディリスを務めているものの、その他には、選挙で選ばれるわけではないポンティフェクス(用語解説参照)に前二〇三年に選定され、前一九九年に、兄弟で同じくポンティフェクスであったC・ガルバと相前後して没したというような、神官職関連以外でこれといった公職の情報が知られておらず、[18]同時代人からの評価はあまり高くなかったことがうかがえる。

ではなぜ、それにもかかわらずSer・ガルバは使節に選ばれたのか。その理由はやはり彼が、この前二〇五年時点で既にコンスルを一回経験し、かつ数年にわたってインペリウム保有者としてギリシア方面で戦うという、コンスル経験回数でラエウィヌスに劣るとはいえローマ指導層の中でも指折りの公職歴を誇るP・ガルバの縁者だったことに求められるべきだろう。第二次ポエニ戦争期ローマは多方面に戦線を抱えていたため、正規政務官ではないながらインペリウムを与えられていずれかの戦地に送られたという人物は、他の時代に比べると多い。しかし同じインペリウムでも、コンスルを務めてその権限が延長されるのと、プラエトル経験の後にそのようになるのとは決して格式の上で同列ではない。また戦没する指揮官も多かったため、コンスル就任歴を重ねることができる者も、実はそれほどいなかった。実際、没年がはっきりしない者もいるが、この前二〇五年にローマ指導部でなお活動していたと思しき者で複数回のコンスルを経験しているのは、Q・ファビウス・マクシムス(五回)、Q・フルウィウス・フラックス(四回)、M・リウィウス・サリナトル(二回)、前述のラエウィヌス(二回)という具合である。[19]P・ガルバと同じくコンスル経験一回でなお活動が知られているという者はもう少しいるが、コンスルを経験した上でさらに四年から五年にわたって戦線を担当し続けたという者は他にいない。つまりP・ガルバ、あとまた実はラエウィヌスも、この十数年のローマの戦い全体の中ではやや地味なフィールドを預かることが多かったものの、ある意味でそれが幸いして、公職歴という観点からすると、ローマ指導部全体の中でも指折りのそれを形成していたといえるわけである。本人の地位や同時代的評価に限って考えると他の四人のそれに鑑みるに甚だ不思議なSer・ガルバの使節選出も、こうした強力な親族の存在とその意向があったからこそのものといえるだろう。

ならばこのSer・ガルバおよびラエウィヌスが、本人たちの東方についての経験やアッタロスとのつながりの活用という期待からではなくその政治的地位から使節に選ばれたという状況は何を意味するのか。それはもちろんラエウィヌスが、そしてまたSer・ガルバないしは彼を通してP・ガルバが、この件に関与することを望んだからだろう。彼らの地位をもってすれば、行きたくないならば行かずに済むようにすることは容易だったはずだからである。

では、彼らはなぜ東方世界と再びかかわることを望んだのか。ここで注目すべきなのが、前の二つの章でみたように、この時期のローマが、アイトリアと同盟を結ぶことで対マケドニア戦の主戦場をギリシア周辺に移すことに成功したまではよかったものの、その後へレニズム世界において非ギリシア人の排除を求める「世論」が形成され、これにより東方で軍事・外交的に孤立することとなっていた点と、そしてそれを踏まえると、この前二〇五年の東方遣使が少なからずこうしたギリシア方面での苦境を可能な限りローマにとって打撃の少ない形で終結させることを意図してのものだったと考えられるという点である。副署名者の数の多寡は、マケドニアとの和平の内容それ自体に特段の影響を及ぼしはしなかっただろう。しかしギリシアの敵を排除するという大義でまとまったマケドニアその他を前に、まったく、あるいはごくわずかしかローマ側の副署名者を揃えられなかったという事態が出来《しゅったい》すれば、相手側の主張が正しいものであるという印象を、より強く同時代の者たちに与えてしまうことになったはずである。ローマ側としては、アッタロスやあるいはまたペルガモンに至るまでのところにいるギリシア人たちを可能な限り多く自派の副署名者に引き込むことは、ある意味でマグナ・マテル招来以上に重要な課題だった。

そして、ラエウィヌスとP・ガルバにはまた、こうした任務を自分自身ないしは自分に近い者の手で成し遂げる、なかば私的な必要性があった。そもそもこの時点のローマの東方における苦境は、少なからずアイトリアの戦線離脱によるものだった。もちろん前章でもみたように、これについては連邦にも連邦なりの言い分があった。しかしローマにとってそれは、まぎれもなくアイトリアの背信行為であった。[20] そしてその連邦と手を結んだ直接の責任者はラエウィヌスであり、同国が「背信」に至る直前まで彼らとダイレクトに接触していたのはP・ガルバであった。彼らは既に対マケドニア戦の責任者ではないので、東方における戦いがどうなろうとも直接的な責任を問われることはなかった。しかし彼らが「背信者」をローマの友人として迎え、その求めに従っていくつもの新たな領土の獲得を助けたことはまぎれもない事実であり、ここでその連邦の「背信」によってローマが物理的に、あるいは名誉の面で大きな被害をこうむる事態ともなれば、あるいはまたそうなるのを他の者の手で阻止されるというようなこととなれば、ラエウィヌスやP・ガルバ本人、あるいはまた一門全体の立場を悪化させる可能性があった。[21] ラエウィヌスやP・ガルバ、あるいはSer・ガルバとしては、何とかこうした状況になるのを避けたいところだっただろう。

ただしまた留意するべきは、彼らがそう望んでそれぞれに、あるいはその利害の共有から一致して使節団に自分たちが入れるようにしようとしたとしても、それだけでは彼らの望みは必ずしも達成されないという点である。ローマにおいて、公職者はもちろん選挙で選ばれたが、それとは別の臨時の公務、例えば外交使節や特定業務の担当委員の選定は、全体としては元老院の名のもとにおこなわれるが、直接には時のコンスルが担ったからである。ただし共和政中期のコンスルは、外征や重要地域の防衛のためローマを留守にすることが多かった。実際この時期にはもう前二〇五年度のコンスルの座を射止めていた大スキピオはアフリカ遠征の準備のためローマを出ており、またその同僚P・リキニウス・クラッススもブルッティウムへと出撃していた。こうした場合には通例プラエトル・ウルバヌス、つまり首都担当のプラエトルが指名をおこなった。そのためこの前二〇五年の使節についても、この時に同職にあったCn・セルウィリウス・カエピオがその具体的な部分を担ったと思われる。[22]

そして重要なのは、このカエピオがP・ガルバと親しかった点である。彼は前二〇三年にコンスルになると南イタリアのカルタゴ勢力排除の総仕上げをおこない、その勢いに乗って既に大スキピオが北アフリカで対カルタゴ戦に取りかかっていたにもかかわらず、自身も部隊を率いてアフリカに向かおうとする。もちろんこうした独断専行とそれによる対カルタゴ戦の混乱は元老院の意図するところではなかったため、時のプラエトル、おそらくは首都担当プラエトルのP・アエリウス・パエトゥスは、元老院の名のもとにカエピオに進軍の停止を呼びかけた。しかし彼がこれに従わなかったため、元老院はP・ガルバをディクタトルに指名する。ガルバはあらためてカエピオに帰還を促し、これを受けて彼は、シチリアまで進めていた軍を引き返させたという。[23] 彼がP・ガルバの求めに応じたのは、少なからずそのディクタトルとしての権限と職の重みを踏まえてのものだろう。しかしローマ指導層としては、ガルバをディクタトルに選ぶことは必ずしも必然ではなかった。カエピオの暴走が問題となった時期、ファビウス・マクシムスやフルウィウス・フラックスはおそらく没していたが、コンスルを二度経験したサリナトルやラエウィヌスはなお健在だったからである。彼らではなくコンスル経験一回のP・ガルバをディクタトルに据えたのは、ここで問題となったのが、公職歴などのオフィシャルな影響力だけでなく、実際にカエピオを動かせる人物であるかどうかだったからだろう。またカエピオはそのガルバの音頭で始まった第二次マケドニア戦争の後の前一九二年、ローマが形づくった戦後ギリシアの体制にアイトリアが公然と異を唱え、セレウコス朝のアンティオコス三世を味方に引き入れつつギリシア各地で反ローマの運動を展開した際、ガルバが同王との衝突回避のための交渉を小アジアで進める中、ギリシアに赴いて同地の人々にローマとの友好を維持するよう呼びかけて回っている。[24] 既に大スキピオがアンティオコスとの交戦や、第二次マケドニア戦争後にローマが構築した秩序のゼロ・ベースでの見直しを論じていた中で、[25] 現状の維持に努めるガルバの活動と同方向の任務に携わっているという状況は、アフリカ進軍の試みの中にもうかがえるカエピオの大スキピオへの反感と、そしてまた彼とP・ガルバの親しい関係、より正確にはキャリア、年齢で先を行くガルバがやや上位の政治的同盟の存在を示すものとみてよいだろう。こうしたガルバとカエピオの紐帯《ちゅうたい》や、前者とラエウィヌスの利害の共有は、使節の選定を彼らの望むようにすることに大きく影響しただろう。

ただしなお注意すべきは、この前二〇五年の遺使は、この三者のつながりだけでは実現し得なかった点である。というのも使節を送り出すにあたっては、まずペッシヌスからマグナ・マテルを招来するという事業を起動させる、つまり『シビュラの書』からそうした予言を引き出す必要があったからである。予言の「解釈」に関する最終的な決定については、あるいはこの三者の連携で元老院を動かすことができたかもしれない。しかし「解釈」の原案や「予言」それ自体を元老院に提示するには、宗教関係者の協力が不可欠だったはずである。

そしてこの点についてこの三者に協力、あるいは自分が保有するコネクションを手土産に自身を売り込んだと思われるのが、この使節に起用されたM・メテッルスである。彼は前二〇六年度コンスル、Q・カエキリウス・メテッルスの弟で[26]、この兄はこの前二〇五年に時のコンスルでポンティフェクス・マクシムス(用語解説参照)でもあったP・リキニウス・クラッススから、病により次年度の選挙を自身が取り仕切れないという理由で、同任を代わりに務めるためのディクタトルに推薦されている[27]。このことはQ・メテッルスが、そしてその縁で弟M・メテッルスも、クラッススと懇意にしていた証といってよい[28]。クラッススは前二〇〇年にガルバがマケドニアに進軍するのに先立ってユピテルに誓願をおこなった際、神官団の長の立場からその文言について異議を申し立てたことから、政治的には大スキピオに近くマケドニアと事を構える動きに批判的であったという見方もある[29]。しかしクラッススの異見表明は、先例のない誓願内容に対する技術的な問題に根ざすもので、政治的な意図が先に立つ妨害であったとはいいがたい。また彼は神事に関する規定に精通し、そして前二一二年度にこの一人制終身職に就任して以来、それに基づいてしばしば過激な言動を示しており、その立場は多分に独特のものだった[30]。そしてこれらを踏まえると、前二〇五年の『シビュラの書』の、イタリアやギリシアではなく遠い小アジアへ使節を派遣すべしという、いささか以上に異色の解釈にこのクラッススが特に異議を唱えていないことは[31]、使節派遣に動いた人々がメテッルス一族とのつながりを通し、少なくともこの件に関しクラッススの支持をとりつける工作をおこなったことを示すものといってよいだろう。[32]

またこれに先立つ前二〇八年には、既に一度登場したP・アエリウス・パエトゥスがアウグル（用語解説参照）に就任しており、彼が後に前二〇一年度のコンスル任期中、ラエウィヌスをアドリア海に艦隊と共に送り出し、そのラエウィヌスがそこで見聞したという「情報」を基に、多分に誇張を交えたマケドニアの軍備とイタリアへの脅威を元老院と市民団に報告し、対マケドニア開戦の気運盛り上げに尽力することをサポートしている点からすると、[33]このパエトゥスを使っての、クラッススや他の神官たちへの働きかけもおこなわれたかもしれない。いずれにせよこの前二〇五年の女神招来のための遣使には、宗教的な活動にかこつけてアッタロス朝、またことによってはその他の東方国家との関係強化を図るだけでなく、ラエウィヌスやP・ガルバ、そして他の使節関係者による、同事業を通じての新たな紐帯形成の動きや、またおそらく女神招来という少なからず人々の耳目を集めることになるだろう事業への参入を通じ、自分たちの知名度向上を図ろうという思惑からこれに協力した人々の、組織的運動がその背景にあったといってよい。[34]

こうした状況は同じく前二〇五年におこなわれた、デルフォイへの使節派遣からもうかがえる。この遣使の公式の目的は、ローマが前記のハスドルバル軍を撃破した際の戦利品を奉納することだった。[35]しかし戦勝は前二〇七年のことであり、マグナ・マテル招来と同じくこの事業も、公式の宗教的用向きとは別に、内外の状況を睨んだ本命ともいうべき目的が関係者たちの頭にはあったとみるべきだろう。というのもまず外交面に関しては、これまでの章でもふれたように、デルフォイは神託座の存在から国際都市としての性格を色濃くもち、同神域での戦利品奉納は、ローマのイタリアにおける優勢をギリシア人たちに、特に同地を実質管理下におき第一次マケドニア戦争ではローマの同盟国でもあったアイトリアの人々に知らしめる効果があった。ローマ側がこうした意図をもっていたことは史料に明示されていないが、奉納を通して神域管理者やその周囲の人々、あるいはまた広く国際的な関心を集めるという外交手法は、ヘレニズム諸国により既にしばしば用いられており、例えば同盟市戦争期にはアッタロスがやはりデルフォイで同じようなことをしている。[36] ローマはカンナエ戦直後に同地に神託を求めるべく、ギリシア語で歴史書を著したことで有名なQ・ファビウス・ピクトルなどを派遣しているので、[37] そうした奉納の品や、奉納の際に添えられたメッセージ、そしてそうした行為の機能を見聞きしていただろう。またそうでなくとも、前二〇五年時点のローマは、マケドニアと単独で講和し戦線を離脱したアイトリアに対し反感を抱きつつも、可能であれば再度反マケドニアに動いてもらいたいと考えており、[38] ハスドルバル軍との戦闘で得た戦利品は、ローマの盛況を誇示する材料として、実はやや古いものながら、格好の小道具といえた。こうしたことから、このデルフォイへの戦利品奉納が使節派遣を推進した人々にとって、ギリシア人たちとのコンタクト強化を図るための働きかけの一環であったことは疑いない。

また国内政治の面でも同事業はその推進者たちにとって、公務への参加やそれによる知名度向上という利得を介した集団形成や勢力伸長に寄与するものだった。というのも、使節として派遣された二名のうちの一方Q・カティウスは、彼自身が前二一〇年にアエディリスを務めた以外、共和政期を通し政務官を出さなかった家系の者ながら、[39] 前二〇七年のコンスルC・クラウディウス・ネロが問題のハスドルバル軍撃破のため本来の持ち場を離れる際、そこの守りに残した部隊の指揮官だったからである。[40] これは両者が深い信頼関係で、より正確には政治的紐帯で結ばれていたことを示し、またこの戦利品奉納のための人選に際し、直接には戦闘に参加していないながらカティウスもネロ軍の中で見事に自身の役割を果たしたということを世に示せるよう、ネロが彼を使節に推したことを示唆する。

そしてこのネロは、前記のマグナ・マテルがローマに実際に招来される運びとなった際、ケンソル(用語解説参照)として同僚のリウィウス・サリナトルと共にその神域や祭祀設立の実務を担っている。[41] 表面的にはこれは、既に決まっていることを作業的にこなしたに過ぎない。しかし女神のローマ市街への招来は、単なる作業ではなく非常に多くの人々の目に留まる宗教イベントだった。そして多分に伝説的でその実態には不鮮明なところも多いが、間違いなくネロはその個人的立場や名族に属す者としてのそれを活用し、自身の一族クラウディア・クィンタがマグナ・マテル招来事業を華々しく締めくくることになるよう手配した。[42] これはネロ自身やクラウディウス一門の名声をより高めるためという面も強かったであろうが、実はまだ専用の神殿も完成していなかった新たな女神祭祀の導入が、[43] つまりはラエウィヌスらが派遣された表の用向きが、上首尾のうちに一区切りをつけたということを人々に感じさせるための、ある種の演出でもあったといえる。つまりネロには、デルフォイ遺使を通じて、自身と縁の深いカティウスに花をもたせつつ、ラエウィヌスやガルバ兄弟がおこなっていた東方諸国との関係強化の試みを援護しようと努めていたことがみてとれるわけである。

他方でこのデルフォイ奉納事業には、既にイベリア半島でカルタゴ軍を撃破しアフリカ進軍へと動いていた、この前二〇五年度のコンスル大スキピオの影も見出すことができる。もう一人の使節には、アエディリス就任は前二〇七年とカティウスよりも後ながら、大スキピオの従兄弟といわれ、そして少なくとも前二〇四年にプラエトルに就任すると彼の対カルタゴ戦の指揮権維持に政治面で大いに貢献することになるM・ポンポニウス・マトが選ばれているからである。[44] 大スキピオがこの時ギリシア諸国、あるいはマケドニアとの関係に大きな関心を寄せていた様子はない。しかしマトが右記の通り翌年度にプラエトル職を得ていることからして、自身の対アフリカ戦を円滑に進めるためにも縁者を政務官職に送り出したいと考えていただろう大スキピオが、コンスルの立場を活かしつつ彼のキャリアアップ支援に動いていたことは疑いなく、この使節団参加もそうした意図に基づくマトの公務への参加歴を加増しようという判断の産物だったとみてよいだろう。[45]

そしてこのことは、マグナ・マテル招来の際と同じように、東方に使節を派遣した人々はギリシア人たちとの関係強化や使節としての登用などを通じて、ハンニバルの同盟者だったフィリッポスとの戦いの中で損なわれたローマの勢力圏と名誉、そして自分たち自身のそれの回復のため活動していたわけであるが、この前二〇五年時点の彼らは、こうした方向性に必ずしも同調していない者たちとも協力ないしは取引を必要としていたことも示すといえる。もしも彼らが既に圧倒的な勢力を誇っていたならば、イベリア半島での戦功により突出した声望を得つつあった大スキピオに近い者のキャリア向上を助けて、わざわざ自分たちの影響力を相対的に減じかねないようなことはせず、自派の方針に忠実な者たちだけで使節団を構成したはずだからである。[46] ただしリウィウスは、元老院議員たちが前記の『シビュラの書』が女神招来を対カルタゴ戦に勝利する条件として提示しているという解釈が示される中、デルフォイに派遣されてそこから戻って来た使節二人が、同地においてローマ人たちが奉納した戦利品が獲得された際以上の戦勝がやがて訪れるという趣旨の神託がくだされたと報告し、これによって元老院はマグナ・マテル招来のための具体的な行動に移ったと述べている。[47] こうした、カティウスとマトの、神託を受け取りかつそれを「報告」するという行為と予言の「解釈」との連動を踏まえると、このデルフォイ遣使は、東方の人々とのより濃密な接触を図ることが意図されていたといえる女神招来事業をスタートさせるためにも、ラエウィヌスやP・ガルバ、あるいはネロなどその推進・協力者たちとしては、人選でいくらかの妥協をしてでも何とか実行したい事業だったといえるだろう。[48]

そして、こうした第一次マケドニア戦争と因縁の深い人々や、これとそれぞれの利益のためもあって提携した者たちは、その最初の対マケドニア戦がフォイニケ和約により、ローマやそして彼ら自身にとっても思わしくない形で終結した後、さらにローマ指導部内での影響力を大きくし、かついよいよ対マケドニア開戦派と呼ぶにふさわしい方向に先鋭化する。このことは前二〇三年になって「ギリシアの同盟諸都市からの使節たち(*legati sociarum urbium ex Graecia*)」がローマを訪ね、フィリッポスの彼らへの圧力とまた彼によるカルタゴへの軍事支援を伝えてきたことを受け、ローマがマケドニアに抗議のためM・アウレリウスを使節として派遣した際のエピソードから示すことができる。[49] というのも彼は、マケドニアにおいて苦情申し立てをおこなっただけでなく、その後も帰国せずマケドニア周辺で反フィリッポスの扇動をおこない、しかもマケドニア側がこれに抗議すべくローマに使節を送ると、アウレリウスも使者を出して元老院の前で反論させたとされているからである。

この事件がどう決着したのか、史料は何も語っていない。しかし前述のパエトゥスにより派遣されたラエウィヌスの艦隊がアドリア海を渡ってからこのアウレリウスと現地で合流し、そこで彼がマケドニアの「状況」をラエウィヌスに伝え、かつローマ本国にも報告書を送ってラエウィヌスのそれとあわせて人々に開戦を決意させるのに大きな影響を及ぼしたというリウィウスの記述があることからして、[50]元老院はアウレリウスの行動を非として帰国を命じるということはしなかったとみてよい。そしてこのことは、ローマ指導層において反マケドニア気運が高まり、そしてそれに関することであれば、ある程度の自立行動をさえ大目にみようという空気が形成されていたことを示す。というのも、アウレリウスによる使者を通しての弁明は、マケドニア使節が抗議した同国周辺での扇動が、公式・非公式を問わず、彼に本来課せられていた任務に含まれていなかったことを意味する。もしこれが任務のうちだったならば、彼は使者を出して元老院に説明する必要などないからである。またもし元老院内にそれほど反マケドニア気運が高まっていなければ、外国使節の前で自国の外交官が本国の統制下にないように思われる状況など決してみせず、問答無用でアウレリウスに帰国を命じそれを公示しただろう。彼は明らかに多くの元老院議員に支持され、そしておそらくそうした者たち、つまり対マケドニア開戦派のエージェントとして、前二〇五年時より反マケドニア色をあらわにした形で同国周辺の人々にアプローチをおこなったとみてよい。[51]

ただしこのアウレリウスをめぐるエピソードには、以前からその事実性を疑問視する声が上がっている。[52]フォイニケ和約の時点でいずれのギリシア人国家とも共闘関係になかったローマが、前二〇三年時点で言葉通りの「同盟国」をもっていたとは考えにくいからである。またフィリッポスのカルタゴへの軍事支援についても、ほぼ同時代人のポリュビオスが一切そうしたことにふれておらず、これもアウレリウスの活動をめぐる情報が何らかの理由から捏造されたものではないかという主張を補強する形となっている。[53]

しかしV・M・ウォーリアが既に論じているように、これらはアウレリウスについて伝えるリウィウスの情報がフィクションであることを示すものではない。[54] というのもそのポリュビオスは、この時期にフィリッポスがギリシア世界で複数の都市を占領したことについてははっきりと伝えており、[55] その一部がそれまでのかかわりに関係なくローマに支援を求め、そしてやって来た嘆願者たちを、リウィウスあるいは彼が利用したいずれかの史料の作成者がカジュアルに同盟者と表記したというのは十分にありそうなことといえからである。[56] またポエニ戦争末期のカルタゴは傭兵集めに躍起になっており、[57] フィリッポスの命令があったか、あるいは私的に参加したかはともかく、マケドニア人がその中にいたとしても不思議はない。そしてマケドニア出身の兵士が多少なりともカルタゴ軍内にいれば、外部からはそれがフィリッポスによるカルタゴへの支援であるようにもみえ、少なくともそう論じることはできただろう。これらの点からすると、前二〇三年のアウレリウスのエピソードは、リウィウスが伝えるように四〇〇〇名ものマケドニア人がアフリカに渡っていたかどうかはさておき、[58] 全体としては特にその事実性を疑問視する理由はないといえる。

ただし反マケドニア的な、あるいはギリシア諸国との関係強化を図ろうという声は、すんなりとローマ指導部で多数の支持するところとなったわけではなかった。このことは、前二〇二年頃にアイトリアが再度の反マケドニア同盟を提案してきた際、元老院が第一次マケドニア戦争の際の同連邦の「重大な裏切りのゆえに(τῆς οὐ πρὸ πολλοῦ μεταβολῆς)」、つまり前二〇六／五年の単独講和への反感により、これを拒絶したことからうかがえる。[59] 前述の前二〇三年の「ギリシアの同盟諸都市からの使節たち」のローマ来訪に関しても同じことがいえるのであるが、この連邦使節の訪問は対マケドニア開戦派にとっては好ましい状況だった。それはある意味で、彼らによる前二〇五年と前二〇三年の東方へのアプローチに対する東方側からの同調的なレスポンスといえるからである。しかし前二〇三年の「ギリシアの同盟諸都市からの使節たち」の場合と異なり、今回のアイトリアの対マケドニア戦の誘いに対しあからさまに反発が示されたことは、多くのローマ人にとって、マケドニアとの再戦や他のヘレニズム国家とのそれを見据えた関係強化は、なお真剣に考慮すべきテーマではなかったことを示す。もちろん、この時点のローマにとって一番の問題はアフリカにおいてなお大きな戦力を有するカルタゴにあったはずであるが[60]、もしも東方への関心が多数派に共有されていたならば、アイトリアの求めに応じなかったとしても、反感をあらわにして、同連邦との関係をことさらに冷却化させるようなこともしなかったはずだからである。

しかし既にカルタゴの敗北が確定していた前二〇一年の秋頃、東方のロドスとアッタロス朝の使節が元老院にマケドニア軍の両国への攻撃や、フィリッポスがそれ以外に東方でおこなった「不正」について伝えた上で自分たちへの支援を求めると、ローマ側は東方各国に向け、自分たちがマケドニアの行動を非とし、現状を正すために武力行使をも辞さない構えであることを伝えるための使節団を派遣する。[61] 前二〇五年に友好関係を深めたばかりのアッタロス朝の求めがあったことや、カルタゴとの戦争が終結しその軍事的重圧が消滅していたことも大いに影響していたであろうが、これは前二〇三年にアウレリウスが独断でおこなったのとは違う、ローマが国としてマケドニアに対し敵意を表明したことを意味した。そしてそれは、この時期に対マケドニア開戦派が、同国との再戦をはっきりと視野に入れた対東方外交を、ローマの名においておこなえるほどの影響力をその指導部内でもつようになっていたことをも示す。そのことは、この前二〇一年の使節団三名の顔ぶれからも確認できる。まずその一人には、前二〇五年のペルガモン遣使、およびデルフォイへのそれと浅からぬ縁をもつ前述のクラウディウス・ネロが選ばれ、そしてもう一人は、前章でみた通りフォイニケ和約を結んだ際の東方派遣部隊の司令にして、ヘレニズム諸国にラエウィヌスやP・ガルバと同じく「してやられた」トゥディタヌスだったからである。また三人目のM・アエミリウス・レピドゥスも、本書では初登場だが、この前二〇一年派遣の使節としての活動中にプトレマイオス王家と私的な友好関係を結んだと伝えられているなど、明らかに対東方外交に大きな関心をもち、またその中で自身の地位向上のきっかけを求めていた、ラエウィヌスやP・ガルバの協力者だったからである。[62]

いくつかの先行研究の指摘するところを踏まえると、こうしたとらえ方には疑問の余地があるように思われるかもしれない。というのは、アッピアノスが伝えるアイトリア使節のローマ来訪には、前二〇二年ではなくロドスやアッタロス朝の使節のそれより後だという意見があるからである[63]。これが正しかった場合、ローマにおける連邦への反感は、対マケドニア再戦が具体化しつつあった段階においてさえ、その流れを攪乱するほどに大きく、開戦に備えて東方各国との関係強化に努めていた開戦派もこれを制御できなかったということになる。しかしオローやエックシュタインが既に提示しているように、前二〇一年にローマが派遣した使節団がアイトリアをも訪問している点から、連邦使節がロドス・アッタロス朝のそれより後にローマを訪れた可能性はないとみてよいだろう[64]。アッピアノスはアイトリア使節がいつローマを訪れたのか明示していないものの[65]、ロドス・アッタロス朝使節団との会見後にマケドニアの行動を非とし各国にもそれを支持するよう求めることに踏み切っておきながら、連邦の共闘の誘いの方は反感をあらわにしつつ拒絶するというのは理屈に合わないからである。リウィウスはローマの前二〇一年の使節団はプトレマイオス朝に対し送られたと伝えているので、当初は他のギリシア諸国に呼びかけをおこなう予定はなかったのが、後から変更を加えてギリシアをも訪ねるべきこととしたとみることも可能かもしれない。しかしその場合でも、元老院議員の多数派が、マケドニアに対する敵意を明示する声明を発しておきながら、明らかにそれに同調している相手を心情的な理由から拒絶するほどにナイーブな人々だったというのは信じがたい。やはり、対マケドニア開戦派の人々は、時期が不鮮明な連邦使節のローマ訪問時には不十分であったものの、それよりは後の前二〇一年秋には、元老院の名のもとにギリシア各国との交渉を安定的に動かせるようになっていたというように、一連の流れは解すべきだろう。

ただしこれらの分析は、現存史料の状況から、フォイニケ和約の頃からローマ指導層内に対マケドニア開戦派と呼ぶべき集団の存在や、彼らとその関係者による東方との関係強化推進の動きがみてとれることを示したとはいえるものの、第二次マケドニア戦争が同集団の主導のもとに開幕、そして展開されたと論じるにはなお十分ではない。事実、彼らはこの前二〇一年秋、ローマ全体はおろかその指導層を本当の意味で動かせるようになっていたとすらいえない、あるいはむしろ相対的な勢力後退に悩む状態にあった。まさにこの前二〇一年の後半、カルタゴをくだして第二次ポエニ戦争を終結させた大スキピオが指揮下の兵士たちと共に凱旋帰国し、彼の比類のない存在感を市民たちはもとより、指導層の者たちも感じないではいられなくなるからである。そこで次節では、このローマ指導部内の、本書が開戦派と呼ぶ人々が、いかにその大スキピオや彼の周囲の人々とかかわり、そしてどのようにローマ全体を、舞台裏の戦いであった第一次マケドニア戦争のいわば復讐戦たる第二次マケドニア戦争へと動かしたのかを、引き続きローマの指導層周辺の人々に注目しつつ考察してみたい。また特にここからは、第二次マケドニア戦争でのローマの勝利の立役者となるフラミニヌスに強めの光を当て、彼がどのように歴史の表舞台に登場し、それが当該時期のローマの政局や同戦役の展開とどうかかわっていったのかも考える。そしてこれらの検討を通し、ギリシア進出最初期のローマ指導層のありようを明らかにしていきたい。

## 2　対マケドニア開戦派・大スキピオ関係とフラミニヌスの登場

ロドスとペルガモンからのマケドニアに関する訴えを受けて東方へと使節を派遣したことで、ローマは対外的には同王国との再戦を意識していることを鮮明にした。これは第一次マケドニア戦争で同国やその他のヘレニズム諸国とのかかわりの中で自身の経歴や一門の権威に傷をつけてしまった感のあるラエウィヌスやP・ガルバ、あるいはまたトゥディタヌス、そしてまた彼らと協力関係にある人々にとって、全体としては望ましい展開だったといえる。再度のマケドニア戦争が勃発し、これを自分たちが主導する中でローマの勝利に終わらせることができれば、ローマの名誉にとっても、自分たち自身のそれや今後の一門の繁栄にとっても、大きなプラスとなるからである。

しかし彼らがこうした思惑を実現するには、さらに二つの課題をクリアする必要があった。一つは民会で開戦決議を成立させることである。元老院の多数派が派兵を是とすれば他の市民たちがこれに従う可能性は高かったが、確実ではなかった。[66]もう一つは、第二次ポエニ戦争勝利の立役者として前二〇一年末頃に帰国し凱旋式を挙行した大スキピオの存在である。[67]前二〇五年までのイベリア半島での戦功に加え、さらに続く数年のうちに北アフリカでローマの宿敵ハンニバルをも破ったことでこれ以上になく高まっていたその国民的人気と、そこから予想される圧倒的な集票力は、民会はもとより政務官選挙や元老院内の人々の動向にも多大な影響を及ぼし得た。そして実際、前記の東方への使節団派遣以降の対マケドニア開戦派の活動は、基本的にこの二つの点の処理に集約される。[68]

また重要なのは、第二次マケドニア戦争勝利の立役者としてローマ史の中でもとりわけ大きな存在感を示すことになるフラミニヌスも、こうした開戦派の国内対策活発化の流れの中で頭角をあらわしていったという点である。彼は前二〇八年に時のコンスルM・クラウディウス・マルケッルスのもとでトリブヌス・ミリトゥム(用語解説参照)を務め、同コンスル戦死後しばらく記録から姿を消し、前二〇五年になってタレントゥムをプロプラエトルの資格で前二〇四年まで、ことによっては前二〇三年ないしは前二〇二年まで任されていることから、[69]同時代のローマ指導層の中でそれなりに高い評価を早くから得ていたと思われる。しかし正規の公職に関しては、前一九八年度コンスルに立候補した時点でも、アエディリスやプラエトルより格下のクアエストルまでにしか到達していなかった。[70]年齢的な事情もあったかもしれないにせよ、通常であればコンスルを狙うには早すぎるキャリアであり、また元上官や顕職経験のある存命親族の支援が期待できない以上、立候補自体がまず考えられなかった。しかし彼は開戦派が二度目の対マケドニア戦を開始するにあたっての国内工作に実務面で貢献し、同派により前一九八年度コンスルの候補として担がれる。本節では、こうしたマケドニアとの再戦を求める者たちの国内における二つの課題解決のための活動と、その中でフラミニヌスが彼らの同志、あるいは引き立てを受けた者として、ローマの東進の先頭に立つようになっていったという状況を明らかにしていきたい。

そこでまず注目したいのが、前二〇一年度末に元老院が発足させた *decemviri agris assignandis* である。この十人委員会は、基本的には大スキピオのもとでアフリカでの戦闘に従事した兵士たちに農地を付与するために設置された。しかし一方で同委員会の開設には、対マケドニア開戦派による、大スキピオや彼のもとに集まりそうな人々を懐柔し、かつ自派のローマ国内での勢力をより拡大するための措置という面がまたあった。というのもまず、こうした特定の戦役への参加を理由とした土地の分配は実はこれ以前に記録がなく、そのためこの土地付与は同時代人感覚でいえば相当な特別措置だった[71]。当然これをおこなうことは大スキピオや退役兵たちを喜ばせ、また彼が兵士たちやその家族の者たちに及ぼし得る影響力を強化しただろう。こうした破格の恩典はつまるところ、彼が成功裏に進めた対カルタゴ戦での采配あってのものだからである。しかし一方で、委員会立ち上げに動いた人々は間違いなく、類似の効果がその実務を担う委員たちにも及ぶと睨んでこの土地付与プロジェクトを始動させた。元兵士に実際に接触して土地を付与するのは、彼らだからである。受け取り側は、公務によるものとはいえ自分たちの直接的な利益のために動いている者たちの顔や名前をよく知ることになり、そうした者たちが家族も含めれば幾万人もいるとなれば、確実に委員らのその後の選挙における集票力を高めただろう[72]。

そして対マケドニア開戦派がこの委員会を大スキピオの歓心を買いつつ自派の勢力拡張にも利用したということは、その構成員からわかる。というのもそこにはまず前述のラエウィヌス艦隊、これはロドスとアッタロス朝からマケドニアが危険な行動に及んでいるという通報を受け、同王国周辺を探るべく送り出された三八隻の軍艦から成る艦隊だが、その指揮官の選定を元老院から一任されてラエウィヌスを指名し、彼が現地で「見た」ことを報告しつつ元老院や市民団にマケドニアの危険性やこれとの開戦の必要を訴えるのを間接的ながらも強力にサポートしたといえる、前二〇一年度コンスルのパエトゥスが入った[73]。またこのパエトゥスが前二〇二年度にディクタトルの副官たるマギステル・エクィトゥム(用語解説参照)を務めた際のディクタトルであったことから、彼と懇意な間柄であったと思われる前二〇三年度コンスル経験者C・セルウィリウス・ゲミヌス[74]、およびその前二〇三年にP・ガルバがディクタトルを務めた折にマギステル・エクィトゥムだったことから、やはり彼らと懇意にしていたと思われる前二〇二年度コンスル経験者M・セルウィリウス・プレクス・ゲミヌスといった、開戦派の中核たるP・ガルバやラエウィヌスに近い顕職経験者たちもこの枠に入るだろう。そしてさらに重要なのが、前一九九年度にコンスルとなって対マケドニア戦を指揮することになるP・ウィッリウス・タップルスと、そしてその次年度にコンスルとなり、遂には第二次マケドニア戦争を終結させることになるフラミニヌスという、いわば売り出し中だった者たちである。一見すると、タップルスとフラミニヌスの同委員会参加とその後のコンスル就任は、両者の開戦派所属を意味するものではない、あるいはまた所属していたとしても、彼らが後に対マケドニア戦を指揮するようになることとの関連性を見出すことに特段の合理性はないようにも思われる。政務官の担当は基本的に籤で決められ、自派の者を高位公職に送り込むだけならともかく、自分たちが望む業務の担当に確実に据えることは困難だったからである。事実この両名も対マケドニア担当となったのは抽選の結果、つまりはたまたまで[75]、通常であれば同担当を引き当てたことと開戦派への所属とを結びつけることはできない。またタップルスやフラミニヌスが対マケドニア戦を指揮するということや、また後者により戦争がローマの勝利に終わることになったからといって、P・ガルバやラエウィヌス、あるいはこれに近い者たちに、何か直接的に得るところがあるわけでもないという点も押さえておくべきだろう。

しかし開戦派はまず先に示した問題を、タップルスやフラミニヌスだけでなくその同僚たちも、つまり各年度のコンスル二名ともを自派で固めることで解決した。このことはさしあたり、タップルスの同僚L・コルネリウス・レントゥルスの同職就任時の開戦派への所属、少なくともこれと協力関係にあったことからわかる。彼は大スキピオがカルタゴ軍を撃破した後のヒスパニアをプロコンスルとして預かり、帰国した前二〇〇年にその功績に基づき凱旋式を求めたという。すると元老院は、正規政務官でない者に同式を認めた例がないため許可できないが、*Ovatio* であれば、つまりいわゆる略式凱旋式であれば構わないと返答した。ところが、これに対し時のトリブヌス・プレビス(用語解説参照)の一人Ti・センプロニウス・ロングスが異議を唱え、一時はこの許可さえも取り消されかける。[76] 最終的には元老院の多数派が式の挙行を推し、これを受けてロングスが引いたためそうはならなかったが、重要なのはこの件の背景には大スキピオの、L・レントゥルスの兄で前二〇一年度コンスルの一人Cn・コルネリウス・レントゥルスへの遺恨があり、ロングスはその大スキピオの求めによりL・レントゥルスの略式凱旋式挙行を妨げたとみられている点である。というのも大スキピオは、ザマでハンニバルを撃破し対カルタゴ戦の仕上げに取りかかっていた前二〇一年度の初め、コンスルに就任しアフリカでの指揮権を欲したこのCn・レントゥルスによりその立場を、つまりは第二次ポエニ戦争の幕を引く栄誉を奪われかけるということがあった。[77] そのため彼が、凱旋式であれ略式のそれであれ、挙行に至れば自らに明確な敵意を示したL・レントゥルスの一家の栄誉や勢力が強化されることになると考え、これを阻止しようと希望・画策することはごく自然なことだったといえるからである。

一方で注目すべきは、そうした大スキピオ、それも第二次ポエニ戦争後しばらくは有権者への影響力の点で個人として敵う者はいなかっただろう時期の彼との明確な敵対関係がありながら、前一九九年にL・レントゥルスがコンスル職に就けたことである。このことは、選挙の際に大スキピオが敵であっても勝利できるほどの票を、彼が何らかのルートから得られたことを意味する。そしてその出所は明らかに、対マケドニア開戦派の人々だった。前一九九年度に植民市のナルニアが市民の補充を元老院に要請した際Cn・レントゥルスが、既に何度も登場したP・パエトゥス、およびその弟のSex・アエリウス・パエトゥスと共に、*triumviri ad colonos scribendos*、つまり植民者派遣の実務を担う三人委員として、それもL・レントゥルスの指名でその任にあたり、[78] 新たな土地保有者やその親類縁者からの感謝および知名度向上の恩恵を共有していることから、レントゥルス兄弟はこの時期パエトゥスら開戦派やこれに近い面々と強く結びついていたといえるからである。[79] またフラミニヌスの方の同僚コンスルは、今しがた登場したP・パエトゥスの弟Sex・パエトゥスであり、今述べた事情からやはり彼も対マケドニア開戦派に同調していただろう。[80] そしてガルバが前二〇〇年に対マケドニア戦を担当する際に同僚コンスルが前述のM・アウレリウス(・コッタ?)の同族C・アウレリウス・コッタであったことも勘案すると、[81] 対マケドニア開戦派はコンスル職を連続的に独占し、籤がどのような結果を出しても自派の者が対フィリッポス戦を担当できる体制の構築を進め、フラミニヌス(およびタップルスと両名の同僚も)こうした流れの中でコンスル職を獲得し、その上でたまたまマケドニア戦争(あるいは他の任務)を担当することになっていったという状況がみてとれるわけである。

そして、コンスルを自分たちに引き立てられた者に占めさせることは、引き立てた者たちにも直接的な面ではともかく、間接的、あるいは実質的な利益をもたらした。彼らがコンスルとして軍を率いることになった折に、派遣される部隊の副将ともいうべきレガトゥスなどの形で自身や自身の一族を受け入れさせれば、戦功をあげる機会を得られる上、派遣部隊の行動の方針もかなりの程度コントロールできるからである。実際、前一九八年度にフラミニヌスがコンスルとしてギリシアで戦っていた際には、彼の戦いぶりをみたアカイアがマケドニアを捨ててローマとの同盟に動くなど戦況が著しく有利に展開すると、こうした善戦を理由に元老院は彼の任期の延長を決めるということがあったが、これに合わせてP・ガルバとタップルスがレガトゥスとして九〇〇〇を超える大規模な増援部隊と共にフラミニヌスの軍に乗り込んでいる。[82] ギリシアの奥深くで有利に戦いを進めるという、ローマ指導層の中ではまだ誰も成し遂げたことがなかったことをやってのけ、ある種の偉人の領域に入りつつあったといってよいフラミニヌスであるが、すぐ横に前任者のタップルスや、そのまた前任にしてさらに以前にもう一期のコンスルやディクタトルまで経験しているガルバがいるとなれば、その述べるところを相当に重んじなければならなかっただろう。

なおこのアフリカでの戦いに参加した者たちに土地を付与するための委員会のメンバーは、前二〇一年のプラエトル・ウルバヌスのM・ユニウス・ペンヌスが選定したことから、ここまでみてきた五名に政治的結合がみられることは決して偶然ではない。[83] この他の構成員に関しても、例えばQ・メテッルスは、既にみた通り前二〇五年のマグナ・マテル招来で事業推進に協力したと思われる一方で、第二次ポエニ戦争末期に大スキピオの指揮権維持のためたびたび奔走し、[84] 疑いなく後者から感謝されていたことから、対マケドニア開戦派と大スキピオ双方に望まれての人選だったことがうかがえる。また同じく委員となったL・ホスティリウス・カトーとA・ホスティリウス・カトーは、前一九〇年に大スキピオの兄弟L・コルネリウス・スキピオの対セレウコス朝戦にレガトゥスとして従軍し、さらにそのL・スキピオが同戦役中の収賄のかどで告発された折には共に被告となっていることから、スキピオ家と縁の深い者たちだったといえる。[85]

こうした委員会の状況は、本章が描くような、マケドニアとの再戦に向けて動いている者たちと大スキピオおよび彼に近い者たちが、それぞれ一個のそれなりの結合性をもった集団として併存していたのではなく、両者が一体のグループとして存在していた、あるいはまた逆に、より狭い紐帯で結ばれた個々の指導者の場当たり的な離合集散がなされていただけであることを示唆するようにも思われるかもしれない。しかしこの二つの可能性は、再度のマケドニア戦争を始めるための民会決議前後の状況から否定することができる。まずこの土地付与の十人委員会が発足したのは、第二次ポエニ戦争が終結して大スキピオの遠征軍が帰国して間もない時期だった。[86] そのため兵士たちへの恩賞が論じられる時期としては自然であったわけであるが、しかし既に述べた通り、従軍を理由とした土地の付与は異例のことだった。また、二十年近くにわたった対カルタゴ戦に参加したのは、決してアフリカ遠征軍参加者たちだけではなかったことにも留意すべきだろう。これらの点を考慮すれば、この措置が大スキピオの特別性に由来するものであったと同時に、異例の恩典付与によりその後の選挙や民会で、大スキピオや土地付与の対象となる兵士およびその縁者たちが、土地付与委員や委員会設置に動いた者たちに、通常の土地付与事業の際以上に好意的になるようにという意図が関係者たちに働いていたことと、大スキピオを中心とした一つの集団の存在が同時代のローマ人たちに意識されていたことは疑いないだろう。

また大スキピオのグループとは別個のそれ、特に本書が対マケドニア開戦派と呼んでいるそれがこの事業に大きく噛んでいたという主張については、まずこの土地付与事業が、東方におけるフィリッポスの軍事的圧迫を訴えるロドスとアッタロス朝の使節に対し、元老院がその述べるところを真剣に考慮すると宣言し、ラエウィヌスの艦隊を送り出す手配をしたすぐ後に立ち上げられたという点から裏付けることができる。というのも、こうした外向きの言動からは、ローマ指導部はこの時点で既にかなりの程度マケドニアとの再戦を意識しており、そしてそれを現実の国策として展開するための準備、例えば戦いを実際に担うのにふさわしい者がその地位を保有することができるようにし、あるいはまた民会が開戦を支持するよう世論対策をするというような段階に入っていたということが読みとれるからである。そして前段落で述べた通り、異例の土地付与事業は、受益者やその周辺の人々からかなりの支持を、もう少しいえば比較的近い将来にある選挙や民会におけるある程度まとまった数の固定票を、事業参加者やあるいは彼らと友好的なつながりをもつ者たちにもたらすことが期待できた。こうした土地付与事業の性質とそのタイミングから、さしあたりローマ指導層内に対マケドニア戦の開幕に備えて実務的、そして組織的行動に移っている者たちがいたことが確認できる。

そして注目すべきなのが、こうした異例の恩典付与を事前におこない、また元老院の支持に基づくそれであったにもかかわらず、前二〇〇年度コンスルとなったP・ガルバが開戦動議を民会に提出したところ、時のトリブヌス・プレビスであるQ・バエビウスが新たな戦争に反対する論陣を張ったことや、長年の戦争で疲弊した市民たちが新たな戦いを歓迎しなかったことなどにより、最初は否決された点である。[87] 先行研究は、大スキピオのアフリカ遠征に明らかに彼の同族のL・バエビウスが大スキピオからの信頼厚い幕僚として参加していることを根拠に、Q・バエビウスの反戦運動もスキピオ家とバエビウス家の縁を使った大スキピオによる、再度の対マケドニア戦への非公式な反対表明であったとみている。[88] 確かに、少なくない数の元老院議員がQ・バエビウスを非難しつつ、ガルバの民会への再度の開戦動議提出を後押しし、これが今度は可決されるとすぐに、大スキピオのアフリカ遠征に参加した者には新たな対マケドニア戦への従軍を本人の意思に反して命じることはしないという元老院決議が作成されたことが知られている[89]。このことから、大スキピオが初回の動議提出時には対マケドニア戦に反対の意向を示してこれにより彼の支持者たちが民会で動議に反対し、そしてこうした事態の解決のため開戦派の人々が大スキピオや彼の元部下たちに追加の恩典を提示しつつ再度の対マケドニア戦への賛成を求め、この懐柔工作により二度目の動議が可決するという流れがあったことは間違いないだろう。そしてこうした状況は、ガルバや新たなマケドニア戦争を推進しようとする元老院議員たちと、大スキピオを中心とした集団とが別個のものだったことを示す。もし両者が一体の集団として行動していたならば、大スキピオは元部下たちに関し望むところを初回の動議前の段階ですべて手配し、自分が影響力を行使し得る者に反戦運動をおこなわせることも、あるいは自身が関知しないところでそれがなされることを座視しもしなかっただろうからである。

こうした二つの集団の並存と、そしてこの両者がそれなりの継続性と凝集性をもっていたことは、前二〇〇年のアエディリスのCn・バエビウス・タンフィルス(およびL・テレンティウス・マッシリオタ)が主催した、開戦動議可決からしばらく後のノウェムベルの月(用語解説参照)の*Ludi Plebeii*における、つまりいわゆる平民祭の状況からもうかがえる。現存する写本によると、プラウトゥスの『スティクス』の初演がこの時おこなわれ[90]、その中で喜劇であることからコミカルな形ではあるものの、ヘレニズム諸国やギリシア人の上流層との交際を重んじて、その日の食にも事欠く市民を蔑ろにする、ローマの指導者の姿が聴衆の前で示されているからである[91]。いくつかの先行研究は既に、同作品をこの前二〇〇年の政治的文脈の中で、特に大スキピオによる、Q・バエビウスの反戦キャンペーンに続く、スキピオ・バエビウス両家の関係を活かした開戦派への揺さぶりととらえるべきことを論じている[92]。実際、第二次ポエニ戦争により少なくない数の市民が貧窮していた中での同じくバエビウス家の者の主催によるこうした作品の上演は、開戦動議の時よりはやや迂遠ながら、前回と同じく市民の反感を煽るという形で開戦派を攻撃したものといってよいだろう。しかしこうした状況はまた、大スキピオが間接的に国政を左右し続けられるだけの支持者集団をもっていたことに加え、市民たちの反感が向かう対象として、彼らの苦境を無視して新たな対東方政策の展開へとひた走る指導者集団が、同時代人にはっきり認識されていたことをも示すといえる。[93]

そしてまた重要なのは、開戦動議可決の前後に大スキピオ麾下《きか》の兵士たちへの度重なる恩典付与が決められていたにもかかわらず、なおこうした揺さぶりが続けられ、そしてこの平民祭での動きにほぼ対応する形で、前二〇一年の土地付与委員会設置時には大スキピオのアフリカ遠征参加者のみが授与の対象であったのが、彼のイベリア半島での作戦への参加者もこれに加えるという元老院決議がなされたことである。[94] このことは大スキピオの意図が、新たな戦争に反対だったというよりは、自身が動かせる票を手札に、それなりの勢力を元老院内でもつようになっていた開戦派と交渉し、元部下たちへの優遇措置獲得とそれによる自陣営の強化を図ることにあったことを示す。前記の通り、彼は対マケドニア戦に公に反対の意向を示すことはしなかった。しかし開戦派の者たちの反マケドニア行動の開始、開戦動議の提出、そして次年度政務官のための選挙とほぼ重なる時期という、[95] 同派にとってのいわば節目ごとに元部下たちへの恩典授与の元老院決議を得ているからである。

兵士たちへの優遇措置は、一見すると開戦派による大スキピオを中心とした集団への切り崩し工作というようにも思われる。恩恵に与ることができるそもそもの理由が大スキピオの指揮のもとでの軍功によるとはいえ、土地を授与するという実務を通じて顔を合わせる担当者たちは、ある意味では軍を離れた元兵士たちにとって大スキピオ以上に親しい存在になるともいえるからである。しかしこの可能性は、大スキピオのイベリア半島での作戦参加者への土地付与が決まったのと同時期に、ポエニ戦争で被害を受けたウェヌシアに補充植民者を派遣するため、フラミニヌスとC・テレンティウス・ウァッロ、そしてP・コルネリウス・スキピオ・ナシカが三人委員に任命されていることから否定できる。[96]

既に述べたように、土地付与事業は知名度向上などの旨味が担当者にはあった。フラミニヌスが大スキピオの作戦に従事した者たちへのそれだけでなく、ここでまた別口の案件にもかかわったことは、彼をより上位の政務官に早急に昇らせようという動きがあったことの証左といえるが、それとあわせて注目すべきなのが、ウァッロとナシカの委員就任である。前者はカンナエ会戦でローマ軍を大敗させた人物であるが、実は彼は前述のM・アウレリウス(・コッタ?)がマケドニアに派遣された際に同使節団に加わっている。[97] これはつまり、そのアウレリウスがマケドニア周辺で反フィリッポスの運動を起こすことを黙認したことを意味し、そのことは彼が対マケドニア開戦派に近い立場だったことを示す。一方でナシカは大スキピオの従兄弟で、前一九四年にプラエトルに昇り、前一九二年には大スキピオの支援を得つつもコンスル選挙で敗れ、再度の挑戦で前一九一年度コンスル職を得る人物であり、[98] 間違いなく大スキピオ陣営の、それも同派の中で売り出し中の人間だった。つまりウェヌシアへの植民者追加のための委員会は、対マケドニア開戦派と大スキピオの与党とで、事業参加の旨味を分け合う場となったといえるわけである。こうした状況は、開戦派による大スキピオのグループへの切り崩しが試みられていたというよりは、開戦派が彼の周囲の者たちへの利益誘導を通して、大スキピオとその周囲全体との協力関係を築こうとし、後者も開戦派への揺さぶりを簡単に止めはしないものの、自分たちに有利な措置を引き出せるのであればその都度協調的態度を示すという構図であったことの証とみるべきだろう。[99]

ただし両派のこうした緊張関係は、この前二〇〇年の末から前一九九年初めにかけての時期にひとまず解消したと思われる。前一九九年度コンスルには前述のように開戦派のL・レントゥルスとタップルスが就いたが、大スキピオや彼の与党がその阻止に積極的に動いた様子はなく、さらにその前一九九年度コンスル任期が始まってすぐのケンソル選挙では、「多くの名士が立つ中(*multis claris petentibus viris*)」、つまり複数のコンスル経験者が立候補した中、P・パエトゥスと大スキピオが選出され、しかも「しっかりと相互の了解を交わしつつ(*magna inter se concordia*)」、今回はケンソルの権限に基づく元老院議員の除籍はおこなわないという宣言がなされているからである。[100] またタップルスがガルバの後任として対マケドニア戦の指揮を執った際に兵士たちが命令に従わず作戦が遅滞するということや、前述の通りフラミニヌスがコンスルに立候補した際にはそのキャリア不足を理由とした批判があったことが知られているように[101]、対マケドニア開戦派の活動にはなおしばしば問題が生じたが、それらに大スキピオや彼に近い立場の指導層の者が関与した様子はもうみられない。前二〇一年の大スキピオとその遠征軍のポエニ戦争からの帰還、および開戦派の人々による再度の対マケドニア戦への具体的な行動の始まり以来、二つのグループはそれぞれの目的のため角逐を繰り広げたといえるが、第二次マケドニア戦争も始まり、また大スキピオやその周囲の者たちへの利益誘導もそれなりに実現したことで、両派はひとまずはっきりとした共同歩調をとることとした、ないしは大スキピオ側が当面は対マケドニア開戦派を同王国との戦いに関することでは支援すると腹を固めた、という流れがそこにはあったとみてよいだろう。

そしてこうした二つの集団の角逐・協調と関連して重要なのが、既にしばしばふれた、第二次マケドニア戦争勝利の立役者となるフラミニヌスが開戦派の若手として歴史の表舞台に登場したという状況が、ここでよりはっきりとみえてくるという点である。これまでにもみてきたように彼は、公職キャリアは短いながら前二〇一年から前二〇〇年にかけて植民事業という集票力向上につながる事業を明らかに優先的に任されてきた。そしてそれらの直近の業績を最大限に活かせるタイミングともいうべき前一九九年度末[102]、彼は次年度コンスルに立候補する。この選挙出馬に関しては、前記のように時のトリブヌス・プレビスであるM・フルウィウスとM´・クリウスによる、フラミニヌスがプラエトルやアエディリスの就任経験がないことを理由とした異議申し立てがあったことが知られている。この二人の政治的背景はよくわからないが、大スキピオないしはその与党が裏で糸を引いていたわけではないことは間違いない。元老院の名のもとにフラミニヌスの立候補は承認され、さらに彼が当選して対マケドニア担当を籤で引き当てると、大スキピオの遠征に参加した者たちが多数、フラミニヌスが連れていく部隊に志願したと伝えられているからである[103]。

大スキピオの元部下たちの従軍は、一見するとフラミニヌスもまた実は大スキピオの与党で、そうであったからこそ急速に出世できたことを示しているようにも思われる。植民事業への参加は、彼が開戦派の一員だったからではなく、大スキピオと親しい間柄だったから、というのでも説明がつくからである。しかしQ・ファビウス・ブテオとの姻戚関係からすると、[104]やはりフラミニヌスは大スキピオの与党ではなかっただろう。このファビウス・ブテオ家との関係は、フラミニヌスが大スキピオの政敵だったファビウス・マクシムスや、[105]これに近い人々と親しかったことを必ずしも意味しない。しかしQ・ブテオは、開戦派とは明らかに親しい関係にあった。おおむね同世代の同族であるM・ファビウス・ブテオが、前二〇五年のマグナ・マテル招来事業で登場したM・ファルトと共に前二〇三年にアエディリスを務めた際、イタリアおよびイベリア半島から穀物を手配して市民に廉価で販売するということをおこなっているからである。植民と同じく公務とはいえ、成功裏に進めれば市民の間での集票力向上を図れる事業の共有は、両者が、また穀物調達の実務的必要も考慮すれば当時はまだ半島統治にあたっていた前述のL・レントゥルスなどとも、政治的に近い立場にあったことを示すといってよい。そして大スキピオが帰還してローマの政界で活動を開始する前に、前二〇一年度のプラエトルに二人揃って就任していることも含めれば、[106]M・ブテオは開戦派寄りの人物で、その縁者のQ・ブテオ、そしてフラミニヌスも同様の立ち位置にあったとみるべきだろう。[107]

この点は前一九七年度になってフラミニヌスの指揮権が、新年度コンスルのC・コルネリウス・ケテグスとQ・ミヌキウス・ルフスをさしおいて、先述のように元老院が後任を送る必要を認めるまで延長されることとなったのをはじめとする、彼のもとで対マケドニア戦が途切れることなく円滑に進められるようにとさまざまな元老院決議がなされたことがみてとれる点からも裏付けられる。例えば指揮権の延長と同じ時期には、やはり前述の通り、増援部隊と共にレガトゥスとしてガルバとタップルスが派遣される運びとなった。また実は前一九八年にはフラミニヌスがギリシア入りしたのに合わせて、兄弟のL・クィンクティウス・フラミニヌスがギリシア方面で展開する艦隊を率いる指揮官に任命されており、しかも前一九七年にはその前任者たちとは異なりフラミニヌスと同じくその権限延長が認められている。[108]これは明らかに、フラミニヌスが海上部隊と連携をとりやすくしようという配慮に基づく人事だろう。またガルバとタップルスの派遣についても、そのレガトゥスへの任命は彼らがフラミニヌスの前任者だったからという点もあっただろうが、フラミニヌス自身がこの開戦派の重鎮らと強い紐帯で結ばれていた、つまり彼もまた同派の一員だったことが大きな要因として作用したとみるべきだろう。[109] あえて気心が知れた間柄であろう者と海陸で連動しての作戦を展開しやすい体制をつくっておきながら、陸上においては特に親しいわけでもない、そしてキャリア面からその発言を軽んじるわけにもいかない者たちを送り込むというのでは、いかにも中途半端な人事といわなければならないからである。

こうしたフラミニヌスが、そもそもどういった経緯で対マケドニア開戦派に加わったのかはわからない。ただ、彼の対マケドニア戦担当が前述のように籤引によるものだった点からすると、同派としては彼とSex・パエトゥスのどちらが同戦役を担当するのでも構わない、つまりコンスルとして担ぐに足る能力はあると認めていたものの、皆の期待を一身に背負う重要人物として迎え入れたということはなかっただろう。事実、終戦後の「ギリシアの自由」宣言でギリシア人の間で高い評価を得ることになるのとは裏腹に、[110] 前一九八年度の作戦中のテッサリアにおける掠奪・破壊活動は、かつてガルバがこの戦役や第一次マケドニア戦争中におこなったものと何ら変わらず、[111] また兵士の暴動などであまり対マケドニア戦に時間を割くことができなかったタップルスがどうにか動けたらしい時期と同じく、戦役中にその振る舞いがギリシア人たちから特に好意的にみられるということもなかった。[112] フラミニヌスは対マケドニア開戦派の若手実務家ではあっても、決して独自のプランや余人をもって代えがたい人材と認められて同戦役に投入されたわけではなかった。

このことはまた、フラミニヌスが戦役末期から提示する、マケドニアのギリシアからの撤退と、その一方でローマもまた同地から引き上げるという形での戦後体制プランもまた、彼独自のものというよりは、彼および開戦派の人々の共同製作であったことを示唆する。既にみた通り前一九七年度には、明らかにローマにおける同派の働きかけにより彼の指揮権は延長され、その一方でガルバとタップルスがフラミニヌス軍の幕僚に加わる。そしてまさにその年度にキュノスケファライの会戦と、ローマ側の勝利が確定した中での和平がひとまず成立する。現存する史料はフラミニヌスが主導的にこれらを進めたように記し、先行研究も基本的にこれを受け入れているが、[113] 正式な和平がローマ本国の批准なしには成立しなかったことを踏まえれば、少なくとも和平案作成時にその内容について幕僚の人々に諮り、その際にフラミニヌスより年長でキャリアも長いガルバやタップルスの意見が重く扱われたことは間違いない。

さらに注目すべきなのが、ローマ本国において和平が承認され、またあわせて戦勝への感謝祭開催やマケドニアへの赴任を望む前一九六年度コンスルたちの声を抑えてフラミニヌスの指揮権を再度延長する元老院決議がなされた一方で、以前にも軽くふれた、ギリシアの秩序を定めるための十人委員がフラミニヌスらのもとに派遣されたことである。[114] こうした組織は第一次および第二次のポエニ戦争終結時にもおかれたので、[115] この決定自体は特に不思議ではない。ただ現存史料はそのメンバーの全体像を伝えてはいないものの、ガルバとタップルスがこれに指名されてあらためてフラミニヌスと共に活動するよう手配されたことを明示している。またポリュビオスによる、同委員会が各地をめぐって細々とした案件処理にあたった際の記述から、Cn・レントゥルスとその従兄弟のP・コルネリウス・レントゥルス・カウディヌスが参加していることが確実視され、さらにやや不確かながらP・パエトゥスとM・メテッルスがやはり同委員会に入っていたと思われる。[116] ここにローマとの対立が顕在化しつつあったセレウコス朝とのこの前一九六年度の交渉にL・レントゥルスが十人委員の一部と共にあたることとなることもあわせると、[117] フラミニヌスを首班としつつも、マケドニアと張り合いながらローマの東方における地位と自分たちのそれの向上を図るべく集団を形成・拡大してきた開戦派は、自派の主だった人々のほぼ総がかりでかねて念願としていた事業の締めくくりに臨んだといえるだろう。[118]

議論をまとめると、ここまで二つの節でみてきたように、第一次マケドニア戦争末期から第二次戦役にかけてのローマの東方との接触やその担い手の選定・活動は、ローマ指導層内の反マケドニア派の形成・拡大と密接に結びついていた。同派の存在やその目的は現存史料には明示されていない。しかし既にみたように、ローマの対マケドニア行動を主導した人々には明確かつ継続的な紐帯がみられた。そしてまた重要なのが、P・ガルバが民会に提出した開戦動議が最初はトリブヌス・プレビスの反戦運動もあって否決されたことや、アイトリアが再度の共闘を求めた際に噴出した反発からもわかるように、第二次マケドニア戦争の開幕や、その中で同王国のみを敵とみなし、かつ後の「ギリシアの自由」宣言にみられるようなローマをギリシア諸国の解放者として押し出すという流れが、決してごく自然なものではなかった点である。第二次マケドニア戦争前夜のローマにおいては、その指導層を形成する人々の関心や利害は少なからず錯綜しており、対マケドニア開戦を求める人々がその望むところを実現するには、少なからず自派の者たちやその他の影響力のある人々との公務・政務官職権の獲得・分配を介しての多数派工作に取り組む必要があった。これは第二次ポエニ戦争の仕上げや、その中で同戦役を終結させて一躍国民的英雄となっていった大スキピオの台頭という、大局的な動きによるところも大きかった。彼が政策面でどのようなことを考えていたのかについては判然としないところも多いが、少なくとも自身の周囲の者たちに利益を誘導して自分自身の影響力の拡大を図ろうという志向があったことは疑いない。そして注目すべきなのが、ポエニ戦争末期からこうした大スキピオの台頭を快く思わない者たちの彼への攻撃がしばしば史料にみられるようになる一方で、開戦派の者たちはむしろこれを味方につけるという選択をした点である。彼らは大スキピオの集票力やそれに釣られて彼の周りに集まる指導層に属する人々の力を借りるべく、土地付与事業を共同で政策化・実行して、彼らとそしてまた自分たち自身の勢力を強化した。この協力体制の構築においては、開戦派の側が外向けにマケドニアに対する敵対姿勢を既に示している都合から可能な限り早期に東方への派兵の実現に漕ぎ着けなければならなかったため、少なからず大スキピオに足下をみられる面があった。それでも全体として、開戦派は新たなマケドニア戦争を主導的に進める体制を何とか構築することに成功した。そして、自分たちがその求めるところの実行役として育てた者たちの一人であるフラミニヌスが勝利への道筋をつけ、さらに実際にそれを成し遂げることに成功すると、コンスルの席も大スキピオらに譲って、自分たちがかつて第一次マケドニア戦争で傷つけたローマの名誉や、自分たち自身のそれを回復させ、そしてまた次なる栄達へのきっかけを得るべく、大挙してギリシアへと渡っていったわけである。

以上が、ローマが第二次マケドニア戦争、そして本格的な東方進出へと向かっていく前夜のローマ指導部の動向と展開である。彼らの活動やそこに関与した者たちの人的・時間的連続性のため、議論は少なからず戦役が開始されてからの部分にも踏み込んだが、最も重要だったのは、第一次マケドニア戦争から次の戦役に至るまでの時期におけるローマ指導層内で、ヘレニズム諸国とローマのかかわりのあり方が決まっていくのに関与した人々の同一性と、その輪がいうなれば拡大して第二次マケドニア戦争を開幕させていったという点である。そしてこれらを踏まえて次に考えたいのが、そうしたローマ指導部内の動き、特に開戦への具体的な動きに大きな影響を及ぼした、前二〇一年のロドスとアッタロス朝のローマへのアプローチである。第二次マケドニア戦争は直接的には、また公式には、この両国が元老院に東方におけるフィリッポスの相次ぐ軍事行動を伝え、これをどうにかする必要があると訴えたことに始まる。つまりローマ指導部内におけるポリティカル・ゲームとは別に、開戦を志向・実現、そして勝利をめざしていく中でローマの指導層は、国家としてローマがフォイニケ和約により一度は退いたヘレニズム世界にどのような形で再度入っていくべきかを考えなければならなかったわけであるが、この国際政治の舞台でどのような役柄を演じると提示するかの選択肢と選択の機会を与えたのが、両国使節のローマ訪問だったわけである。第二次マケドニア戦争を始めるにあたって、ローマにはどのような選択があり得たのか。そしてそもそもロドスとアッタロス朝は、なぜローマとコンタクトをとったのか。次節からは、フォイニケ和約から第二次マケドニア戦争までのヘレニズム世界、特にこの両国の動向や事情に注目しつつ、これらの問いへの答えを考えてみたい。

## 3　前二〇一年のロドスとアッタロス朝による対マケドニア開戦

前三世紀最後の数年から前二世紀初頭にかけて、地中海東部は大きな政治変動の波に飲みこまれる。これは前二〇〇年から始まるローマのギリシアへの大規模派兵があったからでもあるが、そもそもの始まりはアレクサンドロス大王が没した後の後継者戦争がもたらしたマケドニア、セレウコス朝、プトレマイオス朝というヘレニズム世界の三大勢力の鼎立状態が大きく崩れていったことによる。こうした状況は、前の二つの章でみた、マケドニアのギリシア方面での勢力拡大により部分的には既に起こっていたともいえるのであるが、本格的な変化はフォイニケ和約の前後の、ナイル川上流域で勃発したエジプト原住民の大規模蜂起と、それからほどなくのプトレマイオス四世の突然の死によるプトレマイオス朝の政治的混乱によりもたらされた。[119]勢いを増す一方のエジプト人たちの攻勢にアレクサンドレイアの当局が苦慮する中、ギリシア諸国の盟主となって海へと目を向けるようになったマケドニアや内外の敵対勢力を一通り退けたセレウコス朝が、長年プトレマイオス朝がエジプトの富を背景に支配してきたシリア南部や小アジア沿岸部などを狙って、大規模な軍事行動を起こしたからである。

そしてこうした三大勢力のバランスの変化というダイナミックな動きをより加速したとして、古くから研究者間でもさまざまな議論の対象となってきたのが、前二〇三年前後に成立したとされる、セレウコス朝とマケドニアによるいわゆるエジプト分割協定である。これは序章でも少しふれたが、国力の回復に成功し、さらなる勢力拡張をめざしていた両国がエジプトを、正確にはエジプトを拠点とするプトレマイオス朝が各地に保有していた勢力圏を狙うにあたって秘密裏に協調することを約束したものとして諸史料に登場する。[120]ただし前述のように、研究者たちの多くが関心を寄せてきたのは、こうした協定がヘレニズム世界にどのような影響を及ぼしたかというよりも、前二〇〇年のローマの東方への派兵という決断におけるそれであった。彼らは従来から、第二次マケドニア戦争をローマの本格的な東方進出の始まりとみなしこれを重要な検討テーマとして扱ってきたが、その中でも特に、そもそもどういった理由からローマはこの前二〇〇年にマケドニアと開戦したのかという点に少なくない注意を向けていた。この時ローマは、十数年にわたる第二次ポエニ戦争により相当に消耗していた。それにもかかわらず、それが終わるや否や、さらに少なくないコストとリスクを甘受しつつ東方に軍を派遣し、ギリシア人たちを従わせるべく動きだすというのは、ひどく不合理に思われたからである。そしてこれに対する説明として一九二〇年代に提示されたのが、時のローマ指導部が、プトレマイオス朝の領土を分割することでマケドニアが強大化しかつてのカルタゴのような脅威をイタリアに及ぼす前に、これを抑止すべきと考えたからではないかという議論である。これはある種の防衛的帝国主義、ないしは予防戦争論的な思考のメカニズムを意識した見方であるが、ローマやマケドニア、そしてプトレマイオス朝とセレウコス朝といった大国間の角逐という観点から前二〇〇年の開戦を考える上では非常に合理的な説明であるようにもみえることから、多くの研究者が今でも総じて好意的にこれを受け止めている。

ただ本節で直接の問題としたいのは、協定がこうした諸大国の関係に及ぼした影響ではなく、そのはざまで生きてきたロドスとアッタロス朝へのそれである。前節でもみてきたように、ローマがマケドニアとの開戦に向けて具体的な動きをみせるようになったのは、この両国の使節が前二〇一年の秋頃にローマの元老院を訪ねてからである。そして件の協定情報も、この時にロドスの使節が伝えたとされているのであるが[121]、これと合わせて重要なのが、この時ロドスとアッタロス朝が小アジア西岸域でマケドニア軍と交戦状態にあり、なおかつそもそもの国力の差もあって相当に苦戦を強いられていた点である。つまりローマへの遺使は少なからず、こうした苦境にある自分たちにローマが何らかの援助をしようと動くことを期待してのものだった。そして前二〇〇年になってからのローマの東方への派兵も、ヘレニズム諸国の人々の目からすると、既に始まっているマケドニアとロドス・アッタロス朝の戦いにローマが途中参加するというものだったわけである。

　そしてそうなると問題となるのが、そもそもロドスとアッタロス朝がなぜマケドニアと戦うことになったのかという点である。派兵へと動き始める経緯から、ローマは基本的にロドスとアッタロス朝に同調してマケドニアとの戦いに臨んだ。つまり第二次マケドニア戦争の開幕やその後の展開には、この両国が何をめざしてマケドニアと戦ったかが少なからず影響したはずだからである。またロドスとアッタロス朝は、以前にも述べたようにヘレニズム諸国の中では中級勢力である。つまりこうした両国が大国であるマケドニアと、それもまたことによってはいま一つの大国セレウコス朝

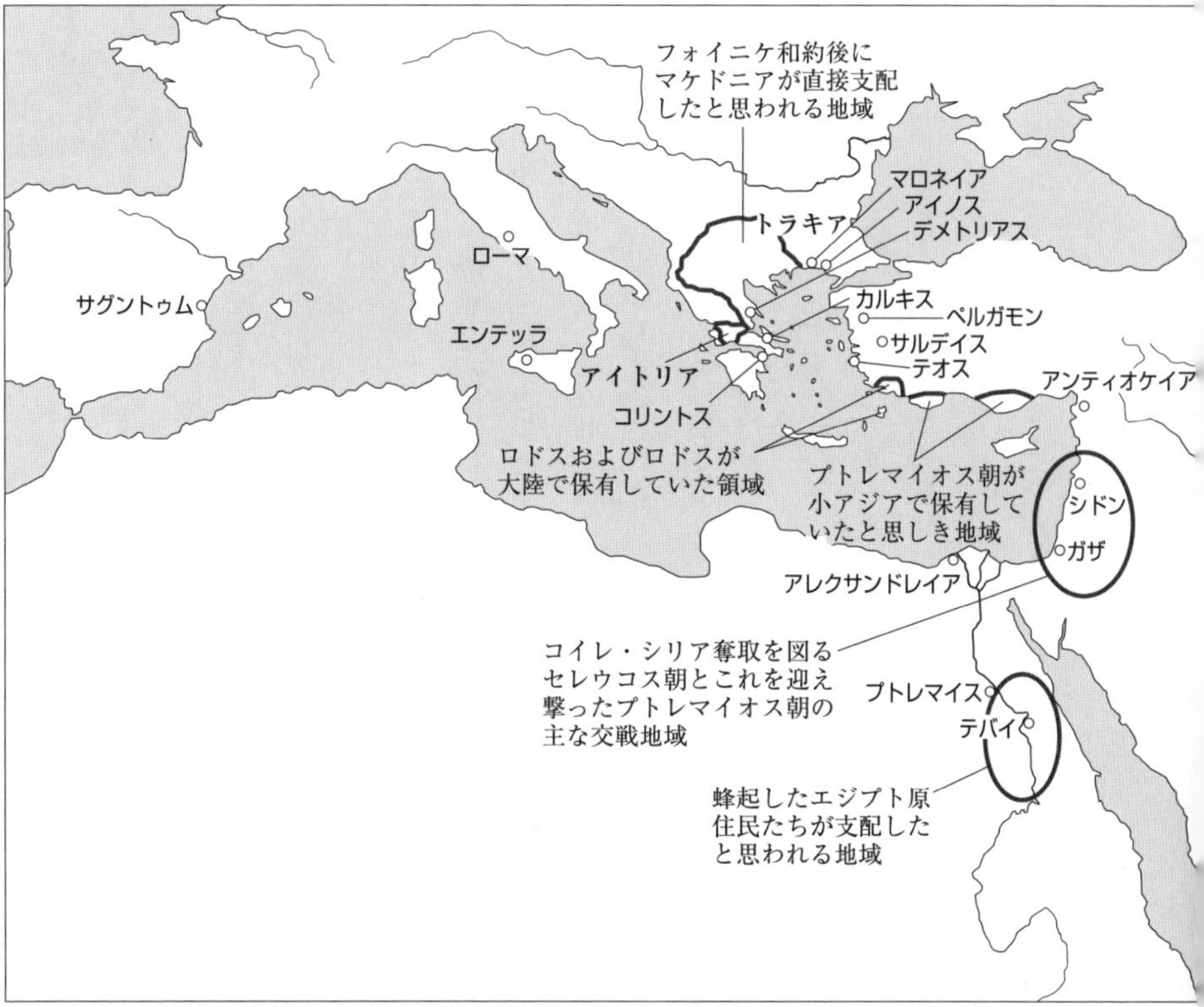


フォイニケ和約成立の頃の地中海・中東

と同盟関係にあったかもしれない同国と戦えば、苦戦することは最初から十分に予想できることだった。そして筆者は、まさにこれらの問いに答えを見つけ、なおかつフォイニケ和約後の東方世界のありようを理解できるようになるのに、先述したプトレマイオス朝の領土を分割しようという秘密協定の情報が大きくかかわってくるのではないかとみている。本節では、こうしたローマの東方への再派兵とも関係の深い前二〇一年のロドス・アッタロス朝とマケドニアとの戦いに注目し、両国に開戦を決断させた要素としての協定情報の重要性や、さらに、その両国がほんの数年前にギリシア人に仇なす者として東方世界から排除されたローマに接近していった状況を、どのように説明するべきなのかを考えていきたい。

さてそのロドスとアッタロス朝による対マケドニア戦であるが、この軍事衝突にはさしあたり二つの注目すべき点がある。一つは、この戦争が両国により主体的に始められたという点である。[122] まず大まかな流れを確認しておきたい。フォイニケ和約により王国西方での軍事行動をひとまず終えたフィリッポスは、アイトリアの反マケドニア運動が沈静化していたこともあって、その関心をエーゲ海に向ける。これは第一に、当時ロドスと争っていたクレタ島の人々に援軍を派遣するという形で具体化された。[123] 彼がロドスとクレタの人々の争いに後者の支援者として介入した理由は必ずしも史料から明らかではないが、一般にこの時期にその海運と海軍の力によりエーゲ海域で大きな影響力をもっていたロドスの力を削ぐことがその目的だったとみられている。[124] またこの時期、第一章でもふれた、小アジアのテオスの人々による自分たちの都市やその領域のアシュリア認定を各国に求めるという動きが知られているが、フィリッポスは配下のペルディッカスを派遣し、クレタのいくつかの共同体に、このテオスの希望がかなうようにと口添えをおこなっている。[125] マケドニアとテオスのこの時期の関係はいまひとつはっきりしないが、こうした仲介を各所で文書に残る形で、つまりは成功裏におこなうという行為は、フィリッポスが、自身の影響力がクレタ周辺にまで及んでいることを同時代人にアピールしようと意図していたことを示すものといえる。また彼は、こちらは非公式にではあったようだが、ある種の工作員を派遣してロドスの艦船への破壊活動をおこない[126]、それ以降はより直接的にロドスの影響下にあったイアソスやニシュロスの制圧や[127]、和平を結んだはずのアイトリアの友邦カルケドン、プロポンティスのキオス、さらにマケドニアの友邦だったタソスの占領に動く。[128]

こうしたフィリッポスに対し、ロドスは初め第一次マケドニア戦争時と同じように、使節を派遣して彼の軍事行動の制止を試みた。しかし、そのための交渉をおこなっているまさにその最中にキオスが制圧されたのをみて、武力による問題の解決を決意したという。そしてほどなくアッタロス朝と提携してマケドニアとの戦いに突入し、前二〇一年には同王国と同等の戦力を結集した上でキオス島沖海戦を戦い、マケドニア海軍に大損害を与える。[129] しかし、両者はこうした海上の戦いにおいてこそ合同すればマケドニアに匹敵する戦力を動員できたものの、それ以外の陸戦や翌年のアビュドス包囲戦での消極性などからもうかがえるように[130]、基本的な国力や戦争継続能力の面で大きく劣っていた。それにもかかわらず両国が、この当時のマケドニアのフィリッポスによる東方での作戦に反応してのものだったとはいえ、直接自分たちの勢力圏が攻撃されたわけでもない中、明らかに有利とはいいがたい戦争へと踏み切った点は軽視すべきではない。

そしてもう一つ重要なのは、こうしたロドスとアッタロス朝の開戦が、彼らの従来の対外政策のありようから少なからず外れたものであったという点である。周知のように、ロドスの対外政策といえば一般に、商業的利益の追求と勢力均衡の維持のため、周辺諸国と幅広く友好関係を保ちつつ各国の紛争を仲裁し、その一方でエーゲ海周辺においては、継続的に対海賊の海上警備活動をおこなっていたというように理解されている。[131] こうしたロドスが主体的に対マケドニア戦へと動き、またそれまでの外交の中では例外的にまったくといってよいほど友好的かかわりが知られていないアッタロス朝をその共闘者としたことは、この戦争がロドスの対外政策の中でも極めて特異なものであったことを示している。[132]

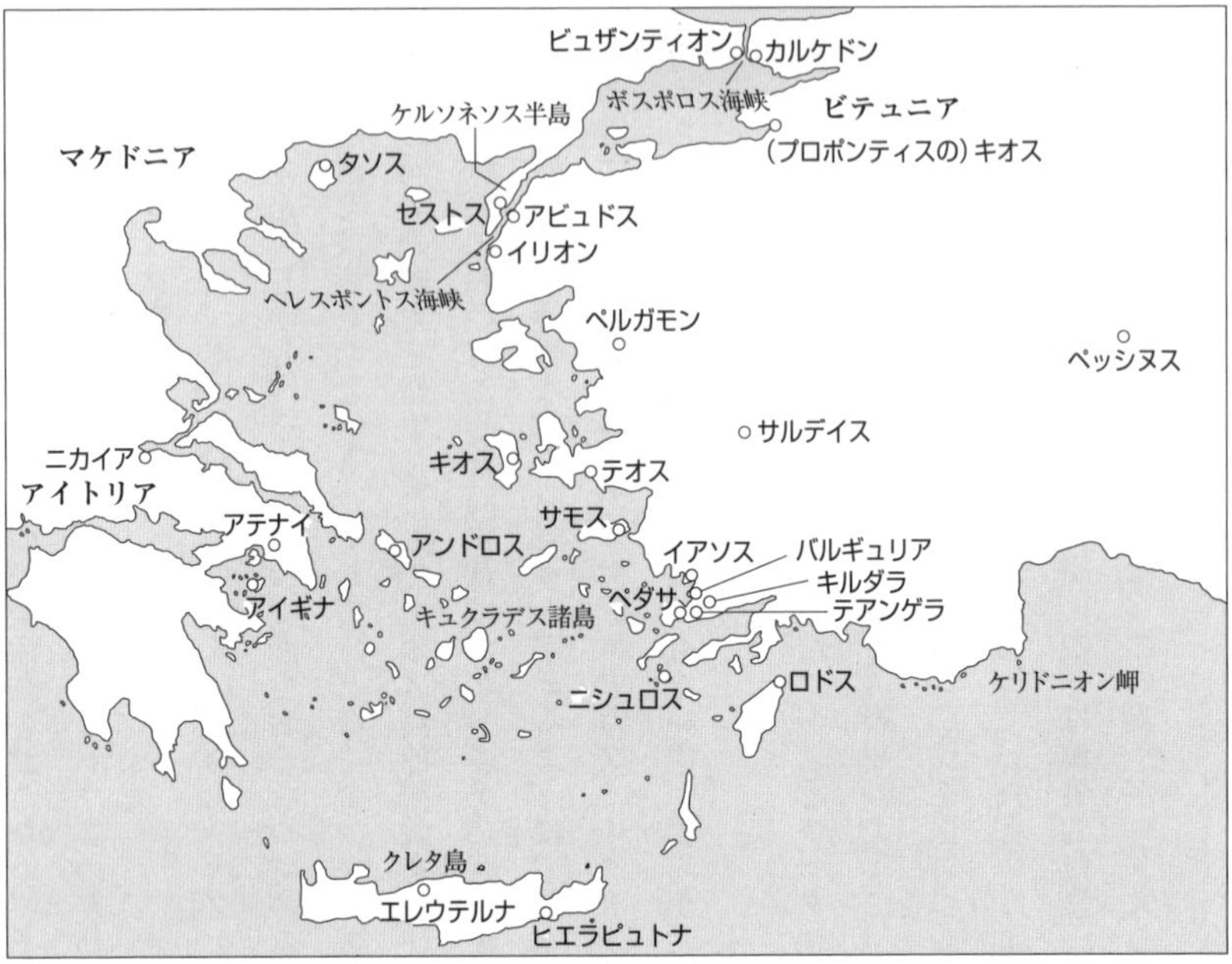


ギリシア・小アジア西部

アッタロス朝にとっても、その王アッタロス一世のもとで長きにわたり協調関係を温めてきたアイトリアではなく、[133]エーゲ海における潜在的な競合者であったロドスとこの年になって突然共闘するというのは、従来の外交政策からは考えられないことであった。同王朝は、アレクサンドロス大王の遺臣リュシマコスとセレウコス一世の最後の争いの時期に独自の勢力を立ち上げて以降、基本的に小アジア西岸部の諸都市を少しずつその影響下に組み込む形でその力を伸ばしていたが、[134]前二二〇年代からはエーゲ海域にも関心を向け、艦隊の育成に努めるようになる。そして既にみたように第一次マケドニア戦争にも参加し、その中でP・ガルバ率いるローマ軍が占領してアイトリアに譲ったアイギナ島をすかさず連邦から購入し、[135]海軍の拠点の一つとしていた。こうした同王朝にとってロドスは先行する同業者のような存在で、明確な敵意を表明したことがあったわけではないようであるものの、至近距離にいるだけにより目障りな相手だった。[136]つまり前二〇一年のロドスとアッタロス朝のマケドニアに対する共同戦線は、敵対とまではいかないものの決して信頼関係があったとはいえない二国がそれまでの姿勢を一変させて、有利に戦えるとはいいがたい相手に対して構築したものだった。換言すれば、両者は相当に切迫した事情があって、フィリッポスのエーゲ海域進出の動きに武力で対応するという決断をしたわけである。

では、その事情とは何か。先行研究はこうした両国の開戦を、基本的に二つの方向から説明してきた。例えばロドスの開戦をA・H・マクドナルドとF・W・ウォールバンクは、当時マケドニアによって進められていたヘレスポントスおよびエーゲ海北方の諸都市への進攻作戦により黒海方面との交易路が遮断されることへの、つまり経済的な損失への恐れからの行動だったと説明する。[137] これはロドスの対外政策における経済的利害の重要性を説く伝統的な研究とも非常に親和的な視点であり、今でもおおむね肯定的にとらえられている。ロドスが交易により繁栄し、またそのため航路の確保に力を入れ、この点に関しては武力介入も辞さない構えであることは多くの史料で語られている。[138] そしてフィリッポスのプロポンティスのキオス、あるいはまたそれに先立つカルケドンの奪取は、ボスポロス(海峡)を含めたこの交易路の安定的な利用に大きな影響を及ぼすことが予想されただろうからである。

しかしこの説は、実はあまり、ロドスがこの前二〇一年に対マケドニア戦をおこなうというリスクの大きな選択をした理由の説明になっていない。フィリッポスは以前より時のビテュニア王プルシアス一世と姻戚関係にあり、[139] カルケドンやキオスがマケドニアに占領されようがされまいが、同王国は必要と判断すればこのビテュニアを使ってその周辺海域の交通をかなりの程度コントロールできたからである。フォイニケ和約後のフィリッポスのエーゲ海周辺での軍事行動は、こうした航路へのマケドニアの支配力をより強めたであろうが、交易路や経済の問題がこの前二〇一年の頃になって特に、リスクの大きな戦いを決断しなければならないほどの問題となったと考える理由はないのである。

そこで目を向けたいのがいま一つの、国際政治ないしは軍事情勢の観点からの説明である。これは例えば比較的最近H・＝U・ヴィーマーやあるいは既に何度か登場しているエックシュタインが提案しているものであるが、彼らはロドスがその富と海軍力により、前三世紀最後の四半世紀のエーゲ海域で大きな影響力をもつようになっていた点を重視する。マケドニアによる同地域の都市や島への進出は、放置すればロドスのそれまでの政治的成果や威信を損ない、やがてはその独立自体をも脅かすものであったといえるからである。これらが失われていくことを防ぐため、リスクを承知の上でロドスは、相対的にマケドニアよりは危険性が低く、なおかつやはりマケドニアの進出を喜んではいなかったはずのアッタロス朝と結んで対マケドニア戦に乗り出したというのが、この議論の大まかな方向性である。[140]

　この説はロドス・アッタロス朝がこの時期に開戦へと動いたことについて、一定の説明を与えてはいるといえる。しかしそれでもやはり、両国がこの前二〇一年に、マケドニア側が彼らの領域を直接脅かすという事態には至っていない中で開戦に踏み切ったことへのそれとしては十分ではない。なぜならこの時期、マケドニアは軍事面のみならず、外交面でもロドスやアッタロス朝に対し非常に有利な情勢にあったからである。前述の通り、同王国は他ならぬロドスが一枚噛む中で前二〇六／五年にアイトリアと、そして前二〇五年にローマと和平を結んだ。これによりギリシア方面におけるフィリッポスの立場は著しく強まり、後方における危険も、実際にはともかく見た目には取り立てて懸念すべき点のない状況にあった。また第一次マケドニア戦争で共にギリシアでの戦いの調停に努めたプトレマイオス朝は、幼年の王が即位したことによる政治的混乱や国内の反乱、さらにはシリア南部を狙っていることを鮮明にしていたセレウコス朝からの攻勢を前に身動きがとれなくなっていた。つまりロドスとアッタロス朝は、ヘレニズム諸国内に有力な支援者を見出せない中で戦いを始めなければならなかったわけである。現行の説明は、両国がマケドニアのエーゲ海進出に危機感を覚えた理由は説明できているのであるが、こうした不利な状況において、それもマケドニア側からはなお公然とした攻撃はなされておらず、つまり当面は動かずにいるという選択肢もとれた中、事態が多少なりとも好ましい方向に変化するまで待つということができなかった点については説明できていないのである。

　こうした状況は、アッタロス朝を中心に、対マケドニア戦が始まった理由を問うという方向からの検討にもみられる。

例えばグルーエンは、フィリッポスがその作戦の中で占領したプロポンティスのキオスを古くからの敵国ビテュニアに譲渡した点にアッタロスが大きな脅威を感じたことから、潜在的な対立を抱えつつも同じくマケドニアの進出によりその政治的立場を掘り崩されつつあったロドスとの共闘へと動いたという流れを想定している。[141] これはある程度は妥当である。ビテュニアは以前にもふれたが、第一次マケドニア戦争中にアッタロス朝に攻撃をしかけ、後者がミュシアにもっていた領域のいくらかを奪取しており、そうした同国がフィリッポスからキオスを譲られてさらにその勢力を強めたという状況は、決して無視できなかったはずだからである。[142] しかしこちらの説明も、やはりアッタロス朝が前二〇一年にロドスと同盟して危険の大きな対マケドニア戦を始めた理由としては不十分である。ビテュニアがマケドニアと連携しつつアッタロス朝を脅かすという状況それ自体は、この時にはじめてあらわれたというわけではない。その上、そのマケドニアは少なくともこの時点においては、特にビテュニアのアッタロス朝への攻勢を支援していたわけではなかったからである。こうした中での対マケドニア戦は、むしろ直接相手にしなければならない敵を増やすことにつながりかねなかった。

またもう一つ留意すべきは、この時期のアッタロス朝がセレウコス朝からの圧力にも苦慮していた点である。前二一三年に小アジアのサルデイスでアカイオスを滅ぼしてから長らく東方の領域の回復に努めていたアンティオコス三世は、パルティアやバクトリアなどに服従を誓わせ、さらにインダス西方の人々への支配力を再強化した後の前二〇五年の四月頃にバビロニアのセレウケイアに戻り、そこから軍を西に向けて前二〇五年の後半から前二〇三年くらいにかけて、今度は小アジアで軍事作戦を展開した。[143] そしてその中で、アッタロス朝の貢納都市であったテオスに自ら入城し、同市をアッタロスへの貢租支払いから「解放」した上、さらにテオスの都市とその領域を「神聖にして不可侵かつ賦役を課せられない」存在であると認定したことが知られているからである。[144]

この措置の巧妙なところは、テオスをセレウコス朝の直接の支配下にはおかず、それでいてアッタロス朝の支配圏と名声に直に打撃を与えた上、同市民団をその後は自発的に親セレウコス朝的に振る舞うよう仕向けることができる形になっていた点である。というのは、まずテオスがアンティオコスからアシュリア（〈神聖・〉不可侵）と免税の認定を受けたことは、同市の王および王妃への顕彰決議を通して後世に伝わっている。つまりテオスの人々はアンティオコスの軍を前に開城し、セレウコス朝の人々が見守る中でアンティオコスからのアシュリア・免税認定に謝意を示すという形でその特権と、そしてアッタロス朝からの分離を受諾した、ないしはさせられたわけである。テオスの人々がこれを望外の恩典と喜んだか、あるいはむしろ迷惑であると感じたかはわからない。貢納を約束していた都市を奪われ、さらにその都市の人々がこれに謝意を示すという公式声明を出したことにアッタロスが反発したことは疑いなく、そして同王の拠点ペルガモンやその他の従属都市は、テオスから決して遠くはないからである。ただテオス側としてはアシュリア・免税の認定を公式に受領し、しかもペルガモンと負けず劣らずの近距離にセレウコス朝の拠点サルデイスがある以上、アンティオコスが去った後にアッタロス朝とそっと関係を修復するというわけにもいかなかった。[145] 結果、テオスが新しい立ち位置のもとで自分たちの安全をより確かなものとするべく（あるいはセレウコス朝の何らかの指示をも受けつつ）おこなったのは、自分たちが付与されたアシュリア・免税の認定を他の国々にも承認してもらえるよう使節を派遣することだった。広く国際的に不可侵の存在であることが認定されれば、アッタロス朝としてもこれを無視して武力によるテオスの奪回や、その市民たちへの報復という挙には出にくくなるからである。本節の前の方でふれたクレタ諸都市やあるいはまた第一章でみたアイトリアへの、そして前三世紀末から前二世紀初頭にかけての、その他のヘレニズム諸国からはてはローマに至るまでの、幅広い国々に向けてのアシュリア認定の要請も、こうした文脈の中でおこなわれた。[146]

そして、こうした展開を最も喜んだのはもちろんアンティオコスである。彼としては自身や大規模な軍を張り付け続けなくとも、テオスの人々が少なくとも見た目上、自発的にアッタロス朝からの分離という状態が固定化されるよう奔走してくれ、なおかつ問題の「恩典」の最初の授与者たる自分に対し友好的であり続けなければならなくなる上、各国にもアシュリア・免税の認定を承認するようテオスが求める中で、自然とそうした「恩恵」を施す者というイメージを広く喧伝もしてくれることになるからである。事実、アンティオコスはしばしばテオスの人々が他国にアシュリア・免税の認定を要請する際に口添えのための使節を派遣し、またローマに対する場合に至っては、テオス市民団に代わってアンティオコスの使節がテオスからの要請文を届けるという、マッチポンプめいたことまでおこなっている。[147] そしてこうした状況に対しアッタロス朝は何ら打つ手がなく、同様の事態が他の都市で生じないよう汲々とするばかりであった。

このように、どうにもロドスとアッタロス朝がこの前二〇一年にマケドニアと開戦した理由を明らかにするどころか、むしろこの時に関してはそれが望ましいものではなかったということが多方面から示される中で目をつけるべきなのが、既に述べたプトレマイオス朝の領土を分割するという協定である。前述の通り、先行研究の多くはこれをローマの東方への再派兵の理由を問う議論の中で取り上げてきた。しかしいくつかの検討は、むしろこの協定情報をもたらしたロドスおよびその共闘者となったアッタロス朝こそ、この情報により対マケドニアに踏み切ったのではないかと考えている。[148] フィリッポスとアンティオコスの連携は、ローマよりロドスとアッタロス朝にとってより懸念すべき事態だったからである。というのは、ローマにとってイタリアからはるか遠い東方における勢力図の変化は、長期的にはともかく、必ずしも緊急性の高い問題ではない。しかしロドスとアッタロス朝にとって、マケドニアとセレウコス朝によるプトレマイオス朝領の分割は、既に強力な二つの隣国を超大国化させるかもしれない、至近距離で進行する危機的事態だった。三王朝が鼎立している状態であれば、ロドスにせよアッタロス朝にせよ、現代でいう勢力均衡のための外交を展開する余地が大いにあったが、その構図が崩れて二強体制が確立すれば、行動の選択の幅が著しく狭まるからである。

筆者としても、このアプローチは基本的に正しいと考える。ただここであらためて確認しておきたいのは、問題とすべきなのは、ロドスとアッタロス朝が前記のような諸々の困難があった中で前二〇一年に軍事行動に踏み切ったのに際し、問題の分割協定の情報はどのような影響を及ぼしたのかである、という点である。実のところ、分割協定をめぐる先行研究の議論はしばしば二つの路線が錯綜し、それぞれの検討の中でこの協定がどのような位置にあるのかがわかりにくくなることがある。というのは、この協定の存在を示す史料が総じて断片的でありまた不鮮明なところも多いことから、多くの研究者はまず史料情報の信憑性に目を向け、そしてその後に、あるいはまた同時並行的に、協定が実在した場合それはどのように当時の人々にとらえられたかという方向に議論を進める。しかし本節が重視するように、なぜロドスとアッタロス朝が前二〇一年にマケドニアと開戦したのか、協定情報はその決断をするに至るまでの両国にどういったインパクトを与えたのかという点を問う際には、こうした、史料に記された情報が事実であったかどうかはあまり問題ではない。肝心なのは、史料においても δόξα（憶測、噂）などの表現と共に語られるこの協定が、[149] あるいはより単純に両王国の協調体制が、成立していたとみえるような状況がこの前二〇一年やその前後にあり、かつそれがロドスとアッタロス朝側にも認識され、深刻に受け止められるレベルのものだったかという点である。仮に、事実としてはフィリッポスとアンティオコスの分割協定が存在していなかったとしても、ロドスとアッタロス朝の側がそうした協定やそれに準ずる連携があるとみなし、それを早急に対処すべき懸念事項だと判断したようであるならば、協定情報がこの二国の前二〇一年の決断に及ぼした影響については、協定が実際に存在したのと同じ程度にあったといえるからである。では既存の史料は、これらの観点から考えた場合、どのように評価できるか。ここからは、少し細かくフィリッポスとアンティオコスのかかわりに言及した諸史料の内容を吟味してみたい。

　ロドスとアッタロス朝がマケドニアとの開戦を決意するに先立ってフィリッポスとアンティオコスの協定、あるいはそれに類する連携を察知していたかを考えるにあたってまず留意しておくべきは、それが仮に事実であったとしても、少なくとも前二〇一年の段階においては軍事面ではまったく顕在化していなかったという点である。というのもセレウコス朝については、前二〇二年の早い時期にプトレマイオス朝支配下のコイレ・シリアへと攻撃をしかけたことが知られているのであるが、[150] フィリッポスによるプトレマイオス朝の領域への攻撃は、おそらく前二〇一年より前にはなかったからである。[151] こうした状況は一見すると、ロドスとアッタロス朝が対マケドニア開戦に踏み切った時期には、部外者が両王の連携に「気が付く」術は皆無であったことを示すようにも思われる。実際、前述の通りロドス使節が前二〇一年秋頃に元老院に問題の協定情報を伝えた際も、それは「噂」以上の確度をもって伝えられるものではなかった。またポリュビオスはロドスの歴史については、この時期に活動していたロドス人たちの著書を参考にしていたことがわかっているが、彼の記述には両王がプトレマイオス朝を害するべく連携していたと述べてはいるものの、[152] それがいつロドスの人々に「察知」されたかには明確な答えを提示していない。

しかしこうした状況は、ロドスやアッタロス朝が両王の協調に「気付く」ということがあり得なかったということを意味はしない。このことはまず、今あげたポリュビオスが、ロドス・アッタロス朝と戦い始めたフィリッポスがセレウコス朝の小アジア領の統括者ゼウクシスとコンタクトをとった折についての記述から確かめることができる。それによるとフィリッポスは、ゼウクシスに使いの者を送り、「約定に従って(κατὰ τὰς συνθήκας)」穀物を自分に提供し、またその他のことについても協力するように求めたという。[153] ここにある「約定」が具体的に何に関してのものであったのか、またそれを交わした当事者が本当にフィリッポスとアンティオコスであったのか、それとも副王と呼んでよい水準の権限を与えられていたらしいゼウクシスが自身の裁量でマケドニアと何らかの約束を交わしたのではないかなど、この記述は今なお決着のつかない議論を呼んでいる。しかし少なくとも、マケドニア軍の小アジアでの活動にセレウコス朝が援助をおこなうという約定、つまりは提携関係が両国間に存在したことや、なおかつそうした協調体制があることをマケドニア・セレウコス朝いずれの側も、あまり隠すつもりはなかったというあたりについては、研究者間でもおおむね認められている。[154] ポリュビオスはゼウクシスがあまり熱心にフィリッポスを支援しなかったと述べているものの、[155] 活動中の軍への物資の供給といった、隠密裏に遂行することがほぼ望み得ない約束がともかくも交わされていたのであるなら、全体として秘匿性が重視されていたとは考えにくいからである。そしてこうした両王国の提携が、その細かな内容についてはともかく、存在についても特に隠されていなかったならば、前二〇一年の開戦に先立ってロドスとアッタロス朝がこれを認識し、そしてそれを踏まえて対マケドニア戦に踏み切ったという可能性は十分にあるといえるだろう。

こうしたある種の開放性は、既に言及したテオスの人々による、アンティオコスより認められたアシュリア・免税の追認を求めての、各国への働きかけの中にも見出すことができる。この動きが彼のテオス入城から比較的すぐに始まったことや、それをフィリッポスが配下のペルディッカスを通して、あるいはまたアンティオコスが自身の使節を通して支援したことは前にも述べたが、例えばそうしたアプローチのうちの一環としておこなわれたクレタのエレウテルナとのコンタクトでは、後者が要請を認める決議をおこなうのに先立って、アンティオコスの使節とフィリッポスのそれが同時に口添えをおこなったことが、テオスで見つかっている碑文に記されているからである。[156] このケースの場合、両王の使節はエレウテルナの市民たちの目の前で、協調してテオスの要請に応じるようにと求め、そしてテオスの使節は、これを承諾したエレウテルナの人々が作成した決議文を持ち帰り、不特定多数の者が目にすることができるよう碑文にしたという。そしてこれも前に述べたように、この時期ロドスはクレタの人々と交戦状態にあり、同島の人々の動向に非常に注意を払っていた。[157] 当然、エレウテルナにおいて両王の使節が一緒になって衆人環視の中テオスのアシュリア・免税認定承認を求めたことにもすぐに気が付き、またアッタロスにもそれを教えただろう。そして両国は、エーゲ海への野心をあらわにしているフィリッポスと、小アジアへのそれを明示しているアンティオコスがそれぞれの求めるところを尊重し、また共同行動をさえとり得る関係にあることを確信したはずである。

もう一つ重要なのは、カリアのバルギュリアの跡で見つかり二〇〇〇年にその内容が公開された碑文である。文字遣いや文体からすると、刻まれている文書はロドスの決議文の写しらしい。[158] 欠落が多く文書の全体像や年代はよくわからないが、注目すべきはその中で「……王アンティオコスから今も王位にある王プトレマイオスに対し戦争が引き起こされ、王アンティオコスの配下の者たちがキッララ〔キルダラ〕とトダサ〔ペダサ?〕の支配権を手にし、そしてまたテアンゲラが王フィリッポスから王アンティオコスへと引き渡される以前に……」という文言が読みとれる点である。[159] テアンゲラはカリアの街で、ここをフィリッポスが占領したのは前二〇一年中とみられている。彼がカリアに進軍したのは、知られている限りではこの年、より細かくいえば、前述のキオス海戦の後で前記のゼウクシスとコンタクトをとった頃だけだからである。そのため碑文に記された内容全体はわからないものの、この前二〇一年のカリア進軍時に占領したテアンゲラが、その後でセレウコス朝側に引き渡されるということがあった、というのが研究者たちのこの文章に関する一致した見方である。そしてこうした文言が碑文に明示されているという状況は、アンティオコスの、テオス入城に代表されるような小アジア西南部への勢力拡張と、フィリッポスの同地域への進軍がひとまとまりの事件として認識され、なおかつその際に両王が協調していたということが、クレタのエレウテルナのケースと同じように、同時代のこの地域の人々にもはっきり認識されていたことのあらわれといえるだろう。

そして最後にみておきたいのが、ロドスがキュノスケファライ戦の少し前、つまり前一九七年の夏の頃に、アンティオコス自身が率いる遠征軍の西進をフィリッポス支援のための行動とみなし、開戦をも辞さない姿勢をみせつつケリドニオン岬より先に進ませないと宣言しておきながら、会戦でフィリッポスが敗北したと知ると、一転してさらなる進軍を容認したというリウィウスの情報である。[160] この遠征軍が艦船だけでも大小あわせれば三〇〇隻を擁していたことを踏まえれば、こうしたロドスの行動が相当な危険を覚悟してのものであったことは間違いない。最終的にはアンティオコスの西進を認めるのも、可能な限り彼との衝突を避けたいという気持ちのあらわれといえるだろう。しかしその一方、彼がフィリッポスと共闘するのを黙って見過ごすよりは、アンティオコスと戦うことになるかもしれないリスクの方をとるという方針であったことも、ここからはみてとることができる。つまりロドスはアンティオコスと争うことは望まなかったが、彼がフィリッポスと連携していることは確信しており、そしてそれが有効に機能することを最も恐れていたわけである。

以上の史料からも明らかなように、ロドス・アッタロス朝やその他の同時代人たちが前三世紀末から前二世紀初頭の時期にかけて、細かな内容についてはさておき、フィリッポスとアンティオコスの間に何らかの協力関係が成立していると「確信」していたことは間違いない。そしてそうした状況が成立していると判断するに足る兆候は、ロドスとアッタロス朝が対マケドニア戦に踏み切る時期には既に十分に目にみえるものとなっていた。実のところ、研究者の一部においては、両国はマケドニアと開戦してから同国がセレウコス朝と手を結んでいることに気が付き、これに驚愕してローマに助けを求めたという流れを想定する向きもあるのであるが[161]、ポリュビオスやリウィウスの記述はさておき、既にみたテオスから見つかっている諸碑文や、あるいはバルギュリアのそれの年代に関する近年の議論を否定する明確な根拠がない限り、こうした可能性は基本的に考えなくてよいだろう。ロドスとアッタロス朝は、フィリッポスのエーゲ海周辺における作戦だけでなく、彼のアンティオコスとの協力関係を「認識」し、そして単独でも自分たちの勢力圏を脅かし得る彼らの提携を間違いなく恐れつつ、前二〇一年にマケドニアとの戦いに踏み切ったのである。そしてそうなると、問題はこうして示された協定情報、より正確には二人の王が連携しているという見通しと危機感が、ロドスとアッタロス朝の前二〇一年の開戦とどう結びついていくかという点である。ここからはこの点を念頭に、両国の思惑とこの年に開戦する利点を探りながら、いよいよこの戦争の本質的な性格と、ローマが東方に再派兵する前夜の東方のありようを示していくこととしたい。

まず留意しておくべきことは、ロドスとアッタロス朝の開戦が、ローマの参戦を当てにしてのものではなかったという点である。このことはローマ参戦の動きの始まりである両国使節のローマ訪問が、前二〇一年の秋になってから、つまり新たな戦いを始める季節としては遅い時期のことであった点からわかる。そしてローマの参戦が当初からの予定にはなく、かつまたこの戦争を通し、ロドスとアッタロス朝の双方が一貫してフィリッポスの直接指揮するマケドニア陸軍との正面衝突を避けている点を踏まえると、両国の想定する主たる戦場が海上にあったことも間違いない。実際、キオス海戦に前後して生じたラデ海戦がおそらくロドスの敗北に終わったということがあったものの、[162] 両軍が合流して臨んだそのキオス海戦とその後でバルギュリアに入ったフィリッポスに対する海上封鎖戦は、いずれも両国の優位のもとで推移し、[163] もしどちらか一方でも両国の決定的な勝利で終わっていれば、フィリッポスのエーゲ海域や小アジアへの進出の目論見が破綻したのは確実だった。ローマへの遣使が同年の秋であったことは、それが開戦当初には予定されていなかった、つまりは開戦に先立っての見通しが外れてしまったことのあらわれとして解釈すべきだろう。

ではそうなると、海上での優位の確保という見通しが外れる前の時点において、ロドスとアッタロス朝はどのような形での終戦をめざしたのだろうか。それを考える上で鍵となるのが、キュノスケファライ会戦の少し前に催されたロクリスのニカイアにおける和平会議である。というのも、交渉自体は不調に終ったものの、既にローマのみならずギリシアの主要勢力の多くが反マケドニア側で参戦していたことを踏まえれば、この時ロドスとアッタロス朝が提示した和平への条件は、キュノスケファライでマケドニアが決定的に敗北するまでの段階における、両国の終戦に向けての目標の最大値ないしそれを少し上回るものを反映しているとみてよいはずだからである。そしてこの時ロドスが求めたのは、小アジアにおける自領の返還とマケドニアが占領していたヘレスポントスのセストスやアビュドス、そして小アジアのすべての「商業地と港」の放棄であり、アッタロス朝が要求したのは、ペルガモン市近郊のニケフォリオンの復興と、キオス海戦で失った艦船などの返還だった。[164] タソスやプロポンティスのキオスなどへの言及がないことから、ロドス・アッタロス朝のいずれも、フォイニケ和約後にマケドニアが占領した地域のすべてに関心を向けていたわけではないようだが、ロドスがこの時既にキュクラデス諸島のほぼすべてを自分たちの「同盟者」とし、[165] アッタロス朝がアンドロス島を手に入れていた点を勘案すれば、[166] これらの要求は両者の政治・経済両面でめざすところが基本的に、ヨーロッパ周辺部を除いたエーゲ海域からのマケドニア勢力の排除であったことを示しているとみてよいだろう。

それでは、この海域からマケドニア勢力を排除することをめざすにあたって、そして既にみたようにこのマケドニアがセレウコス朝と連携している気配が濃厚である中で、行動の開始を前二〇一年とする利点はどこにあったのか。ここで思い出すべきなのが、前二〇三年までテオスなど小アジア西南部にまで進出していたアンティオコスが、前二〇二年になるとにわかにコイレ・シリアへと転進し、プトレマイオス朝との全面対決へと突入していたという点である。なぜならそれは、両王の連携に「気付いて」いて、なおかつこれを恐れるロドスとアッタロス朝にとって、その脅威を除去するための行動を起こす絶好の機会の到来といえたからである。こうしたアンティオコスの行動がフィリッポスとの協定で、前者がエジプトとキュプロス、後者がキュレネやキュクラデス、イオニアをとることを支援し合うと約束したためかはわからない。[167] 同時代人でも、当の二王国の者たち以外にはわからなかっただろう。しかしかつてアンティオコスとプトレマイオス四世が直接対決したラフィア会戦がそうであったように、[168] プトレマイオス朝の中核地域たるエジプトやそれに続くコイレ・シリアにセレウコス朝が攻め込むということが既に起こった状況下なら、たとえ政権が揺らいでいる最中であっても、プトレマイオス朝側が大軍を繰り出してこれを防ぎにかかることは同時代人の感覚では確実だった。そしてそうなれば、アンティオコスとしても勝敗はさておき、しばらくは小アジアに戻ることは不可能だった。もちろん彼が不在であっても、フィリッポスがコンタクトをとったゼウクシスのようにセレウコス朝の代表者は小アジアに残っていた。マケドニアの友邦ビテュニアも、以前と変わることなく小アジア北西でその勢力を保っている。しかしアンティオコス本人と王国の主力が小アジアに当面は関与できないなら、ロドスとアッタロス朝は相対的に有利に、この両王国の小アジアにおけるここ数年来の勢力拡張の動きに反転攻勢をかけることができた。

他方でまた留意すべきは、司令塔が不在に近いプトレマイオス朝の旗色は当初から悪く、ラフィア戦の時とは異なり今度はセレウコス朝側がシリア南部で勝利をおさめる公算が高かった点である。[169] つまりアンティオコスが小アジアに再び関与する余裕をもつようになるまでの期間は、そこまで長くない可能性も高かった。この意味で、ロドスとアッタロス朝にとって、前二〇一年のマケドニアへの開戦はさまざまな悪条件の中での決断だったが、最悪の状況よりは幾分好ましく、そしてその最悪の状況が遠からずやって来そうな中でのそれだったといえる。

こうした構図は、ロドスが第一次マケドニア戦争時のように、勢力関係の著しい変化を避けるべく調停に努めるという姿勢を、このプトレマイオス朝とセレウコス朝の衝突に関してはほとんどおこなった様子がない点からもやや消極的ながら裏付けられる。プトレマイオス朝との長年の友好関係や[170]、また同王国の没落がそれ自体としては決してロドスに有益でなかったことを踏まえれば、これを助けるべく、ローマに対して前の戦争時におこなったような反セレウコス朝世論の喚起に努めてもよかったはずである。しかしロドスは今回に関しては、なるべく長期にわたり両王朝が小アジアから遠いところで戦うことを望んでいた。実際、この戦いに関しロドスの調停の動きがみられるのは、前一九七年になってからだった[171]。

そしてこのアンティオコス不在のうちにフィリッポスに攻勢をかけるという観点からこのロドスとアッタロス朝の前二〇一年の開戦を考えると、両国のプランはそれなりに成算を見出せるものだった。既に幾度か取り上げたキオス海戦からもわかるように、両国は海上においては相手がマケドニアであっても善戦が期待できた。そしてフィリッポスの海軍に大きな打撃を与えれば、彼のエーゲ海域への進出の計画はその陸上戦力がいかに強力でもおおむね破綻し、そうしてマケドニアがエーゲ海域で活動する方法を失ったなら、アンティオコスが再び小アジアにやって来たとしても、相対的に有利な形でこれにあたる術を考えることができた。ロドスとアッタロス朝の突然の対マケドニア共同戦線の構築は、こうした両国共通の脅威とそれを除去し得るプランの一致から説明されるべきだろう。

ただしまた重要なのは、両国はフィリッポスが海上で活動する方策を奪うという、攻撃対象、そして開戦の背景状況を踏まえれば時間や地域も限定しての戦いを頭に描きつつ開戦したものの、これを成功裏に進めることができず、それが判明した前二〇一年秋頃に急ぎプランに変更を加えたという点である。これはもちろん両国がこの時期になって、つまりこの年の戦闘可能な季節中に戦いが終わらず早くとも次の春以降まで決着が持ち越されるという状況になってローマへと使節を送り出したことからまずわかるのであるが、いま一つ注目すべきは、ローマに限らず両国は、フォイニケ和約後にフィリッポスに領土を奪われるなどした者たち、例えばかねてアッタロス朝とは友好関係にあったアイトリアなどとこの時期になるまでほとんど提携を模索する動きを示さなかった点である。[172] 現存史料はこの理由について、特に説明していない。アイトリアに関しては、第一次マケドニア戦争で同王国に実質的に敗北した連邦が本気で再び反マケドニアに動くとは思えなかった、あるいはロドスの人々としては、同戦争時に和平を促した相手に今度は戦うよう促すという交渉の技術的な難しさからそもそもこれを試みなかったという可能性もある。ただロドスのキュノスケファライ会戦前後のアンティオコスへの対応を踏まえると、同国やアッタロス朝が恐れたのは、フィリッポスとアンティオコスのそれぞれの主力部隊の連動で、開戦の段階でこれを防ぐ最も簡単な方策は、マケドニアに矛をおさめさせることだった。アイトリアであれその他の勢力であれ、関係国が増えればどうしても利害が錯綜して戦争も長期化しやすくなる。そうなれば、そもそもマケドニアと戦うというリスクをとってまで避けようとしている、アンティオコスの本軍の介入の可能性が高まってしまうからである。こうした点を踏まえると、ロドスとアッタロス朝としては、できれば自分たちだけでごく限定された目的を限られた時間・空間における戦いだけで済ませるのが望ましかっただろう。

しかし前二〇一年のエーゲ海域における一連の戦いで、ロドスとアッタロス朝はフィリッポスの海軍を打ち破ることができなかった。キオス海戦においてはともかく、ラデ海戦では劣勢でさえあり、さらにその後のバルギュリア封鎖戦でも結局マケドニア艦隊を拘束することはできなかった。そしてその頃アンティオコスはガザまで進み、快調に対プトレマイオス朝戦を続けていた。実際にはこの後アレクサンドレイア当局から預かった資金を基に傭兵部隊を結成した、本書でも幾度となく登場したあのアイトリアのスコパスらの反撃で、このガザ攻防戦から翌年のパニオン会戦までプトレマイオス朝は善戦するのであるが、[173] 前二〇一年秋の時点のロドス・アッタロス朝首脳部としては、フィリッポスとアンティオコスが共同して小アジア攻略に乗り出すということが起こり得る状況の出現まで、残り時間はわずかと判断しないわけにはいかなかっただろう。ローマやアイトリアその他との提携への模索は、こうした両王の状況を踏まえてのものだったといえる。前述の通り、フィリッポスが複数の勢力と戦い続けなければならなくなるという状況は、アンティオコスの再度の西進と両王が合流する可能性を高めてしまうのであるが、フィリッポスがエーゲ海域に集中できないようにすることができれば、幾分かは対処しやすくなるからである。つまるところ、ロドスとアッタロス朝はフィリッポスとアンティオコスが小アジア周辺で共同戦線を構築し、自分たちの生存圏を脅かす状況の出現を最も恐れ、そうした最悪の展開を防ぐべく、次悪の展開に持ち込む決断を続けた。そしてその最悪回避の選択の末、自分たちの力だけでは問題はもう対処不能と考え他国の力を借りようとあちこちにアプローチし始め、そしてその中で、数年前にギリシアの敵と断じられて退けられながら、むしろ機会を見つけてはギリシア人たちとの関係強化を求め、あるいはマケドニアへの反感や自分たちの強勢ぶりをにじませる声を東方へと発し続けていたローマにも目を向けたのであろう。

## 結論

フォイニケ和約から第二次マケドニア戦争までのおよそ五年間は、第一次戦役の中で生じたローマとヘレニズム諸国の絡み合いが少なからず解けた時期であった。しかし同戦役時と異なりこの間ローマの指導部内では、東方とのコンタクトの強化を求める声が次第に高まっていった。そしてこうした声を上げ、さらにそれを具体化していったのは第一次マケドニア戦争でギリシア人たちと直接かかわり、そしてまた翻弄された者たちだった。彼らの東方における同盟や戦い、そしてその結果としてのフォイニケ和約は、ローマにさしたる直接的被害をもたらすものではなかった。主敵たるカルタゴとの戦いを成功裏に進めるという大局的な見地からいえば、そのコストを大幅にカットした合理的な判断の集大成だったとさえいえる。しかし彼らの「成功」は、ローマの部分的な国益や名誉、そして彼ら個人のそれを傷つけるものだった。特に大スキピオがイベリア半島で、そして遂には北アフリカでカルタゴをくだし一躍国民的な英雄へとなっていったことで、彼らは自身や自身の一門が埋没していくことを防ぐためにも、誰の目にも明らかな功績を、特に自分たち自身が少なからず翻弄された東方で欲するようになっていった。こうして形成されていった対マケドニア開戦派は、第二次ポエニ戦争の勝利の栄光と利得のかなりの部分が大スキピオとその関係者のものとなっていったこともあって、その中に入れなかった者たちの中に多くの協力者を得ることができた。その一方で大スキピオは大スキピオで、自身の派の形成やこれに加わる者への利益誘導を円滑に進めるため、ローマ指導部内でまとまった数をもつ集団と取引することに利益を見出していた。第二次マケドニア戦争前夜のローマ指導部の動向は、こうした開戦派による東方との関係強化の動きと自派の強化の努力、およびやはり味方の勢力を強めることを欲した大スキピオのそれとの衝突・交錯に強く規定されたといえる。

一方で、ローマを排除することで自分たちの周囲の戦乱を鎮めたかにみえたヘレニズム諸国は、今度はプトレマイオス朝の動揺に端を発するより大きな騒乱にかき回される。これはまずは、プトレマイオス朝の危機を奇貨としたフィリッポスとアンティオコスの活発な軍事行動によりもたらされた。両王が実際のところどのような関係にあったのかはわからない。しかし同時代人は彼らの連携を「確信」し、そして彼らの強大化を恐れた。特に両王国のはざまで、そしてそれまでプトレマイオス朝を含めた三王朝の鼎立によりその勢力を拡大することができていたロドスとアッタロス朝は、自分たちの周囲でフィリッポスとアンティオコスがエーゲ海や小アジアを連携して制圧するという最悪の展開を防ぐため積極的に行動し始め、これが東方の騒乱を次なる局面に移行させた。両国の突然の連携とマケドニアへの攻撃を、フィリッポスやアンティオコスがどうみていたのかは不明である。ただ少なくとも両王は、両国がエーゲ海や小アジア西岸部という狭い舞台では対立しつつも、より広い視野でみれば近接した地域に根を張る利害の共有者であり、そして両国とも対外政策の面では以前より遥かな地平を睨みつつ積極的な外交を展開していた点を十分に考慮していなかった。

ロドスとアッタロス朝は、アンティオコスが、プトレマイオス朝が本気で守る地域に攻め込み当面は自分たちの近くにやって来ることが不可能なタイミングを見逃さず、フィリッポスが海上で活動する方策を奪うことを試みた。そしてこれが十分な成果をあげず、また残り時間が少なくなったとみると、事態を限られた空間やコスト・リスクのうちにおさめるという観点から当初は避けていた、参戦国の増加とそれによる戦域の拡大をめざす。これはギリシアにおけるフィリッポスの勢力伸長や、常ならば協力を期待できたプトレマイオス朝が今回はまったく頼りにできなかったことから、近いところに働きかけるだけでは難しかった。しかし彼らの視界には次なる候補の姿があった。もちろんローマのことである。第一次マケドニア戦争でギリシア人に仇なす者として排除したローマをロドスがどうみていたのか、実際のところよくわからない。しかしこれに先立つ数年の中でローマとの関係の強化を進めていたアッタロス朝はもちろん、ロドスもローマに派兵を求めることにためらいはなかっただろう。彼らはフィリッポスとアンティオコスが自分たちの生存圏を侵食・分割することを阻止できるなら、その他のリスクはすべて飲みくだすと腹をくくっていた。

そしてこうしたロドスとアッタロス朝のアプローチは、ローマ指導部内の対マケドニア開戦派にとって渡りに船だった。彼らは両国の使節がもたらした事実上の支援要請を、ローマの執行部を次なる東方戦役に向けて掌握・編成する起爆剤として活用した。そしてその多数派が対マケドニア戦に向けて急速にまとまっていく中で、ローマ指導層の人々は国内の市民たちと、そして主にヘレニズム諸国を視野に外部の者たちの支持を得るための運動を開始する。次の章では、第一次マケドニア戦争でギリシア人たちを知ったこうしたローマの指導者たちが、既にみたロドスとアッタロス朝からのアプローチを活用しつつ、国内だけでなく、以前とは異なり国外の世論を動かすことにも多くの労力と知恵を使うようになっていったことと、その中で具体的にどのような手法が展開されたのかを明らかにしていきたい。

第四章

# 第二次マケドニア戦争の始まりとローマ

## はじめに

最後にここ第四章でみるのは、章題にも記した第二次マケドニア戦争が始まろうとする中、より正確には始めようとする中で、ローマの人々が何をしたかという点である。既に本書は開戦前夜から戦いが始まる時期にかけてのローマ指導部の内情を明らかにした。またロドスとアッタロス朝の動向に焦点を当てながら、ローマが東方へと再び軍を向ける直前期のヘレニズム世界のありようについてもおおむね示した。これらを踏まえてここからは、対マケドニア戦に向けての体制づくりを進めていたローマの開戦派が、指導部の外で、つまりはローマ国内の人々と、ローマ国外の者たちにどうアプローチをしたのかをみていきたい。

序章でも述べたが、先行研究は前二〇〇年に始まるこの第二次マケドニア戦争に以前より非常に強い関心を示してきた。同戦争は、ローマのヘレニズム世界への本格的な進出の始まりとなったからである。この戦いでマケドニアを破ったローマは、まずギリシアの国際政治の舞台に確固たる地歩を占めるようになり、そしてそれを足掛かりに、さらに急速に東方のヘレニズム世界全体における指導的立場をその手におさめていった。ローマによる地中海世界の完全制覇それ自体はまだだいぶ先のことであるが、そうした結果に至る道筋はおおむねこの第二次マケドニア戦争の始まりから半世紀弱の間に形づくられた。

その一方、こうした史的重要性から数多くの研究者の関心を集めてきたこの第二次マケドニア戦争であるが、なお議論の余地の多いトピックも厳然として存在する。特に重要なのが、そもそもどういった理由からローマはこの時、ローマ自身のみならず、結果的に地中海世界全体の行末をも大きく左右することになっていくこの戦争に乗り出していったのかという疑問である。本書は既に、第一次マケドニア戦争を基点とする検討の中で、この最初のマケドニア戦争にかかわった者たちを核とした集団による再度の東方への派兵を志向する動きを明らかにすることで、この問題への答えを部分的に提示した。しかしながら、ローマを率いたのはもちろん元老院に体現されるその指導層であったが、これは彼らがそう望めば新たな戦いが間違いなく始まるということを意味したわけでは、ましてやそれが勝利に終わることが約束されていたわけでは、もちろんない。特にこの戦いは、指導部の人々が何を望んでいたかをひとまず忘れて俯瞰的にその状況を眺めると、ローマにとって非常に悪い条件の中で、あるいは特異な状況の中で始まった。

まず市民たちの疲弊が甚だしく、彼らの多くは決して新たな戦いを望んでいなかった。これはもちろん、二十年弱にわたるポエニ戦争が直接の原因である。戦いは彼らの生活圏の間近で続けられ、それによる犠牲と苦痛は決して小さなものではなかった。[1] またそうした長期にわたる戦いによる人口減少が、一人当たりの軍務の負担を重くしていたという点も考慮すべきだろう。前二三四／三年の戸口調査によるとローマの徴兵可能な市民数は二七万ないし二八万人だったが、前二〇四／三年のそれは二一万強だった。[2] これは毎年の自然増を上回る速度で市民たちが、間違いなく主に戦場で命を落としたことによるものだったが、残っている市民たちもまた常よりも高い確率で兵士として徴募されていたことを意味する。[3] 新たな戦いはこうした危険と苦労を再び市民たちに強いるもので、当然これを厭う者は多かっただろう。

また押さえておくべきは、ロドスとアッタロス朝の開戦を論じた際もそうであったが、第二次マケドニア戦争は、ローマが攻撃者となって始まった戦役だった。つまりローマにとってこの戦いは、第一次マケドニア戦争の時のように相手が攻め込んで来たためやむを得ずおこなったものではなく、戦わないという選択肢がある中で始められたものだった。実際に前章でみた通り、当時マケドニアのフィリッポスはエーゲ海沿岸域でロドスやアッタロス朝を相手に戦い続けており、彼がローマに害を及ぼすという状況は当面考えられなかった。もちろんローマは建前の上ではともかく、実際には防衛のためだけではない戦いも頻繁におこなってきたので、[4]戦わなくともよい局面で軍を出すことそれ自体は決して不思議ではない。しかしローマが全体として疲弊している中で、あえて指導部が戦いを欲し、そしてそれを市民たちがともかくも支持するに至ったというのは、なかなかに特異な状況といえる。

さらに特異といえば、先行研究は必ずしもこの点に目を向けていないが、ローマの派兵が前二〇〇年の晩秋(*autumno ferme exacto*)におこなわれたこともこの戦役の奇妙なところである。[5]ローマに限らず、古代地中海の人々にとって冬の到来は、移動の不便や物資の調達の難、さらにある種の伝統から、戦闘可能な期間の終わりであり、[6]晩秋ともなればそれを意識しつつ軍事行動の区切りを模索するべき、つまりは新たな戦争を始めるには適さない時期だった。しかもこの派兵の指揮を執った、既に何度も本書に登場しこの年度に再びコンスルとなったP・ガルバがその任に就いたのは、前二〇一／〇年の冬のことだった。[7]つまりガルバは他の開戦派の者たちと共に、ローマ指導部を新たな対マケドニア戦へとまとめ上げることに成功するわけであるが、それにもかかわらずコンスルの任期のかなりの部分を実際の戦いとは直接はかかわりのないことに振り向けなければならなかったわけである。本章は、こうした第二次マケドニア戦争をめぐる数多くの特異な状況を整理しつつ、その意味するところを考え、当該戦役においてローマの人々がどういった内的な事情と外的なそれを抱え、そしてそれをどのように取り扱いつつ、結果的にローマによる地中海世界統合への流れの直接的な始まりとなる戦役を形づくっていったのかを論じていきたい。

## 1　第二次マケドニア戦争への先行研究の姿勢と開戦までのローマ国内の状況

さて、そうしたローマの事情を考える上でまず有益なのが、この戦役に対し先行研究が何を論じてきたのかという点への考察である。既に述べたように、第二次マケドニア戦争はその史的重要性のために多くの研究者たちの関心を呼んできた。しかし、これにまつわる議論が続くのには、それとは別の理由もある。それは、史料における戦争それ自体に関する記述の多さとは裏腹に、その開戦に関する情報が少なく、また必ずしもその述べるところが整合的ではないため、結果として、この戦役でローマの人々が何を求め、そのために何をどういった見通しのもとにおこなったのかがみえにくくなっているということである。

というのもまず、ローマが開戦へと動いた理由についてまとまった理由の説明をおこなっているのは、ほぼリウィウスの著書の第三一巻冒頭の新たなデカーデのための序論に限定される。そしてそこで彼はこの戦争について、ローマがカルタゴとの和平により第二次ポエニ戦争から解放される中、フィリッポスが表向きはローマと和平を結んでいる状態にありながら、アイトリアやローマに友好的な他のギリシア人たちに対し不誠実な振る舞いを示し、またポエニ戦争の末期にはハンニバルを支援すべく兵と軍資金をアフリカに送るということもあったことからローマで彼への反発が強まっていき、さらにそうした折にマケドニアに圧迫されたアテナイがローマに救援を求めてきたことで、人々はフィリッポスとの戦いの再開を決意し開戦するに至ったというように説明している。[8] 実際、この時期アテナイはマケドニアと紛争を抱え、ケフィソドロスなる人物を中心にアッタロス朝、プトレマイオス朝、アイトリア、そしてロドスへと支援を得るべく働きかけて回ったものの必要を満たすには至らなかったので、ローマまで赴いて助力を乞うたという話がパウサニアスにより伝えられている。[9] ただ、これは古くより研究者たちからローマの開戦の理由としては認められていない。

というのは、第二章で論じたように研究者たちの多くは、フォイニケ和約におけるローマ側の副署名者にアテナイの名があるという史料の記述は第一次マケドニア戦争においてアテナイがローマと何らかの友好関係を形成した様子がないことから真実ではないと考えており、それに立脚すると、このアテナイが第二次マケドニア戦争前夜になってローマに支援を求めたというのも、一見するとありそうにないように思われるからである。[10] しかしやはり第二章で少しふれたように、アテナイがフォイニケ和約でローマ側の副署名者だったということは、決してあり得ないことではない。また何より、ヘラス同盟のメンバーと紛争を起こしたアテナイにとって、支援を求めるべき相手はこれに加わっていない者が基本となるのは当然であり、それに該当する者や、状況的にこれに応え得る者を消去法で考えていけば、それまでの行きがかりとは無関係にローマがアプローチすべき相手の一角として認識されたとしても特に不思議はない。こうした理由から、アテナイがマケドニア陣営と紛争を抱え、ローマに支援を求めるということがあったという情報それ自体については、特に疑う理由はない。

しかしながら、アテナイの支援要請が事実であったとしても、これがローマの東方への派兵の理由だった、あるいはその大きな部分を占めていたと考えるのは適切ではない。既に述べた通り、ローマが対マケドニア戦を念頭においているると外部に向けて示すようになるのは、ロドスとアッタロス朝の使節が前二〇一年の秋頃に元老院を訪ねてマケドニアの軍事行動を伝え、これに対応して東方へと使節を派遣してからだからである。仮にアテナイがそれより前にローマに接触するということがあったとしても、外部からみてはっきりとした行動を起こすきっかけになったのがロドス・アッタロス朝とのそれであったなら、重視すべきはやはりこちらであろう。実際、先行研究が前述のフィリッポスとアンティオコスによるプトレマイオス朝の領土分割協定をローマの開戦の理由としてかねてより重視してきたのも、少なからずこの時ロドス使節が問題の協定について伝えたと史料にあることによる。[11]

ただD・マギーやR・M・エリントンなどが古くから指摘するように、協定情報をローマの派兵の理由とみなす見方には問題も多い。批判者たちの議論は主に二つの点から成る。まず一つには、ローマが開戦へと動く際にこうした協定情報を重視したと考えるべき史料的根拠が皆無であること。もう一つは、二人の王のそれぞれの地域での実際の活動をみる限り、そもそもそうした分割協定の存在や必要性自体に疑わしい点が多いことである。[12] このうち後者については、前章のロドスとアッタロス朝のマケドニアへの開戦の理由を考えた場合と同じく、実はあまり問う必要はない。ローマ側がそれを「事実」と「認識」し、これを重要視したならば、たとえ実際には両王が協調関係にあったわけではなかったとしても、それがあった場合と状況は大差ないからである。ただ前者の要素、つまりローマが派兵を決めるのに際し、フィリッポスとアンティオコスの連携を問題とした様子がないという点は重要である。これはつまり、仮に協定が実際にあったとしても、ローマの派兵とそのことに特に因果関係がないことを強く示唆するからである。また留意するべきは、前章でみたロドスやアッタロス朝の場合、その周囲にはフィリッポスとアンティオコスの連携が存在する兆候が各所で確認され、なおかつ両王の提携はロドスとアッタロス朝の独立や生存に致命的な打撃を与える可能性があった。しかしイタリアのローマ指導部の周囲で、両王の間に協調関係が存在するという兆候がみられた様子も、そうしたことがあったと考える理由もない。たとえ協定が存在したとして、あるいはまた両王に自分たちの連携を周囲に隠す意思が希薄であったとしても、それを自分たちの軍事活動の範囲外の者たちにことさらにアピールする必要もないからである。つまり知られる限り、ローマにとってはロドス使節が協定情報に関する唯一のソースだったわけである。いかに少し前にコンタクトを強化したアッタロス朝の使節と共にやって来たとはいえ、こうした裏のとれない情報をローマ指導部が重く受け止めたとは考えにくい。またさらに重要なのは、ローマはマケドニアとセレウコス朝が手を結んだとしても、ロドスやアッタロス朝がそうであったほどにはこれを深刻にみる必要がなかった点である。カルタゴとマケドニアの同盟関係や、あるいはロドスとアッタロス朝の場合と異なり、両王の連携は別々の方向からイタリアを挟み撃ちにするという形にはなり得ないからである。これらの点を踏まえると、新たな情報が登場しない限り、協定情報がローマの人々を派兵へと動かす大きな要因だった、あるいはそうした見方を推す人々がしばしば述べるところの触媒として機能したとは認めがたいといわざるを得ないだろう。

ではローマの人々は、どのような理由から開戦へと動いたのか。本書は既にローマ指導部内の開戦を求める者たちの存在やその勢力の拡大を論じたが、その中でもいくらかふれたように、指導部内のみならず、指導部外のローマの人々も、必ずしも皆が皆、派兵をすんなりとよしとしたわけではなかった。そしてそれにもかかわらず、最終的には民会も開戦動議を可決し、そしてともかくも前二〇〇年のうちにローマ軍はアドリア海を渡ってマケドニアへの攻撃を開始する。こうした状況は、開戦を志向する者たちが、その他の者たちを何らかの方法で、つまり例えば外的な要因の活用や内部における利益誘導の約束を交えての説得工作などを通して、動かすということがあったことを示唆する。だが具体的には、どのようなプロセスないしハプニングを経てそうなったのか。ここからは、こうした派兵にただちに賛成したわけではなかった人々の存在を念頭におきつつ、派兵がおこなわれるに至るまでのローマ国内の動きを考えてみたい。

既にふれたように第二次マケドニア戦争の始まりに関して特異な点の一つは、派兵が前二〇〇年の晩秋だったこと、つまりロドスとアッタロス朝の使節がローマを訪れ、元老院が開戦へと動き始めてからおよそ一年もの時間が流れていた点である。[13] これは部分的には、両国使節のローマ訪問の時期が秋であったことからすぐに軍事行動を起こすことがそもそも現実的でなかったことや、またローマにおける年度の切り替わりの時期が近かった点から説明できる。使節たちがローマを訪れた際には北イタリアで戦っていたという前二〇一年度コンスルのＰ・パエトゥスがほどなく帰還し、翌年度の政務官選挙を取り仕切ったというリウィウスの説明が、両国からのアプローチを伝える記述のほぼすぐ後におかれており、また前述の通りポリュビオスも前二〇〇年度にコンスルとしてマケドニアへの派遣部隊の指揮を執るＰ・ガルバのコンスル就任を冬のことと述べているからである。[14]

ただここで注目すべきは、既に幾度か軽くふれたことだが、このガルバがコンスルに就任し、その後の抽選によりマケドニアを管轄することとなったことを受けて民会に対マケドニア戦の開戦動議を提出したところ、第二次ポエニ戦争で疲弊した市民たちによりこの動議が否決された点である。[15] これは派兵の実施を遅らせた直接的な要素の一つといえるが、重要なのはこの民会における開戦動議の否決それ自体もまた非常に特異な事態であることである。というのは、ローマがイタリア外へと乗り出していく第一次ポエニ戦争から共和政末期に至るまでの間で、民会に開戦動議が提出された事例は八例確認されているが、それが否決されるということが起こったのは、この第二次マケドニア戦争の始まりに際してのそれのみだからである。[16]

こうした背景を踏まえると、民会における動議否決という事態が、開戦を求めたガルバらに衝撃を与えたことは間違いないだろう。ただ彼らの方でも、市民たちの間に新たな戦いを控えたいという声があったこと自体は、それ以前から認識していた。というのもガルバは、コンスルに就任するや元老院に動議を出して新たな戦争が成功裏に進むようにという祈願と犠牲を捧げる儀式を催すよう手配し、それが終わるまで他の案件の審議やコンスルを含めた政務官たちの担当分野の決定もおこなわせないようにしているからである。[17] これはまず、ガルバがこの時期に対マケドニア戦の開幕を求める人々の先頭にあったことを示す動きであるといえる。ただまた一方で、こうした動議の内容とその実施の状況は、彼らが国内世論を新たな戦いに賛成する方向へと動かすため、非常に計画的に動いていたことをも強く示唆する。なぜなら、祈願や犠牲を捧げる儀式は基本的に吉兆を「確認」して、これからおこなおうとする事業が神々の支持を得ているということを人々に知らしめる、あるいはまた天変地異の類が生じた際にそれにより発生したかもしれない穢れが祓い清められたという安心感を人々に与えることを主な目的に実施されたが、この第二次マケドニア戦争期のローマ指導部はこの年度頭のそれを皮切りに、たびたびこの種の宗教的イベントを催しているからである。[18] つまり彼らは新年度に入ったのを一つのきっかけに、市民たちの宗教心に訴えつつ彼らに新しい戦いを起こすべきことを説き始めたわけである。こうした状況は、ガルバら開戦派による行事の開催を決める母体たる元老院の掌握の度が着実に高まっていったことと、彼らが市民たちを動かすのにかなりの注意を払っていたことを示す。宗教行事は恒例のものもあったが、変事でもないにもかかわらず繰り返し新たな戦いのための特別式典の開催や祈願を盛り込むという動きは、通常の手続きを進めただけでは開戦を成功裏に決定・実施にもって行けないという判断と、それに対応した措置を講じなければという意識が元老院を動かす彼ら開戦派の間にあったことを浮き彫りにしているといえるからである。

このことは、この年度頭の特別宗教行事と合わせて、ラエウィヌスらからの東方情勢に関する「報告」が届けられたことからも裏付けられる。これは以前より簡単にふれてきた、ラエウィヌスが三八隻の艦船と共にアドリア海方面へと送られた際に作成された報告書として史料にあらわれるが、具体的には次のような経緯で作成された。まずロドスとアッタロス朝の使節が前二〇一年の秋頃に元老院を訪ねた際、前記の通りこの年度のコンスルだったP・パエトゥスはローマにいなかったのであるが、ほどなく北イタリアの戦地から戻ると元老院会議を開催し、両国の求めに応じての対マケドニア戦へと動いていた議員たちとの合議を経て、アドリア海に彼が適任と判断する者を艦隊と共に送り出すべしという元老院決議を得る。パエトゥスはこれに基づき、急ぎラエウィヌスを同海域に出撃させた。そしてラエウィヌスがアドリア海に進んだところに、やはり既にふれたM・アウレリウス(・コッタ?)がやって来る。彼はマケドニアがフォイニケ和約後もカルタゴを支援しているという情報に基づきこれに抗議のため前二〇三年に同王国へと送り出され、その後はその近辺で反マケドニアの扇動をおこなったと伝えられているが、この時期にもなお帰国せずにアドリア海近辺にいたらしい。そしてアウレリウスは、自分がこの時期までに得たマケドニアの戦力についての「情報」や、今後フィリッポスがイタリアに再び直接的な危険をもたらす「見通し」などをラエウィヌスに伝える。ラエウィヌスはその内容を重大なものであると判断し、すぐにアウレリウスの「報告」と、自身が作成したそれをローマ本国に送った。そして二つの「報告」は、ちょうどガルバの提案した特別宗教行事の頃ローマに届き、人々の気持ちを新しい戦争に向かわせるのに一役買ったという。[19]

前章でみたように、当時のフィリッポスはエーゲ海方面の征服に全力を投入しており、ローマに進軍する意図も、それを実行する余力や戦略的なメリットもなかった。つまり「報告」で述べられたイタリアへの危険というのは、基本的に当時の状況を反映したものとは考えにくい。そしてこれも前にみた通り、ラエウィヌスとアウレリウスは開戦派の重要なメンバーだった。つまり、その内容から彼らの「報告」がローマ国内の世論を対マケドニア戦へと傾けるための小道具の一つだったという点はこれまでの研究でも指摘されているが[20]、本書がここまでにみてきたこうした対マケドニア戦を実現すべく動いていた者たちの活動や組織の大きさも勘案すると、そもそもこのラエウィヌス艦隊の派遣やその報告書の提出という一連の動き全体が、彼らによる大掛かりな国内世論対策の一環だったことがみてとれるわけである。もちろん、開戦派としても東方の実情を探りたいという気持ちはあっただろう。ただ彼らの主眼は、フィリッポスの「危険性」をローマ本国の人々に「報告」し、なおかつそれを新コンスル就任とそこでなされる新たな戦いのための諸々の宗教行事と合わせて公にするという点にあったとみるべきだろう。特別な宗教行事であれ、多分に人々の危機感を煽る「報告」であれ、単発でもそれなりに世論を動かせたであろうが、同じ時期に畳みかけるようにおこなえばより高い効果が期待できたはずだからである。

またあわせて注意を向けておきたいのが、リウィウスがこの時期にはまたアテナイから「新たな(*nova*)」使節がローマへと派遣され、ローマの救援がなければ遠からず自分たちのポリス全体がマケドニアの手に落ちてしまうと訴えるということがあったと伝えていることと、開戦派の人々がこれについても世論を動かすのに活用しようと努めたことがみてとれる点である[21]。まずこの「新たな」という表現を素直に読むと、アテナイの使節は少なくとも既に一度ローマを訪れて同種の訴えをおこなったということになる。ただ、これは史料的に確認しがたく、以前より研究者たちの議論ないし混乱の元となっている。というのは、リウィウスはその著書の第三一巻第一章でアテナイからの嘆願があったと述べており、研究者たちはしばしばこれが「新たな」使節に先立つローマへの支援要請を指すのではと考えているのであるが、前述のようにこれは新たなデカーデの序論にして第二次マケドニア戦争をローマが始めた理由の説明をしている部分で、特に開戦が決定される直前期の具体的な流れを伝えているとは基本的にはみなしがたいからである。またアテナイは前二〇一年の九月頃の騒動をきっかけに、アカルナニアやその上に立つマケドニアとの紛争を抱えることになったわけであるが、その騒動からアカルナニアの攻撃やマケドニアのそれが始まるまでにもそれなりの間があったはずである。つまり史料状況とカレンダーの流れを踏まえると、この前二〇〇年度の始まりの頃までに一度ないしそれ以上の回数の使節訪問があったとはどうにも考えにくく、既にウォーリアが述べているように、第三一巻の第一章に出てくるアテナイの訴えと、ラエウィヌスやアウレリウスの「報告」と同じ時期にあったアテナイ使節の訪問の際になされたそれは、同一のものとみるのが、時系列・物理的に自然と思われる。[22]

では、この「新たな」という文言はどう解すべきなのか。確定的な解答を出すことは難しい。単純にやはりこれ以前にも使節はローマを訪れたが記録に残されなかった、つまりは黙殺された可能性もあれば、リウィウス自身がこの後にもあったローマとアテナイとの接触と混同した可能性もあるからである。アテナイの初回の訴えを黙殺したという考えは、一見すると前段落で述べた想定される事件の流れという観点や、あるいはまたもしそうした使節が存在したなら、マケドニアとの再戦を求める開戦派がその口実になるアテナイのアプローチを軽んじたとは考えにくいという点から否定されるように思われる。しかしリウィウスの記述からもうかがえるように、この時期のアテナイのアカルナニアやマケドニアとの紛争に関しローマ側は、その原因は基本的にアテナイ側のアカルナニア人への不適切な対応にあるとみており、あまりこれに肩入れすることを是としていなかった。[23]また実務的な点から考えても、アテナイのアプローチはロドスとアッタロス朝のそれと同じようには扱えなかった。これはこの後ローマの外交に焦点を当てた議論の主要テーマになるので詳細はそちらに譲るが、第二次マケドニア戦争前夜のローマの対外面での基本姿勢は可能な限り多くの勢力を味方にし、前回の戦役時のような国際的な孤立を防ぐことだった。この観点からすると、派兵を実行するにはまだ時期や準備の面で好ましくない前二〇一／〇年冬の頃の段階で遠からずマケドニアに制圧されてしまうことが危惧されるアテナイからの支援の求めは、フィリッポスとの再戦に本腰を入れて動くきっかけにはなりにくかった。アテナイを救うことを掲げて派兵へと動き、それが実現する頃には既にアテナイがマケドニアにくだっていたという事態にでもなれば、第一次マケドニア戦争末期のように東方に派遣されたローマ軍は方向性を失い、これを主導した開戦派も国内で苦しい立場に追い込まれることになりかねないからである。この意味で、「新たな」使節に先立つそれがあったとして、ローマ側がこれを黙殺したという可能性は、論理上はあり得る。ただいずれにせよ、ラエウィヌスらの「報告」の時期に先立ってそうしたアテナイ使節がローマを訪れていたかどうかについては、前述の想定される事件の流れを踏まえると、やや否定的な見通しと共にペンディングの状態にしておかざるを得ないだろう。

ただ一方で、こうした新たな戦いのきっかけとなったとは考えにくいアテナイであるが、既にマケドニアを相手にそれなりに善戦しているロドスとアッタロス朝のアプローチを受けてフィリッポスとの再戦への動きを具体化させることを決意した開戦派が、国内で東方への派兵のための合意を得る上では有用な存在だった。ラエウィヌスらの「報告」の折に同使節がクローズアップされたのも、おそらくはこの点によるものだろう。というのは、開戦の正当性を人々に知らしめるためアテナイからの支援要請を利用したという点は既に先行研究においても認識されているところであるが[24]、より重要な点として、ロドスやアッタロス朝の危機に対応して軍を動かすというのでは、後世の人々に対してはともかく、同時代の、開戦を望む者たちがその時まさに支持を求めなければならなかった人々のそれを得るのは難しかったということが指摘できるからである。

このことは、民会で最初の開戦動議が否決された後にガルバが民衆を前におこなった演説からみてとることができる。そこでの市民たちへの訴えの中でガルバは、マケドニア側から攻められているアテナイを第二次ポエニ戦争の始まりに大きくかかわったサグントゥムになぞらえ、その陥落の前に行動を起こさなければ、再びイタリアが戦場になると述べる一方で、ロドスやアッタロス朝の危機には何らふれていないからである。[25] もちろん他のケースと同じく、演説は少なからずそれを伝える史料の作者の創造物としての面をもち、このガルバのそれも例外ではない。ただリウィウスはポリュビオスの記述の流用の具合からもうかがえるように、ゼロからつくるよりも既にあるものをそのまま用いるか、前後の状況に合わせて微修正しつつ利用する史家である。こうした状況を踏まえて、このガルバ演説についても、ベースとなっているのはローマの年代記作家たちの作品であるというのが先行研究の見方であり、[26] 筆者としてもアテナイをサグントゥムに対比して論じるという演説の構図から、これは正しいと考える。

というのも、当時のローマ人は全体としてギリシアの地理に疎いからである。もちろん、マグナ・マテル招来事業や、あるいはまた第一次マケドニア戦争における接触からアッタロスの名やロドス人のことを耳にしたことがあるという者は多かっただろう。またこの第二次マケドニア戦争期やそれ以前の時期において、ローマ人がギリシア人についての知識をまったくもっていなかったというわけでも当然ない。[27] しかしこの時期のローマの市民たちにとって、基本的にはイタリア半島の南端の方ですらいわば「余所の人々」の土地であり、[28] 海を隔てたギリシアどころかそこからさらに東のエーゲ海域ともなれば、ほとんど名前を知っているだけの世界だった。たとえつい最近まで悩まされたポエニ戦争の発端となり多くの市民がその名を心に刻んでいただろうサグントゥムの名を差し挟んだとしても、それと同等かそれ以上に遠い、しかも真逆の方向にあるロドスやアッタロス朝の危機を訴えたところで、彼らに響くところは少なかっただろう。

ただ一方、そうした中で、遠方であってもその救援要請の声を市民たちが注目することが予想される都市もあった。アテナイである。ギリシアの地理を知らない彼らも、アテナイについては、実際に当時の同市をよく知っていたかどうかはさておき、そこにいる人々の姿を想像することができたからである。こうした当時のローマ人の地理的感覚は、まずこの第二次マケドニア戦争末期のギリシア人たちと元老院のやり取りから確認できる。キュノスケファライ戦の少し前、東ロクリスのニカイアでフィリッポスとフラミニヌスおよびローマの味方に付いたギリシア諸国は、決戦に及ばず和平を結ぶという可能性を模索した。もちろん交渉は平行線の部分も多かったが、それでも両者はいくつかの点で妥協し、それについてローマの元老院の意向を問うべく使節を出した。そしてこの時ローマ側に立っていたギリシア諸国からの使節の一部が、マケドニア側がギリシアにもつ拠点やその地理的状況について議員たちにレクチャーし、特にテッサリアのデメトリアス、エウボイアのカルキス、そしてコリントスが、フィリッポスが「ギリシアの足枷」と呼んでいることからもうかがえるように、彼がギリシアに影響力を及ぼす上で非常に大きな役割を負っていると論じたという。元老院の人々はマケドニアの勢力圏の配置や問題の「足枷」の重要性を知って驚愕し、すぐにマケドニアからの使節を呼び出してこの三都市を放棄するかを尋ね、その意思がないとみるや使節を退席させ、フラミニヌスに戦いの継続を厭わないことを示しつつ和戦の選択を任せる決議をおこなったという。[29]

可能性の上では、元老院はギリシアの同盟者たちが問題の三都市の重要性を強調するので、これに配慮してそれらがマケドニアの手を離れなければならないものと「納得」したのであり、実際の三地域の重要性への評価はさておき、ローマ指導部は決してギリシアの地理に暗かったわけではないと考えることができそうにもみえる。しかしニカイアでの交渉の状況を踏まえると、この見方は推しがたい。ローマ側は当時、首尾よくギリシア諸国を味方に引き入れたことについては喜んでいたものの、彼らが、特に自国の勢力拡張や早くも戦後を意識してその発言力の強化に動いていたアイトリアとアカイアが、交渉で目立った役割を演じようとすることを抑えるのにも腐心しなければならなくなっていたからである。[30] 使節たちにその重要性を指摘され、それを受けて元老院が、つまりは多数の人間が参加することから意識しなければ基本的には遠からず不特定多数の者にそこで話された内容が知られることになる場でローマの指導者たちが、マケドニア側に問題の三都市をどうするかと尋ねることは、ローマが実際にそれらをどう評価していたにせよ、ギリシア使節たちからローマ指導部が教えを受けたという姿を広く世間に示す振る舞いといえ、これは基本的に当時のローマの外交方針にそぐわなかった。しかしそれでもあえて元老院が、ある意味で恥も外聞もなく三都市のことを聞くやすぐにそれを問題としたという状況は、ローマ指導部にとってそれが事実として新たな情報であり、対同盟国関係の基本方針を曲げてでもそれを早急に重要な論点として取り上げるべきと判断したことを意味する。このことは、第二次マケドニア戦争が既におよそ二年戦われ、そしてこれに先立つ第一次戦役が十年弱あったという段階になってなお、ローマには指導部レベルでもギリシアの地理的な事情を独力できっちりと論じられる者が少なかったことを意味する。そして元老院議員たちがそうした状態にあるのなら、民会にやって来る人々の多数を占める非指導層の者たちはなおのこと、ギリシアやさらに東のロドスやアッタロス朝について、何ら具体的なイメージを思い描くことができなかっただろう。

そしてその一方で注目したいのが、同時代のローマ人がアテナイについては非常によく「知って」いたという点である。これはローマの人々がアテナイと深い交流があったためそのように考えることができる、というつもりで述べているわけではない。もしそうした付き合いがあったなら、ギリシアの使節たちが元老院議員たちにギリシアの地理をレクチャーすることも、議員たちが問題の三都市の重要性について驚くということもなかっただろう。目を向けるべきは、このマケドニア戦役の時代に活躍していたプラウトゥスの諸演劇である。本書は既にこの前二〇〇年の平民祭で上演された『スティクス』を前章で取り上げたが、例えば同作はアテナイを舞台としている。上演側はもちろん、現実のアテナイを仮設の木造舞台上に細かく再現するということはしなかった。『スティクス』に限らず、彼の作品において背景は一〜三軒の家の正面部で、演者たちは街の中心部と港などとを結ぶ道路上で話をする、というのが基本スタイルだったからである。それでもこの『スティクス』だけでなく、やはり前一九一年のマグナ・マテルの神殿献納の折に上演された『プセウドロス』など、プラウトゥスの残存作品の過半数がアテナイを舞台としている点は、当時のローマ人にとってアテナイという街の名が非常になじみ深いものだったことのあらわれといえるだろう。[31]

もちろん知名度が高いからといって、当時のローマ市民たちがアテナイにそれほどの親しみを感じていたとはいえないだろう。彼らが「知って」いるのはあくまでも舞台上のアテナイで、現実のそれではないからである。それでもガルバらにとって、市民たちが名前を知る機会も少なかっただろうロドスやアッタロス朝の支援要請よりは、少なくとも名前の認知度が数段上で、しかもラエウィヌスらのマケドニアの危険性を訴える「報告」の時期にやって来たアテナイ使節は、人々に開戦を決意するよう促すための小道具としては非常に好ましい存在だったはずである。そしてこのような当時のローマの人々の地理感覚を踏まえつつ、「報告」と合わせてアテナイ使節の訪問がクローズアップされたという状況や、さらにガルバの演説中でのアテナイの取り扱いを考えると、リウィウスがその著書の第三一巻冒頭で、第二次マケドニア戦争をローマが始めた理由の大きな要素の一つとしてどういうわけかアテナイからの求めを取り上げているという点にも一定の説明がつく。既に述べたように同国からの支援要請は、ローマ指導部ないし開戦派の人々を再度の対マケドニア戦に起たせた直接的な要因ではない。しかしロドスとアッタロス朝の使節の求めを受けて再度の対マケドニア戦を決意した開戦派の者たちが元老院外の人々に訴えかけるところでこのアテナイからの支援要請を強調したことで、市民たちに向けての開戦理由の説明においては、これこそが看板の見出しともいえる要素となったのである。実際の戦いの始まりやその後の展開の上でも重要性の点でロドスやアッタロス朝より大きく劣り、史料においても全体として決してそれほど多く登場するわけでもないこの時代のアテナイが開戦の理由に関する議論でこうも注目されるのも、以上のような開戦派の世論対策との関連に注目すれば整合的に理解できる。

既に述べたように、こうした細々とした配慮を至る所でめぐらしたにもかかわらず、ガルバが民会に提出した開戦動議は、最初は否決された。前章でみたように、これは基本的にはポエニ戦争が終わって一年も経っていないこともあって市民たちの間に新たな戦いを避けたいという声が強まっていたことによるが、少なからず大スキピオの意を受けた時のトリブヌス・プレビス、Q・バエビウスの反戦運動のせいでもあった。そのため開戦を推す元老院議員たちはバエビウスの動きを抑えつつ、ガルバに再度の動議提出を促した。そしてこれを受けたガルバがコンティオ(用語解説参照)を開催し、そこでフィリッポスとの再度の戦いが不可避であると論じ、あるいはまた前述の通り、イタリアが戦場になるのを防ぐには以前にサグントゥムがカルタゴ軍に攻め落とされるの時のような姿勢ではなく、攻撃を受けているアテナイを積極的に救いながらマケドニアをローマの側から攻撃するという措置をとることこそが必要なのであると説き、これによって意見を変えた市民が多数を占めたことで続く民会で開戦が決まる。[32]

先行研究のいくつかはここで、この一度目と二度目の開戦提案の間に、開戦派とこれに反対ないしは条件次第で同意してもよいと考える人々との間での政治的駆け引きがあったことによる何カ月かの時間の経過が実際にはあった可能性をしばしば検討する。晩秋と明示された時期に派兵がおこなわれているという、いわばゴール地点がそれなりにはっきりしている中で各月に何がなされたかを考えていくと、開戦動議が否決される民会と大スキピオらに働きかけがなされたことで再度の開戦動議が可決されることになるそれとの間にそれなりの時間があったとみると、座りがよいように思われるからである。[33] しかしJ・P・V・D・ボールスドンやウォーリアも指摘するように、史料には二度の開戦動議の間に大きな時間差があったことを示唆する記述は一切ない。[34] 開戦決議自体は素直に、ガルバのコンスル就任からほどなく、つまり前二〇〇年の春には成立していたとみるべきだろう。

ただ、開戦動議が成立しても開戦派の人々はなお油断できなかった。これは前の章でみたように、大スキピオや彼の元部下たちおよびその親類縁者とのある種の協力関係構築に、例えば翌年度やそれ以降の選挙を見据えつつのそれに、なお調整が必要だったからという面もあったが、彼らを敵に回さずに済んでもコンスルその他として前二〇〇年度のローマ当局を引っ張る開戦派としては、それ以外の内外の問題にも対処しなければならなかったからである。というのもまずこの時期、カルタゴ軍がアルプスを越えてローマを攻撃した際に北イタリアやその周辺の人々を反ローマに起たせたこともあって、イタリア半島北部は軍事的に非常に危険な状態にあり、この方面を守るのにも相当数の兵士が配置されるよう気を配る必要があった。とりわけこの時期には、前年度にコンスルだったパエトゥスが非ローマ市民から成る部隊とはいえ数千の兵士を失う損害をこうむりながら目立った戦果をあげられずに撤退するということが起きていた。

犠牲になったのがローマ市民ではなかったからか、この件が民会その他で問題として取り上げられるということや、これを利用してパエトゥスや他の開戦派への攻撃がなされたという様子はない。しかし北イタリアの反ローマ勢力がこれに勢いを得たことは間違いなく、実際ローマで対マケドニア戦を民会が承認した頃、これはこの頃に春が到来したとみることの妥当性を示す要素に数えることもできるのだが、北イタリアの諸集団が団結してローマの植民都市を攻めるということが起こっている。[35]

この攻勢は特に、メタウルスで敗死したハンニバルの弟ハスドルバル、ないしはさらに下の弟マゴの軍の生き残りであったらしいハミルカルなる人物が彼らの共闘体制を構築する核となるという、やや偶発的な要素もあって大規模なものとなった。ただ、ローマ側は北イタリアでの戦いを総じて防衛戦として論じていたものの、パエトゥスの部隊が敵地で大打撃を受けたというリウィウスの記述が図らずも明らかにしているように、全体としては植民都市を築きながら前進を続けるローマ人を現地の住民たちが押し戻そうと努めたため起こったものだった。[36]そのため、前二〇〇年度の各政務官に割り振られた戦力の模様からすると、ガルバらローマ指導部は、当面は北イタリアでは現有陣地の防衛を最優先とし、またハミルカルが早々に敗走したことが伝わると三日間にわたる感謝祭を催すなど、北辺が安定していることを喧伝するのに努めたようであるが、[37]不穏な状態はその後もおさまりはしなかったとみておくべきだろう。

実のところ、この前二〇〇年の北イタリアでの戦いが対マケドニア戦の始まりを遅延させたと考えるべき史料的根拠が一切ないこともあって、先行研究はこの方面での軍事的緊張を第二次マケドニア戦争と絡めて大きく扱うということは基本的にしていない。しかしローマが、ポエニ戦争後の前二〇〇年の時点においてなお軍事的に決して手すきでなく、そして、開戦派が新たな戦いのため国政の中枢に同志を送り込むことが、こうした方面への目配りも欠かさないようにすることを彼らに強いたという点は、留意しておくべきだろう。事実この前二〇〇年の後の数年、つまり開戦派が第二次マケドニア戦争を推進するために積極的に活動した時期だけでなく、前一九〇年代全体を通し継続的にローマはコンスルにイタリア、ないしはよりダイレクトにガリア人との戦いを担当させている。[38]このことは、この方面での戦いがローマ指導部にとって、マケドニアに対してと同等かそれ以上の優先度をもって備えるべき案件とみなされていたことと、開戦派が新たな対マケドニア戦の開幕や、さらにはそれを自分たちの主導で進めていく上で、やや逆説的にそれ以外のところでもミスの許されない課題に悩まされ続けたことの証といえる。

開戦派の各方面への継続的な目配りは、また別の領域の事件からも確認できる。これは表面上、民会で開戦動議を可決させるのに成功したことで新たに必要となった、東方への派兵のための費用の手配をめぐって展開された。まずポエニ戦争中の前二一〇年に元老院は戦費の不足を補うため、元老院議員たちやその親族の者たちからなかば強制的に金銭を借り上げるということをおこなった。つまりある種の戦時国債を発行したわけであるが、これはその後で大スキピオがイベリア半島から大量の戦利品を抱えて帰還するということや、戦況全体が好ましいものとなっていったこともあって、前二〇四年から二年ごとに三回に分けて返済されることとなっていた。つまりこの前二〇〇年には三度目の、そして最後の返済がなされることになっていたわけである。ところがガルバらは、兵員その他の輸送のための船の手配などの当座の必要を賄うため、この三度目の支払い用の積立金に手を出したという。もちろん、こうした措置は債権者たちの怒りを買い、「一般市民たち(*privati*)」が群れをなして元老院に押しかける事態となった。すると元老院はこれに対し、債権者たちの怒りの正当性を認め、現金が受け取れないならばその代わりにと彼らが求めた、低額での公有地における用益権の取得を認めることで騒動を鎮めたという。[39]

史料の記述をそのまま理解すると、これはポエニ戦争が終わったとはいえ、ローマの財政がなお決して安定したものではなく、多分に自転車操業的な運営をおこないつつ新たな戦争に乗り出したという状況を示すものといえるだろう。実際、この借財問題は前一九六年になっても完全には解決していなかったようである。[40]ただまた認識しておくべきは、「一般市民たち」と表記されているこの債権者たちが、既にみたように実質的に元老院議員たちおよびその親類縁者だった点である。つまり「一般市民たち」を鎮めるためにおこなわれた公有地の低額での用益権付与も、つまるところ多分に元老院関係者が主たる対象だったわけである。実際にポエニ戦争を継続するのに必要なだけの金銭の支払いが十年前にある以上、こうしたやり取りを単なる茶番劇と評するのは適切でないだろう。しかしそれでも、新たな戦いに向けて役職保有者たち、つまりガルバなどの音頭で、同志たちやまた彼らがその支持を得るのに多大な労力をかけていた大スキピオの周辺の者たち、あるいはまたいずれにも与しない議員やその縁者たちへの大規模な利益誘導がおこなわれたことは間違いない。先行研究もこうした措置に、後のいわゆるラティフンディアにつながっていく流れの一つの源をここにみるという具合に、ある種のお手盛りがこの件の処理の中でなされていることを指摘している。[41] ただ新たな対マケドニア戦に向けて積極的に活動している者たちと、これとは異なる利害関心をもつ者たちの緊張関係が元老院やあるいはその外で生じている中で、こうした多分に経済的な利得と絡んだ措置が講じられていることは、指導層の対立の緩和がまたこの「一般市民たち」への対応のもう一つのテーマだったことを示すといえるだろう。

この派兵の資金の調達に付随する騒動が偶発的なものだったのか、あるいはその顚末から逆算して少なからず予定されていたものとみるべきなのかは判断が難しい。ただ、土地の権利をめぐる実務的な作業には相当な時間を要したはずである。このことから、ウォーリアがおこなっている、開戦動議を成立させるまでにかかった時間がどの程度であったにせよ、ガルバがこの資金に関する騒動の処理に夏に入ってからのかなりの期間を費やし、その後でローマを出立したという時系列の流れについての想定は、基本的には妥当といえるだろう。[42]

しかしその一方、ローマでの土地の用益権の付与にせよ、あるいはまたブルンディシウムに至ってからおこなったアフリカ帰還兵中の志願者を組み込みつつの遠征軍の編成や出陣に先立っての兵員その他を運ぶ船の選定という作業にせよ、[43] ガルバ本人が現場にいなければまったく進められないというわけではなかったはずである。これはここまでの本章の検討の流れにも少なからず影響を及ぼしている点なのであるが、このウォーリアにしても、また他の先行研究にしても、第二次マケドニア戦争の開幕に関しこれまでの研究者たちはかなりの程度、ローマは場当たり的に開戦を決定・準備した、あるいはそうでなくともこれまでみてきたような北辺の騒動や財政問題の調整、または民会の説得に手間取るなどの要素のうちの一つないしいくつかの影響で、ずるずると派兵の実施も晩秋まで先延ばしにされてしまったという流れを漠然と想定している。[44] しかしこれは特に自明の見方ではない。事実、史料は個々の騒動により派兵のための作業それ自体に遅れが生じたとは述べていない。むしろ既にみたように、これらの事件の多くは発生することやその対処に必要な措置や時間が予想されていてしかるべきものばかりだった。戦時国債の償還の延期にしても、実施すれば当然それなりの騒動が発生し何らかの代案の提示が、たとえ当局側が指導層やその周辺の人々の融和を図るという政治的思惑を絡めずとも必要となることは予想されていただろう。民会において開戦動議が最初否決されたことは予想外だったといえるかもしれないが、二度目の動議までにそれほどの時間がかからなかったとみられる以上、これも開戦を遅らせた要素とはいえない。つまり、晩秋という時期に派兵がおこなわれたことは、同時代的な常識に照らして特異なことであったが、予定外のことだったとみるべき要素はどこからも提示されていないわけである。こうしたことを踏まえると、開戦派の人々は民会で開戦動議を可決させるため他の指導層やそれに近い者たち、あるいはまた非指導層の人々に細やかな配慮をしつつその支持獲得に努め、首尾よく開戦動議を成立させた後も、やはり国家として取り組むべき問題に対処しながら、派遣部隊の準備が整うまで、おそらく兵員の確保や来年度以降の選挙も見据えつつ、人々の支持をとりつける作業も並行して組織的、そして多分に計画的にやり続けたとみるべきだろう。

そしてこのことは、第二次マケドニア戦争をローマがなぜこの前二〇〇年という時期に始めたのか、という議論にも大きくかかわってくる。というのも、それはつまりローマで開戦を主張した人々が遅い季節になることを承知の上で、この前二〇〇年のうちの開戦へと動いたことを意味するからである。そしてここまでに示したように、国内事情をみる限り、明らかに当時のローマは新たな戦争をおこなうのが決して容易ではない状態にあった。となると、開戦への動きが強力に推進されたことは、そうした国内的な困難を押してでもこの年のうちに開戦するだけの意味がそれ以外のフィールド上あったことになる。では前二〇二年頃にはアイトリアの救援要請を拒絶したローマが、前二〇一年秋になってからにわかに、前一九九年春ではなく、晩秋になってでも前二〇〇年のうちに開戦しようと動いた意味とは何であろうか。次の、そして本論最後の節ではそれを、ローマの開戦前夜からの外交的な動きを追いつつ考えていきたい。そしてその中で、本書が重視する、第一次マケドニア戦争から第二次マケドニア戦争の連続性というものが、このローマの東方進出の第一歩をつくりあげていくのに非常に大きな意味をもったということを論じていきたい。

## 2 第二次マケドニア戦争の開幕とローマ外交

これまでにもたびたび述べてきたように、ローマの対マケドニア戦に向けての具体的な動きは、前二〇一年秋にロドス・アッタロス朝の使節の訪問を受け、東方に使者を送り出してフィリッポスへの敵意をヘレニズム諸国に示すところから始まる。そこで本節の検討も、この時以降のローマの外交を中心に、具体的には、この前二〇一年秋に送り出された使節たちがどのような活動をしたのかという検討を起点に進めていきたい。というのも、これもまた以前にふれたように、使節に選ばれたC・クラウディウス・ネロ、P・センプロニウス・トゥディタヌス、そしてM・アエミリウス・レピドゥスの三人が、いずれも開戦派と深いかかわりがあるか、東方での活動に強い関心を抱いていた者たちであり、それはつまりこの使節団がローマの代表であると同時に、新たなマケドニア戦を実現すべくここまで動いてきた開戦派の者たちがいよいよその望むところを現実化していくため送り出したエージェントでもあったことを意味するからである。そしてこうしたことを念頭にここから提示していきたいのが、まず彼らがエジプトへ行くよう指示され、そしてそこでのやり取りに、前のマケドニア戦役時にはみられなかった外交の舞台における積極性を見出すことができるという点である。

どういうことかというと、アレクサンドレイアに到着すると三人の使節は元老院の命令に基づき、プトレマイオス朝に対しローマがポエニ戦争で勝利をおさめたことを伝えると共に、同戦役中に王がローマに「信義を重んじる姿勢」を保ったことに謝意を示し、かつ不正を働くフィリッポスとの新たな戦いが避けられなかった場合もそれを「維持する」よう求めた。[45] これに対しプトレマイオス朝側は、すぐに三人に明確な返答をおこなうということはしなかったようであるが、やがて使節をローマに送り出し、ローマの民会が対マケドニア戦を決議した少し後に元老院を訪ねた彼らは、フィリッポスの圧力を受けたアテナイがプトレマイオス朝に支援を求めてきたことを知らせ、そして自分たちがこうした問題の解決に動いてもよいが、ローマが自分たちに代わってギリシアに出兵して「同盟者」を守ろうというならば、プトレマイオス朝としてはそれを支持すると述べたという。[46] つまりローマの使節団は、ローマが対マケドニア戦を開始する意向であることをプトレマイオス朝側に伝え、これについて可能であればそれを支持してほしいと求めた。そしてプトレマイオス朝側は、ローマがこの後アテナイや、あるいはロドス・アッタロス朝と共にマケドニアと戦ったとしてもそれを非難しない、つまり第一次マケドニア戦争時にロドスと並んでおこなったような、ローマに対する批判を交えながらその共闘者に戦線離脱を促すというようなことを今回はせず、好意的中立を守るとここで約束したわけである。

ローマのエジプトへの使節派遣と彼らを通しての連絡や要望は、A・R・メドウズも指摘するように、一つには幼い国王プトレマイオス五世が即位して間がなく、それを好機とみていたセレウコス朝のアンティオコスによる攻撃を警戒するアレクサンドレイア政府にギリシアに関心を寄せる余裕はなく、ローマの出兵の動きを容認せざるを得ないだろうと見越しながら、つまりある意味で相手の足下をみつつ、なかば無理矢理にローマに対して好意的な言辞とその望むところを邪魔しないという言質を引き出すための措置だった。[47] ここでこうした声明を出した以上、プトレマイオス朝としては状況がこの後どう変化した場合でも、ローマの東方での活動に否定的、あるいは敵対的な姿勢は示せなくなったからである。ただその一方で、このローマ使節に託された口上は、プトレマイオス朝側の利益や体面にも少なからず配慮し、ローマの求めに応じることが同王朝にとっても有益であると感じさせるよう考えられたものでもあった。というのは、ローマは第二次ポエニ戦争や第一次マケドニア戦争の最中、例えば穀物を求め、あるいはまた友好関係の深化をめざしてアレクサンドレイアに使節を派遣しているが、プトレマイオス朝側の対応は特段に好意的なものではなく[48]、また第二章で述べた通り第一次マケドニア戦争の後半では、調停者の有力な一角として明らかにローマをギリシアの敵として非難しつつ当時の友邦アイトリアにローマとの断交を促している。つまり、前二〇一年の元老院のメッセージとは裏腹に、プトレマイオス朝はこれ以前の戦役時には、むしろローマの敵に近い存在だった。しかしローマ側はこの点を明らかにあえて無視し、以前よりの友好関係が変わらず維持されているという体でアプローチした[49]。これはプトレマイオス朝にとって、複数の理由からありがたかった。というのもまず、プトレマイオス五世が即位してしばらくの間、セレウコス朝の攻勢への備えの一環としてアレクサンドレイア指導部はフィリッポスとの友好関係の構築を図っていたのであるが[50]、この時期にはもう海外属領の一つサモスとそこに配備された艦隊がマケドニアに奪われるということなどもあって、この路線がうまくいかないことは確定していた[51]。こうした中でローマがプトレマイオス朝に友好的な姿勢を示しつつマケドニアと開戦することは、直接的なメリットがあるかどうかはさておき、自分たちと友好関係にありかつ同じ敵をもっている者がいるということを味方に示すことができ、さらにフィリッポスが自分たちだけに注意を向けることができなくなるという間接的な利益が見込めた。またこの時期プトレマイオス朝は既にセレウコス朝の攻勢を受け、今しがたあげた遠方の属領サモスや友邦たるアテナイがフィリッポスに奪われ、あるいは脅かされているという状況をどうすることもできなかったが[52]、フィリッポスと戦うことを欲しているローマにギリシア方面を任せるという声明を出すことで、アレクサンドレイア当局はこれらを、自分たちの面子を失することなく放置することができた。プトレマイオス朝がローマに送り出した使節を通しておこなった、ローマの「同盟者」保護のための出兵を支持するというアナウンスは、こうしたローマ側の提示したシナリオを同王朝が受け入れたことを表明し、さらに加えて実際にローマが東方の国々とどういった関係にあるかを問題とせず、その軍事行動をすべてしかるべく友邦を守るための措置と認定することを約束するという形で、そうした自分たちの立場に配慮するローマにある種の返礼をするものだったといえる。[53]

こうしたローマの外交の舞台での積極性と緻密さは、ギリシアにおけるマケドニアやその他ヘレニズム諸国との接触の中にも見出すことができる。というのは、前二〇〇年の春の頃、ローマの使節はギリシアに入り、アテナイ攻撃のためアカデメイア付近まで進軍していたマケドニアの将ニカノルに、ローマがフィリッポスに対しいかなるギリシア人たちとも交戦しないよう要求し、かつアッタロス朝の王アッタロスに対しおこなわれた「不正」についても裁定する者をおいてその判断に従ってフィリッポスが補償をおこなうことを望んでおり、これに応じるならばローマとの平和の維持が可能だが、そうでないなら逆の事態となるだろうとアナウンスしているからである。ニカノルがこれにどう返答したかは不明だが、ひとまずアテナイからは撤退したらしい。一方でローマの使節の者たちは、これに前後してこのマケドニアに向けてのメッセージを、フォイニケへと航行してエペイロス人たちに、そしてアタマニアへと進んでその王アミュナンドロスに、それからまた同様にしてナウパクトスでアイトリア人たちに、さらにアイギオンでアカイア人たちにも伝えたという。[54]

先行研究は一致して、このローマの使節というのはエジプトに派遣された前述の三人のことであろうとみている。[55] この後にも取り上げる事例などから、彼らは明らかに東方で継続的にローマのヘレニズム諸国とのコンタクトの直接的な担い手であり続けたと判断できるからである。問題は、このアテナイでのローマのアナウンスをどうとらえるかである。多くの研究者はこれを比較的単純に、ローマの宣戦布告のステップ上のもの、つまり戦うことを多分に前提とした最後通牒であるとみなしている。[56] 確かに、S・L・エイジャーも述べるように、通常、宣戦手続きの中でローマはまず相手国にローマ側の要求を伝えるが、それは基本的に妥協や交渉を求めてのものではなく、相手国に全面的な譲歩か開戦かの二択を問うもので、[57]ここで使節の者たちがマケドニア側に提示したものも、スタイルの面ではまさにこれである。また、たとえここでの要求が、ローマの古典的な宣戦手続きを踏まえてのものでなかったとしても、相手に要求を提示し、それに応じなければ戦争になるというこのアテナイでの声明には、まぎれもなく最後通牒としての意味があっただろう。[58]少なくとも、先立つ条約に則っての理由付けがなされているのでもない停戦要求を、軍事的になお優勢なフィリッポスが受け入れることをローマ側が期待していたと考える理由はないからである。

しかしこのアナウンスは、宣戦布告のプロセスを踏まえつつ構築されたとみるよりも、ローマの指導部が自分たちのめざすところを外向けにどのようにアピールするかを主に考えながらおこなったものととらえるべきだろう。というのも、前述のように使節の者たちはニカノルへのアナウンスに前後して、ローマ側の求めをエペイロス、アタマニア、アイトリア、アカイアにも伝えているからである。第二章でみたように、第一次マケドニア戦争で同盟国であったアイトリアを除けば、彼らは皆フォイニケ和約成立時に、親マケドニアの姿勢を示していた国々である。そしてまた同時に、彼らはこの後ローマがギリシア北西から陸軍、西部や南部で海軍を動かしていくにあたって必ず出会う勢力でもあった。

こうした国々とのコンタクトは、まずローマ側としてはマケドニアへの声明を単純に最後通牒として提示しただけでなく、ローマが何を望んでマケドニアと争うつもりであるのかを他のギリシア人たちにも伝えようとしていたことを意味するといえる。ただ声明がどういった人々に届けられたのかを考えると、単にマケドニアに対しての開戦の意思を各国に示すというよりも、遠からず実行に移すつもりの遠征を円滑に進めるための布石という、実務的ないしは短期的な利益が少なからず意識されていたこともみてとれる。というのは、フィリッポスに対する攻撃は多分に彼の同盟者たち、つまりはヘラス同盟の加盟国やその友邦をもあわせて敵とみなすこととイコールであった。特に前記の諸国はその位置から、むしろマケドニアより先に攻撃対象になる可能性があった。この意味でマケドニアへの声明を届けるという行為は、その受け取り手たちに、自分たちもまたカルタゴとの戦いから解放されたローマの潜在的な攻撃対象であることを伝えるものだったといえるからである。[59]

その一方、声明は問題の四カ国の人々をなかば脅しつつも、ローマの側に立つことないしは中立路線をとることを促し、かつそのための口実を用意するという面もあった。声明文で直接に非難しているのは、フィリッポスによるギリシア人への攻撃だからである。マケドニアの同盟者や友邦でさえなければ、彼ら四カ国はローマから敵として認定されないのである。もちろん、それまでマケドニアの同盟国や友邦として振る舞っていた国々としては、これは簡単にはできない決断である。それまでの友好関係を断ち切ってその敵の側に鞍替えするという行為は、総じて嫌悪されたはずだからである。これは単純にそれを実行するのに肯定的になれないという気分の問題ではなく、周辺の人々からの反感にさらされるという、前の戦役でローマも悩まされた現実的なリスクがあった。またそれと関連して、ローマとマケドニアの争いにおいて、カルタゴとの戦いから解放されたとはいえローマが、少なくとも数年前の時点においては多くのギリシア諸国の支持を得たマケドニアにも優位に立てるかどうかは、なお不鮮明だった点も重要である。少なくとも前の戦役でローマは勝つことができず、ともかくも勝者として振る舞えたのはマケドニアの側だったからである。しかしローマ側の声明の巧みなところは、ひとまずマケドニアと連携してフィリッポスが敵とみなすギリシア人を一緒になって攻撃するという行動や声明を発したローマに敵対的に振る舞うという動きに出ないようにすることで、結果としてローマ側からも攻撃されないという状況をつくるルートを、四カ国の人々に、あるいはまた同時代の他のヘレニズム諸国に提示している点である。ギリシア人に攻撃が加えられることは好ましくないと判断したという姿勢をとることそれ自体は、それが実際に意味するところはその時により異なるとはいえ、少なくともギリシア諸国においては非難される余地のないものだったからである。つまりプトレマイオス朝へのメッセージの時と同じく、ローマ指導部はギリシアの西寄りの四カ国の人々に、もちろん潜在的にはその他のヘレニズム諸国の人々にも、ローマにとって好ましい方向性の行動をとることが自分たちにとっても体裁や実利の面で有益と判断できるような選択肢を創造・提示しているわけである。

そして、こうしたローマのギリシア人たちへのメッセージの発し方を理解する上でもう一つ注目すべきなのは、その内容と、ローマが前のマケドニアとの戦いを終結させ両者の関係をひとまず固定したあのフォイニケ和約との関連、より正確には関連性の欠如である。まず思い出しておきたいのは、和平が成立して以降で、ローマがマケドニアの「不正」を訴えるのはこの前二〇〇年がはじめてというわけではない点である。第三章でも取り上げたように、前二〇三年にはマケドニアがアフリカに戻ったハンニバルに軍事支援をおこない、またそれに抗議したローマ使節の一人M・アウレリウスが同王国周辺で反マケドニアの扇動活動をおこなったとして、フィリッポスの側もローマに抗議の使者を送るということがあった。そしてこの時に問題となったのは、つまるところ、和平を結んだにもかかわらず、マケドニアがカルタゴを支援することで間接的にローマに敵対行為を働いたのではないか、そしてローマの側もアドリア海東岸部で認めたフィリッポスの勢力圏を脅かすような行為に及んだのではないかという具合の、フォイニケ和約に対する侵犯の有無だった。[60]ところがこの前二〇〇年に提示されたマケドニアへの声明においては、ローマ・マケドニアの関係における正邪のありようの基本を成すこの和約が、まったく取り上げられていないのである。

このことは、アテナイでのマケドニア側とのコンタクトの後にヘレスポントスのアビュドス近郊でおこなわれた、三人の使節のうちの一人であるレピドゥスとフィリッポスのやり取りからも確認できる。ポリュビオスによると、ギリシア各国にローマからマケドニアへの声明を伝えて回った後、おそらくプトレマイオス朝との接触の中でおこなわれた依頼に対応してのものだったと思われるが、彼ら三名は同王朝とセレウコス朝との間をとりもつべくさらに東方に向かった。しかしロドスまで来たところでフィリッポスがアビュドスの攻囲を始めたことを聞き、「任務の通り」フィリッポス本人にローマからの声明を伝えたいと考え、レピドゥスを送り込んだという。[61]ニカノルを通してフィリッポスに元老院の声明を伝えることで当初はよしとしていた使節の三人が、フィリッポスの所在がわかるや「任務」を踏まえて本人にそれをもって行くべきと考え、その一方で送り出すのはレピドゥス一人という流れが生じた理由を確定的に論じることは難しい。ただはっきりしているのは、レピドゥスがフィリッポスに会うと元老院の決議であるとして、フィリッポスがギリシア人たちのうちの誰とも戦争をせず、またプトレマイオス朝の領土に手を出さず、さらにアッタロス朝とロドス人たちへの不正について裁定を受けることを求め、これに応じるならばローマとの平和を保つことが可能であり、そうでないなら戦いが始まると伝えたことと、これに対しフィリッポスが、ローマに既にある条約、つまりはフォイニケ和約に対する侵犯やマケドニアを攻撃しないよう求めたということである。[62]

ここでおこなわれたローマからの声明に関しては、その前後に他の人々にその内容をアナウンスしたという情報はない。しかし明らかに大勢の目のある中で会見はおこなわれているので、アテナイ近郊で出された声明についてもそうだが、基本的に情報の信憑性は高いとみてよいだろう。となると問題はその内容である。まず目につくのは、ニカノルに示された要求においては特に言及がなかったプトレマイオス朝とロドスへのそれがここには加えられている点である。これは一般に、アテナイでの声明発表時にはまだなされていなかった、プトレマイオス朝によるローマの東方への介入容認のアナウンスに対応して、ローマも同国の権益の保全を訴えるべきと判断したことと、ロドスにおいて使節たちがロドス当局と前二〇一年に後者がおこなったローマへの事実上の支援要請に基づいてローマが出兵に動いていることの連絡や、それを踏まえての今後の見通しに関する協議の結果を受けておこなわれたとみられている。[63]

ただここで注目すべきはやはり、いかなるギリシア人にも手を出さないようにせよという部分と、フォイニケ和約との関係である。このアビュドスにおける会見でフィリッポスは明確に、ローマとマケドニアの関係の基本を成すのはこの条約であり、それを遵守することが第一であるというある種の法律論を持ち出し、ローマ側の姿勢を批判している。これは直接には、レピドゥスが先に手を出してきたロドスやアッタロス朝との戦いについてはともかく、アテナイやプロポンティスのキオス、あるいはこの時まさに包囲されているアビュドスなどでは間違いなくフィリッポスの側の攻撃により戦いとなった点を指摘し、彼が全体として侵略者であることは疑いないという趣旨の発言をしたことに対応してのものだった。このフィリッポスが述べた内容は、それ自体としてはレピドゥスの主張したところをダイレクトに否定するものではない。つまり、フィリッポスは自分の戦いが特段の正当性を帯びたものではないことを論駁できなかった。しかし彼は、事情はどうあれローマにマケドニアの行動に干渉する資格がないことを指摘し、なおあえてそうしようとするならば、それは以前に交わしたフォイニケ和約をローマ側が破ることにつながると論じた。そして史料をみる限り、ニカノルへのアナウンスの時と同じく、ローマ側はこの点については何らふれていない。それどころか、既にみたリウィウスの第三一巻の冒頭部のような、第二次マケドニア戦争に関する全般的な位置付けに関する古代人たちの記述においても、フォイニケ和約の内容の面からローマに理があることを説くという方向の議論は、管見の限りではまったくみられない[64]。リウィウスは既にみたように、カルタゴへの軍事支援にローマの人々が苛立ったと述べてはいるが、それでもやはり、そうしたことが実際にあってそれが和約に違反しているということを特に強調しているわけではない。つまりレピドゥスにせよ、ローマで新たな戦いの幕開けのため奔走していた開戦派の人々にせよ、東方への派兵が和約の違反になるという法律論上の問題やそれに基づく敵対者からの非難に対しては、基本的に直接的な対応策を構築しなかった、あるいは上首尾にそれをおこなうことはできないと判断していたことがみてとれるのである。

しかしながら、彼らは法律面の弱さを放置はしなかった。あるいはむしろ、その法律論の舞台における沈黙はローマ側が構築した外交戦術に由来するものだったとさえいえる。というのも実は、ローマ側はフォイニケ和約を根拠にマケドニアの非を責めることができないわけでは決してなかった。既にふれたように、アフリカにおけるカルタゴとの決戦であるザマ会戦の後、ローマ側は状況に不鮮明な部分も多いながら、ともかくもマケドニア人の兵士たちをいくらか捕虜としていたからである。少なからずローマ側の反マケドニア的プロパガンダの影響がちらつく情報ではあるが[65]、この点を強調すれば、少なくとも先に和約に対する重大な違反をおこなったのはマケドニア側であると論じることはできただろう。事実、開戦動議が民会で可決された後でローマ指導部は、ポエニ戦争の終わりの頃からローマと共同戦線を張り、戦後はヌミディアの支配者となったマシニッサに対マケドニア戦への着手を連絡して騎兵の派遣を要請するのであるが、そこではフィリッポスがイタリアで対カルタゴ戦がおこなわれていた際に攻撃をかけてきたことと、そしてまた彼がカルタゴに援軍を派遣したことを、つまり第一次マケドニア戦争を引き起こし、なおかつその終結後にもカルタゴを支援したことを開戦の理由にあげている。[66]

このマシニッサに向けての開戦の理由説明は、直接には彼がローマと共にカルタゴと戦ってその地位を得たこと、つまりカルタゴやその同盟者の不正を正した者という立場にあることを踏まえてのものだったといえる。自身の正当性を維持するという都合上、彼はフィリッポスがこの時ギリシアで何をしているかに関係なく、ローマがカルタゴに協力した者への報復を望むというのであればそれに支持表明や協力をしないわけにはいかないからである。こうしたヘレニズム諸国向けと、マシニッサ向けとで異なる開戦の大義を提示するというやり方は、基本的にはその支持を得たい相手に応じて、相手が支持しやすい、あるいは支持せざるを得ないテーマを押し出しているというだけのことである。しかし前のマケドニア戦役においては、ローマ指導部はそもそも外部の勢力の支持を得ること自体にさしたる関心を示さなかった。その時の状況と比べると、この第二次マケドニア戦争直前期のローマ指導部、より正確には執行部をおおむね握った開戦派は、はるかに国際的な多数派工作に熱意と知恵を投入しているといえる。[67]

そしてこうした外交面での積極性は、既にみたようにヘレニズム諸国向けのメッセージの構造からもうかがえるのであるが、今しがたふれた、ローマの開戦がフォイニケ和約を破ることになるという法律面での弱さという点をさらに考慮に加えると、前二〇一年秋に東方に派遣された使節団を主な実行役とするローマ、ないし開戦派のギリシア人たちへのアプローチには、これに対するフォローも意図されていたことがやや逆説的にみえてくる。というのは、ローマのフィリッポスやその他のヘレニズム諸国に向けてのメッセージと、そしてそれがアナウンスされたタイミングは、ローマ軍が実際にアドリア海を渡る以前の東方諸国の動向に少なくない影響を与え、これが晩秋におこなわれた、あるいはこの時期にやっとおこなうことができた派兵を成功裏に展開していく上でも、決定的な役割を果たしたといえるからである。このことを明らかにするため、まずローマに使節を派遣した後のロドス・アッタロス朝の人々とローマの使節との接触を取り上げてみよう。

前章でもふれたように、ローマへと使節を派遣する一方、ロドスとアッタロス朝はフィリッポスが艦隊と共にカリアのバルギュリアに入るとこれを封鎖し、マケドニア側を兵糧攻めにしつつ海上での決戦に持ち込もうと図った。フィリッポスの艦隊を壊滅ないしは使用不能に至らしめることができれば、彼は当面エーゲ海を征服する手段を失い、ロドス・アッタロス朝としてはひとまずは安全を確保できるからである。しかしフィリッポスが両国軍の隙を突いて同地より脱出し、しかもマケドニアへと引き上げたことで、この目論見は大きく外れた。こうした展開は、両国にとって戦術のレベルではなく戦略上のそれにおける大問題をはらんでいたからである。というのは、フィリッポスの海軍を打ち破ることができなかったとはいえ、彼らが対マケドニア戦を始めた際の目的である、フィリッポスによるエーゲ海域での作戦はひとまず終結した。しかし海軍が消滅したわけではない以上、フィリッポスが再び攻めてくる可能性は十分にあり、そしてその時アンティオコスがこれに呼応して動くようであれば、ロドス・アッタロス朝としては万事休すだった。ただそうかといって、フィリッポスやその海軍をどこまでも追ってこれを打倒するというのも現実的ではなかったからである。そしてこうした点に悩みながらロドス・アッタロス朝が第一次マケドニア戦争中からアッタロス朝の領土となっていたアイギナに軍を進めたところで接触があったのが、アテナイ人たちと、そして件のローマ使節の三人だった。

既にみたようにアテナイは、アカルナニアとの紛争を機にマケドニアの攻勢にさらされるようになっていた。これをみたロドス・アッタロス朝はアイギナまで来ると、まずその艦隊を使ってマケドニア軍に拿捕《だほ》されていたアテナイの軍船を奪取し、それをアテナイの人々に返還したという。アテナイの人々はこれに謝意を示しつつさらなる助力を期待し、アッタロス一世とロドスの人々に自分たちのポリスにおいて今後の対応について共に協議したいと申し入れた。ちょうどこの時、件のローマ使節三名がペイライエウスまでやって来ているという情報が届いていたこともあって、アッタロスらはすぐにアテナイ領に入る。そしてそこでまずローマ使節と会い、元老院が対マケドニア戦に動いていることを伝えられたという。アッタロスらはこれを聞いて先々への希望を膨らませ、その足でこのローマの参戦の意向という情報を手土産にアテナイの人々と会い、最終的にアテナイ市民団にアッタロス朝、ロドス、そしてローマと共同しての対マケドニア戦を決定させる。[68]

リウィウスや彼がこの件の情報源としているポリュビオスは[69]、基本的にこのアテナイの参戦の実現において主導的に動いたのはアッタロス一世であると説明している。これは表面的にはまったく間違いない。しかし注意すべきなのは、アッタロス朝にせよ、あるいはロドスやアテナイ、さらにはマケドニアに関しても、彼らのここでの行動が件のローマ使節の動きに大きく左右されている点である。反マケドニアの立場をより鮮明にした三国であるが、彼らには明らかにまとまった規模のマケドニア軍と衝突するつもりがなかったことがみてとれるからである。例えばアッタロスは、この後アイギナに戻るとそこに艦隊を留めつつアイトリアに再度の対マケドニア戦を訴える作業に取りかかり、軍事面ではその活動を休止してしまう。ロドスの部隊の方もアイギナから離れ、主要な戦線からは程遠いキュクラデス諸島を回って島嶼部の住民たちを味方に引き入れることに力を注ぐ。しかもマケドニアの守備隊が確保する島については、手も出さなかったという。フィリッポスに宣戦布告したアテナイ人たちを含め、この頃にアッティカに攻め込んだとみられる前述のニカノルとその部隊に対し、彼らが何か具体的な対処に動いた様子は一切知られていないのである。[70]こうした消極的な姿勢、あるいは戦力を温存して先々に備えているかのような行動は、彼らには自分たち自身でマケドニアの攻勢をどうにかするつもりがあまりなかったことを示す。

一見するとロドスとアッタロス朝に関しては、アテナイが攻められたところで直接には困ることはないことから、アテナイの街では景気のよい話をして参戦を促したのとは裏腹に、実務面ではドライな姿勢をとった、というようにも思われる。しかし以前にも示したように、両国の戦略的な目標はフィリッポスがセレウコス朝と連動して小アジア分割に動くのを阻止することで、具体的にはマケドニア軍の活動を停止させるか、せめて小アジアやエーゲ海域の攻略に集中できないようにすることをめざしていた。彼の鋭鋒がアテナイに向かい、後者がこれに抵抗する姿勢を示すに至ったことはこの戦略目標に合致する流れといえたが、そのアテナイがすぐに敗れてしまえば状況は振り出しか、セレウコス朝の対プトレマイオス朝戦における優勢がはっきりしたものとなっていた分より悪いものとなる可能性があった。[71] こうした状況にもかかわらず彼らが消極的であったのは、前年の戦いで少なからず消耗していたからというのもあったであろうが、[72] 無理に動かずとも状況を好転させる要素が、言い換えればそれまでは時間の経過が状況を悪化させるばかりであったのが、ここに来てそれがむしろ好ましいとさえいえる形勢があらわれていたからだとみるべきだろう。

では、状況を変化させた要素とは何か。話の流れ上、それは元老院から派遣された使節がローマの東方への派兵の意向を伝えたことしか考えられない。まして彼らローマ使節は、アッティカに進軍したマケドニアのニカノルと接触し、既に検討したローマの声明を提示しつつ彼の部隊を撤退させている。こうした展開は部分的には、ローマが何を求めギリシアでどのような動きを示すかを、この時点までマケドニア側が十分に予想できていなかったことにもよるだろう。既にみた通り、これまでの経緯や法律論に照らせば、ローマ側がマケドニアに何かを要求するとすればそれはフォイニケ和約に関連してのものであるはずだったが、それに関する議論は前述の前二〇三年の件以後、特に生じていなかった。つまりマケドニア側にとってローマの使節の来訪は、ましてやアテナイ近郊でのそれは基本的に想定外の事態であった。ニカノルとしては、こうした状況、それもローマ側がその正当性はともかく開戦の意思をさえもっていると思しきメッセージを発している中で、当初の作戦行動を続けるのは好ましくないと判断したのは当然だっただろう。ただ事情はどうあれ、事実としてローマ使節はマケドニア軍にはっきりとローマに派兵の意思があることを示し、そしてそれを通して彼らを撤退させた。これはロドスにアッタロス朝、そしてアテナイの人々に、その主張する内容の法的妥当性がどうあれ、ローマを頼みとするべきという想いを抱かせただろう。

また件の三人使節を通じてのローマ側の精力的な東方派兵の意向のアナウンスは、フィリッポスの行動にも影響を与えた。既にみたようにローマ側のマケドニアへの二度目のメッセージは、使節の一人レピドゥスによりヘレスポントスのアビュドスでフィリッポス本人に伝えられた。これはマケドニア軍が同市を攻撃していたからこそもたれた会見といえるが、そもそもフィリッポスがこの地を攻めたのはプトレマイオス朝の属領アイノスやマロネイアなどを確保しつつケルソネソスの制圧に動いていたからで、そしてこの作戦の目的は自身の再度の小アジア進軍をより確実に遂行するための足場の確保と、そして自らに従うことを拒んだこの海峡の要地に位置する都市をローマ側に拠点として活用されないようにすることだった[73]。つまりローマ側が自ら進んでその存在感を誇示したことで、マケドニア側の行動方針にも少なからず影響が出ているわけである。そしてこうした状況は、前二〇〇年のギリシア周辺の国際情勢の流れ全体にも大きなインパクトを与えた。というのも、対ローマという観点が重要な要素となったことで、フィリッポスは相対的にロドス、アッタロス朝、アテナイにそれほどの注意を向けなく、あるいは向けられなくなったからである。これは前述したような、この三国が言葉の上では対マケドニアを唱えている一方で積極的に同王国に大きな打撃を与えることをめざさなくなったこととと相関関係をなす、あるいは卵が先か鶏が先かという類の話であるというようにも評すべき状態であるが、両サイドの本格的な衝突が前年と比べて相対的に起こりにくくなったことは間違いない[74]。

そしてこうした状況はかなりの程度ローマ側の望むところであり、また何より意図するところでもあった。これは既にみた、ローマからマケドニアへの二度の要求のありようからまず確認できる。アテナイ近郊で提示された声明においてローマ側は、フィリッポスがいかなるギリシア人国家にも攻撃をかけないことを求め、かつアッタロスへの不当な仕打ちの補償を求めた。ところがアビュドスでのアナウンスにおいては、ギリシア人との戦いの禁止の後にはアッタロスだけでなくプトレマイオス朝とロドスについての言及もなされていた。これは前にも述べたように、直接的にはローマとここにあらわれる国々との接触とそこでのなにがしかの合意の形成を踏まえてのものだったとみられている。しかし重要なのは、この二つの声明を喧伝およびマケドニアに脅かされた人々を背にするというような形を物理的につくりつつ不特定多数の者が知り得る場でアナウンスすることにより、ローマがギリシア人全体への不戦を求める、つまりはギリシア人の守護者ともいうべきやや抽象性の強い立場を主張する一方で、個別具体的にその利益を代弁することができる段階にまで至っている関係の勢力もおり、そしてその数を増やしていることをフィリッポスとその他の同時代人に知らしめたといえる点である。マケドニア側としては、こうした自分たちと刃を交えている者たちのローマを軸としての連携にプレッシャーと、その攻勢に備える必要性を感じずにはいられなかっただろう。

ローマがこの特定勢力の具体的な利益代弁者としての立場を重要視していたことは、アビュドスがマケドニア軍に攻略された頃にアカイアが同王国とロドスの仲裁の動きを示した際の状況からも裏付けられる。ローマ使節、おそらく件の三名のうちのレピドゥスを除いた二人、あるいは彼が合流して三人が、すかさずロドスの人々にこれを拒絶するよう求め、ロドス側がその説得を受け入れたことが知られているからである。[75] そしてこうした状況は、ローマ側がロドスに、そしておそらくアッタロス朝などについても、第一次マケドニア戦争の時のようにローマの軍事的負担を減らすことを意図して、彼らに積極的にマケドニアと交戦するよう促すということはしなかったことを示す。戦線離脱の機会が訪れている、あるいはまたいつそうなっても不思議ではない者にローマ側が重い負担を求めたとは考えにくいからである。またその後の局面においても、ローマは自身にその利益代弁者を名乗る資格を与えている国々の求めるところを積極的に尊重する姿勢をみせており、[76] このような行動を踏まえると、ローマは、自分たちと気脈を通じる者たちの利益を、自分たちが彼らと共に主張・実現するという形の維持に、かなりの気を使っていたといえるだろう。

そして事実、ギリシアへの派兵が成功裏に実現・展開するまでは、ローマに彼らの利益代弁者を名乗らせてくれる勢力との関係は、マケドニアに向けてのギリシア人に対する不戦の求めを実のあるものとする上で不可欠のものだった。

彼らがいてくれることで、ローマは彼らの個別具体的な利益を守るべく物理的な措置を講じ、それを通して「彼ら」ギリシア人がフィリッポスに脅かされないように戦う、という姿勢をも実践することができるからである。逆に彼らがいなくなれば、ローマのもとにはフォイニケ和約を一方的に破棄した者という批判の材料が残るばかりとなる。この意味で、晩秋の派兵に先立つローマの外交は、マケドニアにローマの要求とある種の最後通牒を突きつけ、多くの国にローマの新たな外交面での正当性の基盤を提示すると共に、マケドニアと交戦する国々をその戦列に留め、さらにプトレマイオス朝やアテナイのような、新たな支持者を呼び込むことをめざすものでもあったといえる。

ただまた留意しておくべきは、ローマ側は、あるいは開戦派の人々は、三人の使節を主なエージェントとしてヘレニズム諸国に自分たちの主張と存在感をことさらに示してギリシア人たちの行動に少なからぬ影響を及ぼしたわけであるが、これは決して外交的なチャンネルのみによって達成されたとはいえない点である。既にみたように、この使節が送り出されたのと同じ頃、当時のコンスルだったパエトゥスの手配で、開戦派はラエウィヌス率いる艦隊を東方に派遣した。実のところ、ウォーリアも指摘しているように、シチリア方面からブルンディシウムに艦船を移動させる程度ならともかく、冬の最中にアドリア海で艦隊を動かしたという話はなかなかに疑わしい。[77] ラエウィヌス隊の派遣が先行研究の間でしばしば史料の誤りではないかと論じられるのも、[78] こうした実務的な観点からの疑問が少なからず影響している。ただ既に論じたように、ラエウィヌスの派遣の目的は多分にマケドニアの脅威を伝える「報告」を民会で開戦決議を得ようという時期に送ることだったので、ラエウィヌスにしても、彼を送り出した元老院の執行部にしても、そもそも実際に艦隊をアドリア海で急いで動かして東方の状況を詳しく調査する必要はなかった。つまりそれのみをみると疑問を投げかける余地が少なからずありそうに思われるラエウィヌス派遣の情報であるが、彼とその同志たちの関係や彼らが必要としたところを考えると、基本的にローマからラエウィヌスを送り出し、また彼が率いるための艦隊を用意するというこ とはむしろ間違いなくおこなわれたとみてよいのである。そしてここでさらに考えるべきは、ラエウィヌスが自身に課せられた真の目的を達成した後に何をしたのかという点である。一見すると「報告」を出した以上、彼にはもうさらなる活動をする必要がなく、また実務的にもできなかったように思われる。開戦決議が可決される前に軍事行動に及ぶことはさすがに法的に危険であり、また本国でガルバらが遠征軍の編成のためさまざまな課題を解決しなければならなかった中で早々に戦闘を開始しても後が続かないからである。

しかしそもそもラエウィヌスに与えられた指令は、艦隊と共に「マケドニアへ」行くことである。これはもちろん、同王国に攻撃をしかけよという話ではない。[79] しかしマケドニア方面に進んで一度報告をおこなえばそれで終了という任務を与えられていたわけではなく、そしてまた彼に後で別命があったという情報がない以上、ラエウィヌスとその艦隊は「報告」をローマに送って以降も、マケドニアの勢力圏へと向かうという行動をとり続けた、つまり実質的にイリュリアからギリシア西部近海を遊弋《ゆうよく》し続けたとみるべきだろう。

そして重要なのは、この艦隊が近海を動き回る状況が少なからず沿岸部の人々の、前述の三人使節が伝えたメッセージへの対応にも影響を与えたと思われる点である。なぜなら使節たちがギリシアの人々にローマのマケドニアへの声明を伝えて回っていたまさに同じ時期、使節たちの背後にはローマの艦隊の姿があったといえるからである。こうした砲艦外交めいたやり方は、この後にも例えばローマがセレウコス朝のアンティオコスと衝突する前一九〇年代終わりに「同盟者たちの友好を維持するため」使節と合わせて艦隊をその近辺に派遣するという動きや、第三次マケドニア戦争の始まりの際にやはり使節と軍艦を一緒に送り出すということがあったところにも見出すことができる。[80] また第一次マケドニア戦争の最末期に、トゥディタヌスがアイトリアに再び反マケドニア戦に動くよう促すためレガトゥスだったC・ラエトリウスに一軍を授けて同地域に送り出すということがあったことにも、[81] ややニュアンスは異なるが、同じような行動原理をみてとることができるだろう。ローマの指導者たちは、ある種の脅しとして、あるいは共に戦いたいと望む相手にローマに対する信頼感を抱かせるため軍事力をみせることに、少なからず有益性を感じていた。実際、三人のローマ使節の提示した元老院からの声明は法的妥当性の面で疑問の余地があるものであったが、それを指摘したのは知られる限りローマの敵であることが確定しているフィリッポスだけだった。他のヘレニズム諸国の人々は、ローマの声明にあるいは不信の念を抱いたかもしれないが、はっきりとローマと争う覚悟をもっておらず、またそうする必要もないことをそのローマから示唆され、当面は口をつぐんで様子をみようと判断したわけである。そしてローマにとっては、明確にマケドニアを支持する声が上がらず、既に反マケドニアに起っている国々がはっきりと孤立するという状態にならなければ、さしあたりは十分だった。彼らが反マケドニアの声を上げ続けていてくれれば、ローマは一定の与党を確保しつつ東方に進軍し、そしてまたさらなる外交的なアプローチやあるいは華々しい戦果をあげることで、様子見を決め込んだ他の者たちにも支持の輪を広げていくという展開が期待できたからである。前二〇一年秋以降のローマあるいは開戦派の外交は、既に述べたヘレニズム諸国の人々への多彩な配慮と、こうしたある種の威圧が渾然一体となって展開された。

そして最後に目を向けるべきは、こうしたローマ指導部のロドスとアッタロス朝のアプローチを基点にヘレニズム諸国内に支持者を増やすという方向性、これは直接的な軍事支援についてはさておきローマが作戦を展開するための拠点の確保や物資の調達・輸送をより容易にし、かつマケドニア側に孤立感を抱かせてその戦意を弱めるといったことが意図されていたと思われるが、これらは肝心のローマ軍がアドリア海を渡り、成功裏に軍事行動を展開するということがいつまでも起こらなければ、遅かれ早かれ破綻しただろうという点である。フィリッポスがヘレスポントスの確保に動いたことで、ロドスやアッタロス朝、アテナイは、当面は凌ぎきれないほどの圧力を彼からかけられることはなかった。しかしこのまま放置すれば、この三国が深刻な軍事的リスクをともなう戦いをいよいよ開始ないしは再開するか、あるいは和平を模索するかという選択を迫られることは確実だった。アビュドス陥落後のアカイアからロドスへのマケドニアとの和平の提案も、そうしたローマの派兵がなかなか実現しないことを活用したフィリッポス・ヘラス同盟側の揺さぶりの一環だったといえる。こうしたマケドニア陣営からの誘いやプレッシャーによる反マケドニア陣営の崩壊を防ぐには、ローマ軍が事実として東方の戦いに早急に参加することが必須だった。ガルバ率いるローマ軍が晩秋という時期になりながら、ともかくも前二〇〇年中にアドリア海を渡ったのも、対マケドニア戦を担当することになっておきながら年度中に戦いを始めないというわけにもいかないという国内的な事情もあったであろうが、根本的に開戦派がここまで進めてきたロドス・アッタロス朝、およびマケドニアの不正に苦しむ者たちの声に応えて彼らと協力しつつ同王国と戦うというストーリーが、これよりも遅いと破綻する危険があったのである。開戦派は、かつてガルバが条約に定められた最低限の協力をするのにとどめ、交渉の席でも法律論を盾に自分たちの負担が増すような行動をあからさまに避けたことでアイトリアにおいてローマへの反感が高まり、そしてトゥディタヌスが戦いにくい冬を避けて年明けに満を持してギリシアに出撃した時には同連邦がローマとの断交を決めていたというような事態に至ったことを忘れていなかったわけである。前二〇〇年の第二次マケドニア戦争の開幕は、こうしたローマ、より正しくは開戦派の人々が、第一次マケドニア戦争の中で損なわれたローマと自分たち自身の名誉の回復を願う気持ちと、長らくローマに大きな軍事的負担をもたらしていたポエニ戦争が終わったところで折よくその機会をもたらしたロドス・アッタロス朝のローマへのアプローチ、そしてその一方で噴出するローマ国内の課題や前のマケドニア戦役の二の舞とならないようにするためのさまざまな外交方策、さらにそれを施すにあたっての前提条件のクリアといった数多の変数を、およそ一年かけて、時のローマ執行部の掌握とあわせて針の穴を通すように調整するということを成し遂げた結果、実現したものだった。

## 結論

第二次マケドニア戦争は、歴史の大きな流れという観点から述べれば、国の存立をも一時は危うくした第二次ポエニ戦争をようやく勝利のうちに終結させたローマが、自分たちの危機に便乗して攻撃を加えてきたマケドニアに報復しつつ、ヘレニズム世界へと進出する足場を築いたという戦いだった。しかし当時のローマの人々にとって、前二〇〇年に開戦することは物質的・精神的に非常に痛みの多いものだった。本書がその存在を明らかにした対マケドニア開戦派は、ローマ指導部を全体としてともかくも新たな戦いに向けることに成功したが、彼らはさらなる精力を、実際に戦いを始めるための物理的な準備と、そして市民たちの説得に傾けなければならなかった。一方で、前二〇一年秋のロドスとアッタロス朝のアプローチは、開戦派の人々にとって新たな戦いを開始する上で決定的な意味をもった。第一次マケドニア戦争を経験した彼らは、単純な軍事力だけでなく国際的な多数派工作が東方での戦いではその結果を大きく左右することを理解していた。このことを踏まえて彼らは、ローマ軍を実際にアドリア海東岸へと送り出せる段階になるまでに、可能な限りローマ側に立つ勢力を増やし、そうでなくともマケドニアをはっきりと支持する者が続出しないよう、努めてヘレニズム諸国に自分たちの求めるところとその存在感をアピールした。

またローマの開戦は、実のところ法律論的には必ずしも正当なものといえず、マケドニア側もこの点を衝いて自分たちの正当性を主張した。しかし開戦派の人々は、第一次マケドニア戦争の際にもそうであったように、法律論的な妥当性は自分たちの主張を取り下げない理由ないし口実として役立ちはするものの、そうではなく、めざすところが外部の支持者を増やすことにあるのであれば、支持を求めたい相手に利益を与え、あるいはまたその立場に配慮することこそが肝要である点を理解していた。このため、対外的な主張においてその述べるところは相手によりばらつきがあったが、求めるところ、語るところは、ローマを支持すること、あるいはひとまず敵とならないことが、アプローチされた者にも有益であると納得させることを第一とするようなものとなった。

さらに、こうしたローマの、実のところすぐに派兵できるわけではなかったにもかかわらず、近い将来にそれが起こるであろうと喧伝するというやり方には、実際に戦えるようになるまで東方での状況の変化を可能な限り停滞させる意味もあった。艦隊の影をちらつかせ、あるいは今まさにマケドニアとその敵対者が対峙している場に使節があらわれてフィリッポスに対する敵意や、あるいはまたローマのポエニ戦争での勝利を伝えたことで、東方の反マケドニア勢力は大いに勇気づけられ、またマケドニア陣営は前述のニカノルのアテナイ近郊からの撤退に代表されるように、少なからず慎重な行動をとる必要を感じさせられることとなった。こうした状況は、前二〇〇年のギリシア周辺の戦局の推移を、それ以前と比べ相当に停滞させたといえるからである。

しかしアビュドスの陥落やその後のアカイアによるロドスへの働きかけにみられるように、こうした形勢は長く続くものではなかった。そしていつまでも実際にローマが派兵を実行しないという状態が続けば、ローマに期待を寄せるギリシア人たちも、かつてのアイトリアのようにローマを批判しつつマケドニアの側に走ることが予想された。ローマは戦う意思と目的、そしてラエウィヌスの艦隊のようないくばくかの「見せ金」をベースにヘレニズム諸国へと提示したある種の虚像を、反ローマ勢力に外交的な巻き返しの時を与えずに実像とする必要があった。前二〇〇年晩秋のガルバ率いるローマ軍の東進は、こうしたローマ国内と国際政治の舞台における角逐、および前章でみたローマ指導部内のある種の政治ゲーム、そしてまたプトレマイオス朝の苦境に端を発するヘレニズム世界の勢力関係の変化という、ミクロとマクロの両面におけるダイナミックな動きと、この中でマケドニアとの再戦・勝利を自らの手で成し遂げようと精力的に活動した開戦派の人々の意思と過去の教訓を踏まえた行動の積み重ねという、いくつものドラマが収束した場であったといえる。

終章

# その後のローマ・ヘレニズム諸国関係

P・ガルバ率いるローマ軍の渡海は、ギリシアに新たな状況をもたらした。これは初め、かつての第一次マケドニア戦争の最初期あるいは最末期のようにごく地域的なものだった。ローマ側はアテナイと共同して同市周辺でマケドニア軍と攻防戦を繰り広げてこれを退け、また並行してマケドニア西部のいくつかの集落を攻め落とし、出撃してきたマケドニア軍を撃退した。しかし作戦の始まりが冬に近かったこともあって、その戦闘期間や純軍事的インパクトは決して目を見張るほどのものではなかった。ところが、こうしたローマ軍の上陸をみて、まずアッタロス朝がこれと連動するように軍事行動を再開する。さらに、イリュリアの指導者プレウラトスやアタマニアのアミュナンドロスなどがガルバを訪問して協力を申し出る。また前一九九年春になると、ナウパクトスで開催されたアイトリア連邦総会において、マケドニア使節が非ギリシア人たるローマの東進の抑止や前二〇六／五年にマケドニア・アイトリア間で結ばれた和平の維持を訴える中、アテナイ使節がそのマケドニアがまさに自分たちの街に不当な仕打ちを繰り返していると訴えた影響もあって、ややローマに含むところがあるそぶりをみせつつも同年夏の頃にはアイトリアも反フィリッポスに動く。[1]これはかつて調停者やフィリッポスが喚起した、異邦人によるギリシア侵略の阻止という大義やあるいは条約の遵守という法に基づく主張が、ローマの具体的な軍事行動の始まりと、そしてガルバら開戦派の人々が新たに押し出した、フィリッポスによるギリシア人たちへの攻撃を止めさせ、またその「友邦」の利益を守るというスローガンを前に、後退を強いられたことの証といえるだろう。

ただし、純軍事的な情勢はなおしばらく流動的だった。かつての同盟市戦争や第一次マケドニア戦争の時のように、戦況その他の流れ次第では、異邦人脅威論をギリシア人たちが「思い出す」、あるいは相互に「教える」可能性はなおあった。またフィリッポスはアビュドスを攻略してヘレスポントスへの統制力をより強め、さらにローマ軍との衝突においても決して劣勢ではなかった。ローマ側はアテナイをはじめとした友邦の領域を拠点にギリシア東部で海軍を活発に動かし、その武力を多くのギリシア人たちに知らしめた。ところが陸上の本隊はかなりの期間、マケドニア西部国境地帯やエペイロス方面に拘束された。これは部分的には、以前にも述べた前一九九年度コンスルとしてガルバに代わってタップルスが対マケドニア戦を担当した際に生じた兵士たちの暴動にみられるような、ローマ軍内部の不満や不穏な動きにより、本格的な進軍を容易にはおこなうことができなかったことによるものだった。しかし本質的な要因は、アオイ・ステナ戦に代表されるように、フィリッポスがギリシア北西部の山岳地帯の地形を活用するなどして、ローマ軍の東進も南下も許さなかったことによる。[2] そしてこれは、第二次マケドニア戦争の勝利の立役者になるフラミニヌスが前一九八年度コンスルとして投入されてからも、しばらくは変わらなかった。[3]

それでも最終的にはローマ軍がフィリッポスの防衛線を破ることができたのは、ギリシアの人々がローマに味方する流れが加速し、各方面からの圧力を前にマケドニアが戦線の縮小に動かざるを得なくなったためである。これはエペイロスの有力者の一部がフラミニヌスを支援して山間部の道案内をしたというような局所的なものから、そのエペイロスを確保したフラミニヌスの本隊がフォキスやロクリスにまで進んだのをみたアカイアがローマ側に鞍替えしたことでペロポネソス半島でのマケドニアの影響力が急落することになったというような大きなものまで、さまざまなレベルで生じた。開戦前におこなったローマの対マケドニア戦の大義の各国への喧伝や、ローマと結んだギリシア人たちの、いうなれば「フィリッポスの被害者たちの声」を交えての働きかけの効果が、ここに来て大きく出始めたわけである。

もちろんこれは、ギリシア人たちがローマの大義に心から納得したから、あるいはまたフィリッポスが「被害者たち」におこなった「不正」を正そうという主張に心を動かされたからというわけではない。ローマ側に与するのに先立ってアカイアの指導者アリスタイノスがおこなった演説にもあるように、同国にせよその他のヘレニズム諸国にせよ、しばしばフィリッポスの「被害」に遭ってきたという事実があるのは間違いない。しかし彼らが本当に問題としていたのは、至近距離で大規模な陸海軍を展開しているローマに対しマケドニアが十分に対応できていない点であったからである。

ただ、これを単にしばしば先行研究が指摘するような、パワー・ポリティクスの論理がアカイアに現実主義的な行動をとらせたとみるだけでは、状況の理解としては不十分である。[4] ここまでにみてきたように、ヘレニズム諸国の人々は外交の舞台において大義や正義・不正義、はたまた神話の時代に遡る絆などさまざまな位相の主張を持ち出すが、これらはその時々の実利的欲求とリンクしているものの、その述べられたところそれ自体も、言葉の上だけの空虚なものというわけではなかった。異邦人からギリシアを守るという議論が二度までもアイトリアの体面と、それが尊重されなかった場合には生じたであろう損害、例えば賠償金や領土の割譲といったものから連邦を守ったことは軽視するべきではない。そして前章で示したようにこの第二次マケドニア戦争の前夜、そしてまた開戦後も、開戦派に率いられたローマはギリシア人たちの眼前でその武力をみせつけつつ、彼らがローマの味方をした際に得られる利益やそれを求めてローマと結ぶ口実ないしそうせざるを得ない理由を、相手の立場をみつつ柔軟に提示してきた。こうした軍事と外交を車の両輪のように展開するようになったところが、アカイアやその他のギリシア人たちをゆるやかに、しかし加速的にローマの側に走らせ、個々の戦いにおいては必ずしも大きな失敗をしたわけでもなかったフィリッポスを、ローマとヘレニズム諸国対マケドニアの構図を鮮明にするニカイアの和平会談や、その後のキュノスケファライの決戦の場へと追い込んでいったのである。

以上のように、本書は第一次マケドニア戦争期から第二次マケドニア戦争の始まりにかけてのローマとヘレニズム諸国のかかわりを、主に外交の面から論じ、二つの戦役の連続性に着目することの意義や、その中でのギリシア人たちの活発な外交、ローマ側の相対的な技術や発想の不足、そして第一次マケドニア戦争を教訓とした国際政治の舞台でのアピールの始まりといった、両者の邂逅のありようを明らかにした。ただテーマと時代の都合上、史料の検討においては、ギリシア側ではアイトリア連邦に関するそれが圧倒的に多く、その他の勢力についてのそれは総じて少ないものとなった。このため今後の検討において、他の勢力の内情に関する史料検討にさらなる進展があれば、ここで得た考察には多少の修正の必要が、例えばローマ・アイトリア同盟成立に間接的に大きな影響を与えたアカルナニア人たちが両国の人々に直接的な面で与えたそれというような領域で、生じる可能性があることは率直に認めておかなければならないだろう。またアイトリアの連邦ストラテゴスについても、さらなる碑文研究の深化や新しいそれの発見が、ペンディングのままとせざるを得なかった幾人ものストラテゴスたちの就任時期をよりはっきりさせるかもしれない。

しかしながら、そうした問題や可能性を認めた上でなお指摘しておきたいのが、ローマの東進の始まりに先立つ時期のアイトリア人たちの外交の舞台における活発さである。ポリュビオスや彼の著作の影響を受けた諸史料のバイアスもあって、古代以来、彼らについて人々が抱くイメージは総じてネガティブなものである。しかし本書でも取り上げた数々の碑文は、彼らが紳士ではなかったにせよ他者を言葉により動かす(もちろん必ずしも感動させてそう促すのではない)ことに相当な労力を投じ、しかも碑文が残っているという事実から、それが少なからず成功したことを教えてくれる。彼らは歴史が示すように、大きな視点からみれば決して勝者ではなく、短期的にもそうでないことが多かった。彼らはその勢力の拡大に熱心だったが、彼らの前にはほとんど常に彼らがはっきりとした実体をもつ連邦をつくる以前からギリシアに大きな影響を及ぼすようになっていたマケドニアが立ちはだかり、本書が取り上げた時代のすぐ後にはローマによりその道をふさがれる。アイトリア人たちの外交の面での積極性とその技術は、多分にこうした壁を超えようとする試みの産物だったといってもよい。

一方で、主に第二章で述べたことだが、こうしたアイトリアや、あるいはまたその他のヘレニズム諸国に比べ、国際政治の舞台における積極性やそこにかかわる際の技術の面でローマは大きく立ち遅れていた。第一次マケドニア戦争期におけるそうした状況に関しては、やはり以前に述べたように少なからず第二次ポエニ戦争にローマの人々の多くが集中し、彼らにとって東方が舞台裏だったことが影響していた。ただローマの人々の外に向けてのアピールの不足は、何もこの時期に限ったものではない。第一章の註でもふれたクリネアスの逸話や、あるいはまた史料の信憑性に問題が多々指摘されてはいるものの前四世紀終わりにあったというカウディウムの和約の破棄をめぐるエピソードは[5]、第一次マケドニア戦争以前においても、ローマの人々が内向きの論理の構築には意を注ぎつつも、外への説明やそれを他国の人々に「納得させる」ための措置の展開やその技術の向上には、それほどの熱意を示さなかったことを伝えているといえるからである。

もちろんこうした外観は、現在の史料状況がそうみせているだけという可能性もある。リウィウスやポリュビオスが一見すると多くの記述を残しているため、現代人は本書が取り上げた時代のローマに関する「情報」は数多くもっている。しかし同時代人の残した声、端的にいえば碑文の数やそこに記されているメッセージの絶対量は、ヘレニズム諸国側に比べ決して多いとはいえない。例えば第一章などで少し登場したマルケッルスや、ガルバの前二〇〇年度コンスル在任時の同僚C・アウレリウス・コッタなどはそれぞれ公職に就いていた折に奉納碑文を建立しているが[6]、そこに記された文字の数は少なく、文中から彼らがどういった意図に基づき奉納や碑文の作成に至ったかを論じる余地は少ない。

しかしながら、事実としてローマ側はフォイニケ和約の形成に至るプロセスをはじめ、第一次マケドニア戦争中、軍事的にはともかく外交の面ではギリシア人たちほどには柔軟に動くことができなかった。そしてこの戦役でローマ軍を率いていた人々は、明らかにこの中で自分たちがおこなったこととおこなわなかったことを認識しつつ、次の戦役の準備・運営をおこない、そして成功した。これはもちろん少なからず、第二次ポエニ戦争が終わってローマが外部から受ける脅威がかなりの程度低下し、戦力を他に投入する余地が増えたことと、またそうしたローマの武力をヘレニズム諸国側が少なからず評価していた、ないしは認めざるを得なかったことによる。しかし第二次マケドニア戦争期になってもローマが実際にギリシアに派遣できた戦力の規模は、大きいとはいえ決して空前絶後というほどのものではなかった。実際、前述の通り、フィリッポスもギリシア各国がローマ側へと靡《なび》く以前の段階においては、これに決して対応できなかったわけではなかった。ローマ側が遠征軍派遣の前の段階から「友邦」を戦列に留め、その利益の代弁者となるという姿勢や、あるいはまたギリシア人に脅威を与えるマケドニアからギリシアを守ると喧伝しつつ、それらのスローガンを自由に使えるようになった戦力と連動させて活用したからこそ、ローマ側はマケドニアを追い詰めることができたわけである。

そして、こうした前三世紀の最後の十数年のローマとヘレニズム諸国の関係や外交の舞台における角逐を押さえた上で最後に考えておきたいのが、この間の両者の接触や衝突がその後のローマによる東方征服に与えた影響である。序章でもいくらかふれたように、マケドニアやギリシア本土に議論を限定した場合でさえ、ローマとヘレニズム諸国の関係が前者より派遣された属州総督による統治という形に落ち着くまでには、なお約半世紀の間があった。さらにギリシアの外のセレウコス朝やプトレマイオス朝の支配圏の征服を経つつヘレニズム世界全体をローマが統合するまでとなると、さらに一世紀を優に超える時間が必要だった。つまり本書がおこなった議論の範囲は、こうした大きな流れで歴史を考えると、線というよりは点に近い。しかしこれも以前に述べたように、短いとはいえこの十数年はローマの東進の最初期のそれであり、白紙にはじめて描いた点や線がその後の文字や絵の姿を大きく規定するように、その先のローマ・ヘレニズム諸国関係の方向性に他の十数年とは比較にならないレベルの影響を及ぼしたことは間違いない。

事実、やはり序章でふれたことだが、ローマが各国を味方に引き入れつつ展開した第二次マケドニア戦争のクライマックスともいうべきキュノスケファライ戦は、ローマとヘレニズム諸国の関係を新たなフェイズに移行させた。会戦前の段階においては、両者の優劣は不鮮明であるか、特に第一次マケドニア戦争後半からローマの評判がギリシア諸国内で総じて芳しくなかったこともあって、ややローマが劣った立ち位置にあった。開戦動議成立の頃にローマがプトレマイオス朝に対し、最初のマケドニア戦争期に比較的冷淡な対応を受けていたにもかかわらず、あたかも友好的な関係がずっと続いていたかのようなメッセージを送ったのも、その時の外交的な利益という点もさることながら、そうした幾分へりくだった態度を示さなければ東方諸国から望むような反応を引き出せないような関係性があったことのあらわれといえるだろう。しかしキュノスケファライでローマがマケドニアの主力を、つまりかつてペルシアを圧倒したファランクスの大部隊を野戦で撃破してみせたことで、ヘレニズム諸国、特にギリシア本土の国々は、以後ローマの武力が東方世界の大国のそれと同等以上であるという認識に立って国際政治を考えなくてはならなくなった。もちろん、第二次マケドニア戦争が終結して数年の後に、ローマはセレウコス朝のアンティオコスを味方に引き入れたアイトリアの挑戦を受けるので、キュノスケファライ戦後のローマの軍事的な存在感はまだ決して絶対的なものではなかった。それでも、その対セレウコス朝戦やその後の第三次・第四次マケドニア戦争などでより強固なものとなっていったローマの軍事的威信の基礎を築いたという意味で、キュノスケファライ戦と、そしてまたマケドニアをそうした決戦に打って出ざるを得ない状況に追い込んだローマ側の国際政治上の戦略や、それを描き上げるに至るまでのギリシア人たちとの接触は、比較的短い期間に展開されたものではあったとはいえ、後の時代に計り知れない影響を与えたといえるだろう。

また本書の議論の中心たる外交の観点においては、大小さまざまな勢力が乱立するヘレニズム諸国を糾合した、あるいはされた上での戦勝という記憶をローマとヘレニズム諸国の双方に残したという点で、この十数年は大きな意味をもつといえる。これは第四章で取り上げた、フィリッポスにギリシア人と戦わないことを求めつつ各国にもそのメッセージを周知するという措置や、またその後のキュノスケファライ戦を経ての戦争終結期におこなわれた、序章の初めの方でも言及したいわゆる「ギリシアの自由」宣言の発布という流れがその典型といえる。ローマ側はギリシア人たちの利益をマケドニアから守るというスローガンを掲げ、ギリシア人たちはこれに共鳴する形でローマに与し、あるいは屈服して、そのローマをいわばスポンサーとした戦後秩序の担い手の一角を占めることになっていった。

ここで重要なのは、ローマがギリシア(人)の自由の守護者という立場を、そしてヘレニズム諸国がその協賛者であるという形を、それぞれの次世代に遺産として残したということ自体ではない。イストミア祭における宣言やそれに基づいてのローマ軍のギリシアからの撤退は、第一次マケドニア戦争以来のローマとマケドニアやその他のヘレニズム諸国との関係に、あるいはまたローマにおける対マケドニア開戦派による第一次戦役時の雪辱を果たそうという動きに、大きな区切りをつけるイベントであった。しかし前述の、その数年後にアンティオコスを味方につけたアイトリアの軍事行動により、イストミア宣言に立脚したギリシアの国際秩序は物理的に大きく破壊される。しかもそうした事態を収拾すべく対セレウコス朝戦を担当したのは、時の両コンスル職を独占することに成功した大スキピオのグループだった[7]。第二次マケドニア戦争後、対マケドニア開戦派が主導する元老院がローマ軍をギリシアから撤退させることに反対した点からもうかがえるように[8]、大スキピオは同派がつくり上げた「ギリシアの自由」宣言を基盤としたローマ・ヘレニズム諸国関係というものにそもそも必ずしも同調していなかった。対セレウコス朝戦自体はローマの勝利のうちに終わり、さらにまた対アイトリア戦をはじめとしたギリシアにおける秩序の回復についてはその大スキピオの意思ともあまり関係なく進められていった[9]。しかしかつて開戦派が描いた「ギリシアの自由」に基づくギリシア秩序は、明示的に否定されることはなく折にふれてその後もしばしば提示されたものの、これらの過程で多分にそのありようの変質を余儀なくされた。何より、マケドニアに続いてセレウコス朝にも勝利したことで、ローマのヘレニズム諸国への発言力はさらに強まり、両者の関係はキュノスケファライ戦やイストミア宣言時ともまた異なる局面に入っていったといえるからである[10]。

重視すべきなのは、後の時代になるほどより公式のものになっていくとはいえ、ローマのリーダーシップのもとで、ヘレニズム諸国のうちでそれを是とする者たちがそれぞれの地域でその秩序の受益者となるという構図のひな型が、この第二次マケドニア戦争開幕期に形成された点である。この体制のもとでローマの与党となったギリシア人たちは、時代や評者によりローマの友人やクリエンス、あるいは属州民などさまざまな形で呼ばれ、あるいはまた自称し得た。ただどのような呼称が用いられるにせよ、ローマが主導権を握る一方で、ヘレニズム諸国側にもそのことを受け入れられるような大義ないし口実や利点を提示し、これに与する者たちをその国際秩序の担い手に組み込みつつ、そうした流れを拒絶する者やローマ側が排除すべきと判断した者を歴史の表舞台から退場させていくという外交手法、あるいはサイクルを、この前三世紀最後の十数年にローマの人々、ないしは第一次マケドニア戦争でヘレニズム諸国にしてやられた人々は、そのギリシア人たちとの接触を重ねる中で構築・始動させた。筆者としては、こうした第一次マケドニア戦争から二度目のそれの始まりにかけての時期を、そうしたローマの息の長い東方進出の方向性やそのための仕組み、特に外交におけるそれが形成された、ローマ史および古代地中海世界史全体の中の一つのターニングポイントであったということをあらためて主張し、本研究の終わりの言葉としたい。

## 補遺　デルフォイにおけるプロクセニア被認定者表とデルフォイ・アイトリアの政務官

本書は特にその前半部において、アイトリア連邦の外交やその内情の考察にかなりの紙幅を割いた。中でも、いつの年度に誰がストラテゴスその他を務めたかは、その時の連邦の世論や政策の方向性を考える上で非常に有用な材料であることから、文献史料をベースにしつつも、相当数の碑文を取り上げながらその詳細の解明に努めた。ただ、本書の主たる検討範囲は基本的には前三世紀末の十数年であり、第二次マケドニア戦争やそれ以降の時期についてはそうした議論をほとんどおこなわなかった。しかし実は前三世紀も最末期の連邦政務官団の構成の検討においては、その後の前一九〇年代のそれに関する情報がしばしば大きな役割を果たす。これは時間的な近接性からある程度同じ顔ぶれが連邦を率い、またポリュビオスやリウィウスといった古代史家がこの年代のアイトリアとローマのかかわりに大きな関心を寄せたことから、具体的なアイトリアの指導者の名やその登場の順を追いやすいためという事情もある。ところが実はもう一つ、前一九〇年代の、そしてまたそこからさらに二十年程度先までの連邦政務官の並びを再構成していく上でベースとなる情報を提供し、結果としてその前の時期の状況についての検討にも数多くのヒントを与えてくれる史料がある。それが、デルフォイのプロクセニア被認定者表碑文である。

デルフォイで見つかり *Syll*.³ 585と番号付けされた同碑文は、構成自体は非常に単純である。冒頭部に「以下の者たちはデルフォイの者たちのプロクセノスである」という文言が記されてからは、延々と「○○がアルコンを務め、○○、○○、○○〔の三名〕がその年度前半〔あるいは後半〕の評議員を務めた折、○○の人で○○の息子である○○〔がプロクセノスに認定された〕」という具合の文が続く。基本的には上にある記述ほど古い時期のものとみなしてよいのであるが、同じアルコン・評議員の組み合わせが異なるそれを間に挟んで再登場するということもあるので、しばしば書き忘れていた案件を時間軸の面ではより後におこなわれたはずの認定文の後に書き足すということもあったらしい。またアルコン表ではなくあくまでもプロクセニア被認定者表なので、誰もプロクセノスに認定されていない年度や半期の政務官名については、当然この碑文からはわからない。さらにそうした年度・半期がいつあったかも同碑文の文自体からは判断できないので、碑文中に名がみえる者たちの在任期間についても、必ずしも連続的なものではないことを念頭においておく必要がある。

しかしデルフォイからは、それとは別に数多くの行政文書が見つかっている。これらとあわせて読むと、プロクセニア被認定者表に掲載されている評議員たちの名前や、誰と誰が同じ時期にその役職を帯びていたか、つまり表に出てくるアルコンと評議員の組み合わせの事実性を幾重にも確認できるばかりか、それぞれの年度・半期のアルコンおよび三名の評議員と、そしてまた彼らと同時期にアイトリアでストラテゴスを務めていた者などの在任時期が、現在の暦に換算していつのことだったのかがかなりの程度明らかにできる。というのも、例えばいわゆる奴隷解放文書碑文は多くの場合、一人ないし若干名の奴隷を解放した際、複数名の者が証人に立ったことを伝えている。そしてそこでは、その文書発行時に政務官職にあった者、例えば評議員の名が、必ずしもその年度に在任している者のすべてというわけではなかったようだが、頻繁に登場する。また本論でも述べた通り、デルフォイは前三世紀の終わりに向かっていくのに従って、アイトリアの強い影響下におかれるようになっていった。こうした状況を反映して、またそうした時期のスタイルが慣例化してか連邦がローマに敗れてその勢力を大きく後退させてからも、そのような奴隷解放文書をはじめとした現存するデルフォイ碑文の多くには、そこに刻まれている文書が作成された時のアイトリアのストラテゴスの名が、デルフォイの役職者たちなどのそれとあわせて記されているからである。

そして既に述べた通り、前一九〇年代の、あるいはまた前三世紀末のアイトリアは現代にその作品が残る古代史家たちに注目されていたおかげで、複数名のストラテゴスの名前とその在任時期が特定できる。これを活用することで、まずそうした在任期間がわかる連邦ストラテゴスの名が記されたデルフォイ文書の年代を明らかにすることができる。特に、問題の被認定者表で最初にアルコンとして名前があげられているエンメニダスなる人物の在任期間が、前一九八／七年度にアイトリアで一期目のストラテゴスを務めたアルシノエのファイネアスと、その後任のカリュドンのアレクサメノスと重なることが確認できる点は大きい。[1] これにより被認定者表は前一九七／六年度以降のデルフォイでのプロクセノス認定を記したものであることと、デルフォイのアルコンとアイトリアのストラテゴスは在任期間、つまり就任と退任の時期が異なることが確認できるからである。

というのは、本論においても示したように、ポリュビオスは、アイトリアのストラテゴスその他の選挙は秋分の時期におこなわれたと伝える。[2] 一方で、ヘレニズム期デルフォイのアルコンについては、この種の文献史料からの確定情報はない。しかし先行研究はかねてより、デルフォイ市民団が作成した諸文書中に出てくる月の名前がアイトリアやあるいはまた他の共同体のそれとどう重なるかの事例検討を集積し、少なくとも前二世紀初頭においては夏至の頃が年度の切り替わりの時期だったとみてよいだろうと論じており、エンメニダスとファイネアスおよびアレクサメノスの在任期間の重なりはこうした観測とよく符合するのである。[3] そしてこうしたデルフォイのアルコンとアイトリアのストラテゴスの任期のずれは、古代の史家から直接にはフォローされないアルコンやストラテゴスの在任期間の割り出しの大きな助けとなっている。例えば前述の、エンメニダスのアルコン在任期間がファイネアスとその後任アレクサメノスのストラテゴス任期をまたいでいるという状況は、そのファイネアスの任期がまたデルフォイにおけるオルタイオスなる者のアルコン任期と重なっているという情報と合わせ、[4] *Syll*.$^3$ 585 に言及のない前一九八年の夏至から前一九七年の夏至にこのオルタイオスがアルコンの任にあったことを明らかにしてくれる。

もう一つ、このように被認定者表をベースに、奴隷解放文書などを用いつつデルフォイのアルコンやアイトリアのストラテゴスの在任期間を明らかにしていく上で注目すべきなのは、デルフォイのアポッロン祭司の名前である。本論（第一章註76）でも述べたが、同職は少なくとも前二世紀初めには基本定員二名の終身職になっていた。実際、被認定者表の始まりの時期の諸文書に登場するクセノンとアタンボスのペアは、前一八一／〇年まで変わらなかった。[5] そしてその一方で、前二〇〇／一九九年にアイトリアでカリュドンのダモクリトスが一期目のストラテゴス職にあった時、[6] デルフォイのアルコン職はマンティアスという人物が保有し、かつその折にはアポッロン祭司をエウクレスとクセノンが務めていたという。[7] つまりおそらく前二〇〇／一九九年より少し後の時期にも、エウクレスとアタンボスによるアポッロン祭司の交代があったことがみてとれるわけである。またこのことは、前一八〇年頃にクセノンとアタンボスのペアが確認されるような年齢だったことも勘案すると、エウクレスとクセノンのペアがアポッロン祭司だったと確認できる年度は、このダモクリトスのストラテゴス任期と比較的近い前後の十数年程度、正確には、クセノンとアタンボスのペアが確認される史料のうちで今知られている限り最も古い前述のオルタイオスのアルコン年度(一九八／七年)の前年度から、その十年少々前頃までのうちにおさまるだろうことをあわせて示唆するといえる。このように、各祭司ペアが何年度程度にわたって維持されたのか、またどのような順で同祭司の交代がおこなわれたのかという情報は、それぞれの時期の他の役職保有者たちの在任年代が細かくわからなかった場合でも、おおよその推定をおこなうことをしばしば可能とする。

同じく、文書の年代に大雑把な見当をつける時に参考となるのが、デルフォイの評議員として登場する者の数である。前記の通り同市の行政文書は、アルコンやアイトリアのストラテゴスの他にこの役職を誰が帯びていたかを記していることが多い。また件のプロクセニア被認定者表においては、やはり前記の通りアルコンに加えてその年度の前半期ないし後半期に在任した評議員三名の名を出すというスタイルが一貫してとられている。ところがこのやり方は、前三世紀の終わりから前二世紀の初めに定まったものであるようにみえる。例えば本論でも取り上げた、前二〇五年より少し後にあった小アジアのテオスのアシュリア認定の求めに応えた際の文書では、デルフォイのアルコンをメガルタスが務めたと述べてから、五名の評議員の名を記している。[8] 年度の前半・後半の区別も記されておらず、また五名である点から前半と後半の各三名を合わせたものとも考えにくいので、被認定者表のそれとは根本的に名祖《めいそ》への言及のスタイルが違うことがわかる。その一方で、今しがた取り上げた、アイトリアでダモクリトスがストラテゴスを務め、デルフォイでマンティアスがアルコンだった年度については、おそらく三名の評議員の名がストラテゴスとアルコンに次ぐ名祖として記されている文書が一点知られている。それはサテュロスという名前のアイトリア人を顕彰した決議文である。彼は本論の第二章でも取り上げた、連邦がデルフォイの神殿と都市の監督役として派遣したエピメレテス(用語解説参照)を務めていた。[9] 同碑文には少なからず欠落があるが、第二章で取り上げたそれを含め、エピメレテス顕彰碑文は複数点見つかっており、なおかつ文章はどれも似たり寄ったりであるため、復元に難はない。そのため評議員一名の名前はわからないのであるが、スペースからして同職保有者三名の名がアルコン名に続いて書かれていたことは確言できる。同文書作成時に、年度の前半・後半の別があったかどうかはよくわからない。またこうした文書が評議員を三名記すスタイルをとっていることをもって、それ以降の文書が皆同様である、あるいはまた評議員名が三名である文書は何であれこの二〇〇／一九九年より後の作でそうでなければその前であるとみなせると断言するのも危険だろう。試行錯誤の過程であるため形式が一定しない、という時期があったかもしれないからである。ただそうではあっても、この年度より後に、評議員が三名記されるスタイルが非常にポピュラーであったということや、また事例研究をさらに重ねてこうした事項の詳細を詰めていくことが、ヘレニズム期のデルフォイ文書を分析していく上で一定の有用性をもつということは認識しておくべきだろう。

こうした諸留意事項を踏まえつつ、本書としては最後に、このデルフォイのプロクセニア被認定者リストをベースに、ローマの指導部がついに第二次マケドニア戦争を開幕させることに成功した時期から、同戦役が終わってギリシアに新たな国際秩序が形成され、そしてこれに今度はアイトリア人たちが挑戦し、そして挫折して歴史の表舞台から去っていくという時期までのアイトリア、およびそうした環境の中でのデルフォイの名祖政務官その他を可能な限り再構成し、諸々の検討作業の締めくくりとしたい。

# あとがき

本書は、筆者が二〇一〇年から二〇一七年にかけて発表したいくつかの論文および学会報告と、本書とは別のテーマを論じつつエディンバラ大学に二〇一五年に提出した学位論文(題目は *Informal Diplomacy and Rome: from the First Macedonian War to the Assassination of Ti. Gracchus*)の一部をベースに著したものである。具体的には、序章・終章・補遺が書き下ろしである(ただし序章の先行研究についての記述内容の一部は学位論文の Introduction のそれと重なるところがある)。

一方、まず第一章が「紀元前二一一年のローマ・アイトリア同盟」(『西洋史研究』新輯第四一号、三一～五六頁、二〇一二年)、および学位論文の第二章一節(Philippos and the Aitolian Hawks)を議論の基としている。さらに本書第二章は、「紀元前二〇五年のフォイニケ和約とヘレニズム諸国の外交」(『史林』九九巻六号、一～三五頁、二〇一六年)と学位論文の第二章三節(The Mediation and Rome's Failure)を、第三章は「紀元前二〇一年のロドスとペルガモンによる対マケドニア開戦」(『西洋古典学研究』五九号、五九～七一頁、二〇一一年)、学位論文の第三章一節(The Roman Hawks against Macedonia)と同二節(Rhodes and Pergamon in 201 and Informal Diplomacy)、および筆者が二〇一七年に京都大学で催された古代史研究会第一六回大会で行った報告「第二次マケドニア戦争前夜・戦中のローマ指導層」を援用しつつ執筆した。そして第四章は、「ローマ外交と紀元前二〇〇年晩秋の開戦―第二次マケドニア戦争をめぐって」(『史学雑誌』第一一九編第一〇号、一～三八頁、二〇一〇年)と学位論文の第三章三節(The Roman Hawks and Informal Diplomacy)で行った検討をその議論の出発点にしている。

筆者が本書を執筆することを考えるようになったのは、イギリス留学を終えて日本学術振興会の特別研究員(PD)になってから、留学までご指導をいただいていた東京大学の橋場弦先生のもとをお訪ねした折にこのモノグラフ・シリーズのことをお教えいただいてからである。多くの若手研究者がこのシリーズを通して自身の博士論文を加筆・修正しつつ書籍化をおこなっていることから、筆者も英国で提出した学位論文を日本語化・再編をした上でこれに応募してはどうかというお話だった。筆者としても、学術書を書いてみたいという気持ちはかねてより抱いていたので、先生のご提案は非常に魅力的なものだった。ただ筆者は当初より、その書籍は自身が英国で執筆した論稿ではなく、それを書き上げる中で取り上げ、また留学前にも論文などで発表した、第一次マケドニア戦争についてより掘り下げた議論を展開したものにしたいと考えていた。学位論文、および日本で発表した論文のいずれにおいても、紙幅の制限により、同戦役について調べたことやそれに関する結論を導くまでに考慮した事項について、満足できるだけの説明をおこなうことができなかったと感じることが少なからずあり、いつかこれを包括的に補完した作品を発表したいと思っていたからである。こうしたことから、本書が無事に刊行され長年の懸案が(なお説明する技術の拙さを痛感することも多々あるところながら)ともかくも片付いたことに、個人的に大きな喜びを感じずにはいられない。もちろん、ここにたどり着くことができたのは筆者一人の力によるものではない。例えば、本書には数多くのギリシア語碑文が登場したが、筆者がこれらをまがりなりにも読むことができるようになったのは、ひとえに留学前に前述の橋場先生より受けたご指導の賜物である。加えて、本書の執筆中には日本学術振興会特別研究員の受入研究者をお引き受けいただいていた鎌倉女子大学の長谷川岳男先生(現在は東洋大学にて勤務)からも数多くのご助言・ご協力をいただいた。この場をお借りしてお二方に厚く御礼を申し上げたい。また筆者の研究にご支援をくださり、あるいはさらに筆者自身のことを気にかけ励ましの言葉を送ってくださった他の皆様と、そして本書を出版する機会を与えてくださった山川出版社にも深い謝意を示したい。

二〇一九年八月

伊藤雅之

表１　アイトリアのストラテゴス表(同盟市戦争前夜〜第二次マケドニア戦争前夜)

| 年度 | ストラテゴスの名 | 備考 |
|---|---|---|
| 前229/8 | ヘラクレイアのピュッリアス(一期目),<br>ナウパクトスのアゲラオス(二期目),<br>プレウロンのパンタレオン(四期目),<br>が入るとみられる | ・三者の就任はいずれも前220年代中頃以降とみられるが，特定はできない<br>・ピュッリアスのストラテゴス在任の折には，前220年代初めに連邦に加わったとみられているメリタイアの出身者だというアルキッポスなる人物がグランマテウスを務めた(なお註〈第１章註86〉ではふれなかったが，ピュッリアスおよびアルキッポスの政務官在任を伝える決議文 *IG* IX.$1^2$.31 11.28-43，99-105はこの時ヘラクレイアの人テオドロスという人物がヒッパルコスを務めていたと記している)<br>・アゲラオスのストラテゴス二期目の折にスコパスはグランマテウスだった(同じく註〈第１章註95〉ではふれなかったが，*IG* IX.$1^2$.1.4C はこの時テュリスカイ〈？〉の人ポレマルコスがヒッパルコスの任にあったと伝えている) |
| 前228/7 | | |
| 前227/6 | | |
| 前226/5 | | |
| 前225/4 | | |
| 前224/3 | | |
| 前223/2 | | |
| 前222/1 | | |
| 前221/0 | トリコニオンのアリストン | ・Polyb. 4.5.1 からその在任が確認できる |
| 前220/19 | トリコニオンの人でソサンドロスの息子スコパス | ・Polyb. 4.37.2 からその就任が確認できる<br>・上記のポリュビオスの記述にはまた選挙が秋分の直後であったことが明記されている |
| 前219/8 | トリコニオンの人でニコストラトスの息子ドリマコス | ・Polyb. 4.67.1 からその就任が確認できる |
| 前218/7 | カッリポリスの人でロカゴスの息子アゲタス | ・Polyb. 5.91.1 からその在任が確認できる |
| 前217/6 | ナウパクトスのアゲラオス | ・Polyb. 5.107.5 からその就任が確認できる<br>・おそらくこのストラテゴス就任は３度目 |
| 前216/5 | ヘラクレイアのピュッリアス,<br>プレウロンのパンタレオン(五期目),<br>アルシノエのストラトン,<br>が入るとみられる | ・ピュッリアスのストラテゴス就任はおそらく２度目<br>・パンタレオンのストラテゴス五期目は少なくとも前213/2年度ではない<br>・ストラトンのストラテゴス就任はアゲタスのそれよりは確実に後 |
| 前215/4 | | |
| 前214/3 | | |
| 前213/2 | | |

| | | |
|---|---|---|
| 前212/1 | トリコニオンのスコパス(二期目) | ・Liv. 26.24.7 からその在任が確認できる |
| 前211/0 | トリコニオンのドリマコス(二期目) | ・Polyb. 9.42.1 からその在任が確認できる |
| 前210/09 | ヘラクレイアのピュッリアス | ・Liv. 27.30.1 からその在任が確認できる<br>・おそらくこのストラテゴス就任は 3 度目 |
| 前209/8 | アルシノエのストラトン(二期目)<br>ストラトスのフィッレアス<br>ドリマコス(プラルコスとして)<br>が入るとみられる | ・フィッレアスがストラテゴスを務めた年度にはカリュドンのダモクリトスがヒッパルコスを務めた<br>・ドリマコスがプラルコスを務めた年度にはカリュドンのアレクサンドロスがヒッパルコス，アルシノエのファイネアスがグランマテウスを務めた<br>・ドリマコスのプラルコスとしての在任がストラテゴス三期目とカウントされていたならば，第一次マケドニア戦争後に四期目が入るという推測の妥当性がより高いものとなる |
| 前208/7 | | |
| 前207/6 | | |
| 前206/5 | おそらくアルシノエのアゲラオス | ・Bousquet (1988), *op. cit.*, 12-53 に掲載されている碑文からアゲラオスという名のストラテゴスの在任は確定できる |
| 前205/4 | おそらくトリコニオンのスコパス(三期目) | ・スコパスのストラテゴス三期目の折にはファイネアスがヒッパルコス，そして前190年代にアイトリアの反ローマ運動の指導者の一角となるトリコニオンのトアスがグランマテウスを務めている |
| 前204/3 | おそらくカリュドンのアレクサンドロス(一期目)，<br>トリコニオンのドリマコス(四期目)，<br>トリコニオンのトアス(一期目)，<br>カッリポリスのアゲタス(二期目)<br>が入る | ・アレクサンドロスのストラテゴス就任は，テオスのアシュリア認定の年代を勘案するとこの 4 年度の頭の方とみるのが整合的だが，もう少し後でも史料上の矛盾は少ない<br>・ドリマコスのストラテゴス四期目の時期は判然としないが，*IG* IX.1².1.30 の文書の配置の順から少なくともアレクサンドロスの二期目よりは前なので，文献史料によりストラテゴス在任者が確定されていない前204/3から前201/0年および前199/8年のいずれかと考えられる<br>・トアスのストラテゴス一期目は特段の史料的裏付けはないが，彼が前194/3年にストラテゴス二期目を務めたことは間違いないので，それより前の時期で，なおかつスコパスのストラテゴス三期目よりは後の時期のどこかにストラテゴス一期目があったはず<br>・Grainger (1999), *op. cit.*, 181はアゲタスの二期目を前201/0年とみているが，*SGDI* II 2049 から初春の頃にデルフォイのアルコンだったエウアンゲロスと在任期間が重なっていることがわかり，なおかつ Lefèvre (1995), *op. cit.*, 205-206 はこのエウアンゲロスのアルコン在任時を前202/1年と推測している<br>→ *SGDI* II 2049 はまた，この時エウクレスとクセノンが祭司を務めていたと伝えている |
| 前203/2 | | |
| 前202/1 | | |
| 前201/0 | | |

**表 2　デルフォイのプロクセニア被認定者表($Syll^3$ 585)をベースとした同市政務官およびアイトリアのストラテゴス表**(前 3 世紀末から前 2 世紀中頃まで)

◎：文献史料から就任時期が確定できる人物
○：◎の付いた人物の役職就任時期に関する情報に立脚することでその任を務めた時期が確かめられる人物
△と太枠：年代については不確実ながら任期が重なることが史料により確定できる者たち

| 年・季節 | デルフォイのアルコン | デルフォイの評議員 | アイトリアのストラテゴス | 備考 |
|---|---|---|---|---|
| 前201年秋分～冬至 | 被認定者表碑文 ($Syll^3$ 585, 以下「認定碑文」と表記) に記載なし (フィライトロス？) | 認定碑文に記載なし (アイアキダス クセノン イアタダス メノン バビュロス？) | カッリポリスの アゲタス (二期目)？ | ・「表 1」の下部でも記した通り，前 3 世紀最後の 4 年のストラテゴスは状況証拠からおおむね誰が務めたのかはわかるが，具体的にどの年度に誰がその任にあったかを細かく特定することは今のところできそうにない<br>→本表においてはさしあたりアイトリアのストラテゴスについては Grainger (1999), *op. cit.*, 181 に，デルフォイのアルコンについては Lefèvre (1995), *op. cit.*, 205-206 に従って名前を記してみたが，アゲタスのストラテゴス二期目とフィライトロスの任期が重なることは現存史料からは確認されていない<br>・「表 1」の下部でも一部ふれたが，*SGDI* II 2049 はアゲタスがアイトリアでストラテゴスの二期目を務めた年度(のホモロイオスの月，つまり初春の頃)にはエウアンゲロスがデルフォイのアルコンを務め，なおかつその折にアポッロンのためのそれと明示された祭司の職にエウクレスとクセノンがあったと伝えている他，ニコダモスとクレオンという人物がプロスタテスなる役職を務めていたと伝える<br>→「補遺」本文でふれた通り，アポッロン祭司を誰が務めていたかという点は，デルフォイ碑文の年代を考える上で重要な手掛かりとなるため，この後も上で示したように同職保有者には下線を引いておく(その他の注目すべきと思われる事項にも適宜，同様の措置をとる)<br>・なお認定碑文にはそもそもアイトリアのストラテゴスへの言及はないが，表が煩雑になるのを多少なりとも緩和するため，ストラテゴスの欄には「認定碑文に記載なし」の語は入れない。<br>→付言すると，備考欄には必要に応じて月の名称を記載するが，アイトリアの政務官についての説明の中で登場するものは連邦の暦上のそれで，デルフォイの政務官についての中でのそれはデルフォイの暦の月名である<br>・評議員の名前は *FD* III.4.136 にある，フィライトロスがアルコンだった年度のものを記載 |
| 前201年冬至～200年春分 | | | | |
| 前200年春分～夏至 | | | | |
| 前200年夏至～秋分 | ○ 認定碑文に記載なし (ただし マンティアス の在任が伝わっている) | ○ 認定碑文に記載なし (ただし アリスタルコス クレオン および 欠落により名前が不明の人物 1 名がこの年の冬至の頃にその | | |
| 前200年秋分～冬至 | | | ◎ カリュドンの ダモクリトス (一期目) | ・Liv. 31.34.11 にダモクリトスがこの年度の連邦ストラテゴスだったと明示されている<br>・*SGDI* II 2116 は，ダモクリトスがストラテゴス一期目を務めた年度のアイトリアのディオスの月にしてデルフォイのポイトロピオスの月，つまり冬至前後にデルフォイのアルコンとしてマンティアス，祭司(アポッロンのためのそれとは明示されていないが，上の欄で挙げた *SGDI* II 2049 における言及からして間違いなくアポッロン祭司)としてエウクレスとクセノンがその任にあったと伝える |
| 前200年冬至～199年春分 | | | | |

| | | | | |
|---|---|---|---|---|
| 前199年春分<br>～夏至 | | 任にあったということが伝わっている) | | →なお当時のアイトリアに加盟していた共同体のいくつかから見つかっている碑文からすると，アイトリアは適宜「挿入されたディオスの月」というものをおいて暦と季節の運行のずれの調整をおこなっていたことがみてとれ，さらにデルフォイも「第１のポイトロピオスの月」と「第２のポイトロピオス」をしばしば年度前半において同様のことをしていた<br>：こうした事情から，この表２は便宜上，四半期をひとまとまりの時間の単位として構成し，そして事実としてこの後に続く役職者の順やアイトリアとデルフォイの月の重なりの状況，および備考欄の記載事項などに基本的に破綻は生じていないものの，各役職に就任した者たちの実際の在任時期については，いくらかのぶれがあり得るということを，あらかじめ述べておきたい<br>・*FD* III.1.451は，マンティアスのアルコン在任中に１名は欠落により読めないものの，他２名の評議員の名(左の欄のアリスタルコスとクレオン)を伝える<br>→ただし評議員の任期に前半・後半の別があったかは不明(なお備考としてあげるべき事項の優先度と，この碑文に記された決議文にそれが成立した月の名への言及がない点，およびスペースの都合からこの項目は前199年夏至～秋分の欄においたが，実際には前200年夏至～199年夏至の範囲内におかれるのが正しい) |
| 前199年夏至<br>～秋分 | △<br>認定碑文に記載なし<br>(ヒュブリアス？) | △<br>認定碑文に記載なし<br>(ペイシストラトス<br>エウカリダス<br>ヘリュス<br>アルケラオス<br>クレウクラテス？) | | |
| 前199年秋分<br>～冬至 | | | △<br>ナウパクトスの<br>カレポス？ | ・*SGDI* II 2072から，デルフォイでヒュブリアスがアルコンを務めた年度のアマリオスの月，つまり冬至過ぎに，カレポスがストラテゴスだったことが確認でき，またこの時デルフォイではまた(アポッロン)祭司をエウクレスとクセノン，プロスタテスをマンティアスとアイアキダス，ネオコロスをオレスタスの息子クレオンが務めていたことがわかる<br>・*SGDI* II 2117から，アタナイオスの月，つまり秋分を過ぎた時期にカレポスのアイトリアのストラテゴス在任と，同時期にデルフォイのアルコンがヒュブリアス，祭司がエウクレスとクセノン，プロスタテスがマンティアスとアイアキダス，ネオコロスがオレスタスの息子クレオンだったことがわかる<br>・*FD* III.4.145は，デルフォイでヒュブリアスがアルコンだった時に左記の５名が評議員だったことを明示する<br>・カレポスとヒュブリアスらがこの年度にその任にあったと確言できる材料はないが，Grainger (1999), *op. cit.*, 132のカレポスの任期の推測と，Lefèvre (1995), *op. cit.*, 206のヒュブリアスの任期のそれに基づいて表には左記のように記載<br>→アゲタス・フィライトロスのケースと異なり両者の在任期間が重なることは確実だが，デルフォイの前200/199年度の碑文において評議員３名の名が記される一方で，ヒュブリアスのそれでは前３世紀末と思われる碑文と同じように５名が記されている理由を整合的に説明する材料は目下のところない |
| 前199年冬至<br>～198年春分 | | | | |
| 前198年春分<br>～夏至 | | | | |
| 前198年夏至<br>～秋分 | | | | |
| 前198年秋分<br>～冬至 | | | | ・Polyb. 18.1.4から，ファイネアスが前198年11月頃にストラテゴスを務めていたことが確認できる |

| 年・季節 | デルフォイのアルコン | デルフォイの評議員 | アイトリアのストラテゴス | 備考 |
| --- | --- | --- | --- | --- |
|  | ○<br>認定碑文に記載なし<br>（ただし<br>オルタイオス<br>の在任が伝わっている） | 認定碑文に記載なし<br>（他の史料からの情報もない） | ◎<br>アルシノエの<br>ファイネアス | ・*SGDI* II 2073から，ファイネアスのストラテゴス任期中のディオスの月，つまり冬至の頃に，デルフォイではオルタイオスがアルコンの年度（つまり前198年夏～197年夏の期間）だったことが確認できる<br>→アポッロン祭司をクセノンとアタンボスが務めていたことも明示されている |
| 前198年冬至<br>～197年春分 |  | ○<br>認定碑文に記載なし<br>（ただし<br>パトロン<br>オレスタス<br>エピクラテス<br>がその任にあったことがわかっている） |  | ・*SGDI* II 2074は，このファイネアスのストラテゴス年度のエウテュアイオスの月，つまり冬至過ぎに左記の3名がデルフォイでアルコン，つまりは政務官，そしてより正確には評議員の職にあったことと，アポッロン祭司を前記の2名が務めていたことを伝えている<br>→ただし，この後の年度のように評議員の任期を年度前半と後半とで区切り別々の3名がその任に就くという構成が本当にこの時期にもとられていたかどうかは，史料の文言からは確定できない |
| 前197年春分<br>～夏至 |  |  |  |  |
| 前197年夏至<br>～秋分 | ○<br>エンメニダス | ○<br>ダモカレス<br>アギオン<br>プラクソン |  | ・*SGDI* II 2000および2001からも，アイトリアでファイネアスがストラテゴス（一期目）を務めた年度（前198/7年度）のパナモスの月，つまり晩夏に，デルフォイでエンメニダスがアルコンだった年度のブカティオスの月だった（夏至の頃に始まるデルフォイの年度の前197/6年度の初頭）ことが確認できる<br>→ *SGDI* II 2000はまた，この文書作成時にアタンボスがアポッロン祭司だったことを伝える |
| 前197年秋分<br>～冬至 |  |  | ◎<br>カリュドンの<br>アレクサメノス | ・認定碑文の記述自体は，このエンメニダスがアルコンだった年度から始まる<br>→評議員が年度前半に3名，後半に別の3名という構成だったことも明示されている<br>・*SGDI* II 2002から，エンメニダスのアルコン任期中のヘライオスの月，つまり晩秋と，Polyb. 18.43.11からこの年度の在任が確認されるアイトリアにおけるアレクサメノスのストラテゴス任期の初めの時期とが重なることが確認できる<br>→同碑文はまたこの時（アポッロン）祭司をクセノンとアタンボスが務めていたことを記している<br>・就任時期が文献史料から確定できる2人のストラテゴスの在任時期にそのアルコン任期がまたがっているとわかったことで，このデルフォイのプロクセノス表の始点も確定できる |
| 前197年冬至<br>～196年春分 |  | ○<br>パトレアス<br>タランティノス<br>ヘリュス |  |  |

<table>
<tr><td>前196年春分<br>〜夏至</td><td></td><td></td><td rowspan="2"></td><td rowspan="2"></td></tr>
<tr><td>前196年夏至<br>〜秋分</td><td rowspan="4">○<br>マンティアス<br>の息子<br>オルタイオス</td><td rowspan="2">認定碑文に記載なし<br>（他の史料からの情報もない）</td></tr>
<tr><td>前196年秋分<br>〜冬至</td><td rowspan="3">○<br>カリュドンの<br>アレクサンドロス<br>（二期目）</td><td rowspan="3">・SGDI II 1975 から，アイトリアで二期目と明示されたカリュドンのアレクサンドロスのストラテゴス在任期間中のアギュエイオスの月，つまり初夏と，マンティアスの息子オルタイオスのアルコン任期のヘラクレイオスの月，つまり年度末期が同一の時期だったことがわかる<br>→アレクサンドロスのストラテゴス在任の時期は文献史料からは導き出せないが，認定碑文における記述の順番からエンメニダスのアルコン任期の後にマンティアスの息子オルタイオス，そしてその後にディオドロス，ペイタゴラスと続くことはわかっており，そのペイタゴラスの在任時期が，アレクサメノスのストラテゴス在任期間の３年後であることが文献から確認できるトリコニオンのトアスのストラテゴス在任期間と重なることから，オルタイオスおよびアレクサンドロスのそれぞれの在任期間がエンメニダスおよびアレクサメノスのそれのすぐ後であると確定できる<br>・ただ SGDI II 2080 は，マンティアスの息子オルタイオスがアルコンだった年度のビュシオスの月，つまり初春に，クレオダモスとリュソンは評議員を務めていたとしつつ，パルナッシオスについてはグランマテウスとして記録している<br>→こうした，このプロクセニア被認定者表で評議員として記されている者が別の碑文ではグランマテウスとして登場するという事例は他でも稀にみられるが，プロクセニア被認定者表で評議員とされている３名が別の文書でもやはり評議員と明示された職を帯びていたと記されているケースや，またその３名のことがある文書では評議員と一括りにされていながら別のところではそのうち１人がグランマテウスとされている場合や，さらにはグランマテウスがその中にいるかどうかの区別なく漠然と政務官として表記されている例も多々あるので，このアルコン・評議員・ストラテゴス表ではグランマテウスも評議員団の一員であると解しておく</td></tr>
<tr><td>前196年冬至<br>〜195年春分</td><td rowspan="2">○<br>クレオダモス<br>リュソン<br>パルナッシオス</td></tr>
<tr><td>前195年春分<br>〜夏至</td></tr>
</table>

| 年・季節 | デルフォイのアルコン | デルフォイの評議員 | アイトリアのストラテゴス | 備考 |
|---|---|---|---|---|
| 前195年夏至<br>〜秋分 | ○<br>ディオドロス | ○<br>オレスタス<br>ブロン<br>メノン | | |
| 前195年秋分<br>〜冬至 | | | ○<br>トリコニオンの<br>ディカイアルコス<br>(一期目) | ・*SGDI* II 2118 から，ディオドロスがアルコンを務めた期間のポイトロピオスの月，つまり冬至の頃と，ディカイアルコスがアイトリアでストラテゴス(一期目)を務めた年度のディオスの月が重なることが確認できる<br>・*SGDI* II 1994 からも，ディカイアルコスのストラテゴス在任期間のエウテュアイオスの月，つまり冬至過ぎにデルフォイでディオドロスがアルコンを務め，かつディオンとカッリクラテスの政務官(評議員)在任およびアタンボスの祭司職保有が確認できる<br>→ディカイアルコスのストラテゴスの二期目は確認されないが，この *SGDI* II 1994 にはわざわざ「一期目」という文言が付けられているので二期目もあったとみてよいだろう |
| 前195年冬至<br>〜194年春分 | | ○<br>カッリクラテス<br>オルタイオス<br>ディオン | | |
| 前194年春分<br>〜夏至 | | | | |
| 前194年夏至<br>〜秋分 | ○<br>ペイタゴラス | ○<br>ハブロマコス<br>エウリュマコス<br>バビュロス | | ・*SGDI* II 2075 から，ペイタゴラスのアルコン在任期間のブカティオスの月，つまり晩夏と，アイトリアにおけるディカイアルコスのストラテゴス任期が重なることが確認できる<br>→なおこの *SGDI* II 2075 はまた，この時期にクセノンとアタンボスが祭司を務めていたことを伝えてもいる<br>・ディカイアルコスのストラテゴス在任期間がディオドロスおよびペイタゴラスのアルコン在任期間をまたぐことが確認できたことで，この2人のアルコン在任期間の連続性もまた確かめられたといえる |
| 前194年秋分<br>〜冬至 | | | | ・トアスのこの時期のストラテゴス在任は Liv. 35.12.4 から確認できる<br>・*SGDI* II 2068 も，二期目と明示されたトアスのストラテゴス在任期間のアタナイオスの月，つまり晩秋が，ペイタゴラスのアルコン年度のヘライオスの月と重なり，かつ評議員と明示された職をエウアゴラスの息子ハブロマコスとエウリュダモスの息子エウリュマコスが保有し，アイアキダスの息子バビュロスがグランマテウスであったと伝える |
| 前194年冬至<br>〜193年春分 | | | | ・なお，認定碑文は，このデルフォイのアルコン年度後半にアンティオコス3世より元老院との交渉のためローマに派遣されたヘゲシアナクスがデルフォイのプロクセノスとなったことを伝える |

| | | | | |
|---|---|---|---|---|
| 前193年春分<br>～夏至 | | ○<br>ディオドロス<br>エウクレイダス<br>ムナソン | ◎<br>トリコニオンの<br>トアス<br>（二期目） | ・*SGDI* II 2126には，二期目と明示されたトアスのストラテゴス在任期間のアギュエイオスの月，つまり初夏にデルフォイでペイタゴラスがアルコンを務め，評議員（文言上は「アルコンたち」とあるが名祖政務官としてのアルコンは1名で，グランマテウスへの言及もないので，認定碑文の通り評議員3名と解す）をディオドロス，エウクレイダス，ムナソン，つまり認定碑文で年度後半の評議員を務めたとされる左記の3名がその任にあったと記されている<br>→クセノンとアタンボスの祭司在任も確認できる<br>・*SDGI* II 1979はエケフュロスのアルコン年度のブカティオスの月，つまり晩夏に左記の3名が政務官，おそらくは評議員の任にあったことを伝えている |
| 前193年夏至<br>～秋分 | ○<br>認定碑文に記載なし<br>（ただし<br>エケフュロス<br>の在任が伝わっている） | ○<br>認定碑文に記載なし<br>（ただし<br>クセノン<br>フィライトロス<br>アステュオコス<br>がその任にあった<br>ことがわかっている） | | |
| 前193年秋分<br>～冬至 | | | ◎<br>カリュドンの<br>ダモクリトス<br>（二期目） | ・ダモクリトスがこの年度のストラテゴスだったことは，Liv. 35.33.9から確認できる<br>・認定碑文にはこの時期にプロクセノス認定がなかったためかこの年度への言及がないのであるが，*SGDI* II 1984はダモクリトスが二期目と明示されたストラテゴス在任年度のディオスの月，つまり冬至の頃に，デルフォイでエケフュロスがアルコンを務め，政務官として，おそらくは評議員としてダモカレスの息子クセノン，アポッロンの祭司としてクセノンとアタンボスがその任にあったことを伝えている |
| 前193年冬至<br>～192年春分 | | 認定碑文に記載なし<br>（他の史料からの情報もない） | | |
| 前192年春分<br>～夏至 | | | | |
| 前192年夏至<br>～秋分 | ○<br>クレオダモス | ○<br>アミュンタス<br>テオフラストス<br>プラクシアス | | ・*Syll*$^3$ 604も何月のことかは記していないものの，クレオダモスのアルコン任期中に左記の3名が評議員だったことを明示している<br>→つまり，ひとまずダモクリトスの在任期間中にこの*Syll*$^3$ 604をおいたが，この文書が前192年秋分から冬至にかけてのものである可能性も否定はできない |
| 前192年秋分<br>～冬至 | | | ◎<br>アルシノエの<br>ファイネアス<br>（二期目） | ・ファイネアスのストラテゴス二期目は，Liv. 35.44.2やPolyb. 20.9.1などから確認できる<br>・*SGDI* II 2129は，二期目と明示されたファイネアスのストラテゴス任期中のポイトロピオスの月，つまり冬至の頃に，デルフォイでクレオダモスがアルコンを務め，さらにクセノンがアポッロン祭司，アミュンタスとプラクシアスが評議員の任にあったことを伝えている<br>→*SGDI* II 2130からは，同じ時期にクセノンとアタンボスが祭司を，つまりアポッロン祭司を務めていたことが確認できる |
| 前192年冬至<br>～191年春分 | | | | |

| 年・季節 | デルフォイのアルコン | デルフォイの評議員 | アイトリアのストラテゴス | 備考 |
| --- | --- | --- | --- | --- |
| 前191年春分<br>〜夏至 | | ○<br>認定碑文に記載なし<br>(ただし<br>オルタイオス<br>ダモステネス<br>エケフュロス<br>がおそらくその任に<br>あった) | | ・認定碑文には言及がないが，*SGDI* II 2131 はファイネアスのストラテゴスの二期目のエウテュアイオスの月，つまり冬至過ぎに，クレオダモスがアルコンを務め，かつ左記の3名が政務官，おそらくは評議員だったことを伝える<br>・*SGDI* II 1999 からも，クレオダモスのアルコン年度のエンデュスポイトロピオスの月，つまり晩春に，ダモステネスが政務官，前記の前193年(春分〜夏至)のケースを踏まえればまず間違いなく評議員であったことと，さらにクセノンとアタンボスが祭司の任に，やはりこれまでの例からしておそらくアポッロン祭司の任にあったことが分かる |
| 前191年夏至<br>〜秋分 | ○<br>ファイニス | ○<br>アンドロクリトス<br>クレオダモス<br>クセノン | | |
| 前191年秋分<br>〜冬至 | | | ○<br>フォラスの<br>アルケダモス<br>(一期目) | ・*SGDI* II 1985 から，アイトリアにおいてフォラスの人アルケダモスがスラテゴス(一期目)を務めた年度のディオスの月(冬至の頃)とデルフォイでファイニスがアルコンを務めた年度のポイトロピオスの月が重なることが確認できる<br>→同碑からはまたこの時(アポッロン)祭司をクセノンとアタンボス，政務官，つまりは評議員を左記の3名中にその名がみえるアンドロクリトスとクレオダモスが務めていたことが確認できる<br><br>・アルケダモスのストラテゴスの在任やその時期は文献史料からは導き出せないが，ファイネアスのストラテゴス(二期目)とクレオダモスのアルコン在任の時期の重なりが前年度についての欄で紹介した碑文により，そしてそのクレオダモスの後にファイニス，次いでカッリクラテスがアルコンを務めたことが認定碑文で確認され，さらにそのカッリクラテスのアルコン在任期間がニカンドロスのストラテゴスのそれと重なることが後で紹介する史料により確かめられることから，両年度の間に挟まれているアルケダモス・ファイニスの在任年度が前191/0年度であることも確定できる |
| 前191年冬至<br>〜190年春分 | | ○<br>パルナッシオス<br>メネストラトス<br>マンティアス | | |
| 前190年春分<br>〜夏至 | | | | |
| 前190年夏至<br>〜秋分 | | | | |

| | | | | |
|---|---|---|---|---|
| 前190年秋分<br>～冬至 | ○<br>カッリクラテス | ○<br>ムナソン<br>トラシュクレス<br>メノン | ◎<br>トリコニオンの<br>ニカンドロス<br>（一期目） | ・Liv. 38.4.7から，アイトリアにおいてトリコニオンの住人でビットスの息子ニカンドロスが前190/89年度ストラテゴスであったことが確認できる<br>・*SGDI* II 1981から，アイトリアのプロキュクリオスの月，つまり秋分の頃にトリコニオンのニカンドロスがストラテゴスを務め，同時期にボアトオスの月のデルフォイでカッリクラテスがアルコンだったことが確認できる |
| 前190年冬至<br>～189年春分 | | ○<br>グラウコス<br>デクシクラテス<br>カッリアス | | ・*SGDI* II 2004から，アイトリアのエウテュアイオスの月，つまり冬至過ぎにニカンドロスがストラテゴスで，アマリオスの月のデルフォイではカッリクラテスがアルコン，クセノンが（アポッロン）祭司，そしてグラウコス，デクシクラテス，カッリアスが政務官（評議員）を務めていたことが確認できる<br>・*SGDI* II 2013から，カッリクラテスのアルコン年度のアマリオスの月，つまり冬至過ぎにクセノンとアタンボスが（アポッロン）祭司，そして左記の3名が評議員と明示された地位にあったことが確認できる |
| 前189年春分<br>～夏至 | | | | |
| 前189年夏至<br>～秋分 | ○<br>アテイシダス<br>の息子<br>クセノン | ○<br>アガトン<br>クセノストラトス<br>クレオダモス | | ・*SGDI* II 2024から，アイトリアのパナモスの月，つまり晩夏にニカンドロスがストラテゴスを務め，かつそれがデルフォイでアテイシダスの息子クセノンがアルコンである年度のブカティオスの月と重なっていたことと，さらにその時にアタンボスが（アポッロン）祭司の任にあったことが確認できる |
| 前189年秋分<br>～冬至 | | | ヒュパタの<br>エウポレモス<br>（一期目）？ | ・アイトリアのストラテゴス欄についてはGrainger（1999），*op. cit.*, 171に従っているが，エウポレモスがこの年度にストラテゴスを務めたことは，現存史料からは確認できない<br>→ただし彼のストラテゴス在任自体は*IG* IX.$1^2$.1.4から確認でき，さらにLiv. 41.25.3や*SGDI* II 1745などから前176/5年度にストラテゴスの二期目を務めたことも確かめることができるので，それ以前の時期，特に前189年のアンブラキアにおけるローマ軍との戦いの中でLiv. 38.4.8に記されるように当時ストラテゴスだったニカンドロスの副将格としてアイトリア人たちを率いた時期のすぐ後にエウポレモスのストラテゴスの一期目があったとみることは，合理的といえる<br>・*SGDI* II 2139から，アテイシダスの息子クセノンがアルコンを務めた年度のポイトロピオスの月，つまり冬至の頃にクセノンとアタンボスがアポッロン祭司と明示された地位を保有し，さらに役職者と明確に記されてはいないものの，左記のように認定碑文に評議員として記されているアガトン，クレオダモス，クセノストラトスがデルフォイで指導的な立場にあったことが確認できる |
| 前189年冬至<br>～188年春分 | | | | ・なお，本プロクセニア被認定者表は，このデルフォイのアルコン年度後半にT・クインクティウス（・フラミニヌス）とM・アエミリウス・レピドゥスがデルフォイのプロクセノスとなったことを伝える |

| 年・季節 | デルフォイのアルコン | デルフォイの評議員 | アイトリアのストラテゴス | 備考 |
| --- | --- | --- | --- | --- |
| 前188年春分<br>～夏至 | | ○<br>クレオダモス<br>クセノン<br>デクシクラテス | | ・*SGDI* II 2070からも，アテイシダスの息子クセノンがアルコンを務めた年度のヘラクレイオスの月，つまり初夏にクセノンが政務官（評議員）を務めたことが確認でき，さらにまたクセノンが（アポッロン）祭司を務めたことがわかる<br>→評議員のクセノンと祭司のクセノンは同一人物かもしれないが，確認はできない |
| 前188年夏至<br>～秋分 | ○<br>ポリュクレイトス<br>の息子<br>クレオダモス | ○<br>エテュモンダス<br>プラクシアス<br>ペイシラス | | |
| 前188年秋分<br>～冬至 | | | ○<br>フォラスの<br>アルケダモス<br>（二期目） | ・*SGDI* II 2132は，クレオダモスがアルコンを務めた年度のディオスの月，つまり冬至の頃にアイトリアでフォラスの人アルケダモスが二期目と明示されたストラテゴスの任にあったことを伝えている<br>→同じ碑文からプラクシアスとペイシラスが政務官，つまりは評議員を，また（アポッロン）祭司をアタンボスが務めていたことも確認できる<br><br>・*SGDI* II 1991もビュシオスの月，つまり初春にポリュクレイトスの息子クレオダモスのアルコン在任と，その時のエウドロスの息子ヘリュスとプラオコスの息子クセノクラテスの政務官（評議員）職保有およびクセノンとアタンボスの（アポッロン）祭司職のそれを伝えている<br><br>・ニカンドロスのストラテゴス在任とアテイシダスの息子クセノンのアルコン在任の時期が確定でき，そして後で記すように前176/5年度のエウポレモスによる二期目のストラテゴス職保有と同時期のクセノカレスのアルコン在任とが複数の史料から確かめられ，なおかつ認定碑文に記されたクセノンの後からそのクセノカレスの代までのアルコンの人数から，同碑文は前189/8年度から前176/5年度までの全アルコンを連続的に記録していると判断できる<br>→これにより，この間のアルコンの在任時期が機械的に確定でき，さらにこの時期のアルコンと在任時期が重なることがわかっているアイトリアのストラテゴスも，自動的にいつその任にあったのかを確定できる |
| 前188年冬至<br>～187年春分 | | ○<br>ヘリュス<br>オルタイオス<br>クセノクラテス | | |
| 前187年春分<br>～夏至 | | | | |
| 前187年夏至<br>～秋分 | ○<br>ペイシラス | ○<br>テオフラストス<br>クセノン<br>アリストテレス | | |
| 前187年秋分<br>～冬至 | | | トリコニオンの<br>ディカイアルコス<br>（二期目）？ | ・アイトリアのストラテゴスについては，Grainger (1999), *op. cit.*, 150に従った<br>→前195/4年度の欄でもふれたが，ディカイアルコスのストラテゴス職二期目はいかなる史料からも確認されないものの，一期目の在任についてふれた碑文の中に「一期目」の文言があることから，誰がストラテゴスを務めたのかわからない年度に彼の名を入れること自体は理に適っている |
| 前187年冬至<br>～186年春分 | | ○<br>クレオダモス<br>ヘリュス<br>フィライトロス | | |

| | | | | |
|---|---|---|---|---|
| 前186年春分～夏至 | | | | |
| 前186年夏至～秋分 | ○<br>ニコプロス | ○<br>デクシクラテス<br>エウクレイダス<br>クセノストラトス | | |
| 前186年秋分～冬至 | | | ○<br>プレウロンの<br>パンタレオン<br>（一期目） | ・*SGDI* II 1844の碑文は，デルフォイにおいてボアトオスの月，つまり秋分の頃にニコプロスがアルコンだった時が，アイトリアにおいて一期目と明記されたプレウロンの人パンタレオンのストラテゴス年度のプロキュクリオスの月と重なることを伝える<br>・*SGDI* II 2046も，ニコプロスのアルコン年度のヘライオスの月，つまり晩秋に左記の3名が政務官（評議員）だったことと，かつまたクセノンとアタンボスが（アポッロン）祭司だったことを伝える<br>・*SGDI* II 2083も，ニコプロスのアルコン年度のビュシオスの月，つまり初春に左記の3名のうちのエウクラテスとダモンが政務官（評議員）だったことと，かつまたクセノンとアタンボスが（アポッロン）祭司だったことを伝える<br>・*SGDI* II 2242も，ニコプロスのアルコン年度のイライオスの月，つまり夏至の頃に左記の3名が政務官（評議員）だったことと，アタンボスが（アポッロン）祭司だったことを伝える<br>・*SGDI* II 1949も，パンタレオンがストラテゴスを務めた年度のパナモスの月，つまり晩夏にエウクラテスがアルコンを務めたことと，その時の（アポッロン）祭司がクセノンとアタンボスだったことを伝える |
| 前186年冬至～185年春分 | | ○<br>エウクラテス<br>ダモン<br>クセノカレス | | |
| 前185年春分～夏至 | | | | |
| 前185年夏至～秋分 | ○<br>エウクラテス | ○<br>ハブロマコス<br>アルケラオス<br>クセノン | | |
| 前185年秋分～冬至 | | | ○<br>カリュドンの<br>アレクサンドロス<br>（三期目） | ・*SGDI* II 1950の碑文は，三期目と明記されたカリュドンのアレクサンドロスのストラテゴス在任中のエウテュアイオスの月，つまり冬至過ぎの頃にエウクラテスがアルコンを，そしてクセノンとアタンボスがアポッロンのと明示された祭司職を，また政務官（評議員）をアテイシダスの息子オルタイオス，ニコダモスの息子クラトン，エウアンゲロスの息子ソダミダス，つまり左記の3名が務めたことを伝える<br>・*SGDI* II 1952からも，デルフォイのエンデュスポイトロピオスの月，つまり晩春にエウクラテスがアルコンで，なおかつそれが三期目と明記されたアレクサンドロスのストラテゴス在任期間中のディオニュシオスの月と重なることが確認できる |
| 前185年冬至～184年春分 | | ○<br>クラトン<br>オルタイオス<br>ソダミダス | | |
| 前184年春分～夏至 | | | | |

| 年・季節 | デルフォイのアルコン | デルフォイの評議員 | アイトリアのストラテゴス | 備考 |
|---|---|---|---|---|
| | | | | →またクラトンとソダミダスが政務官(評議員)を，アタンボスが(アポッロン)祭司を務めていたことも確かめられる<br>・*SGDI* II 1959からも，カリュドンのアレクサンドロスの三期目のストラテゴス年度のアギュエイオスの月，つまり初夏と，エウクラテスのアルコン年度のヘラクレイオスの月が重なることと，さらにその時クセノンとアタンボスが(アポッロン)祭司を務めていたを確認できる |
| 前184年夏至～秋分 | ○<br>クラトン | ○<br>認定碑文に記載なし(ただしディオドロス ポリュクラテスがおそらくその任にあった) | | ・*SGDI* II 2232は，クラトンのアルコン年度のアペッライオスの月，つまり夏至過ぎにはディオドロスとポリュクラテスが政務官(評議員)の任にあったことを伝える<br>→ここしばらくの状況からして評議員はもう1名いたと思われるが，現存史料からはわからない |
| 前184年秋分～冬至 | | | ○<br>トリコニオンのニカンドロス(二期目) | ・*SGDI* II 2053から，クラトンのアルコン年度のテオクセニオスの月，つまり春分の頃と，アイトリアにおける二期目と明記されたニカンドロスのストラテゴス年度のヘルマイオスの月が重なることと，さらにクセノンとアタンボスがこの時も(アポッロン)祭司だったことが確認できる |
| 前184年冬至～183年春分 | | ○<br>ペイシラオス<br>アンドロニコス<br>ソシニコス | | |
| 前183年春分～夏至 | | | | |
| 前183年夏至～秋分 | ○<br>アリスタイネトス | ○<br>アミュンタス<br>アルケラオス<br>プラクソン | | |
| 前183年秋分～冬至 | | | ○<br>トリコニオンのプロクセノス | ・*IG* IX.1$^2$.1.179からエウメネス2世の統治期(前197-前160/59)にアイトリアにおけるプロクセノスのストラテゴス在任が確定できる<br>・このプロクセノスは前174年頃にアイトリア内の騒乱の中で毒殺された有力政治家と同一人物と思われる(Liv. 41.25)<br>・*SGDI* II 1966から，アリスタイネトスのアルコン年度のダイダフォリオスの月，つまり初冬に左記の3名が政務官(評議員)であったことと，かつその時アポッロンのと明示された祭司の地位にクセノンとアタンボスがあったことが確かめられる |
| 前183年冬至～182年春分 | | | | |

<table>
<tr><td>前182年春分<br>～夏至</td><td></td><td>○<br>認定碑文に記載なし<br>（ただし<br>クレオン<br>エウクラテス<br>がその任にあったことがわかっている）</td><td rowspan="2"></td><td>・SGDI II 2133から，アイトリアでトリコニオンのプロクセノスがストラテゴスを務めた年度のディオニュシオスの月，つまり晩春が，デルフォイにおけるアリスタイネトスのアルコン年度のエンデュスポイトロピオスの月と重なることが確かめられる<br>→アポッロンのと明示された祭司職をクセノンとアタンボスが，評議員と明示された地位にカッリゲネスの息子クレオンとカッリコンの息子エウクラテスがあったことも確認できる</td></tr>
<tr><td>前182年夏至<br>～秋分</td><td rowspan="4">○<br>ダモステネス</td><td rowspan="2">○<br>ペイシラオス<br>マンティアス<br>クレウダモス</td><td>・SGDI II 2057も，アルケラオスの息子ダモステネスのアルコン年度のブカティオスの月，つまり晩夏に政務官（評議員）の地位をペイシラオス，マンティアス，クレウダモスが保有し，さらに（アポッロン）祭司をアタンボスが務めていたことを伝えている</td></tr>
<tr><td>前182年秋分<br>～冬至</td><td rowspan="4">○<br>フォラスの<br>アルケダモス<br>（三期目）</td><td rowspan="2">・SGDI II 1974も，ダモステネスのアルコン年度のヘライオスの月（晩秋）に左記の３名が政務官（評議員）だったことと，かつアポッロンのと明示された祭司職をクセノンとアタンボスが保有していたことを伝えている<br>・FD III.3.261から，ダモステネスのアルコン在任がエウメネス２世の統治期であることが確定できる</td></tr>
<tr><td>前182年冬至<br>～181年春分</td><td rowspan="2">○<br>ヘリュス<br>ソダミダス<br>アストュオコス</td></tr>
<tr><td>前181年春分<br>～夏至</td><td>・SGDI II 2047は，三期目と明示されたフォラスのアルケダモスのストラテゴス任期中のヒッポドロミオスの月，つまり夏至の頃と，ダモステネスのアルコン年度のイライオスの月が重なり，かつその時ソダミダスとヘリュスが政務官（評議員）だったことと，アタンボスが（アポッロン）祭司を務めていたことを伝える</td></tr>
<tr><td>前181年夏至<br>～秋分</td><td rowspan="3">○<br>アンドロニコス</td><td rowspan="2">○<br>クレウダモス<br>メネストラトス<br>マンティアス</td><td>・SGDI II 2134は，三期目と明示されたフォラスのアルケダモスのストラテゴス任期中のパナモスの月，つまり晩夏が，アンドロニコスのアルコン年度のブカティオスの月と重なることと，その時クセノンとアタンボスがアポッロンのと明記された祭司職を，左記の３名が政務官（評議員）を保有していたことを伝える</td></tr>
<tr><td>前181年秋分<br>～冬至</td><td rowspan="2">○<br>トリコニオンの<br>トアス<br>（三期目）</td><td rowspan="2">・SGDI II 2023からも，アンドロニコスのアルコン年度のダイダフォリオスの月，つまり初冬に左記の３名が政務官（評議員）だったことが確認できる<br>→また（アポッロン）祭司の任にクセノンとアタンボスがあったことも伝えられている</td></tr>
<tr><td>前181年冬至<br>～180年春分</td><td></td></tr>
</table>

| 年・季節 | デルフォイのアルコン | デルフォイの評議員 | アイトリアのストラテゴス | 備考 |
|---|---|---|---|---|
| 前180年春分<br>～夏至 | | ○<br>カッリアス<br>ダメネス<br>クラトン | | ・*SGDI* II 1964からも，アンドロニコスのアルコン年度のエンデュスポイトロピオスの月(晩春)にダメネスとクラトンが政務官(評議員)を務めていたことが確認できる<br>→クセノンとアタンボスが(アポッロン)祭司を務めたことも伝えられている<br>・*SGDI* II 2076は，三期目と明示されたトアスのストラテゴス在任期間中のヒッポドロミオスの月(夏至の頃)が，アンドロニコスのアルコン在任期間中のイライオスの月と重なることと，その時ダメネスが政務官(評議員)の一員だったことを伝えている |
| 前180年夏至<br>～秋分 | ○<br>マンティアス | ○<br>ディオドロス<br>クセノン<br>ソシニコス | | ・*SGDI* II 2032からポリュオンの息子マンティアスのアルコン年度のボアトオスの月，つまり秋分の頃に左記の3名が政務官(評議員)を務めていたことが確かめられ，さらにアタンボスと新たにアミュンタスが(アポッロン)祭司の任を保有するところとなっていたことがわかる<br>・*SGDI* II 2015からも，左記の3名が政務官(評議員)を務めた年度のアルコンはポリュオンの息子マンティアスと呼ばれていたことが確認できる |
| 前180年秋分<br>～冬至 | | | プレウロンの<br>パンタレオン<br>(二期目)？ | ・アイトリアのストラテゴスについては，Grainger (1999), *op. cit.*, 261に従った<br>→パンタレオンのストラテゴスの二期目はいかなる史料からも確認できないが，後述するように彼の同職三期目の保有を記した碑文が前170年代後半と思われる時期に作成されているので，ストラテゴス不明のこの年度に彼の二期目を想定することは理に適っている |
| 前180年冬至<br>～179年春分 | | ○<br>ソダミダス<br>ポリュクラテス<br>クセネアス | | ・*SGDI* II 2065からも，マンティアスのアルコン年度のビュシオスの月(初春)にポリュクラテスとソダミダスが政務官(評議員)だったことが確認できる<br>→アタンボスとアミュンタスが(アポッロン)祭司だったことも確かめられる |
| 前179年春分<br>～夏至 | | | | ・*SGDI* II 2244は，マンティアスのアルコン年度のヘラクレイオスの月，つまり初夏にソダミダスとクセネアスが政務官(評議員)の一員だったことと，アポッロンのためのそれと明示された祭司職をアタンボスとアミュンタスが保有していたことを伝えている |
| 前179年夏至<br>～秋分 | ○<br>エウアンゲロス | ○<br>ブロン<br>アイアキダス<br>メリッシオン | | ・*SGDI* II 1916からも，エウアンゲロスのアルコン年度のボアトオスの月，つまり秋分の頃にブロンとメリッシオンが政務官(評議員)の一員だったことが確かめられる |
| 前179年秋分<br>～冬至 | | | | ・*SGDI* II 1933は，この年度のダイダフォリオスの月，つまり初冬に，アタンボスとアミュンタスがアポッロンのためのそれと明示された祭司職を保有していたことを伝えている<br>・*SGDI* II 1917から，アイトリアのディオスの月(冬至の頃)にカッリポリスのロカゴスがストラテゴスを務めていたことと，その時のデルフォイがポイトロピオスの月にあたり，かつエウアンゲロスがアルコンであったことがわかる |

<table>
<tr><td>前179年冬至<br>～178年春分</td><td rowspan="2"></td><td rowspan="2">○<br>認定碑文に記載なし<br>(ただし<br>アンドロニコス<br>がその任にあったこ<br>とがわかっている)</td><td rowspan="3">○<br>カッリポリスの<br>ロカゴス</td><td rowspan="3">・SGDI II 1918 から，エウアンゲロスのアルコン年度のエンデュスポイトロピオスの月，つまり晩春に，アンドロニコスが政務官(評議員)の1人だったことがわかる</td></tr>
<tr><td>前178年春分<br>～夏至</td></tr>
<tr><td>前178年夏至<br>～秋分</td><td rowspan="4">○<br>プラクシアス</td><td rowspan="2">○<br>ムナソン<br>ソティモス<br>アンフィストラトス</td></tr>
<tr><td>前178年秋分<br>～冬至</td><td rowspan="4">○<br>ストラトスの<br>リュキスコス<br>(一期目)</td><td rowspan="4">・SGDI II 2048 からも，デルフォイでプラクシアスがアルコンを務めた年度のダイダフォリオスの月，つまり初冬に左記の3名が評議員と明示された職にあったことが確認できる<br>→同碑文はまた，この時フォキス人たちの共同体のストラテゴスの任にテイトロニオスの息子ポリュクセノスなる人物があったことと，さらにデルフォイでアタンボスとアミュンタスが(アポッロン)祭司だったことを伝える<br>・SGDI II 2051 は，プラクシアスのアルコン年度のポイトロピオスの月，つまり冬至の頃が，アイトリアでストラトスのリュキスコスがストラテゴスの任にあった年度のディオスの月と重なることと，この時アポッロンのためのそれと明示された祭司職にアタンボスとアミュンタスがあったことを伝える<br>・SGDI II 1909 からも，プラクシアスのアルコン年度のアマリオスの月，つまり冬至過ぎの頃に，時の政務官(評議員)の地位に左記の3名があったことが確認できる<br>・SGDI II 2135 は，アイトリアでストラトスのリュキスコスがストラテゴスを務めた年度のパナモスの月，つまり晩夏が，デルフォイでメリッシオンがアルコンを務めた年度のブカティオスの月と重なることと，その時の(アポッロン)祭司がアタンボスとアミュンタスだったことを伝える</td></tr>
<tr><td>前178年冬至<br>～177年春分</td><td rowspan="2">○<br>カッリアス<br>ダメネス<br>バッキオス</td></tr>
<tr><td>前177年春分<br>～夏至</td></tr>
<tr><td>前177年夏至<br>～秋分</td><td rowspan="2">○<br>メリッシオン</td><td rowspan="2">○<br>デクシクラテス<br>アルケラオス<br>アンドロメネス</td></tr>
<tr><td>前177年秋分<br>～冬至</td><td>○<br>トリコニオンの<br>ニカンドロス<br>(三期目)</td><td>・SGDI II 2236 からも，メリッシオンのアルコン年度のヘライオスの月，つまり晩秋にアンドロメネスとデクシクラテスが政務官(評議員)の一員だったことが確認できる</td></tr>
</table>

| 年・季節 | デルフォイのアルコン | デルフォイの評議員 | アイトリアのストラテゴス | 備考 |
|---|---|---|---|---|
| 前177年冬至～176年春分 | | ○<br>プラクシアス<br>アンドロニコス<br>アリスティオン | | ・*SGDI* II 1855は，アイトリアで三期目と明示されたトリコニオンのニカンドロスのストラテゴス任期中のヘルマイオスの月，つまり春分の頃と，デルフォイにおけるメリッシオンのアルコン年度のテオクセニオスの月とが重なることと，この時（アポッロン）祭司の職をアタンボスとアミュンタスが保有していたことを伝える<br>→また同碑からは左記の3名が時の政務官（評議員）であることも確認できる |
| 前176年春分～夏至 | | | | |
| 前176年夏至～秋分 | ○<br>クセノカレス | ○<br>認定碑文に記載なし（ただし<br>ドロモクレイダス<br>アンドロニコス<br>アルキノス<br>がその任にあったことがわかっている） | | |
| 前176年秋分～冬至 | | | ◎<br>ヒュパタの<br>エウポレモス<br>（二期目） | ・Liv. 41.25.3からエウポレモスのストラテゴス在任が確認できる<br>・*SGDI* II 1864は，アイトリアでエウポレモスが二期目と明示されたストラテゴスの任期中のディオスの月，つまり冬至の頃，デルフォイではクセノカレスのアルコン年度のポイトロピオスの月で，かつ左記の3名が時の政務官（評議員）だったことと，アミュンタスとアタンボスが（アポッロン）祭司だったと記している<br>・*SGDI* II 1745からも，エウポレモスが二期目のストラテゴスを務めた年度のヘルマイオスの月，つまり春分の頃が，デルフォイにおけるクセノカレスのアルコン年度のテオクセニオスの月と重なることが確認できる |
| 前176年冬至～175年春分 | | ○<br>エケフュロス<br>プラクソン<br>テオフラストス | | |
| 前175年春分～夏至 | | | | |
| 前175年夏至～秋分 | △<br>アルケラス<br>（アルケラオス？） | △<br>メリッシオン<br>クセノン<br>ブロン | | |
| 前175年秋分～冬至 | | | | ・*SGDI* II 1865もヘライオスの月，つまり晩秋に，評議員と明示された役職の任をメリッシオン，クセノン，ブロンが帯びていた時にアルコン職を保有していたのはダモステネスの息子アルケラオスだったと伝えている<br>→アポッロンのためのそれと明示された祭司職はアタンボスとアミュンタスが保有していた<br>・*SGDI* II 1795は，フォラスのアルケダモスの四期目と明示されたストラテゴス任期中のブカティオスの月，つまりは初冬（デルフォイのブカティオスの月〈晩夏〉との区別に注意）が，アルケラオスのアルコン年度のダイダフォリオスの月と重なることと，その時に左記の3名が時の政務官（評議員）を務め，アタンボスとアミュンタスがアポッロンのためのそれと明示された祭司職を保有していたことを伝える |

| | | | | |
|---|---|---|---|---|
| | | | | ・この前175/4年から前172/1年までは，認定碑文に記されたデルフォイのアルコンと評議員への言及，および *FD* III.7 のアルコン・評議員表と Grainger (1999), *op. cit.*, 71 に依拠して各欄への記述を行っている<br>→再現されたストラテゴス，アルコンおよび評議員の名前や順番に矛盾はないと考えているが，前175/4年の本当のアルコン名が不鮮明である点や，認定碑文がこの時期に関してどうも連続的にアルコンや評議員をフォローしていないと思しき状況，さらに前172/1年度の正規のストラテゴスが不明な点などに鑑み，時間的な接続が確実なアルコン・ストラテゴス・評議員の欄を太枠で区切って中に△を付けるのに止めておいた |
| 前175年冬至～174年春分 | | △<br>認定碑文に記載なし<br>（ただし<br>タランティノス<br>アルケラオス<br>カッリアス<br>がその任にあったことがわかっている） | △<br>フォラスの<br>アルケダモス<br>（四期目） | |
| 前174年春分～夏至 | | | | ・*SGDI* II 1843 は，フォラスのアルケダモスの四期目と明示されたストラテゴス年度のアギュエイオスの月，つまり初夏が，ダモステネスの息子アルケラオスがアルコン年度のヘラクレイオスの月と重なることと，その時アルケラオスが政務官（評議員）の一員で，なおかつアポッロンのためのそれと明示された祭司職をアタンボスとアミュンタスが保有していたことを伝える<br>・*SGDI* II 1987 は，フォラスのアルケダモスの四期目と明示されたストラテゴス任期中のヒッポドロミオスの月，つまり夏至の頃が，デルフォイのダモステネスの息子アルケラオスのアルコン年度のイライオスの月と重なることと，なおかつ左記の３名が時の政務官（評議員）で，さらにアタンボスとアミュンタスがアポッロンのためのそれと明示された祭司職を保有していたことを伝える |
| 前174年夏至～秋分 | △<br>認定碑文に記載なし<br>（ただし<br>エウドコス<br>の息子<br>ソシニコス<br>の在任が伝わっている） | △<br>認定碑文に記載なし<br>（ただし<br>グラウコス<br>ムナシテオス<br>ディオドロス<br>がその任にあったことがわかっている） | | ・*SGDI* II 1786 は，ソシニコスのアルコン年度のブカティオスの月，つまり晩夏が，四期目と明示されたフォラスのアルケダモスのストラテゴス在任期間と重なることを伝える<br>→どういうわけかアイトリアにおける月名への言及がないが，左記の３名が時の政務官（評議員）であると記されているので（アポッロンのためのそれと明示された祭司職はアタンボスとアミュンタスが保有），デルフォイにおいては新年度が始まった時期であることは間違いない |
| 前174年秋分～冬至 | | | | |

<table>
<tr><th>年・季節</th><th>デルフォイのアルコン</th><th>デルフォイの評議員</th><th>アイトリアのストラテゴス</th><th>備考</th></tr>
<tr><td>前174年冬至<br>～173年春分</td><td rowspan="2"></td><td rowspan="2">△<br>認定碑文に記載なし<br>（ただし<br>アルキノス<br>アンドロメネス<br>ドロモクレイダス<br>がその任にあったことがわかっている）</td><td rowspan="3">△<br>プレウロンの<br>パンタレオン<br>（三期目）</td><td rowspan="2">・SGDI II 1799は，ソシニコスのアルコン年度のビュシオスの月，つまり初春にアルキノス，アンドロメネス，ドロモクレイダスが時の政務官（評議員）で，かつアタンボスとアミュンタスが（アポッロン）祭司だったことを伝えている</td></tr>
<tr><td>前173年春分<br>～夏至</td></tr>
<tr><td>前173年夏至<br>～秋分</td><td rowspan="4">△<br>アイアキダス</td><td rowspan="2">△<br>認定碑文に記載なし<br>（ただし<br>オルタイオス<br>ダモステネス<br>とやや疑わしいが<br>ニコマコス<br>がおそらくその任にあった）</td><td>・SGDI II 1856は，三期目と明示されたパンタレオンのストラテゴス在任期間中のパナモスの月，つまり晩夏と，アイアキダスのアルコン年度のブカティオスの月が重なることを伝えている<br>→SGDI II 1821は，同じ時期にオルタイオスとダモステネスが時の政務官（評議員）を務め，かつアタンボスとアミュンタスが（アポッロン）祭司職を保有していたことを伝える</td></tr>
<tr><td>前173年秋分<br>～冬至</td><td rowspan="3">△<br>トリコニオンの<br>トアス<br>（四期目）</td><td>・SGDI II 1853は，四期目と明示されたトアスのストラテゴス在任中のディオスの月，つまり冬至の頃と，アイアキダスのアルコン年度のポイトロピオスの月が重なることと，アミュンタスが祭司職を，そして政務官（評議員）の職をオルタイオスが保有していたことを伝える<br>・SGDI II 1730は，月名は記していないがフィライトロスの息子アイアキダスのアルコン年度にしてトアスのストラテゴス在任期間中（やはり月名への言及なし），ニコマコスが政務官（評議員）で，かつ何のそれかは明示されていないが祭司職をタランティノスが保有していたと伝える<br>→タランティノスはこの少し後にアポッロン祭司職をアタンボスから引き継ぐのであるが，この時期に「祭司」として表示される理由は分からず，この点はこのSGDI II 1730の年代決定をいくらか怪しいものとしているように思われる</td></tr>
<tr><td>前173年冬至<br>～172年春分</td><td rowspan="2">△<br>エウクラテス<br>クセネアス<br>ダモクラテス</td><td rowspan="2">・SGDI II 1758は，フィライトロスの息子アイアキダスのアルコン年度のテオクセニオスの月，つまり春分の頃に，左記の三名が時の政務官（評議員）であることと，アミュンタスとアタンボスがアポッロンのためのそれと明示された祭司職を保有していたことを伝えている</td></tr>
<tr><td>前172年春分<br>～夏至</td></tr>
</table>

| | | | | |
|---|---|---|---|---|
| 前172年夏至<br>～秋分 | △<br>クレオファネス | △<br>認定碑文に記載なし<br>（ただし<br>アルキノス<br>アルケラス<br>がおそらくその任にあった） | | ・*SGDI* II 1755は，クレオファネスのアルコン年度のブカティオスの月，つまりは晩夏に，アルキアダスの息子アルキノスとダモステネスの息子アルケラスが時の都市政務官，おそらくは評議員を務めていたことと，またこれと同じ時にフォキス人たちのスラテゴスをアンティオコスなる人物が務めたことを伝える<br>→同碑文はまた，それはフォキス人たちの共同体の第11番目の月のことだったと述べており，さらに *SGDI* II 1770でこのアンティオコスのストラテゴス在任期間の第２番目の月がデルフォイのダイダフォリオスの月，つまり初冬と重なると記されていることから，彼らの共同体の年度頭は秋分の頃だったと考えることができる |
| 前172年秋分<br>～冬至 | | | ◎<br>ストラトスの<br>リュキスコス<br>（二期目・補充） | ・Liv. 42.38.2から，アイトリアでは正規のストラテゴスが在任中に他界し，前171年の前半のどこかと思われる時期にリュキスコスが補充ストラテゴスに選ばれたことが分かる |
| 前172年冬至<br>～171年春分 | | △<br>アイアキダス<br>メリッシオン<br>ライアダス | | |
| 前171年春分<br>～夏至 | | | | ・*SGDI* II 1759からも，クレオファネスのアルコン年度のエンデュスポイトロピオスの月，つまり晩春にエウアンゲロスの息子メリッシオン，フィライトロスの息子アイアキダス，ライアダスが時の政務官（評議員）の地位にあったことが確認できる<br>→またアタンボスとアミュンタスが，アポッロンのためのそれと明示された祭司職を保有していたことも伝えられている |
| 前171年夏至<br>～秋分 | | | | |
| 前171年秋分<br>～冬至 | ○<br>認定碑文に記載なし<br>（ただし<br>メネス<br>の在任が知られている） | 認定碑文に記載なし<br>（他からも知られていない） | | ・*SGDI* II 1810は，フォラスのプロアンドロスがストラテゴスを務めた年度のディオスの月，つまり冬至の頃と，メネスのアルコン年度のポイトロピオスの月と重なることと，さらにアタンボスとアミュンタスがアポッロンのためのそれと明示された祭司職を保有していたことを伝える<br>→上記の情報からだけでは，このストラテゴスとアルコンがこの年度に入ると確定できないが，この後に示すように，プロアンドロスの任期はメネスとその次にアルコンになったライアダスのそれをまたいでおり，なおかつそのライアダスの在任時期が同時期のアカイアのストラテゴスのそれから確定できることから，連鎖的にメネスとプロアンドロスがいつそれぞれの任を帯びていたかも導き出せる |
| 前171年冬至<br>～170年春分 | | | | ・*SGDI* II 2611は，メネスのアルコン年度に，年度後半の評議員と明示された地位をプラクシアスとデクシクラテス，そしてまたグランマテウスの役をエンメニダスが保有したと伝えている |

<table>
<tr><th>年・季節</th><th>デルフォイのアルコン</th><th>デルフォイの評議員</th><th>アイトリアのストラテゴス</th><th>備考</th></tr>
<tr><td>前170年春分<br>〜夏至</td><td></td><td>○<br>認定碑文に記載なし<br>（ただし<br>プラクシアス<br>デクシクラテス<br>とそしてまた<br>おそらく<br>エンメニダス<br>がその任にあった）</td><td rowspan="2">○<br>フォラスの<br>プロアンドロス</td><td>→グランマテウスと明示された役職者の存在が確認されるのは，相当に久しぶりといえる<br>・SGDI II 1882は，メネスのアルコン年度のイライオスの月，つまり夏至の頃にアポッロンのためのそれと明示された祭司職をアタンボスとアミュンタスが保有していたことを伝える<br>・次のライアダスのアルコン年度の文書からは，アミュンタスとタランティノスがアポッロン祭司として登場するので，ここでアタンボスの他界ないしは引退による退任がみてとれる<br>→今取り上げたSGDI II 1882は，本表に登場する多くの文書と同じように，奴隷身分にある人物の解放を約束した契約書で，アポッロン祭司たちはその証人として登場し，かつ多数の事例からも明らかなように，役職者だからといって必ずこの列に加わる必要はなかった，つまり契約の場に実際にいなければ証人になることもなかったと判断できるため，アタンボスは前171/0年度の終わり（頃？）まで祭司の任にあり続けたと考えられる</td></tr>
<tr><td>前170年夏至<br>〜秋分</td><td rowspan="4">○<br>ライアダス</td><td rowspan="2">○<br>バッキオス<br>アリスティオン<br>アミュネアス</td><td>・SGDI II 1739は，フォラスのプロアンドロスがストラテゴスを務めた年度のパナモスの月，つまり晩夏が，ライアダスのアルコン年度のブカティオスの月と重なり，なおかつバッキオスが政務官（評議員）の一員で，さらにアポッロンのためのそれと明示された祭司職をアミュンタスとタランティノスが保有していたことを伝える<br>→SGDI II 1740および1756からはまた，同じ時期にアリスティオンとさらにアミュネアスが政務官（評議員）の一員であったことが確認できる</td></tr>
<tr><td>前170年秋分<br>〜冬至</td><td rowspan="3">◎<br>アカイアで<br>アルコンが<br>ストラテゴス職<br>（四期目？）<br>を保有<br>（アイトリアでは<br>ナウパクトスの<br>アゲラオス<br>がストラテゴス職を<br>保有）</td><td rowspan="2">・SGDI II 1789は，アイトリアでアゲラオスがストラテゴスを務めた年度のディオスの月，つまり冬至の頃と，デルフォイでライアダスがアルコンを務めた年度のポイトロピオスの月が重なることと，なおかつ左記の3名が政務官（評議員）だったことを伝える</td></tr>
<tr><td>前170年冬至<br>〜169年春分</td><td rowspan="2">○<br>認定碑文に記載なし<br>（ただし<br>アルケラス<br>フィロクラテス<br>ムナシテオス<br>がその任にあったことがわかっている）</td></tr>
<tr><td>前169年春分<br>〜夏至</td><td>・SGDI II 1761は，ライアダスのアルコン年度のエンデュスポイトロピオスの月，つまり晩春に，プラオコスの息子アルケラス，フィロクラテス，ムナシテオスが時の政務官（評議員）の地位にあり，さらにアポッロンのためのそれと明示された祭司職にタランティノスとアミュンタスがあったことを伝える<br>・SGDI II 1774から，ライアダスのアルコン年度のエンデュスポイトロピオスの月が，アカイアでアイゲイラの人アルコンがストラテゴスを務めた年度の第7番目の月と重なっていたことがわかる<br>→Polyb. 28.6.9から，ここに登場するアルコンがストラテゴスを務めた年度は前170/69年（ポリュビオスがアカイアのヒッパルコスを務めた年度）と判断できる</td></tr>
</table>

<table>
<tr><td></td><td></td><td></td><td rowspan="2"></td><td rowspan="2">：アルコンは複数回(おそらく4回)ストラテゴス職を保有しているが，この年度より後に同職に就任した様子はなく，かつ現存する碑文からみる限り，ここまでに示してきたようにこの前年度の前171/0年までは，アポッロン祭司はタランティノスとアミュンタスの組み合わせではなくアタンボスとアミュンタスの組み合わせであるため<br>・左のストラテゴスの欄では便宜上，アルコンとアゲラオスは同じ期間を包摂した枠におさめられているが，この時期のアカイアのストラテゴスは初冬の頃にその任に就いたとみられている(cf. Walbank, F. W. (1984), ‘Macedonia and Greece’ in CAH VII-1$^2$, 245)。<br><br>・SGDI II 1888は，アゲラオスがストラテゴスを務めた年度のパナモスの月，つまり晩夏と，マンティアスの息子クレウダモス(あるいはクレオダモス)のアルコン年度のブカティオスの月が重なることと，その時アポッロンのためのそれと明示された祭司職をアミュンタスとタランティノスが保有していたことを伝える<br>・SGDI II 1809は，クレウダモスのアルコン年度のブカティオスの月，つまり晩夏にアサンドロスとアルコンが政務官(評議員)の一員だったことと，その時アミュンタスとタランティノスがアポッロンのためのそれと明示された祭司職を保有していたことを伝える</td></tr>
<tr><td>前169年夏至<br>～秋分</td><td rowspan="4">○<br>認定碑文に記載なし<br>(ただし<br>クレウダモス<br>の在任が知られている)</td><td rowspan="2">○<br>認定碑文に記載なし<br>(ただし<br>アサンドロス<br>アルコン<br>ディオドロス<br>がその任にあったことがわかっている)</td></tr>
<tr><td>前169年秋分<br>～冬至</td><td rowspan="3">ストラトスの住人で<br>トリカス<br>の息子<br>アゲロコス？</td><td rowspan="3">・SGDI II 1857は，クレウダモスのアルコン年度のポイトロピオスの月，つまり冬至の頃に，ムナシテオスの息子ディオドロスが政務官(評議員)の一員で，なおかつアミュンタスとタランティノスがアポッロン祭司だったことを伝える<br>・アゲロコスのストラテゴス在任時期については例によってGrainger (1999), op. cit., 72に従っているが，推測の域を出ない<br>→彼の同職保有自体は，IG IX.1$^2$.1.69から基本的に確定できる<br>・ただこの年度以降，このデルフォイのプロクセノス表が伝えるアルコンおよび評議員に関する記述の方も以前に比べて格段に非連続的になり，また文献史料のサポートが基本的になくなる時代に入っていくこともあって，Grainger (1999), op. cit., 72やFD III.7のアルコン・評議員表もこの認定碑文などを頼りに，この後に示すような役職保有者と年代をなおしばらく提示し続けるものの，年代の方はどうしても不確かなところが残る推測に頼る部分が大きくなっていく<br><br>・SGDI II 1762は，マンティアスの息子クレウダモスのアルコン年度のビュシオスの月，つまり初春に，カリクセノスの息子アミュネアス，フリキダスの息子アンドロニコス，ブロンの息子クセノンが時の政務官(評議員)で，アポッロンのためのそれと明示された祭司職をタランティノスとアミュンタスが保有していたことを伝える</td></tr>
<tr><td>前169年冬至<br>～168年春分</td><td rowspan="2">○<br>認定碑文に記載なし<br>(ただし<br>アミュネアス<br>アンドロニコス<br>クセノン<br>がその任にあったことがわかっている)</td></tr>
<tr><td>前168年春分<br>～夏至</td></tr>
</table>

| 年・季節 | デルフォイのアルコン | デルフォイの評議員 | アイトリアのストラテゴス | 備考 |
|---|---|---|---|---|
| 前168年夏至〜秋分 | △<br>認定碑文に記載なし<br>（クレオン？） | △<br>認定碑文に記載なし<br>（ただし<br>クレオンのアルコン<br>年度前半には<br>ヘリュス<br>パシオン<br>カッリアス<br>がその任にあったことがわかっている） | | ・*SGDI* II 1836は，デルフォイでクレオンがアルコンを務めた年度のブカティオスの月，つまり晩夏に，プレイストンの息子ヘリュスが政務官（評議員）の一員で，かつアミュンタスとタランティノスがアポッロンのためのそれと明示された祭司職を保有していたと伝える<br>→アルコンと評議員の年代については *FD* III.7 のアルコン・評議員表に従ったが，上記のような理由から，基本的に推測の域を出ない<br>・ただし，アミュンタスとタランティノスのペアによるアポッロン祭司在任期が確認できる年度の暫定総数を踏まえると，この前168/7年から前157/6年のどこかに入るとひとまずは考えられる |
| 前168年秋分〜冬至 | | | ソステネスの人でニケアスの息子ポレマルコス？ | ・*SGDI* II 1798は，クレオンのアルコン年度のポイトロピオスの月，つまり冬至の頃に，左記の三名が時の政務官（評議員）を務め，かつアポッロンのためのそれと明示された祭司職をアミュンタスとタランティノスが保有していたことを伝える<br>・アイトリアのストラテゴスについては，上と同じく Grainger (1999), *op. cit.*, 72 に従う<br>→その在任は *IG* IX.$1^2$.1.71c および同3.708 から確かめられるが，時期を特定するだけの材料はない |
| 前168年冬至〜167年春分 | | △<br>認定碑文に記載なし<br>（ただし<br>クレオンのアルコン<br>年度後半には<br>デクソンダス<br>クセノン<br>アサンドロス<br>がその任にあったことがわかっている） | | ・*SGDI* II 1771は，クレオンのアルコン年度のエンデュスポイトロピオスの月，つまり晩春に，ダモンの息子デクソンダスが政務官（評議員）の一員だったことを伝える |
| 前167年春分〜夏至 | | | | ・*SGDI* II 1779は，同年度のヘラクレイオスの月（初夏）にブロンの息子クセノンが政務官（評議員）の一員で，かつアポッロンのためのそれと明示された祭司職をエウドロスの息子アミュンタスとアルコンの息子タランティノスが保有していたと伝える<br>・*SGDI* II 1837は，同年度の同月にアサンドロスもまた政務官（評議員）だったことを伝える |
| 前167年夏至〜秋分 | | | | ・*SGDI* II 1767は，クセネアスのアルコン年度のブカティオスの月，つまり晩夏に，左記（次頁）の3名が時の政務官（評議員）で，かつアポッロンのためのそれと 明示された祭司職をアミュンタスとタランティノスが保有していたことを伝える |

<table>
<tr><td>前167年秋分<br>～冬至</td><td rowspan="3">△<br>認定碑文に記載なし<br>（クセネアス？）</td><td>△<br>認定碑文に記載なし<br>（ただし<br>クセネアスのアルコン年度前半には<br>アルキアス<br>アリストクラテス<br>ダモファネス<br>がその任にあったことがわかっている）</td><td rowspan="4">△<br>フュタイオンの<br>パナイトロス？</td><td rowspan="4">・SGDI II 1729 は，パナイトロスのストラテゴス在任中のアギュエイオスの月，つまり初夏と，クセネアスのアルコン年度のヘラクレイオスの月が重なることと，かつまた左記の３名が時の政務官（評議員）を務め，アポッロンのためのそれと明示された祭司職をタランティノスとアミュンタスが保有していたことを伝える<br><br>・SGDI II 1815 は，カッリアスの息子テウクセノスがアルコンを務めた年度のボアトオスの月，つまり秋分の頃，パトロンの息子イアタダス，フィライトロスの息子アイアキダス，プロンの息子クセノンが時の政務官（評議員）を務め，かつタランティノスとアミュンタスがアポッロンのためのそれと明示された祭司職を保有していたと伝える</td></tr>
<tr><td>前167年冬至<br>～166年春分</td><td rowspan="2">△<br>認定碑文に記載なし<br>（ただし<br>クセネアスのアルコン年度後半には<br>ダモン<br>クセノン<br>ポリュオン<br>がその任にあったことがわかっている）</td></tr>
<tr><td>前166年春分<br>～夏至</td></tr>
<tr><td>前166年夏至<br>～秋分</td><td rowspan="3">△<br>テオクセノス？<br>（前169/8年より後のはずであるが，それ以上の特定は難しい）</td><td rowspan="2">△<br>認定碑文に記載なし<br>（ただし<br>テオクセノスのアルコン年度前半には<br>イアタダス<br>アイアキダス<br>クセノン<br>がその任にあったことがわかっている）</td></tr>
<tr><td>前166年秋分<br>～冬至</td><td rowspan="2"></td><td rowspan="2">・ストラトンのストラテゴスの一期目（次頁に表記）はいかなる史料からも確認されないが，後述するように，デルフォイでタランティノスとアミュンタスの２人がアポッロン祭司を務めていた期間のうちにストラトンが二期目のストラテゴスを保有したことを示す碑文があるので，前169/8年以降の数年程度のうちのどこかに一期目があったことは間違いない<br><br>・SGDI II 1785 からも，テウクセノスのアルコン年度のアマリオスの月，つまり冬至過ぎの頃に左記（次頁）の３名が時の政務官（評議員）を務めたことが確認できる</td></tr>
<tr><td>前166年冬至<br>～165年春分</td><td></td></tr>
</table>

<table>
<tr><th>年・季節</th><th>デルフォイのアルコン</th><th>デルフォイの評議員</th><th>アイトリアのストラテゴス</th><th>備考</th></tr>
<tr><td>前165年春分<br>～夏至</td><td></td><td>△<br>フィロクラテス<br>ポレマルコス<br>アルコン</td><td rowspan="2">アルシノエの<br>ストラトン<br>（一期目）？</td><td rowspan="2">・前記の *SGDI* II 1815 を含め，プロクセノス認定碑文以外で現存する碑文はすべてこの年度のアルコンの名はテオクセノスではなくテウクセノスであると伝えている<br>→テオクセノスという人物と，さらにまた別にテウクセノスという人物がいたという可能性は，認定碑文が伝えるこの年度後半の評議員の 3 名の名がこの *SGDI* II 1785 やまた同1748などからも確認できる点により基本的に否定される<br>：この後の前160/59年の備考欄で取り上げる事例において特に顕著なのだが，当時のデルフォイの人々は「テオ～」と「テウ～」あるいは「エオ」と「エウ」の音・表記についておそらくあまり厳密な区別をおこなっていない</td></tr>
<tr><td>前165年夏至<br>～秋分</td><td rowspan="4">△<br>ピュッロス<br>（年代の不確実性についても上と同じ）</td><td rowspan="2">△<br>アタンボス<br>アルケラス<br>ディオン<br>（ただし年度前半という記述は認定碑文にはない）</td></tr>
<tr><td>前165年秋分<br>～冬至</td><td rowspan="4">△<br>アグリニオンの<br>ヒュブリスタス？</td><td rowspan="4">・*SGDI* II 1884 は，ピュッロスのアルコン年度のポイトロピオスの月，つまり冬至の頃に，アミュンタスとタランティノスがアポッロンのためのそれと明示された祭司職を保有し，かつダモステネスの息子アルケラス，アレクソンの息子ディオン，アタニオンの息子アタンボスが政務官（評議員）だったことを伝える<br>→*FD* III.1.48 の方では，ピュッロスのアルコン年度前半の評議員と明示された役職の保有者はアタンボス，アルケラオス，ディオンと表記されている<br>・*SGDI* II 1829 も，同年度のポイトロピオスの月に政務官（評議員）を務めていたのはアタニオンの息子アタンボスとアルケラオスであると伝えている<br><br>・*SGDI* II 1818 は，アグリニオンのヒュブリスタスがストラテゴスを務めた年度のホモロイオスの月，つまり初春に，デルフォイではピュッロスがアルコンを務め（月名への言及はない），タランティノスとアミュンタスが（アポッロン）祭司を，そして左記の 3 名が時の政務官（評議員）を務めていたと伝える<br><br>・*SGDI* II 1849 は，アルコンのアルコン年度のブカティオスの月，つまり晩夏に，タランティノスとアミュンタスが（アポッロン）祭司だったことと，アリストクラテスとカッリマコスが政務官（評議員）を務めていたことを伝える</td></tr>
<tr><td>前165年冬至<br>～164年春分</td><td rowspan="2">△<br>認定碑文に記載なし<br>（ただし<br>アタンボス<br>アサンドロス<br>ヘラコン<br>がその任にあったことがわかっている）</td></tr>
<tr><td>前164年春分<br>～夏至</td></tr>
<tr><td>前164年夏至<br>～秋分</td><td>△<br>認定碑文に記載なし<br>（アルコン？）</td><td></td></tr>
</table>

| | | | | |
|---|---|---|---|---|
| 前164年秋分<br>～冬至 | | △<br>認定碑文に記載なし<br>（ただし<br>アルコンのアルコン<br>年度前半には<br>アリストクラテス<br>カッリマコス<br>エウアゴラス<br>がその任にあったことがわかっている） | オアクソスの<br>アントコス？ | ・*SGDI* II 1874は，ニコブロスの息子アルコンのアルコン年度のポイトロピオスの月，つまり冬至の頃，アミュンタスとタランティノスがアポッロンのためのそれと明示された祭司職を保有し，エウアゴラスとカッリマコスが政務官（評議員）を務めたと伝える |
| 前164年冬至<br>～163年春分 | | △<br>認定碑文に記載なし<br>（ただし<br>アルコンのアルコン<br>年度後半には<br>ソティモス<br>カリクセノス<br>ニコマコス<br>がその任にあったことがわかっている） | | ・アントコスのストラテゴス職保有は*IG* IX.1$^2$.1.99に拠っているが，名前の部分は多くが欠落している上，どの年代の文書であるかを文中から特定することも目下のところ難しい<br>・*SGDI* II 1886は，アルコンがアルコン職を務めた年度のアマリオスの月，つまり冬至過ぎの頃に，アミュンタスとタランティノスがアポッロンのためのそれと明示された祭司職を保有し，かつ左記の3名が時の政務官（評議員）を務めていたことを伝える |
| 前163年春分<br>～夏至 | | | | |
| 前163年夏至<br>～秋分 | △<br>認定碑文に記載なし<br>（カッリアス<br>の息子<br>エンメニダス？） | △<br>認定碑文に記載なし<br>（ただし<br>エンメニダスのアルコン年度前半には<br>アリスティオン<br>アサンドロス<br>アリストマコス<br>がその任にあったことがわかっている） | | ・*SGDI* II 2030は，カッリアスの息子エンメニダスがアルコンを務めた年度のボアトオスの月，つまり秋分の頃，アミュンタスとタランティノスがアポッロンのためのそれと明示された祭司職を保有し，かつ左記の3名が時の政務官（評議員）を務めていたことを伝える |
| 前163年秋分<br>～冬至 | | | トリコニオンの<br>テイシッポス<br>（一期目）？ | |
| 前163年冬至<br>～162年春分 | | | | ・*SGDI* II 1822は，カッリアスの息子エンメニダスのアルコン年度のアマリオスの月，つまり冬至過ぎの頃に，タランティノスとアミュンタスがアポッロンのためのそれと明示された祭司職を保有し，かつ左記（次頁）の3名が時の政務官（評議員）を務めていたと伝える |

| 年・季節 | デルフォイのアルコン | デルフォイの評議員 | アイトリアのストラテゴス | 備考 |
|---|---|---|---|---|
| 前162年春分<br>〜夏至 | | △<br>認定碑文に記載なし<br>（ただし<br>エンメニダスのアルコン年度後半には<br>アタンボス<br>クレオン<br>カッリクレス<br>がその任にあったことがわかっている） | | ・テイシッポスの一期目と明示されたストラテゴス在任は，ディオニュシオスの月，つまり晩春に作成された，とある奴隷の解放に関する文書を刻んだ *IG* IX.$1^2$.1.101 から確かめられるが，具体的な年代はわからない |
| 前162年夏至<br>〜秋分 | | | | |
| 前162年秋分<br>〜冬至 | | △<br>認定碑文に記載なし<br>（ただし<br>メネストラトスのアルコン年度前半には<br>パトレアス<br>エケフュロス<br>クレアンドロス<br>がその任にあったことがわかっている） | | ・カリュドンのフュラクスの一期目と明示されたストラテゴス在任は，ディオスの月，つまり冬至の頃に作成された文書を刻んだ *IG* IX.$1^2$.1.106 から確かめられるが，具体的な年代はわからない<br>・*FD* III.3.7 は，メネストラトスのアルコン年度のポイトロピオスの月，つまり冬至の頃，アミュンタスとタランティノスがアポッロンのためのそれと明示された祭司職を保有し，かつ左記の３名が時の政務官（評議員）を務めたことを伝える<br>→ *FD* III.3.204 も，月名にはふれないものの，メネストラトスのアルコン年度に左記の３名が評議員と明示された役職にあったことを伝えている |
| 前162年冬至<br>〜161年春分 | △<br>認定碑文に記載なし<br>（メネストラトス？） | △<br>認定碑文に記載なし<br>（ただし<br>メネストラトスのアルコン年度後半には<br>テウクセノス<br>ハギオン<br>とそしてまた<br>おそらく<br>ムナシテオス<br>がその任にあった） | カリュドンの<br>フュラクス<br>（一期目）？ | ・*SGDI* II 1823 は，メネストラトスのアルコン年度のアマリオスの月，つまり冬至過ぎの頃に左記の３名が政務官（評議員）を務めていたことを伝える<br>・*SGDI* II 1877 は，同年度のテオクセニオスの月，つまり春分の頃，アポッロンのためのそれと明示された祭司職をアミュンタスとタランティノスが保有し，かつムナシテオスとテオクセノスが政務官（評議員）の一員だったことを伝える<br>→ *SGDI* II 1878 でもテウクセノスではなくテオクセノスと表記されているが，数の上ではテウクセノスと書いている方がやや多いので，左の欄ではテウクセノスと記しておく |

| | | | | |
|---|---|---|---|---|
| 前161年春分<br>～夏至 | | | | ・*SGDI* II 1824は，メネストラトスのアルコン年度のエンデュスポイトロピオスの月，つまり晩春に，年度後半の評議員と明示された役職にカッリアスの息子テウクセノスとエケフュロスの息子ハギオンがあり，そしてグランマテウスをデクシクラテスの息子ムナシテオスが務め，かつアポッロンのためのそれと明示された祭司職をアミュンタスとタランティノスが保有していたと伝える |
| 前161年夏至<br>～秋分 | △<br>認定碑文に記載なし<br>（アンドロニコス？） | △<br>認定碑文に記載なし<br>（ただし<br>アンドロニコスの<br>アルコン年度<br>前半には<br>エウアゴラス<br>カッリマコス<br>とまたおそらく<br>エウアンゲロス<br>がその任にあった） | | ・*SGDI* II 2052は，アンドロニコスのアルコン年度のボアトオスの月，つまり秋分の頃，年度前半の評議員と明示された職を左記の3名が保有していたことを伝える |
| 前161年秋分<br>～冬至 | | | ストラトスの<br>トリカス<br>（一期目）？ | ・*SGDI* II 1825は，アンドロニコスのアルコン年度のヘライオスの月，つまり晩秋に，アミュンタスとタランティノスがアポッロンのためのそれと明示された祭司職を保有し，かつ年度前半の評議員と明示された役職をエウアゴラスとバビュロスの息子カッリマコスが務め，グランマテウスの役にはソダミダスの息子エウアンゲロスがあったと伝えている |
| 前161年冬至<br>～160年春分 | | △<br>認定碑文に記載なし<br>（ただし<br>アンドロニコスのアルコン年度後半には<br>ニコマコス<br>アルコン<br>とまたおそらく<br>アタンボス<br>がその任にあった） | | |
| 前160年春分<br>～夏至 | | | | ・*FD* III.3.205は，同年度のイライオスの月，つまり夏至の頃に，アポッロンのためのそれと明示された祭司職をタランティノスとアミュンタスが保有し，年度後半の評議員と明示された地位にカッリアスの息子アルコンとデクシッポスの息子ニコマコスが，グランマテウスの役にハブロマコスの息子アタンボスがあったことを伝える<br>・*SGDI* II 1720に記された同年度のエンデュスポイトロピオスの月，つまり晩春の文書は，ハブロマコスの息子アタンボスとカッリアスの息子アルコンを一括りに政務官（評議員）の一員として表記している |
| 前160年夏至<br>～秋分 | △<br>認定碑文に記載なし<br>（アンフィストラトス？） | △<br>認定碑文に記載なし<br>（ただし<br>アンフィストラトス<br>のアルコン年度<br>前半には | | ・*FD* III.3.28は，アンフィストラトスがアルコンを務めた年度のブカティオスの月，つまり晩夏，アミュンタスとタランティノスがアポッロンのためのそれと明示された祭司職を保有し，かつ左記（名前は次頁）の3名が時の政務官（評議員）を務めていたことを伝える<br>・トリカスのストラテゴス在任は，ロフライオスの月，つまり夏至過ぎのものとされた文書が刻まれた *IG* IX.$1^2$.1.100から確かめられるが，細かな年代の特定をおこなうだけの材料を文中から見つけ出すことはできそうにない |

| 年・季節 | デルフォイのアルコン | デルフォイの評議員 | アイトリアのストラテゴス | 備考 |
|---|---|---|---|---|
| 前160年秋分<br>～冬至 | | アイアキダス<br>イアタダス<br>カッリゲネス<br>がその任にあった) | | ・*SGDI* II 2280は，アンフィストラトスのアルコン年度のポイトロピオスの月，つまり冬至の頃に，タランティノスとアミュンタスが(アポッロン)祭司だったことと，アイアキダスが政務官(評議員)の一員だったことを伝える |
| 前160年冬至<br>～159年春分 | | △<br>認定碑文に記載なし<br>(ただし<br>アンフィストラトス<br>のアルコン年度<br>後半には<br>アタンボス<br>テレサルコス<br>アサンドロス<br>がその任にあった) | △<br>アルシノエの<br>ストラトン<br>(二期目)？ | ・*FD* III 3.54は，アルシノエのストラトンが二期目と明示されたストラテゴスを務めた年度のエウテュアイオスの月，つまり冬至過ぎの頃に，デルフォイではアンフィストラトスのアルコン年度のアマリオスの月だったことを伝える<br>→このアルコン・評議員・ストラテゴス表では*FD* III.7に従ってアンフィストラトスのアルコン年度を前160/59年度とおき，これと在職期間の一部が重なるストラトンのストラテゴス(二期目)も同じ年度の欄に記したが，Grainger (1999), *op. cit.*, 72はこの年度にはダモティモスの名をあてている<br>：既に幾度も述べている通り，この時期の役職者たちの在任時期は基本的に確定し得ない<br>・*FD* III.3.239から，アンフィストラトスがアルコンを務めたと記されている年度のテウクセニオスの月，つまり春分の頃が，前197年から前160/59年までのエウメネス2世の統治期内のことであることがわかる<br>→月名については，基本的にはテオクセニオスという表記の方がより多くの事例に登場するが，テウクセニオスという名で登場するケースも決して少数ではない(比率にして2.5：1くらい)ので，ここでの「テウ」という表記は，碑文作成者の誤りではなく，上の方の欄でもふれた通りそれがデルフォイにおいてはしばしば「テオ」と互換的に用いられていたことのあらわれと解すべきだろう(付言すると，時代により上記の比率に大きな変動があったというような様子も，管見の限りでは確認できない) |
| 前159年春分<br>～夏至 | | | | ・*SGDI* II 1716は，同アルコン年度のイライオスの月，つまり夏至の頃に左記の3名が時の政務官(評議員)を務めていたことを伝える |
| 前159年夏至<br>～秋分 | | △<br>認定碑文に記載なし<br>(ただし<br>エウアンゲロスの<br>アルコン年度<br>前半には<br>アストクセノス | | |

| | | | | |
|---|---|---|---|---|
| 前159年秋分<br>～冬至 | △<br>認定碑文に記載なし<br>（ソダミダス<br>の息子<br>エウアンゲロス？） | デクシアダス<br>クセノクリトス<br>がその任にあったことがわかっている） | ダモティモス？ | ・ダモティモスのストラテゴス在任は *IG* IX.$1^2$.3.635 から確かめられる<br>→本アルコン・評議員・ストラテゴス表では Grainger (1999), *op. cit.*, 72 で提示された役職者表の中の前160/59年度とこの前159/8年度を入れ替える形でストラトン（二期目）とダモティモスのを記したが，例によって，細かな年代の特定をおこなえるだけの材料はないためあくまで暫定的なものであることを明記しておく<br>・*SGDI* II 1814 は，エウアンゲロスのアルコン年度のボアトオスの月，つまり秋分の頃，アストクセノス，デクシアダス，タランティノスの息子クセノクリトスが政務官（評議員）を務めていたことを伝える |
| 前159年冬至<br>～158年春分 | | △<br>認定碑文に記載なし<br>（ただし<br>エウアンゲロスのアルコン年度後半には<br>バッキオス<br>エウドコス<br>カッリマコス<br>がその任にあったことがわかっている） | | ・*SGDI* II 1732 は，ソダミダスの息子エウアンゲロスがアルコンを務めた年度のエイライオス，おそらくはイライオスの月，つまり夏至の頃，アポッロンのためのそれと明示された祭司職をアミュンタスとタランティノスが保有し，かつ左記の3名が時の政務官（評議員）を務めていたことを伝える |
| 前158年春分<br>～夏至 | | | | |
| 前158年夏至<br>～秋分 | △<br>認定碑文に記載なし<br>（カッリアス<br>の息子<br>アルコン？） | △<br>認定碑文に記載なし<br>（ただし<br>アルコンのアルコン年度前半には<br>アガトンの息子<br>アタンボス<br>アタニオンの息子<br>アタンボス<br>クセノンの息子<br>ペイシテオス<br>がその任にあったことがわかっている） | | ・*SGDI* II 1839 は，カッリアスの息子アルコンがアルコンを務めた年度のブカティオスの月，つまり晩夏にアミュンタスとタランティノスがアポッロンのためのそれと明示された祭司職を保有していたことと，アガトンの息子アタンボスとアタニオンの息子アタンボスが政務官（評議員）を務めていことを伝える<br>・*SGDI* II 1880 は，同年度のブカティオスの月が，アンフィッサにおいてダモンの息子アリストダモスがアルコンを務めた年度のアグロステュオンの月と重なることを伝える |
| 前158年秋分<br>～冬至 | | | アルシノエの<br>ラディコス<br>（一期目）？ | ・ラディコスのストラテゴスの一期目は，管見の限りではいかなる史料からも確認されないが，*IG* IX.$1^2$.3.638.11 には彼が二期目のストラテゴス職を保有した年度の文書が刻まれている<br>・*SGDI* II 2678 は，アルコン名への言及はないながら，左記の3名がとある年度に前半期の評議員と明示された職を保有していたことを伝える<br>→ *FD* III.4.430 は，欠落が多く不鮮明ながら，ペイシテオスがグランマテウスの役を帯びていたことをうかがわせる文言を残している<br>・*SGDI* II 1838 は，カッリアスの息子アルコンがアルコンを務めた年度のポイトロピオスの月，つまり冬至の頃，左記の3名が時の政務官（評議員）を務めたことを伝える |

| 年・季節 | デルフォイのアルコン | デルフォイの評議員 | アイトリアのストラテゴス | 備考 |
|---|---|---|---|---|
| 前158年冬至<br>～157年春分 | | △<br>認定碑文に記載なし<br>（ただし<br>アルコンのアルコン<br>年度後半には<br>クレオン<br>ニカルコス<br>ハギオン<br>がその任にあったこ<br>とがわかっている） | | ・*SGDI* II 1718 は，同年度のテオクセニオスの月，つまり春分の頃，ダモステネスの息子クレオン，エラトンの息子ニカルコス，エケフュロスの息子ハギオンが時の政務官（評議員）を務めていたことと，それがフォキス人たちの共同体においてエラテイアの人カッリクラテスがストラテゴスを務めた年度の6番目の月と重なることを伝える<br>→ *SGDI* II 2680 では，左記の3名は評議員と明示された役職の保有者として記録されている |
| 前157年春分<br>～夏至 | | | | |
| 前157年夏至<br>～秋分 | △<br>認定碑文に記載なし<br>（アンドロニコス<br>の息子<br>パトレアス？） | △<br>認定碑文に記載なし<br>（ただし<br>パトレアス<br>のアルコン年度前半<br>には<br>アルケラオス<br>アステュオコス<br>とそしておそらく<br>ニキアス<br>がその任にあったこ<br>とがわかっている） | | ・*FD* III.3.9 は，アンドロニコスの息子パトレアスがアルコンを務めた年度のブカティオスの月，つまり晩夏に，アミュンタスとアンドロニコスがアポッロン・ピュティオスのためのそれと明示された祭司職を保有していたと伝える<br>→アミュンタス・タランティノスの組み合わせは今のところ13カ年度分が知られているので，新たなペアが登場している上記碑文や，同じ2人組があらわれる碑文はさしあたりこの前157/6年度以降のものとみることができる<br>・なお，区切りが良いので，これより後はアイトリアのストラテゴスはデルフォイのアルコンと在任時期に重なるところがあるとわかっているケース以外は記さないものとし，備考欄もデルフォイの年度に合わせて枠をつくっていくこととする<br>・*SGDI* II 1688 は，同年度のボアトオスの月，つまり秋分頃，ダモステネスの息子アルケラオスとグノシラスの息子アステュオコスが政務官（評議員）の一員だったことを伝える<br>→ *FD* III.4.161 は，年度前半の評議員と明示された役職を上の2名とそしておそらくニキアスが保有していたと伝える |
| 前157年秋分<br>～冬至 | | | | |
| 前157年冬至<br>～156年春分 | | △<br>認定碑文に記載なし<br>（ただし<br>パトレアス<br>のアルコン年度後半<br>には | | ・*FD* III.3.16 は，同年度のテオクセニオスの月，つまり春分の頃，アポッロンのためのそれと明示された祭司職をアミュンタスとアンドロニコスが保有し，かつ左記の3名が時の政務官（評議員）だったことを伝える<br>→ *FD* III.3.125 は，この3名が年度後半の評議員だったと明記している |
| 前156年春分<br>～夏至 | | | | |

| | | | | |
|---|---|---|---|---|
| | | ドロモクレイダス<br>ポリュクラテス<br>パシオン<br>がその任にあったことがわかっている) | | ・*SGDI* II 2164は，同年度のイライオスの月，つまり夏至の頃，アポッロンのためのそれと明示された祭司職をアミュンタスとアンドロニコスが保有していたと伝える |
| 前156年夏至<br>～秋分 | | △<br>認定碑文に記載なし<br>(ただし<br>ヘリュス<br>のアルコン年度前半<br>には<br>クセネアス<br>デクソンダス<br>アリストブロス<br>がその任にあったことがわかっている) | | ・*FD* III.3.14は，プレイストンの息子ヘリュスのアルコン年度のブカティオスの月，つまり晩夏に，アミュンタスとアンドロニコスがアポッロンのためのそれと明示された祭司職を保有し，かつクセネアス，ポリュクラテスの息子デクソンダス，パトロンの息子アリストブロスが政務官(評議員)を務めていたことを伝える<br>→*SGDI* II 1921は，同年度の同月はアンフィッサにおいてソクラテスの息子エウアルコスがアルコンを務めた年度のアグリュステュエオンの月と重なることを伝える(前158年夏至～秋分のところで出てきたアグロステュオンの月と同じものと思われるが，サンプルが乏しいのでどちらが正しい表記なのかは判断できない) |
| 前156年秋分<br>～冬至 | △<br>認定碑文に記載なし<br>(プレイストン<br>の息子<br>ヘリュス？) | | | |
| 前156年冬至<br>～155年春分 | | △<br>認定碑文に記載なし<br>(ただし<br>ヘリュス<br>のアルコン年度後半<br>には<br>アタニオン<br>テレサルコス<br>エウクレス<br>がその任にあったことがわかっている) | | |
| 前155年春分<br>～夏至 | | | | ・*SGDI* II 1905は，同年度のエンデュスポイトロピオスの月，つまり晩春に，アタニオンが時の政務官(評議員)の一員だったことを伝える<br>・*SGDI* II 1895は，同年度のイライオスの月，つまり夏至の頃，ダモテレスの息子テレサルコスが時の政務官(評議員)の一員だったことを伝える<br>・*SGDI* II 1923は，同年同月にカッリストラトスの息子エウクレスが時の政務官(評議員)の一員だったことと，アミュンタスとアンドロニコスがアポッロンのためのそれと明示された祭司職を保有していたと伝える |
| 前155年夏至<br>～秋分 | △<br>認定碑文に記載なし<br>(ハブロマコス<br>の息子<br>アタンボス？) | 認定碑文に記載なし | | ・この時期の評議員については，管見の限りいずれの史料にも情報がない |
| 前155年秋分<br>～冬至 | | | | |

| 年・季節 | デルフォイのアルコン | デルフォイの評議員 | アイトリアのストラテゴス | 備考 |
|---|---|---|---|---|
| 前155年冬至～154年春分 | | △<br>認定碑文に記載なし（ただし アタンボス のアルコン年度後半 には エウドロス アリスティオン ポレマルコス がその任にあったことがわかっている） | △<br>カリュドンのアレクサンドロス？ | ・*SGDI* II 1709は，ハブロマコスの息子アタンボスがアルコン職を務めた年度のテオクセニオスの月，つまり春分の頃，アンドロニコスとアミュンタスがアポッロンのためのそれと明示された祭司職を保有し，メネスがネオコロス，そして左記の3名が時の政務官（評議員）だったことを伝える<br>・*SGDI* II 1898は，アタンボスのアルコン年度のイライオスの月，つまり夏至の頃に，アミュンタスとアンドロニコスがアポッロンのためのそれと明示された祭司職を保有し，かつアリスティオンとエウドロスが政務官（評議員）だったと伝える |
| 前154年春分～夏至 | | | | |
| 前154年夏至～秋分 | △<br>認定碑文に記載なし（クセノンの息子 フィロクラテス？） | △<br>認定碑文に記載なし（ただし フィロクラテス のアルコン年度前半 には アルキノス ライアダス バッキオス がその任にあったことがわかっている） | | ・*SGDI* II 1924は，クセノンの息子フィロクラテスのアルコン年度のボアトオスの月，つまり秋分の頃，アンドロニコスとアミュンタスがアポッロンのためのそれと明示された祭司職を保有し，かつアルキノスとライアダスが政務官（評議員）の職を帯びていたことを伝える<br>→管見の限り，この月より後の文書にアミュンタスの名は登場しなくなりアンドロニコスの名のみが出てくるようになる<br>：先行研究の間でこのフィロクラテスのアルコン年度がアンドロニコス・アミュンタスの2人がアポッロン祭司を務めた期間の最後の年度とみられることになったのも，おそらくこうした状況から，アミュンタスが同アルコン年度の第1四半期の終わり頃に他界したと思われる点が影響している<br>・*SGDI* II 1908は，アイトリアでカリュドンのアレクサンドロスがストラテゴスを務めた年度のラフライオスの月，つまり夏至過ぎに，デルフォイではフィロクラテスのアルコン年度の第1のポイトロピオスの月だったこと伝える<br>→なおアイトリアのラフライオスの月については，「前160年夏至～秋分」で取り上げた碑文では前記の通り「ロフライオスの月」として登場するが，現存史料においては「ラフライオス」という表記の方が多いものの，事例の絶対数自体が決して多くはないので，どちらが正式名称だったのか，それとも「ロフ」と「ラフ」が互換的に用いられていたとみるべきかといったことなどは，当面はペンディングのままとしておくべきだろう |
| 前154年秋分～冬至 | | | | ・*SGDI* II 1903は，同年度のポイトロピオスの月，つまり冬至の頃に，バッキオスとアルキノスが政務官（評議員）の職を帯びていたことを伝える |

| | | | | |
|---|---|---|---|---|
| 前154年冬至<br>～153年春分 | | | | |
| 前153年春分<br>～夏至 | | △<br>認定碑文に記載なし<br>(ただし<br>フィロクラテス<br>のアルコン年度後半<br>には<br>クセノン<br>アリスティオン<br>アストクセノス<br>がその任にあったことがわかっている) | | ・*SGDI* II 1930は，同年度のイライオスの月，つまり夏至の頃，アリスティオンとアストクセノスが評議員と明示された役職を保有していたことを伝える<br>・*SGDI* II 1893は，同年同月にフィロクラテスの息子クセノン，アゴンの息子アリスティオン，ディオニュシオスの息子アストクセノスが政務官(評議員)だったと伝える<br>→*FD* III.3.146の文書は，月名への言及はないものの，この3名がフィロクラテスのアルコン年度後半の評議員と明示された役職を保有していたことを伝える |
| 前153年夏至<br>～ | | | | ・認定碑文(*Syll*³ 585)の校訂者は，この後にもう1名だけ記録されているアルコンであるファイニスの息子エウカリダス，および年度後半の評議員アミュンタスの息子エウドロス，エウクレイダスの息子クセナゴラス，カッリコンの息子エウクラテスに関し，その在任年度を前149/8年であろうと推定している<br>→この年度であると断言できるだけの証拠は管見の限りいずれの研究からも示されていないが，このエウカリダスのアルコン年度に作成された諸文書に言及されるアポッロン祭司の在任者の状況から，今のところ前153/2年から前144/3年までのどこかの年度であることには高い蓋然性が認められる<br>・上の欄でも若干ふれたが，この前年度におそらくアミュンタスが没し，前153/2年度からはアポッロン祭司の役職はアンドロニコスとプラクシアスのペアが保有するところとなるのであるが，現在のところ，この2人組が同祭司職にあったことは10の年度で，つまり前144/3年度まで確認されている<br>→そして例えば*SGDI* II 1700は，このエウカリダスのアルコン年度のビュシオスの月(初春)に，上記の3名が時の政務官(評議員)を務め，そしてアポッロンのそれと明示された祭司職をそのプラクシアスとアンドロニコスが保有していたと伝える<br>・もちろん，ここまでにみてきたアポッロン祭司のペアに関し，なお知られていないアルコン年度がこれから先また発見される可能性もあるで(特に前168/7年度以降)，そうしたことが生じた場合には，上記の前153/2年から前144/3年というような範囲も，その都度，後の年代にずれ込んでいくということに留意しておく必要がある |

伊藤　雅之　いとう　まさゆき
1983年生まれ
2016年，エディンバラ大学人文社会科学部歴史・古典・考古学科博士課程(古典学)修了。
PhD(Classics)
現在，日本大学文理学部史学科准教授
主要業績
「エディンバラ－スコットランドにおけるローマ帝国」(本村凌二編『ローマ帝国と地中海文明を歩く』講談社，2013年)
「共和政中期ローマにおける外国使節への贈物」(『史学雑誌』127-2，2018年)

山川歴史モノグラフ38　第一次《だいいちじ》マケドニア戦争《せんそう》と
ローマ・ヘレニズム諸国《しょこく》の外交《がいこう》

2019年11月1日　第1版第1刷印刷　　2019年11月10日　第1版第1刷発行

著　者　伊藤雅之《いとうまさゆき》
発行者　野澤伸平
発行所　株式会社 山川出版社
〒101-0047 東京都千代田区内神田1-13-13
電話　03(3293)8131(営業)　03(3293)8134(編集)
https://www.yamakawa.co.jp/　　振替　00120-9-43993
印刷所　株式会社 太平印刷社
製本所　株式会社 ブロケード
装　幀　菊地信義


ISBN978-4-634-67394-6

# 索　　引

## 人名索引

### ● ア


アウレリウス・コッタ, C.　C. Aurelius Cotta　158, 240
アウレリウス(・コッタ?), M.　M. Aurelius　148–151, 158, 163, 202–204, 221
アカイオス　Achaios　67, 75–77, 179
アゲタス　Agetas　59, 68, 71, 72, 75
アゲラオス(アルシノエの人)　Agelaos　64, 65, 112, 117, 118
アゲラオス(ナウパクトスの人)　Agelaos　56–60, 62, 66, 71, 78, 79, 90, 93, 116–118
アタンボス　Athambos　248
アッタロス1世　Attalos I　31, 75, 85, 125, 134, 138, 139, 141, 145, 179, 180, 184, 218, 225, 226, 228
アッピアノス　Appianos　9, 91, 92, 96, 117, 118, 128, 152
アミュナンドロス　Amynandros　218, 236
アラトス　Aratos　24
アリスタイノス　Aristainos　238
アリストマコス　Aristmachos　73, 74, 97
アルキダモス　Archidamos　64
アレクサメノス　Alexamenos　247
アレクサンドロス(イシオスと呼ばれた)　Alexandros　117, 118
アレクサンドロス(カリュドンの人)　Alexandros　70, 71, 101–105, 108
アンティオコス3世　Antiochos III　8, 10, 35, 67, 70, 75–77, 79, 143, 179–186, 188–193, 198, 199, 216, 225, 231, 242, 243
アンティゴノス3世　Antigonos III　24
アンフィストラトス　Amphistratos　73
ウァッロ　C. Terentius Varro　162, 163
エウクレス　Eukles　248
エンメニダス　Emmenidas　247
エウメネス2世　Eumenes II　17
オルタイオス　Orthaios　247, 248


### ● カ


カエピオ　Cn. Servilius Caepio　142, 143
カティウス　Q. Catius　146–148
ガルバ, C.　C. Sulpicius Galba　140
ガルバ, P.　P. Sulpicius Galba　44, 91, 92, 96, 106, 109, 115, 118, 119, 122, 129, 131, 139–145, 147, 148, 151, 153, 156, 158, 160, 161, 163, 165–167, 176, 196, 200–202, 205, 206, 208–213, 231, 233, 235–237, 240
ガルバ, Ser.　Ser. Sulpicius Galba　139–142, 147
クセノン　Xenon　248
クライネアス　Chlaineas　79
クラウディア・クィンタ　Claudia Quinta　146
クラッスス　P. Licinius Crassus　142, 144, 145
クリウス, M'.　M'. Curius　164
クリネアス　M. Claudius Clineas　240
ケテグス　C. Cornelius Cethegus　165
ケフィソドロス　Kephisodoros　197
ゴルガソス　Gorgasos　107
コロティオン　Kolotion　107


### ● サ


サテュロス　Satyros　249
サリナトル　M. Livius Salinator　140, 143, 146
スキピオ(大)　P. Cornelius Scipio　135, 142–144, 147, 148, 153–157, 159–165, 168, 192, 209, 210, 212, 213, 243
スキピオ, L.　L. Cornelius Scipio　159
スケルディライダス　Skerdilaidas　31, 89
スコパス　Skopas　31, 37, 55, 59–62, 69–71, 77, 97, 98, 100–102, 108, 109, 115, 118, 120–122, 127, 190
ストラトン　Straton　68, 69, 71–76, 97
ゼウクシス　Zeuxis　183, 185, 188
セルウィリウス・ゲミヌス　C. Servilius Geminus　156
セルウィリウス・プレクス　M. Servilius Pulex Geminus　156


### ● タ・ナ


タップルス　P. Villius Tappulus　156, 158, 163, 165–167, 237
ダモクリトス　Damokritos　98–101, 106, 108, 248, 249
ダモテレス　Damoteles　104
ディカイアルコス　Dikaiarchos　102, 106
デメトリオス　Demetrios　23, 25
トアス　Thoas　106

トゥキュディデス　Thukydides　57
トゥディタヌス　P. Sempronius Tuditanus　119, 120, 122–125, 128, 129, 131, 151, 153, 215, 231, 233
トラシュクラテス　Thrasykrates　90, 93
ドリマコス　Dorimachos　31, 37, 55, 59, 62, 69–71, 76, 77, 85, 97, 100, 101, 103–105, 108, 109, 112, 118, 120–123
トレメッリウス　Cn. Tremellius Flaccus　139
ナシカ　P. Cornelius Scipio Nasica　162, 163
ナビス　Nabis　74, 125
ネロ　C. Claudius Nero　146–148, 151, 215

## ● ハ

パウサニアス　Pausanias　197
パエトゥス，P.　P. Aelius Paetus　143, 145, 149, 155, 157, 163, 167, 200, 202, 210, 211, 230
パエトゥス，Sex.　Sex. Aelius Paetus　157, 166
バエビウス，Cn.　Cn. Baebius Tamphilus　161
バエビウス，L.　L. Baebius　160
バエビウス，Q.　Q. Baebius　160, 161, 209
ハスドルバル　Hasdrubal　137, 145, 146, 211
ハミルカル　Hamilcar　211
パンタレオン(出身共同体不明)　Pantaleon　112
パンタレオン(プレウロンの人)　Pantaleon　63–71, 76, 103, 117, 118
ハンニバル　Hannibal　23, 25–28, 32, 43, 61, 81, 122, 125, 135, 137, 147, 154, 157, 197, 211, 221
ピュッリアス　Pyrrias　60–62, 64–66, 68, 85, 96, 108
ファイネアス　Phaineas　102–105, 117, 247
ファビウス・ピクトル　Q. Fabius Pictor　146
ファビウス・ブテオ，M.　M. Fabius Buteo　165
ファビウス・ブテオ，Q.　Q. Fabius Buteo　165
ファビウス・マクシムス　Q. Fabius Maximus　140, 143, 165
ファルト　M. Valerius Falto　139, 165
フィッレアス　Philleas　98, 100
フィリッポス２世　Philippos II　24, 52
フィリッポス５世　Philippos V　8, 10, 22, 24–27, 31, 32, 35, 37, 43, 45, 46, 48, 49, 57, 59, 68, 75, 78, 83–87, 89–93, 95–98, 108, 109, 120–125, 127–129, 131, 138, 147–151, 158, 160, 163, 169, 174, 175, 177–179, 181–193, 196–199, 202, 203, 205–207, 209, 215–230, 232, 235–238, 241, 242
プトレマイオス４世　Ptolemaios IV　8, 111, 113, 114, 170, 188
プトレマイオス５世　Ptolemaios V　8, 184, 216, 217
フュラクス　Phylax　70, 103
プラウトゥス　Plautus　161, 208
フラックス　P. Valerius Flaccus　44
フラミニヌス，L.　L. Quinctius Flamininus　165
フラミニヌス，T.　T. Quinctius Flamininus　4, 5, 17, 18, 136, 153, 154, 156–158, 162–168, 206, 207, 237
フルウィウス，M.　M. Fulvius　164
フルウィウス・フラックス　Q. Fulvius Flaccus　140, 143
プルシアス１世　Prusias I　125, 127, 177
プレウラトス　Pleuratos　31, 89, 125, 236
ペルディッカス　Perdikkas　174, 184
ペンヌス　M. Iunius Pennus　158
ホスティリウス・カトー，A.　A. Hostilius Cato　159
ホスティリウス・カトー，L.　L. Hostilius Cato　159
ポリュビオス　Polybios　8, 35, 53, 56–58, 75, 87–90, 117, 118, 120, 121, 149, 150, 167, 183, 186, 200, 206, 221, 226, 239, 240, 245, 247

## ● マ

マカニダス　Machanidas　91, 127
マシニッサ　Masinissa　224
マッシリオタ　L. Terentius Massiliota　161
マト　M. Pomponius Matho　147, 148
マルケッルス　M. Claudius Marcellus　34, 61, 154, 240
マンティアス　Mantias　248, 249
マ□□□(マ某)　Ma......　107, 108
メガルタス　Megartas　248
メテッルス，M.　M. Caecilius Metellus　139, 144, 167

メテッルス，Q.　Q. Caecilius Metellus　144, 159
メネスタス(あるいはメネストラトス？)　Menestas(Menestratos?)　106
モロッソス(出身共同体不明)　Molossos　112

## ● ラ

ラエウィヌス　M. Valerius Laevinus　27, 30, 32-44, 46, 49, 55, 71, 80, 91, 92, 131, 138-143, 145, 147-149, 151, 153, 155, 156, 160, 202-205, 209, 230, 231, 235
ラエトリウス　C. Laetorius　231
リウィウス　Livius　7, 8, 17, 29, 30, 32, 34-37, 40, 41, 48, 50, 53, 60, 61, 69, 71, 77, 85-87, 89, 98, 125, 127, 138, 139, 148-150, 152, 185, 186, 197, 200, 203, 204, 206, 209, 211, 223, 226, 240, 245
リュキスコス　Lykiskos　79, 90, 93
ルフス　Q. Minucius Rufus　165
レピドゥス　M. Aemilius Lepidus　151, 215, 221-223, 228, 229
レントゥルス，Cn.　Cn. Cornelius Lentulus　157, 167
レントゥルス，L.　L. Cornelius Lentulus　156, 157, 163, 165, 167
レントゥルス，P.　P. Cornelius Lentulus Caudinus　167
ロングス　Ti. Sempronius Longus　157

# 地名・国名索引

## ● ア

アイガイ　75
アイギオン　66, 67, 218
アイギナ　93, 176, 225, 226
アカイア連邦　8, 24, 58, 59, 62, 63, 65, 66, 74, 88, 91, 125, 127, 134, 158, 207, 218, 219, 229, 232, 235, 237, 238
アカルナニア　24, 27, 29-39, 41-43, 45-49, 59, 64, 72, 79, 80, 85, 90, 93, 94, 123-125, 133, 204, 225, 239
アタマニア　123, 124, 218, 219, 236
アッタロス朝　17, 67, 70, 75-77, 81, 85-89, 91, 126, 127, 133, 134, 145, 151, 152, 155, 160, 169, 171, 172, 174-176, 178-184, 186-200, 202, 204-206, 208, 209, 215, 216, 218, 222, 225-229, 232-234, 236
アティンタニア　124, 125, 128
アテナイ　51, 54, 66, 67, 85, 104, 125, 127, 138, 197, 198, 203-206, 208-210, 216-219, 221, 222, 225-228, 230, 232, 235-237
アビュドス　175, 187, 221, 222, 228, 229, 232, 235, 237
アポッロニア　25, 122
アルシノエ(アイトリアの)　64, 65, 68, 71-73, 97, 102, 104, 105, 117, 118, 247
アレクサンドレイア　170, 190, 216, 217
アンティオケイア　66, 67, 77
アンティキュラ　85, 91
アンドロス　187
アンブラキア　92, 106
イリオン　125, 127, 138
イリュリア　6, 22-27, 31, 49, 89, 93, 120, 231, 236
ウェヌシア　162, 163
エウゲニウム　124
エウボイア　24, 65, 89, 207
エキノス　85
エジプト　8, 98, 102, 120, 122, 170, 188, 215, 216, 218
エペイロス　24, 59, 66, 84, 106, 123-125, 127, 128, 218, 219, 237
エリス　31, 60, 62, 85, 88, 89, 125
エレウテルナ　184, 185
オイニアダイ　32, 72
オリュンピア　32
オレオス　89, 93

## ● カ


ガザ　190
カピトリウム　32
カプア　30
カリュドン　59, 70, 98, 101, 104, 105, 108, 247, 248
カルキス　66, 67, 89, 207
カルタゴ　3, 5, 14, 22, 23, 26-29, 32, 44, 56, 57, 78, 79, 83, 84, 94, 110, 116, 118, 119, 122, 128-130, 132, 135, 137, 143, 147-151, 153, 155-157, 159, 171, 191, 192, 197, 199, 202, 210, 219-221, 223, 224
キオス(島)　66, 85, 175, 185-187, 189, 190
キオス(プロポンティスの)　175, 177, 179, 187, 222
キュクラデス諸島　63, 187, 188, 226
キュティニオン　111-115
キュメ　75
クサントス　65, 110-118
クシュニアイ　63, 69, 71
ケオス　63
ケリドニオン岬　185
ケルソネソス　228
コイレ・シリア→シリア
コリントス　4, 207
コリントス湾　51, 85
コルキュラ　26, 27, 29, 31, 32, 35, 36, 40, 66, 68, 76, 77
コロフォン　75


## ● サ


ザキュントス　32, 123
サグントゥム　205, 206, 210
サモス　217
サルデイス　67, 75, 179, 180
シチリア　3, 30, 61, 143, 230
シュラクサイ　30, 34, 61, 76
シリア(コイレ・シリアおよびシリア南部を含む)　9, 66, 170, 178, 182, 188
スパルタ(ラケダイモンを含む)　24, 25, 31, 51, 73-75, 77, 79, 81, 85, 88-91, 93, 97, 125, 127
スミュルナ　67, 68, 71, 72, 75-77, 97
セストス　187
セレウケイア　179
セレウコス朝　5, 8, 17, 35, 38, 39, 67, 72, 75, 77, 106, 114, 143, 159, 167, 170-172, 178-183, 185, 186, 188, 189, 199, 216, 217, 221, 227, 231, 241-243


## ● タ・ナ


タソス　175, 187
タレントゥム　154
テアンゲラ　184, 185
ディマッルム　124
テオス　70, 75, 114, 174, 179-181, 184-186, 188, 248
テッサリア　63, 85, 125, 166, 207
テバイ　59
デメトリアス　207
テュッレイオン　36
デルフォイ　50, 52-54, 58, 63, 69, 72, 73, 104, 107, 145-148, 151, 245-249
テルモス　54, 60, 64, 65, 67, 68, 70, 73, 91, 101, 105, 107
テルモピュライ　72
トラキア　31, 89
トリコニオン　85, 104, 105
ナウパクトス　25, 56, 59, 71, 79, 116-118, 218, 236
ナソス　32
ナルニア　157
ニカイア　187, 206, 207, 238
ヌミディア　224


## ● ハ


バルギュリア　184, 186, 187, 190, 225
バルグッルム　124
パルティニ　124
ヒスティアイア　66
ビテュニア　91, 125, 134, 177, 179, 188
フォイニケ　84, 122, 123, 128-131, 133-135, 137, 148, 149, 151, 152, 169, 170, 173, 177, 187, 190, 191, 198, 202, 218, 219, 221-224, 227, 230, 240
フォキス　51, 237
プトレマイオス朝・王家　8, 61, 85, 102, 111, 113-117, 129, 151, 152, 170, 171, 174, 178, 181-183, 188-190, 192, 193, 197, 198, 216, 217, 220-222, 227, 228, 230, 235, 241, 242
ブルンディシウム　213, 230
ペイライエウス　226
ペダサ　184
ペッシヌス　137, 138, 144
ヘラクレイア(アイトリアの)　60, 89, 99
ペルガモン　67, 127, 138, 139, 141, 151, 153, 180, 187
ペレイア　69, 71, 103
ペロポネソス半島　24, 51, 237

ボイオティア　24, 125

● マ・ラ
マグネシア　106-108
ミュシア　127, 179
ミュティレネ　117, 118
ミュリナ　75
メッセニア　26, 85, 125
メリタイア　59, 63, 69, 71, 103
ラケダイモン→スパルタ
ラミア　68, 85
リッソス　26, 125
ロクリス　104, 187, 206, 237
ロドス　9, 17, 18, 78, 85, 90, 133, 134, 151-153, 155, 160, 169, 171, 172, 174-179, 181-200, 202, 204-206, 208, 209, 215, 216, 221, 222, 225-229, 232-235

## 事項索引

● ア
アウグル　145
アエディリス　139, 140, 146, 147, 154, 161, 164, 165
アオイ・ステナ戦　237
アギュエイオスの月　104
アシュリア　60, 70, 73-75, 97, 106, 174, 180, 181, 184, 248
アポッロン　52, 54, 113
アポッロン祭司　247, 248
アルコン(デルフォイの)　73, 245-249
アルテミス・レウコフリュエネ　106-108
アレテス　113
アンフィクティオニア　52
イストミア祭　4, 136, 243
イソポリティア　97
異邦人・異民族(非ギリシア人・蛮族)　10, 11, 53, 56, 57, 78, 79, 90, 92-95, 116, 121, 122, 130, 133, 134, 141, 236-238
イリュリア戦争(第一次)　9, 23, 124
イリュリア戦争(第二次)　9, 23
エジプト原住民　8, 170
エピメレテス　249
エピレクタルケス　104

● カ
凱旋式　154, 156, 157
海賊(行為)　23, 86, 175
カウディウムの和約　240
カンナエ(会戦)　26, 146, 163
キュノスケファライ(会戦)　13-15, 117, 131, 166, 185, 187, 190, 206, 238, 242, 243
協定(プトレマイオス朝領の分割についての)　8, 9, 170, 171, 174, 181-183, 186, 188, 198, 199
ギリシアの足枷　207
ギリシア(人たち)の自由　4, 5, 15, 17, 56, 90, 136, 166, 168, 243
クアエストル　139, 154
グランマテウス(アイトリアの)　53, 64, 98, 102-104, 107, 112
ケンソル　146, 163
戸口調査　195
コンスル(プロコンスルを含む)　12, 49, 91, 119, 128, 131, 136, 138, 140, 142-147, 154-158, 160, 163-168, 196, 200-203, 210, 211, 230, 237, 240, 243

## ● サ・タ・ナ


ザマ(会戦)　84, 135, 157, 223
『シビュラの書』　137, 144, 148
十人委員　155, 159, 167
シュネドリオン(ブラ)　54
シュネドロス　111, 112, 115, 118
植民　157, 162-165, 211
『スティクス』　161, 208
ストラテゴス(アイトリアの)　53-56, 58-78, 85, 96-100, 102-108, 111, 112, 116-118, 120, 121, 123, 239, 245-249
総会(アイトリア連邦の)　27, 29-32, 37, 39-43, 46, 47, 54, 55, 69, 71, 81, 89, 92, 93, 112, 116, 236
調停(アイトリア・マケドニア間のそれは含まない)　28, 49, 63, 69-71, 103, 123, 125, 128, 189
ディクタトル　119, 139, 143, 144, 155, 156, 158
テロス(アイトリアの下位行政区分)　104, 105
同盟市戦争　24, 25, 27, 37, 52, 55-60, 62-64, 66, 68, 76, 77, 79-81, 90, 93, 98, 121, 145, 237
トリブヌス・プレビス　157, 160, 164, 168, 209
トリブヌス・ミリトゥム　154
ナウパクトスの和約　25, 37, 46, 49, 50, 56-59, 62, 64, 65, 78, 80, 96, 116
ニケフォリオン(神域)　187
ノモグラフォス　120, 121


## ● ハ


パトロネージ(パトロヌス・クリエンスを含む)　11, 16-20, 244
パニオン会戦　190
蛮族→異邦人・異民族
ヒエロムネモン　52
非ギリシア人→異邦人・異民族
ヒッパルコス(アイトリアの)　53, 64, 65, 70, 71, 98-104, 107, 108, 112, 116-118
副署名　125-128, 137, 138, 141, 198
負債(アイトリアにおける負債減免の試み)　69, 70, 101, 102, 122, 127
ブラ→シュネドリオン
プラエトル(プロプラエトルを含む)　12, 43, 91, 139, 140, 142, 143, 147, 154, 158, 163-165
ブラルコス　103-105, 108, 112
プロクセニア　20, 60, 65, 66, 70, 74, 76, 97-103, 105, 245, 246, 248, 249
プロクセノス　61, 65-68, 73, 97, 98, 245-247
プロコンスル→コンスル
プロプラエトル→プラエトル
平民祭　161, 162, 208
ヘラス同盟　24, 25, 27, 30, 37, 48, 55-57, 59, 60, 63, 67, 75, 77, 81, 87, 96, 123, 133, 198, 219, 232
ポエニ戦争(第一次)　167, 201
ポエニ戦争(第二次)　3, 5-7, 9, 14, 15, 22, 23, 27, 32, 83, 140, 150, 153, 154, 157, 159, 161, 162, 164, 167, 168, 171, 192, 195, 197, 201, 205, 206, 209, 211-213, 216, 217, 223, 233, 235, 240, 241
ポンティフェクス　140
ポンティフェクス・マクシムス　144


## ● マ・ヤ・ラ


マギステル・エクィトゥム　155, 156
マグナ・マテル　127, 137, 141, 144-148, 159, 165, 206, 208
名祖政務官　53, 64, 248, 249
メタウルス(会戦)　137, 211
友人(関係)　18-20, 244
ユピテル　144
傭兵　61, 102, 115, 150, 190
ラティフンディア　213
ラデ海戦　187, 190
ラフィア(会戦)　188
レガトゥス　44, 158, 159, 165, 166, 231
レト　113

# 参考文献

Ager, S. L. (1991), 'Rhodes: the Rise and Fall of a Neutral Diplomat', *Historia* 40, 10-41.

Ager, S. L. (1996), *Interstate Arbitrations in the Greek World, 337-90 B.C.*, Berkeley.

Ager, S. L. (2009), 'Roman Perspectives on Greek Diplomacy' in Eilers, C. ed., *Diplomats and Diplomacy in the Roman World*, Leiden, 15-43.

Allen, R. E. (1971), 'Attalos I and Aigina', *ABSA* 66, 1-12.

Allen, R. E. (1983), *The Attalid Kingdom: a Constitutional History*, Oxford.

Ampolo, C. (2001), *Da un'antica città di Sicilia: i decreti di Entella e Nakone*, Pisa.

Arafat, K. W. (1996), *Pausanias' Greece: Ancient Artists and Roman Rulers*, Cambridge.

Austin, M. M. (2006), *The Hellenistic World from Alexander to the Roman Conquest: a Selection of Ancient Sources in Translation*, Cambridge.

Badian, E. (1958), *Foreign Clientelae: 264-70 B.C.*, Oxford.

Badian, E. (1959), 'Rome and Antiochus the Great: a Study in Cold War', *CPh* 54, 81-99.

Badian, E. (1970), *Titus Quinctius Flamininus: Philhellenism and Realpolitik*, Cincinnati.

Badian, E. (1971), 'The Family and Early Career of T. Quinctius Flamininus', *JRS* 61, 102-111.

Bagnall, R. S. and P. S. Derow (2004), *The Hellenistic Period: Historical Sources in Translation, Second Edition*, Oxford.

Balsdon, J. P. V. D. (1954), 'Rome and Macedon, 205-200B.C.', *JRS* 44, 30-42.

Balsdon, J. P. V. D. (1967), 'T. Quinctius Flamininus', *Phoenix* 21, 177-190.

Baronowski, D. W. (2011), *Polybius and Roman Imperialism*, London.

Bauman, R. A. (1983), *Lawyers in Roman Republican Politics: a Study of the Roman Jurists in Their Political Setting, 316-82 BC*, München.

Berger, S. (1992), *Revolution and Society in Greek Sicily and Southern Italy*, Stuttgart.

Berthold, R. M. (1975), 'Lade, Pergamum and Chios: Operations of Philip V in the Aegean', *Historia* 24, 150-163.

Berthold, R. M. (1976), 'The Rhodian Appeal to Rome in 201 B.C.', *The Classical Journal* 71, 97-107.

Berthold, R. M. (1984), *Rhodes in the Hellenistic Age*, Ithaca.

Bickerman, E. (1945), '*Bellum Philippicum*: Some Roman and Greek Views: Concerning the Causes of the Second Macedonian War', *CPh* 40, 137-148.

Bickerman, E. (1985), 'Les préliminaires de la seconde guerre de Macédonie' in

Gabba, E., and M. Smith eds., *Religions and Politics in the Hellenistic and Roman Periods*, Como (=*Revue de Phililogie* 9 (1935), 59-81 and 161-176), 103-140.

Blinkenberg, Ch. (1941), *Lindos: Fouilles et recherches, 1902-1914, Vol. II, Inscriptions*, Copenhagen.

Blümel, W. (2000), 'Rhodisches Dekret in Bargylia', *EA* 32, 94-96.

Bousquet, J. (1988), 'La stèle des Kyténiens au Létôon de Xanthos', *REG* 101, 12-53.

Braund. D. C. (1984), *Rome and the Friendly King*, London.

Brennan, T. C. (2000a), *The Praetorship in the Roman Republic, vol. 1*, New York.

Brennan, T. C. (2000b), *The Praetorship in the Roman Republic, vol. 2*, New York.

Bringmann, K., H. von Steuben, and W. Ameling eds. (1995), *Schenkungen hellenistischer Herrscher an griechische Städte und Heiligtümer: Zeugnisse und Kommentare, Teil 1*, Berlin.

Briscoe, J. (1973), *A Commentary on Livy Books XXXI-XXXIII*, Oxford.

Briscoe, J. (1981), *A Commentary on Livy Books XXXIV-XXXVII*, Oxford.

Briscoe, J. (2008), *A Commentary on Livy, Books 38-40*, Oxford.

Briscoe, J. (2012), *A Commentary on Livy Books 41-45*, Oxford.

Briscoe, J. (2013), 'Review of *Friendship and Empire: Roman Diplomacy and Imperialism in the Middle Republic (353-146 BC)* by P. J. Burton', *CPh* 108, 257-260.

Brizzi, G. and G. Cairo (2015), 'Livy: Overseas Wars' in Mineo, B. ed., *A Companion to Livy*, Chichester, 382-393.

Broughton, T. R. S. (1951), *The Magistrates of the Roman Republic, vol. 1, 509 B.C.-100 B.C.*, New York.

Broughton, T. R. S. (1952), *The Magistrates of the Roman Republic, vol. 2, 99 B.C.-31 B.C.*, New York.

Brunt, P. A. (1971), *Italian Manpower, 225 B.C.-A.D. 14*, London.

Buraselis, K. (1996), '*Vix Aerarium Sufficeret*: Roman Finances and the Outbreak of the Second Macedonian War', *GRBS* 37, 149-172.

Buraselis, K. (2000), *Kos between Hellenism and Rome: Studies on the Political, Institutional, and Social History of Kos from ca. the Middle Second Century B.C. until Late Antiquity*, Philadelphia.

Burstein, S. M. (1985), *The Hellenistic Age from the Battle of Ipsos to the Death of Kleopatra VII*, Cambridge.

Burton, P. J. (1996), 'The Summoning of the Magna Mater to Rome (205 B.C.)', *Historia* 45, 36-63.

Burton, P. J. (2011), *Friendship and Empire: Roman Diplomacy and Imperialism in the Middle Republic (353-146 BC)*, Cambridge.

Camia, F. (2009), *Roma e le Poleis. L'intervento di Roma nelle controversie territoriali tra le comunità greche di Grecia e d'Asia Minore nel secondo secolo a.C.: le testimonianze epigrafiche*, Athens.

Canali De Rossi, F. (2007), *Le relazioni diplomatiche di Roma, Vol. II: dall'intervento in Sicilia fino alla invasione annibalica (264–216 a.C.)*, Roma.

Chiranky, G. (1982), 'Rome and Cotys: Two Problems', *Athenaeum* 60, 461–481.

Champion, C. (1995), 'The *Soteria* at Delphi: Aetolian Propaganda in the Epigraphical Record', *AJPh* 116, 213–220.

Champion, C. B. (1997), 'The Nature of Authoritative Evidence in Polybius and Agelaus' Speech at Naupactus', *TAPA* 127, 111–128.

Champion, C. B. (2000), 'Romans as BAPBAPOI: Three Polybian Speeches and the Politics of Cultural Indeterminacy', *CPh* 95, 425–444.

Champion, C. B. (2011), 'Polybius and Aetolia: a Historiographical Approach' in Marincola, J. ed., *A Companion to Greek and Roman Historiography*, Oxford, 356–362.

Chaniotis, A. (2009), 'Travelling Memories in the Hellenistic World' in Hunter, R. and I. Rutherford eds., *Wandering Poets in Ancient Greek Culture: Travel, Locality, and Pan-hellenism*, Cambridge, 249–269.

Clarysse, W. and G. Van der Veken (1983), *The Eponymous Priests of Ptolemaic Egypt (P.L. Bat. 24)*, Leiden.

Cornell, T. J. (1996), 'Hannibal's Legacy: the Effects of the Hannibalic War on Italy' in Cornell, T. J., N. B. Rankov, and P. A. G. Sabin eds., *The Second Punic War: a Reappraisal*, London, 97–117.

Corsten, Th.「Review: Joseph B. Scholten, The Politics of Plunder: Aitolians and their Koinon in the Early Hellenistic Era, 279–217 B.C.; John D. Grainger, The League of the Aitolians; John D. Grainger, Aitolian Prosopographical Studies」『西洋古代史研究』 4 (2004年) 37–52頁。

Criscuolo, L. (2013), 'Ptolemies and Piracy' in Buraselis, K., M. Stefanou, and D. J. Thompson eds., *The Ptolemies, the Sea and the Nile: Studies in Waterborne Power*, Cambridge, 160–171.

Dahlheim, W. (1968), *Struktur und Entwicklung des römischen Völkerrechts im dritten und zweiten Jahrhundert v.Chr.*, München.

Dany, O. (1999), *Akarnanien im Hellenismus: Geschichte und Völkerrecht in Nordwestgriechenland*, München.

De Souza, P. (1999), *Piracy in the Graeco-Roman World*, Cambridge.

Degrassi, A. (1954), *Fasti Capitolini*, Torino.

Deininger, J. (1971), *Der politische Widerstand gegen Rom in Griechenland, 217–86 v. Chr.*, Berlin.

Dell, H. J. (1970), 'Demetrius of Pharus and the Istrian War', *Historia* 19, 30–38.

Derow, P. S. (1976), 'The Roman Calendar, 218–191 BC', *Phoenix* 30, 265–281.

Derow, P. S. (1979), 'Polybius, Rome, and the East', *JRS* 69, 1–15.

Derow, P. S. (1991), 'Pharos and Rome', *ZPE* 88, 261–270.

Derow, P. S. (2003), 'The Arrival of Rome: from the Illyrian Wars to the Fall of

Macedon' in Erskine, A. ed., *A Companion to the Hellenistic World*, Oxford, 51–70.

Dillon, M. and L. Garland eds. (2005), *Ancient Rome: a Sourcebook: from the Early Republic to the Assassination of Julius Caesar*, London.

Dmitriev, S. (1999), 'Three Notes on Attalid History', *Klio* 81, 397–411.

Dmitriev, S. (2011), *The Greek Slogan of Freedom and Early Roman Politics in Greece*, Oxford.

Dorey, T. A. (1957), 'Macedonian Troops at the Battle of Zama', *AJPh* 78, 185–187.

Dorey, T. A. (1959), 'Contributory Causes of the Second Macedonian War', *AJPh* 80, 288–295.

Dreyer, B. (2002a), 'Die Thrasykrates-Rede bei Polybios (11, 4–6) und die Bezeichnung der 'Opfer' im römisch-aitolischen Vertrag von 212 v. Chr.: zur inhaltlichen Ergänzung der Inschrift von Thyrrheion (Akarnanien) *IG* IX $1^2$, 2 Nr. 241 = StVA III 536 vor der sog. Klausel a', *ZPE* 140, 33–39.

Dreyer, B. (2002b), 'Der 'Raubvertrag' des Jahres 203/2 v. Chr. Zum Inschriftenfragment von Bargylia und Brief von Amyzon', *EA* 34, 119–138.

Dreyer, B. (2007), *Die römische Nobilitätsherrschaft und Antiochos III (205 bis 188 v. Chr.)*, Hennef.

Drogula, F. K. (2015), *Commanders and Command in the Roman Republic and Early Empire*, Chapel Hill.

Eckstein, A. M. (1976), 'T. Quinctius Flamininus and the Campaign against Philip in 198 B. C.', *Phoenix* 30, 119–142.

Eckstein, A. M. (1987), *Senate and General: Individual Decision Making and Roman Foreign Relations, 264–194 B.C.*, London.

Eckstein, A. M. (1988), 'Rome, the War with Perseus, and Third Party Mediation', *Historia* 37, 414–444.

Eckstein, A. M. (1994), 'Polybius, Demetrius of Pharus, and the Origins of the Second Illyrian War', *CPh* 89, 46–59.

Eckstein, A. M. (2002), 'Greek Mediation in the First Macedonian War, 209–205 B.C.', *Historia* 51, 268–297.

Eckstein, A. M. (2005), 'The Pact between the Kings, Polybius 15.20.6, and Polybius' View of the Outbreak of the Second Macedonian War', *CPh* 100, 228–242.

Eckstein, A. M. (2008), *Rome Enters the Greek East: from Anarchy to Hierarchy in the Hellenistic Mediterranean, 230–170 BC*, Oxford.

Eckstein, A. M. (2009), *Mediterranean Anarchy, Interstate War, and the Rise of Rome*, London.

Edwell, P. (2011), 'War abroad: Spain, Sicily, Macedon, Africa' in Hoyos, B. D. ed., *A Companion to the Punic Wars*, Malden, MA, 320–338.

Eilers, C. F. (2002), *Roman Patrons of Greek Cities*, Oxford.

Errington, R. M. (1971), 'The Alleged Syro-Macedonian Pact and the Origins of the

Second Macedonian War', *Athenaeum* 49, 336-354.
Errington, R. M. (1972), *The Dawn of Empire: Rome's Rise to World Power,* Ithaca.
Errington, R. M. (1980), 'Antiochos der Grosse und die Asylie von Teos', *ZPE* 39, 279-284.
Errington, R. M. (1989), 'Rome and Greece to 205 B.C.' in *CAH* VIII$^2$, 81-106.
Erskine, A. (1993), 'Hannibal and the Freedom of the Italians', *Hermes* 121, 58-62.
Erskine, A. (2001), *Troy between Greece and Rome: Local Tradition and Imperial Power,* Oxford.
Erskine, A. and J. C. Quinn eds. (2015), *Peter Derow, Rome, Polybius, and the East,* Oxford.
Evans, R. J. (2012), *A History of Pergamum: beyond Hellenistic Kingship,* London.
Ferrary, J. -L. (1988), *Philhellénisme et Impérialisme: aspects idéologiques de la conquête romaine du monde hellénistique, de la seconde guerre de Macédoine à la guerre contre Mithridate,* Rome.
Ferrary, J. -L. (1997), 'The Hellenistic World and Roman Political Patronage' in Cartledge, P., P. Garnsey, and E. S. Gruen eds., *Hellenistic Constructs: Essays in Culture, History, and Historiography,* Berkeley, 105-119.
Fine, J. V. A. (1932), 'The Problem of Macedonian Holdings in Epirus and Thessaly in 221 B.C.', *TAPA* 63, 126-155.
Fontenrose, J. E. (1978), *The Delphic Oracle: its Responses and Operations, with a Catalogue of Responses,* Berkeley.
Fronda, M. P. (2010), *Between Rome and Carthage: Southern Italy during the Second Punic War,* Cambridge.
Funke, P. (2015), 'Aitolia and the Aitolian League' in Beck, H. and P. Funke eds., *Federalism in Greek Antiquity,* Cambridge, 86-117.
Gabrielsen, V. (1997), *The Naval Aristocracy of Hellenistic Rhodes,* Aarhus.
Gera D. (1998), *Judaea and Mediterranean Politics, 219 to 161 B.C.E.,* Leiden.
Giovannini, A. (1983), 'Téos, Antiochos III et Attale Ier', *Museum Helveticum* 40, 178-184.
Grainger, J. D. (1995), 'The Expansion of the Aitolian League, 280-260 BC', *Mnemosyne* 48, 313-343.
Grainger, J. D. (1999), *The League of the Aitolians,* Leiden.
Grainger, J. D. (2000), *Aitolian Prosopographical Studies,* Leiden.
Grainger, J. D. (2002), *The Roman War of Antiochos the Great,* Leiden.
Grainger, J. D. (2010), *The Syrian Wars,* Leiden.
Grainger, J. D. (2017), *Great Power Diplomacy in the Hellenistic World,* London.
Gray, B. (2013), 'Scepticism about Community: Polybius on Peloponnesian Exiles, Good Faith (*Pistis*) and the Achaian League', *Historia* 62, 323-360.
Gruen, E. S. (1984), *The Hellenistic World and the Coming of Rome,* Berkeley.
Gruen, E. S. (1990), *Studies in Greek Culture and Roman Policy,* Leiden.

Habicht, Ch. (1956), 'Über die Kriege zwischen Pergamon und Bithynien', *Hermes* 84, 90–110.

Habicht, Ch. (1957a), 'Eine Urkunde des akarnanischen Bundes', *Hermes* 85, 86–122.

Habicht, Ch. (1957b), 'Der Akarnane Aristomenes', *Hermes* 85, 501–504.

Habicht, Ch. (1997), *Athens from Alexander to Anthony*, Cambridge.

Habicht, Ch. (2006), *The Hellenistic Monarchies: Selected Papers*, Ann Arbor.

Hammond, N. G. L. (1966), 'The Opening Campaigns and the Battle of the *Aoi Stena* in the Second Macedonian War', *JRS* 56, 39–54.

Hammond, N. G. L. (1968), 'Illyris, Rome and Macedon in 229–205 B.C.', *JRS* 58, 1–21.

Hammond, N. G. L. (1988), 'The Campaign and the Battle of Cynoscephalae in 197 BC', *JHS* 108, 60–82.

Hammond, N. G. L. (1989), 'The Illyrian Atintani, the Epirotic Atintanes and the Roman Protectorate', *JRS* 79, 11–25.

Hammond, N. G. L. and F. W. Walbank (1988), *A History of Macedonia, Vol. III, 336–167 B.C.*, Oxford.

Hannah, R. (2005), *Greek and Roman Calendars: Constructions of Time in the Classical World*, London.

Harris, W. V. (1979), *War and Imperialism in Republican Rome, 327–70 B.C.*, Oxford.

Heinen, H. (1972), 'Die politischen Beziehungen zwischen Rom und dem Ptolemäerreich von ihren Anfängen bis zum Tag von Eleusis (273–168 v. Chr.)', *ANRW* I-1, 633–659.

Hollander, D. B. (2007), *Money in the Late Roman Republic*, Leiden.

Holleaux, M. (1920), 'Le prétendu recours des Athéniens aux Romains en 201/200', *REA* 22, 77–96.

Holleaux, M. (1921), *Rome, la Grèce et les monarchies hellénistiques au IIIe siècle avant J.-C (273–205)*, Paris.

Holleaux, M. (1930), 'Rome and Macedon: Philip against the Romans' in *CAH* VIII, 138–198.

Huzar, E. G. (1966), 'Egyptian Influences on Roman Coinage in the Third Century B.C.', *The Classical Journal* 66, 337–346.

Huß, W. (1976), *Untersuchungen zur Außenpolitik Ptolemaios' IV*, München.

Hölbl, G. (2001), *A History of the Ptolemaic Empire*, London.

Hölkeskamp, K. -J. (2001), 'Fact(ions) or Fiction? Friedrich Münzer and the Aristocracy of the Roman Republic: Then and Now', *International Journal of the Classical Tradition* 8, 92–105.

Jones, C. P. (2004), 'Events Surrounding the Bequest of Pergamon to Rome and the Revolt of Aristonicos: New Inscriptions from Metropolis', *JRA* 17, 469–485.

Johstono, P. (2015), 'Insurgency in Ptolemaic Egypt' in Timothy Howe, T. and L. L. Brice eds., *Brill's Companion to Insurgency and Terrorism in the Ancient Med-*

*iterranean*, Leiden, 183-216.

Jördens, A. and G. Becht-Jordens (1994), 'Ein Eberunterkiefer als "Staatssymbol" des Aitolischen Bundes (*IG* XII 2 15): Politische Identitatssuche im Mythos nach dem Ende der spartanischen Hegemonie', *Klio* 76, 172-184.

Kallet-Marx, R. (1995), *Hegemony to Empire: the Development of the Roman IMPERIUM in the East from 148 to 62 B.C.*, Berkeley.

Kay, P. (2014), *Rome's Economic Revolution*, Oxford.

Keenan, J. G., J. G. Manning, and U. Yiftach-Firanko eds. (2014), *Law and Legal Practice in Egypt from Alexander to the Arab Conquest: a Selection of Papyrological Sources in Translation, with Introductions and Commentary*, Cambridge.

Koehn, C. (2007), *Krieg - Diplomatie - Ideologie: zur Außenpolitik hellenistischer Mittelstaaten*, Stuttgart.

Kotsidou, H. (2000), *Τιμὴ καὶ Δόξα: Ehrungen für hellenistische Herrscher im griechischen Mutterland und in Kleinasien unter besonderer Berücksichtigung der archäologischen Denkmäler*, Berlin.

Lampela, A. (1998), *Rome and the Ptolemies of Egypt: the Development of Their Political Relations, 273-80 B.C.*, Helsinki.

Larsen, J. A. O. (1937), 'The Peace of Phoenice and the Outbreak of the Second Macedonian War', *CPh* 32, 15-31.

Larsen, J. A. O. (1952), 'The Assembly of the Aetolian League', *TAPA* 83, 1-33.

Lefèvre, F. (1995), 'La chronologie du IIIe siècle à Delphes, d'après les actes amphictioniques (280-200)', *BCH* 119, 161-208.

Levene, D. S. (2010), *Livy on the Hannibalic War*, Oxford.

Lintott, A. W. (1999), *The Constitution of the Roman Republic*, Oxford.

Loukopoulou, L. D. et al. eds. (2005), *Επιγραφές της Θράκης του Αιγαίου: μεταξύ των ποταμών Νέστου και Έβρου (νομοί Ξάνθης, Ροδόπης και Έβρου) / Epigraphes tes Thrakes tou Aigaiou: metaxy ton potamon Nestou kai Hevrou (nomoi Xanthes, Rhodopes kai Hevrou)=Inscriptiones antiquae partis Thraciae quae ad ora Maris Aegaei sita est (praefecturae Xanthes, Rhodopes et Hebri)*, Athens.

Ma, J. T. (2002), *Antiochus III and the Cities of Western Asia Minor*, New York.

Ma, J. T. (2003), 'Peer Polity interaction In the Hellenistic World', *Past and Present* 180, 9-39.

Ma, J. T. (2013), 'The Attalids: a Military History' in Thonemann, P. ed., *Attalid Asia Minor: Money, International Relations, and the State*, Oxford, 49-82.

Mack, W. (2015), *Proxeny and Polis: Institutional Networks in the Ancient Greek World*, Oxford.

Mackil, E. (2013), *Creating a Common Polity: Religion, Economy, and Politics in the Making of the Greek Koinon*, Berkeley.

Magie, D. (1939), 'The 'Agreement' between Philip V and Antiochus III for the Par-

tition of the Egyptian Empire', *JRS* 29, 32–44.
Marincola, J. (2001), *Greek Historians*, Oxford.
May, J. M. F. (1946), 'Macedonia and Illyria (217–167 B.C.)', *JRS* 36, 48–56.
McDonald, A. H. and F. W. Walbank (1937), 'The Origins of the Second Macedonian War', *JRS* 27, 180–207.
McShane, R. B. (1964), *The Foreign Policy of the Attalids of Pergamum*, Urbana.
Meadows, A. R. (1993), 'Greek and Roman Diplomacy on the Eve of the Second Macedonian War', *Historia* 42, 40–60.
Meadows, A. R. (1996), 'Four Rhodian Decrees. Rhodes, Iasos and Philip V', *Chiron* 26, 251–265.
Meadows, A. R., P. S. Derow, and J. T. Ma (1995), 'RC 38 (Amyzon) Reconsidered', *ZPE* 109, 71–80.
Meloni, P. (1955), *Il valore storico e le fonti del libro macedonico di Appian*, Rome.
Nybakken, O. E. (1946), 'The Moral Basis of *Hospitium Privatum*', *The Classical Journal* 41, 248–253.
Oakley, S. P. (2005), *A Commentary on Livy, Books VI–X, vol. 3*, Oxford.
Oberhummer, E. (1887), *Akarnanien, Ambrakia, Amphilochien, Leukas im Altertum*, München.
Oost, S. I. (1954a), *Roman Policy in Epirus and Acarnania in the Age of the Roman Conquest of Greece*, Dallas.
Oost, S. I. (1954b), 'The Fetial Law and the Outbreak of the Jugurthine War', *AJPh* 75, 147–159.
Oost, S. I. (1957), 'Amynander, Athamania, and Rome', *CPh* 52, 1–15.
Orlin, E. M. (2002), *Temples, Religion, and Politics in the Roman Republic*, Leiden.
Orlin, E. M. (2010), *Foreign Cults in Rome: Creating a Roman Empire*, Oxford.
Owens, W. M. (2000), 'Plautus' '*Stichus*' and the Political Crisis of 200 B.C.', *AJPh* 121, 385–407.
Patterson, M. L. (1942), 'Rome's Choice of Magistrates during the Hannibalic War', *TAPhA* 73, 319–340.
Perlman, P. J. (2000), *City and Sanctuary in Ancient Greece: the Theorodokia in the Peloponnese*, Göttingen.
Petzold, K. E. (1940), *Die Eröffnung des zweiten römisch-makedonischen Krieges: Untersuchungen zur spätannalistischen Topik bei Livius*, Berlin.
Petzold, K. E. (1971), 'Rom und Illyrien: ein Beitrag zur römische Außenpolitik im 3. Jahrhunder', *Historia* 20, 199–223.
Pfeilschifter, R. (2005), *Titus Quinctius Flamininus: Untersuchungen zur romischen Griechenlandpolitik*, Göttingen.
Pina Polo, F. (2011), *The Consul at Rome: the Civil Functions of the Consuls in the Roman Republic*, Cambridge.
Pittenger, M. R. P. (2008), *Contested Triumphs: Politics, Pageantry, and Perfor-*

*mance in Livy's Republican Rome*, Berkeley.
Porten, B. et al. eds. (1996), *The Elephantine Papyri in English: Three Millennia of Cross-Cultural Continuity and Change, Second Revised Edition*, Leiden.
Rawlings, L. (2011), 'The War in Italy, 218-203' in Hoyos, B. D. ed., *A Companion to the Punic Wars*, Malden, MA, 299-319.
Reger, G. (1994), 'The Political History of the Kyklades, 260-200B.C.', *Historia* 43, 32-69.
Reger, G. (1999), 'The Relation between Rhodes and Caria from 246-167BC' in Gabrielsen, V. ed., *Hellenistic Rhodes Politics, Culture, and Society*, Aarhus, 76-97.
Rich, J. W. (1976), *Declaring War in the Roman Republic in the Period of Transmarine Expansion*, Bruxelles.
Rich, J. W. (1984), 'Roman Aims in the First Macedonian War', *PCPS* 210, 126-180.
Rich, J. W. (1993), 'Fear, Greed and Glory: the Causes of Roman War-Making in the Middle Republic' in Rich J. W. and G. Shipley eds., *War and Society in the Roman World*, London, 38-68.
Rich, J. W. (2011), 'The *Fetiales* and Roman International Relations' in Richardson, J. H. and F. Santangelo eds., *Priests and State in the Roman World*, Stuttgart, 187-242.
Richardson, J. S. (1986), *Hispaniae: Spain and the Development of Roman Imperialism, 218-82 BC*, Cambridge.
Rigsby, K. J. (1996), *Asylia: Territorial Inviolability in the Hellenistic World*, Berkeley.
Rose, H. J. (1996, first published in 1936), *A Handbook of Latin Literature: from the Earliest Times to the Death of St. Augustine*, Methuen.
Rutherford, I. (2009), 'Aristodama and the Aetolians: an Itinerant Poetess and her Agenda' in Hunter, R. and I. Rutherford eds., *Wandering Poets in Ancient Greek Culture: Travel, Locality and Pan-Hellenism*, Cambridge, 237-248.
Rzepka, J. (2009), *The Aetolian Elite Warriors and Fifth-Century Roots of the Hellenistic Confederacy*, Warszawa.
Sacks, K. S. (1975), 'Polybius' Other View of Aetolia', *JHS* 95, 92-106.
Sánchez, P. (2001), *L'Amphictionie des Pyles et de Delphes: recherches sur son rôle historique, des origines au IIe siècle de notre ère*, Stuttgart.
Savalli-Lestrade, I. (2012), '*ΥΠΕΡ ΤΗΣ ΠΟΛΕΩΣ*: Les intervenants étrangers dans la justice et dans la diplomatie des cités hellénistiques', *Les Cahiers du Centre Gustave-Glotz* 23, 141-180.
Schmitt, H. H. (1957), *Rom und Rhodos*, München.
Schmitt, H. H. (1964), *Untersuchungen zur Geschichte Antiochos' des Grossen und seiner Zeit*, Wiesbaden.
Schmitt, H. H. (1969), *Die Staatsverträge des Altertums im Auftrage der Kommis-*

*sion für Alte Geschichte und Epigraphik, Bd.3: die Verträge der griechisch-römischen Welt von 338 bis 200 v. Chr.*, München.

Scholten, J. B. (2000), *The Politics of Plunder: Aitolians and their Koinon in the Early Hellenistic Era, 279-217 B.C.*, Berkeley.

Scullard, H. H. (1951), *Roman Politics, 220-150B.C.*, Oxford.

Scullard, H. H. (1959), 'Review of *Foreign Clientelae (264-70 B.C.)* by E. Badian', *The Classical Review* 9, 274-276.

Shayegan, M. R. (2011), *Arsacids and Sasanians: Political Ideology in Post-Hellenistic and Late Antique Persia*, Cambridge.

Sheedy, K. A. (1996), 'The Origins of the Second Nesiotic League and the Defence of Kythonos', *Historia* 45, 423-449.

Sherk, R. K. (1969), *Roman Documents from the Greek East: Senatus Consulta and Epistulae to the Age of Augustus*, Baltimore.

Sherk, R. K. (1984), *Rome and the Greek East to the Death of Augustus*, Cambridge.

Sherk, R. K. (1990), 'The Eponymous Officials of Greek Cities: I', *ZPE* 83, 249-288.

Snowdon, M. (2014), '"In the Friendship of the Romans": Melitaia, Narthakion and Greco-Roman Interstate Friendship in the Second Century', *Historia* 63, 422-444.

Sosin, J. D. (2009), 'Magnesian Inviolability', *TAPhA* 139, 369-410.

Thiel, J. H. (1946), *Studies on the History of Roman Sea-Power in Republican Times*, Amsterdam.

Traill, J. S. (1975), *The Political Organization of Attica: a Study of the Demes, Trittyes, and Phylai, and Their Representation in the Athenian Council (Hesperia, Suppl. 14)*, Princeton.

Van Effenterre, H. (1953), 'Inscriptions de Delphes: Décrets d'acceptation des Leucophryéna', *BCH* 77, 168-176.

Walbank, F. W. (1940), *Philip V of Macedon*, Cambridge.

Walbank, F. W. (1957), *A Historical Commentary on Polybius, vol. 1*, Oxford.

Walbank, F. W. (1967), *A Historical Commentary on Polybius, vol. 2*, Oxford.

Walbank, F. W. (1979), *A Historical Commentary on Polybius, vol. 3*, Oxford.

Walbank, F. W. (1984), 'Macedonia and Greece' in *CAH* VII-$1^2$, 221-256.

Walsh, G. ed. (1989), *Titi Livi Ab Urbe Condita Libri XXVI-XXVII*, Leipzig.

Warrior, V. M. (1996), *The Initiation of the Second Macedonian War: an Explication of Livy Book 31*, Stuttgart.

Wiemer, H. -U. (2001a), *Rhodische Traditionen in der hellenistischen Historiographie*, Frankfurt am Main.

Wiemer, H. -U. (2001b), 'Karien am Vorabend des 2. Makedonischen Krieges. Bemerkungen zu einer neuen Inschrift aus Bargylia', *EA* 33, 1-14.

Wiemer, H. -U. (2002), *Krieg, Handel und Piraterie: Untersuchungen zur Geschichte des hellenistischen Rhodos*, Berlin.

Wiseman, T. P. (1985), *Catullus and His World: a Reappraisal*, Oxford.

Wooten, C. (1974), 'The Speeches in Polybius: an Insight into the Nature of Hellenistic Oratory', *AJPh* 95, 235-251.

Wörrle, M. (1988), 'Inschriften von Herakleia am Latmos I: Antiochos III., Zeuxis und Herakleia', *Chiron* 18, 421-476.

小貫徹「アカイア同盟の対マケドニア政策転換」『西洋史学』46(1960年)21～37頁

周藤芳幸『ナイル世界のヘレニズム――エジプトとギリシアの遭遇』名古屋大学出版会(2014年)

柘植一雄「アッタロス一世と第一マケドニア戦争」『人文論究』17(1967年)23～44頁

柘植一雄「アッタロス一世と小アジアのギリシア諸都市との関係について」『関西学院史学』13(1971年)1～16頁

長谷川岳男「第一イリュリア戦争再考――ローマの東方政策とギリシア世界」『紀尾井史学』6(1986年)35～48頁

長谷川博隆『古代ローマの政治と社会』名古屋大学出版会(2001年)

毛利晶「古代ローマにおける戦争と宗教」『軍事史学』37(2001年)6～29頁

安井萠『共和政ローマの寡頭政治体制――ノビリタス支配の研究』ミネルヴァ書房(2005年)

プラウトゥス，木村健治他訳・註『ローマ喜劇集１』京都大学学術出版会(2000年)

プラウトゥス，高橋宏幸他訳・註『ローマ喜劇集４』京都大学学術出版会(2002年)

プラウトゥス，鈴木一郎訳・註『古代ローマ喜劇全集　第四巻　プラウトゥス Ⅳ』東京大学出版会(1978年)

ポリュビオス，城江良和訳・註『歴史１』京都大学学術出版会(2004年)

リウィウス，毛利晶訳・註『ローマ建国以来の歴史３』京都大学学術出版会(2008年)

# 註

## 序章　第一次マケドニア戦争とその後のローマの東進をめぐって

1　例えばアンティゴノス朝を滅ぼした第三次マケドニア戦争に際しても，ローマの元老院はデルフォイに宛てた書簡と思しき文書で，時のマケドニア王ペルセウスをそれまでローマがたびたび守ってきたギリシア諸国の自由や平和の破壊者であると断じている(*Syll*³ 643)。またイオニアのメトロポリスで発見されている同市当局が作成した決議碑文は，小アジアのアッタロス朝のアッタロス３世が遺言により王国領をローマに贈った際に同王の係累とされるアリストニコスがこれに反対する武力闘争を起こした折にも，ローマ当局が同種の訴えをおこなったらしいことを伝えている。Jones, C. P. (2004), 'Events Surrounding the Bequest of Pergamon to Rome and the Revolt of Aristonicos: New Inscriptions from Metropolis', *JRA* 17, 469–485. デルフォイ碑文に関しては Austin, M. M. (2006), *The Hellenistic World from Alexander to the Roman Conquest: a Selection of Ancient Sources in Translation*, Cambridge, no. 93 を参照されたい。

2　顕著なケースとしては，例えば第三次マケドニア戦争前夜のローマとヘレニズム諸国その他の関係があげられる。ローマがマケドニアを攻める意思を固めつつあることをみてとった各国は，後者の敗亡はもはや不可避と判断し，ローマが自分たちの正当性の説明と支持とりつけに本格的に動く前からこれをサポートする意向を表明した(E.g. Liv. 42.29, 37–38)。

3　Cf. Holleaux, M. (1921), *Rome, la Grèce et les monarchies hellénistiques au IIIe siècle avant J.-C (273–205)*, Paris, 173–305; Rich, J. W. (1984), 'Roman Aims in the First Macedonian War', *PCPS* 210, 126.

4　Cf. Gruen, E. S. (1984), *The Hellenistic World and the Coming of Rome*, Berkeley, e.g. 45; Ferrary, J. -L. (1988), *Philhellénisme et Impérialisme: aspects idéologiques de la conquête romaine du monde hellénistique, de la seconde guerre de Macédoine à la guerre contre Mithridate*, Rome, 45–58; Eckstein, A. M. (2008), *Rome Enters the Greek East: from Anarchy to Hierarchy in the Hellenistic Mediterranean, 230–170 BC*, Oxford, e.g. 5–6.

5　こうした点については既に，長谷川岳男「第一イリュリア戦争再考――ローマの東方政策とギリシア世界」『紀尾井史学』 6 (1986年)35〜36頁でも指摘されている。

6　これについてはリウィウス，毛利晶訳・註『ローマ建国以来の歴史 3』京都大学学術出版会(2008年)の解説部，特に266〜268頁で詳しく説明されている。付け加えると，その第31巻冒頭部においてリウィウスは第一次マケドニア戦争の始まりを前211年頃と記しており(Liv. 31.1.8)，これを受けてか研究者たちもしばしばこの年を同戦役開始の時期と記しているが，ローマとマケドニアの戦いの正式な始まりはやや不鮮明ながら前214年の夏の頃とみられ，実質的な衝突という意味ではさらにもう少し前の時期にさかのぼると思われる。Cf. App. *Mac*. 1; Liv. 24.40.1; Eckstein (2008), *op. cit*., 78, 86.

7　ポリュビオスの同作品各巻の構成や残存章数，および彼の経歴については，ポリュビオス，城江良和訳・註『歴史１』京都大学学術出版会(2004年)の解説部で詳しく説明・図示されている。

8　App. *Mac.* 4; Holleaux (1921), *op. cit.*, 309-322.

9　オローの主張に賛同する議論で重要なものとしては例えば，McDonald, A. H. and F. W. Walbank (1937), 'The Origins of the Second Macedonian War', *JRS* 27, 180-207 や Eckstein (2008), *op. cit.*, e.g. 237-241 がある。逆にこれを批判するものとしては，Magie, D. (1939), 'The 'Agreement' between Philip V and Antiochus III for the Partition of the Egyptian Empire', *JRS* 29, 32-44 および Errington, R. M. (1971), 'The Alleged Syro-Macedonian Pact and the Origins of the Second Macedonian War', *Athenaeum* 49, 336-354 が体系的かつ重厚な議論を展開しているといえる。また批判者側の主張に関しては，Harris, W. V. (1979), *War and Imperialism in Republican Rome, 327-70 B.C.*, Oxford, 212-218 も参照されたい。

10　Derow, P. S. (2003), 'The Arrival of Rome: from the Illyrian Wars to the Fall of Macedon' in Erskine, A. ed., *A Companion to the Hellenistic World*, Oxford, 51-70. Cf. Erskine, A., and J. C. Quinn eds. (2015), *Peter Derow, Rome, Polybius, and the East*, Oxford, chap. 1.

11　こうしたギリシア人のローマへの反感や抵抗については，例えばDeininger, J. (1971), *Der politische Widerstand gegen Rom in Griechenland, 217-86 v. Chr.*, Berlin が体系的に論じている。

12　Polyb. 6.13.5-9, 14.9. Cf. Lintott, A. W. (1999), *The Constitution of the Roman Republic*, Oxford, esp. chaps. 6 and 11.

13　共和政期ローマの選挙に関しては，安井萠『共和政ローマの寡頭政治体制――ノビリタス支配の研究』ミネルヴァ書房(2005年)の第３章が詳しい検討をおこなっている。ただ同研究の中心課題は主に前１世紀の選挙のメカニズムで，またその中でのパトロネージの影響力をやや控えめにとらえるべきことを示すのに総じて多くの頁を割いている。そのためそれ以前の，誰が誰を支持するかが不特定多数の第三者にも明らかにされる状況が，候補者と有権者の関係や選挙の結果にどう作用したのかという点は，検討の主軸の外にある。

14　E.g. Patterson, M. L. (1942), 'Rome's Choice of Magistrates during the Hannibalic War', *TAPhA* 73, 319-340; Scullard, H. H. (1951), *Roman Politics, 220-150B.C.*, Oxford; Dorey, T. A. (1959), 'Contributory Causes of the Second Macedonian War', *AJPh* 80, 288-295; Balsdon, J. P. V. D. (1967), 'T. Quinctius Flamininus', *Phoenix* 21, 177-190; Hölkeskamp, K. -J. (2001), 'Fact(ions) or Fiction? Friedrich Münzer and the Aristocracy of the Roman Republic: Then and Now', *International Journal of the Classical Tradition* 8, 92-105.

15　実は前の註であげた諸研究は，ローマの本格的な東進が始まる時期の同国の対外政策の形成に大きな影響を及ぼした指導者集団として，彼らが Fulvian-Claudian group と呼ぶところの元老院議員の集合体をしばしば議論の対象としてきた。そして実際，第二次ポエニ戦争の中でシュラクサイを攻略してシチリアの再征服を成し

遂げたM・クラウディウス・マルケッルスや，その同名の息子には，対ギリシア外交についての少なくない知見や，これに積極的に関与する意思があったことが読みとれる逸話が知られている。前者は，シュラクサイ攻囲戦の終わりの頃，同市の要人の一人にしてスパルタ人でもあったダミッポスが市指導部よりマケドニアのフィリッポスに支援を求めるべく送り出されたところを捕らえた際，スパルタがアイトリアの友好国で，なおかつ当時ローマと同連邦の間で対マケドニア同盟の締結が話し合われていたことに鑑み，これを丁重に扱ったという(Liv. 25.23.8-9; cf. Plut. *Marc*. 18.2; Polyai. Strat. 8.11)。そして彼の同名の息子の方はより直接的に，前196年度のコンスルに就任する折，最終的には失敗するものの，自身の任地が第二次マケドニア戦争の戦後処理の最中のギリシアとなるよう運動したことが知られている(Liv. 33.25.4-6)。ただしこれらのエピソードからもうかがえるように，少なくともクラウディウス一門は個人レベルではともかく一門としては，第一次マケドニア戦争や二度目の戦役の中で，重要な局面においては，ローマの対ギリシア外交に直接に大きく関与したとはみなしがたい。

16 Cf. Kallet-Marx, R. (1995), *Hegemony to Empire: the Development of the Roman IMPERIUM in the East from 148 to 62 B.C.*, Berkeley, 11-96.

17 E.g. Just. 30.4.15-18; Liv. 33.10.7-13.15, 17.15; Polyb. 18.32.13, 36.1-39.7.

18 Badian, E. (1958), *Foreign Clientelae: 264-70 B.C.*, Oxford, e.g. 1-11, 68, 82-87, 155.

19 E.g. Dahlheim, W. (1968), *Struktur und Entwicklung des römischen Völkerrechts im dritten und zweiten Jahrhundert v.Chr.*, München, 1-4; Errington, R. M. (1972), *The Dawn of Empire: Rome's Rise to World Power*, Ithaca, ix-x.

20 E.g. Scullard, H. H. (1959), 'Review of *Foreign Clientelae (264-70 B.C.)* by E. Badian', *The Classical Review* 9, 274-275; Ferrary, J. -L. (1997), 'The Hellenistic World and Roman Political Patronage' in Cartledge, P., P. Garnsey, and E. S. Gruen eds., *Hellenistic Constructs: Essays in Culture, History, and Historiography*, Berkeley, 105-119; Dillon, M. and L. Garland. eds. (2005), *Ancient Rome: a Sourcebook: from the Early Republic to the Assassination of Julius Caesar*, London, 87.

21 E.g. Braund. D. C. (1984), *Rome and the Friendly King*, London, e.g. 5-7, 23, 29-30 n.1, 185; Gruen (1984), *op. cit.*, 158-200; Eckstein (2008), *op. cit.*, 43-45.

22 Liv. 34.58.11. 交渉がどのような文脈でもたれたのかについてはBadian, E. (1959), 'Rome and Antiochus the Great: a Study in Cold War', *CPh* 54, 81-88; Briscoe, J. (1981), *A Commentary on Livy Books XXXIV-XXXVII*, Oxford, 26-27, 137-141; Grainger, J. D. (2017), *Great Power Diplomacy in the Hellenistic World*, London, 184-186を参照されたい。

23 Liv. 42.14.5-7, esp. 7. Cf. Briscoe, J. (2012), *A Commentary on Livy Books 41-45*, Oxford, 186-187, 199-200.

24 事実，ここで取り上げたロドスは，自分たちが作成した碑文においては，少なくとも前2世紀中はローマ人をパトロヌスと呼んでいない。Eilers, C. F. (2002), *Roman Patrons of Greek Cities*, Oxford, 109.

25 Loukopoulou, L. D. et al. eds. (2005), *Επιγραφές της Θράκης του Αιγαίου: μεταξύ των ποταμών Νέστου και Έβρου (νομοί Ξάνθης, Ροδόπης και Έβρου) / Epigraphes tes Thrakes tou Aigaiou: metaxy ton potamon Nestou kai Hevrou (nomoi Xanthes, Rhodopes kai Hevrou) = Inscriptiones antiquae partis Thraciae quae ad ora Maris Aegaei sita est (praefecturae Xanthes, Rhodopes et Hebri)*, Athens, no. 5. ただし同碑文に関しては，その作成年代を前１世紀初頭あたりにまで引き下げるべきという議論が以前からあり，これが正しければ，史料においてローマ人がパトロヌスと表記される最初のケースは，おそらく前120年代頃の別の碑文ということになる(*IG* XII.6.351)。またどちらのケースが最古のものだったにせよ，その後もしばらくの間は，同様の事例はまばらにしか確認できない。Chiranky, G. (1982), 'Rome and Cotys: Two Problems', *Athenaeum* 60, 461-481; Eilers (2002), *op. cit.*, 120-124, 217; Camia, F. (2009), *Roma e le Poleis. L'intervento di Roma nelle controversie territoriali tra le comunità greche di Grecia e d'Asia Minore nel secondo secolo a.C.: le testimonianze epigrafiche*, Athens, 160-163.

26 Chiranky (1982), *op. cit.*, 471-480; Eilers (2002), *op. cit.*, 124-132.

27 Burton, P. J. (2011), *Friendship and Empire: Roman Diplomacy and Imperialism in the Middle Republic (353-146 BC)*, Cambridge, esp. 3-22, 28-38, 63-69, 353-356. Cf. Briscoe, J. (2013), 'Review of *Friendship and Empire: Roman Diplomacy and Imperialism in the Middle Republic (353-146 BC)* by P. J. Burton', *CPh* 108, 257-260.

28 E.g. Snowdon, M. (2014), '"In the Friendship of the Romans": Melitaia, Narthakion and Greco-Roman Interstate Friendship in the Second Century', *Historia* 63, 422-444.

29 Burton (2011), *op. cit.*, 28-75, esp. 46-53.

30 それでも例えば，ローマ人の自由とギリシア人のそれの相違やその内容の変遷にまつわる長谷川博隆『古代ローマの政治と社会』名古屋大学出版会(2001年)76～87頁の議論でおこなわれているような，当該概念の歴史的展開やその時その時の事情を踏まえつつの検討と，さらにまた碑文史料などを交えての量的分析が不可欠となるだろう。

31 Mack, W. (2015), *Proxeny and Polis: Institutional Networks in the Ancient Greek World*, Oxford, e.g. 1-4.

## 第１章　第一次マケドニア戦争の始まりとローマ・アイトリア同盟

1 App. *Illy*. 7-8; Polyb. 2.11-12. Cf. De Souza, P. (1999), *Piracy in the Graeco-Roman World*, Cambridge, 76-79. なお Polyb. 2.12.7-8 によると，ローマはこの時，イリュリアにおける軍事行動と，その成果として撃破したアルディアエイと呼ばれるイリュリア人たちから今後は３隻以上の武装艦船をリッソス以南に送り出さないという約束をとりつけた旨を，やはりかねてよりイリュリア人たちの海賊行為に悩まされていたギリシア人たちに知らせるべく，アイトリアとアカイア，およびコリントスとアテナイに使節を派遣したという。そしてこれをきっかけに，ローマ人は

コリントスから，後にフラミニヌスが「ギリシアの自由」を宣言することになるイストミア祭への参加を認められるようになったらしい。Cf. Walbank, F. W. (1957), *A Historical Commentary on Polybius, vol.1*, Oxford, 166-167.

2　Polyb. 3.16, 18-19. Cf. Petzold, K. E. (1971), 'Rom und Illyrien: ein Beitrag zur römische Außenpolitik im 3. Jahrhunder', *Historia* 20, 212. また当該戦役に関する史料論的検討については Eckstein, A. M. (1994), 'Polybius, Demetrius of Pharus, and the Origins of the Second Illyrian War', *CPh* 89, 46-59 も参照されたい。

3　E.g. Eutrop. 3.7; Oros. 4.13.16. Dell, H. J. (1970), 'Demetrius of Pharus and the Istrian War', *Historia* 19, 31-38.

4　*SEG* XXIII.489. Cf. Derow, P. S. (1991), 'Pharos and Rome', *ZPE* 88, 261-270. 当該碑文についてはまた，*SEG* LVII.563 および Bagnall, R. S. and P. S. Derow (2004), *The Hellenistic Period: Historical Sources in Translation, Second Edition*, Oxford, no. 31 も参照されたい。

5　Hammond, N. G. L. (1968), 'Illyris, Rome and Macedon in 229-205 B.C.', *JRS* 58, 6-12 は，デメトリオスの排除によりローマとマケドニアは「冷戦状態に入った」とみるべきではないかと論じているが，それを裏付けるこれといった証拠はない。

6　当時の戦況については Rawlings, L. (2011), 'The War in Italy, 218-203' in Hoyos, B. D. ed., *A Companion to the Punic Wars*, Malden, MA, 299-303, 318-319 を参照されたい。

7　同盟市戦争に先立つ数十年のアイトリアとマケドニアのかかわりについては Scholten, J. B. (2000), *The Politics of Plunder: Aitolians and their Koinon in the Early Hellenistic Era, 279-217 B.C.*, Berkeley, chaps.4-5 を参照されたい。

8　アカイアのそれまでの対外政策とその転換の経緯については，やや古い論考ながら日本でも小貫徹「アカイア同盟の対マケドニア政策転換」『西洋史学』46(1960年)21～37頁で比較的詳しく論じられている。

9　Cf. Walbank, F. W. (1940), *Philip V of Macedon*, Cambridge, 15-16; Bringmann, K., H. von Steuben, and W. Ameling eds. (1995), *Schenkungen hellenistischer Herrscher an griechische Städte und Heiligtümer: Zeugnisse und Kommentare, Teil 1*, Berlin, no. 135.

10　Cf. Mackil, E. (2013), *Creating a Common Polity: Religion, Economy, and Politics in the Making of the Greek Koinon*, Berkeley, 117-121.

11　App. *Mac.* 1; Just. 29.4.1-3; Liv. 23.34.1-9, 38.1-5, 24.40.1-17; Plut. *Arat.* 49-51; Polyb 8.8.1-9, 12.1, 13.1-14.11; Zonar. 9.4. Cf. Walbank, F. W. (1967), *A Historical Commentary on Polybius, vol. 2*, Oxford, 79; Eckstein (2008), *op. cit.*, 86-87, 147-148. ローマとコルキュラの関係については，Derow (1991), *op. cit.*, 267-270; Eckstein (2008), *op. cit.*, 71; Dmitriev, S. (2011), *The Greek Slogan of Freedom and Early Roman Politics in Greece*, Oxford, 145 n.4 を参照されたい。

12　Liv. 23.38.10, 25.3.6.

13　Cf. Plut. *Arat.* 50.7; Polyb. 2.65.1-4, 4.9.4. ヘラス同盟加盟に先立つ数十年におけるアカルナニアのアイトリアとの因縁や，そしてまたやはりアカルナニアをしば

しば支配した北隣のエペイロスおよび同盟成立後には自分たちの盟主と仰ぐことになるマケドニアとのかかわりについては，Dany, O. (1999), *Akarnanien im Hellenismus: Geschichte und Völkerrecht in Nordwestgriechenland*, München, 54-149を参照されたい。

14 Liv. 26.24.1-15. 条約締結の年代については，古くはPetzold, K. E. (1940), *Die Eröffnung des zweiten römisch-makedonischen Krieges: Untersuchungen zur spätannalistischen Topik bei Livius*, Berlin, 14のように前212年を想定し，またそれから四半世紀以上後のDeininger (1971), *op. cit.*, 28でも同年の可能性がなお言及されている。しかし近年では，大多数の研究者はラエウィヌスの演説中に，ローマ軍によるシチリアのシュラクサイと南イタリアのカプアを占領したことへの言及があり，これが前211年中のこととみなされるようになっていることから，同盟成立も同じ年のうちのことと考えている。Cf. Eckstein (2008), *op. cit.*, 88; Levene, D. S. (2010), *Livy on the Hannibalic War*, Oxford, 46 n.112.

15 E.g. Walbank, (1940), *op. cit.*, 82-83; Rich (1984), *op. cit.*, 126-180; Dany (1999), *op. cit.*, 153; Eckstein (2008), *op. cit.*, e.g. 77, 89-90, 92-93, 104-107, 112-118; Burton (2011), *op. cit.*, 90. この他にもGrainger, J. D. (1999), *The League of the Aitolians*, Leiden, 306のように，この時期のアイトリアの対外関係に焦点を当てた研究もあるものの，ローマとの同盟成立の流れについてはその他の研究者たちの主張に同調している。ローマ・アイトリア条約において定められた，領土を含めた戦利品の分割については*SEG* XIII.382 ll.4-15; Liv. 26.24.11; Polyb. 9.39.3を参照されたい。

16 序章の註15でふれたように，マルケッルスはシュラクサイ攻囲戦の中で，マケドニアに援軍を求めるべく同市より送り出されたダミッポスを捕らえた折，彼が友好関係の構築を進めているアイトリアの友邦スパルタ出身であったことから，これを丁重に扱ったという(Liv. 25.23.9)。このことは，ラエウィヌスが同盟締結以前より他のローマ指導層に状況を知らせ，その理解や協力をある程度の数の者から成功裏にとりつけていたことを示唆する。

17 Cf. Hammond (1968), *op. cit.*, 18.

18 E.g. Liv. 27.30.4, 28.7.14. Cf. Eckstein, A. M. (2002), 'Greek Mediation in the First Macedonian War, 209-205 B.C.', *Historia* 51, 273-294.

19 Hammond, N. G. L. and F. W. Walbank (1988), *A History of Macedonia, Vol. III 336-167 B.C.*, Oxford, 400. なお同研究は二人がそれぞれの担当部をもちその執筆にあたるという形になっており，該当頁の直接の執筆者はウォールバンクなのであるが，共著であることには違いないので，その議論はこの二者の共通認識・主張によるものとして話を進める。

20 なおローマの攻撃性を強調するHarris (1979), *op. cit.*, 207はこの規定に関し，同国は，本来はこの同盟成立を機にギリシア方面でも新たな領土を獲得したいと望んでいたが，アイトリア側がローマから共闘の申し入れを受け入れる交換条件の一つとしてこの戦利品分配についての規定を条約に盛り込むことを要求したので，断念したのだと論じる。一方でGruen (1984), *op. cit.*, 289およびEckstein (2008),

*op. cit.*, 89 は，この時点のローマにギリシア方面での領土的野心はなく，当該規定も単にそれを条約内で明らかにしただけとみている。筆者としては，現存史料はこの時期のローマが東方で領土を得ようとしていた様子を一切伝えていないので，ハリスのここでの議論は基本的には退けられるべきと考える。ただしグルーエンやエックシュタインの考えも首肯はしがたい。なぜなら，ローマが領土的関心をもっていようがいまいが，はっきりそれを，しかも同盟を結んだもう片方が明確に領土拡張を認められている中で否定されることは，ローマの立場が相対的に弱いもの，少なくとも弱い面もあるということを明示するものといえ，状況が許すならばローマ側はそうした文言の条約文への挿入を避けたはずだからである。またアイトリアが他国と結んだ条約で戦利品の分配を定めたものとして，前 3 世紀半ば頃にやはりアカルナニア征服を図ってエペイロスと結んだものと，同盟市戦争中にイリュリアの指導者の一人スケルディライダスと手を組んだ際のものが知られているが，どちらにおいても分配の不平等を明示するということはなかった(Polyb. 2.45.1, 4.16.9-10)。Cf. Schmitt, H. H. (1969), *Die Staatsverträge des Altertums im Auftrage der Kommission für Alte Geschichte und Epigraphik, Bd.3: die Verträge der griechisch-römischen Welt von 338 bis 200 v. Chr.*, München, Nrn.485, 515; Walbank (1957), *op. cit.*, 239-245, 463-464. つまり前211年の同盟条約は，アイトリアの外交史の中でも比較的特異なものであるといえるわけである。

21 Liv. 26.24: [1] *per idem tempus M. Valerius Laevinus, temptatis prius per secreta conloquia principum animis, ad indictum ante ad id ipsum concilium Aetolorum classe expedita venit.* [2] *ubi cum Syracusas Capuamque captam in fidem in Italia Siciliaque rerum secundarum ostentasset* [3] *adiecissetque iam ...... et eo redacturum esse, ut non iis modo urbibus, quas per vim ademissent Aetolis, excedant, sed ipsam Macedoniam infestam habeant;* [6] *et Acarnanas, quos aegre ferrent Aetoli a corpore suo diremptos, restituturum se in antiquam formulam iurisque ac dicionis eorum* - [7] *: haec dicta promissaque a Romano imperatore Scopas, qui tum praetor gentis erat, et Dorimachus, princeps Aetolorum, adfirmaverunt auctoritate sua, minore cum verecundia et maiore cum fide vim maiestatemque populi Romani extollentes.* [8] *maxime tamen spes potiundae movebat Acarnaniae. igitur conscriptae condiciones, quibus in amicitiam societatemque populi Romani venirent,* [9] *additumque, ut, si placeret vellentque, eodem iure amicitiae Elei Lacedaemoniique et Attalus et Pleuratus et Scerdilaedus essent, Asiae Attalus, hi Thracum et Illyriorum reges;* [10] *bellum ut extemplo Aetoli cum Philippo terra gererent; navibus ne minus viginti quinque quinqueremibus adiuvaret Romanus;* [11] *urbium Corcyrae tenus ab Aetolia incipienti solum tectaque et muri cum agris Aetolorum, alia omnis praeda populi Romani esset, darentque operam Romani, ut Acarnaniam Aetoli haberent;* [12] *si Aetoli pacem cum Philippo facerent, foederi adscriberent ita ratam fore pacem, si Philippus arma ab Romanis sociisque quique eorum dicionis essent abstinuisset;* [13] *item, si populus Romanus foedere iungeretur regi, ut caveret, ne ius ei belli inferendi Aetolis sociisque*

*eorum esset.* [14] *haec convenerunt conscriptaque biennio post Olympiae ab Aetolis, in Capitolio ab Romanis, ut testata sacratis monumentis essent, sunt posita.* [15] *morae causa fuerant retenti Romae diutius legati Aetolorum. nec tamen impedimento id rebus gerendis fuit: et Aetoli extemplo moverunt adversus Philippum bellum, et Laevinus Zacynthum - parva insula est propinqua Aetoliae, urbem unam eodem, quo ipsa est, nomine habet -, eam praeter arcem vi cepit et Oeniadas Nasumque Acarnanum captas Aetolis contribuit;* [16] *Philippumque satis implicatum bello finitimo ratus, ne Italiam Poenosque et pacta cum Hannibale posset respicere, Corcyram ipse se recepit.* ラテン語の校訂はトイプナー版(Walsh, G. ed.〈1989〉, *Titi Livi Ab Urbe Condita Libri XXVI–XXVII*, Leipzig)に従った。また訳文中の〔　〕は筆者の補い。

22　Eckstein, A. M. (1987), *Senate and General: Individual Decision Making and Roman Foreign Relations, 264–194 B.C.*, London, esp. 320–321.

23　Liv. 26.24.10.

24　ただし Polyb. 1.26.7 が伝える，第一次ポエニ戦争中の前256年に生じたエクノムス沖海戦に関する，前３世紀のローマの歴史家ファビウス・ピクトルの著した史書に拠ったと思しき記述によると，ローマは各五段櫂船に，漕ぎ手300名と戦闘員120名を乗船させていた。Walbank (1957), *op. cit.*, 86. 40年以上の隔たりがあるローマ・アイトリア同盟の時代にも同じだけの人員が搭乗したかは確言できないが，25隻の五段櫂船派遣が，それなりの人数の動員と同義であったことは留意しておくべきだろう。

25　E.g. Liv. 35.48.11–12; Polyb. 20.9.6–10. Cf. Sacks, K. S. (1975), 'Polybius' Other View of Aetolia', *JHS* 95, 92–106.

26　E.g. Polyb. 20.9.6–10.

27　Liv. 26.25.1–17; Polyb. 9.40.4–6. なお先行研究は，この条項の存在そのものについては特に疑問を提示していない。むしろ関心が寄せられてきたのは，その中で論じられている「アカルナニア」が，素直にアカルナニア全域を指すと考えてよいのかという点である。ローマがアカルナニア全土を征服しようと真剣に動いた様子がないことを踏まえると，あるいはそうではなく，実は同盟市戦争中にアイトリアの手から失われてアカルナニア領とされてしまった地域というものがあり，その奪回が意図されていた，もしくは一度は全力でのアカルナニア攻撃を試みたアイトリアはともかく，ローマの方ではそのようにとらえていた，ということも一見ありそうに思われるからである。Cf. Oberhummer, E. (1887), *Akarnanien, Ambrakia, Amphilochien, Leukas im Altertum*, München, 167; Oost, S. I. (1954a), *Roman Policy in Epirus and Acarnania in the Age of the Roman Conquest of Greece*, Dallas, 34. しかし Dany (1999), *op. cit.*, 154–155 も指摘するように，ローマ・連邦間でそれに関する見解の相違や，あるいはこの語にそもそもそうした二つの意味合いが存在したという様子は一切ない。条項の示す「アカルナニア」はやはりそのままアカルナニア全域と解すべきだろう。

28　*IG* IX.$1^2$.2.241 ll.3–21. Cf. Liv. 26.24.11.

29 Cf. Dreyer, B. (2002a), 'Die Thrasykrates-Rede bei Polybios (11, 4-6) und die Bezeichnung der 'Opfer' im römisch-aitolischen Vertrag von 212 v. Chr.: zur inhaltlichen Ergänzung der Inschrift von Thyrrheion (Akarnanien) *IG* IX $1^2$, 2 Nr. 241 = StVA III 536 vor der sog. Klausel a', *ZPE* 140, 33-39; Bagnall and Derow (2004), *op. cit.*, no.33.

30 E.g. Liv. 26.24.6; Polyb. 4. 30. 3, 5.6.1-2. Cf. Errington, R. M. (1989), 'Rome and Greece to 205 B.C.', in *CAH* $VIII^2$, 101. 付け加えると，オリュンピアで見つかった *IG* IX.$1^2$.2.583と番号付けされている碑文は，アカルナニアの当局が，その領域内のアナクトリオン市が同盟市戦争と思しき戦役の中で大きな被害を受けたことを受け，それまで同市で執りおこなっていたアクティオンにおけるアポッロン祭祀をアカルナニア当局の管理下に移すことや，神殿とそれに付属する財産，および収入源の一部もまた同様とすることなどを決定したと伝えている。Cf. Habicht, Ch. (1957a), 'Eine Urkunde des akarnanischen Bundes', *Hermes* 85, 86-122. こうした記述はアカルナニア当局による共同体内の統制強化の進展を論じる文脈でとらえることもできそうであるが，その一方で，再編された祭祀が外敵から受けた苦痛とそれに対する反感，それも歴史的・地理的に特にアイトリアに向けてのそれを，繰り返しアカルナニアの者たちに思い起こさせる装置として機能しただろう点にも留意するべきである。さらに付言すると，同碑文の16行目から22行目と61行目から67行目には祭祀の移管にかかわった者たちの名が記されているのであるが，その中の一人であるアリュゼイアのアリストメネスは，前190年代初頭にプトレマイオス５世統治期エジプトの宮廷闘争の中で頭角をあらわし，その時には同王のもとで傭兵部隊の指揮官として働いていた前記のリウィウスの引用文中にも登場したアイトリアのスコパスを追い落とした，アカルナニア出身の友臣アリストメネスと同一人物とみられている。Cf. Polyb. 15.31.6-7; Habicht, Ch. (1957b), 'Der Akarnane Aristomenes', *Hermes* 85, 501-504.

31 Cf. Hammond and Walbank (1988), *op. cit.*, 403. なお Walbank (1940), *op. cit.*, 81-82は，この時点のフィリッポスは既にローマ側を積極的に攻める意思をもっていなかったとみている。しかし Oost (1954a), *op. cit.*, 33も指摘する通り，当時のローマに彼の意図を正確に読みとる方策などなく，また仮にそうした観測があったとしても，マケドニアへの消極的な姿勢が目立つ形ともなれば，それをローマの弱さの証とみてフィリッポスが再びその勢力圏を脅かそうと考えることがなお懸念される局面だった点にも留意すべきだろう。そしてアイトリアとの同盟は，そうした事態が生じる可能性をより小さくすることにつながり，当時のローマがそれに戦略的利益を見出したことは疑いない。このため，当時のフィリッポスの実際上の行動とローマのそれが必ずしも対応していないことを問題とする必要はない。

32 Deininger (1971), *op. cit.*, 48, 94-95.

33 なお，条約は陸上においてローマ側が提供すべき戦力については明示していない。そのため先行研究はこの点と，ローマ側がともかくも25隻以上の艦船を出すことを義務付ける条文がある点から，ローマとアイトリアは作戦区域を陸海で明確に分けていたとしばしばとらえている。Cf. Oost (1954a), *op. cit.*, 34; Errington (1989),

*op. cit.*, 100-101. しかし前209年のエリス近郊での会戦で，ローマ側が一個レギオ相当の陸戦部隊を動かしていることが示すように，そうした戦域の分担が明確に決められていたとはいえない。また註24でも述べたように，派遣部隊の規模の下限である五段櫂船25隻だけでも，相当な数の純戦闘員を搭乗させることができたことにも留意すべきだろう。

34 Liv. 26.24.1. Cf. Walbank (1940), *op. cit.*, 82.

35 Liv. 26.24.16. なおコルキュラは前述の通り，フィリッポスがハンニバルと同盟してローマを攻めた際に一度占領された。これは前215年頃のことで，同時期にオリコス(ラテン語ではオリクム)も制圧されたらしい。しかし前213年頃，ラエウィヌスがマケドニアの西進を抑えるべくブルンディシウムを基点にイリュリア周辺で戦う中，そのオリコスと共に再びローマが確保するところとなったとみられている。Cf. App. *Mac.* 1; Zonar. 9.4; Hammond (1968), *op. cit.*, 15-19.

36 Eckstein (1987), *op. cit.*, 294.

37 例えば前241年の第一次ポエニ戦争の和平交渉では，C・ルタティウス・カトゥルスが，カルタゴ側の代表にしてハンニバルの父でもあるハミルカルと一度和平条件について合意に達しながらも，ローマの民会がそれを否決したことで，あらためて条件を練り直す必要に迫られた(Polyb. 1.62.7-63.3)。また前236年には，コンスルのC・リキニウス・ウァルスがコルシカ遠征の折に，レガトゥスのM・クラウディウス・クリネアスを先遣部隊と共に派遣するということがあった。クリネアスは現地でローマへの強い反感が広まっているのをみて，戦闘よりも外交的妥協が好ましいと判断し，交渉を重ねた末，島民側と協定を結ぶことに成功した。ところがウァルスはその内容と，そしてその合意形成の過程をローマにとって屈辱的なものと断じ，一方的に合意を破棄してコルシカ人たちを急襲した。不意をつかれたコルシカ人たちは，敗走とローマへの服従を余儀なくされた。しかし当然ながら，彼らはこうしたローマ側の振る舞いを協定違反と非難した。すると元老院は，責めを負うべきは不適切な和平を結んだクリネアスであるとして，彼を島民たちに引き渡した。島民たちはもちろんこの措置にも納得せず彼を釈放したが，ローマ側はそれ以上，特段の措置を講じなかったという。Val.Max. 6.3.3a; Zonar. 8.18. Cf. Canali De Rossi, F. (2007), *Le relazioni diplomatiche di Roma, Vol. II: dall'intervento in Sicilia fino alla invasione annibalica (264-216 a.C.)*, Roma, nos.430-431. また注目すべきは，コルシカの事例でクリネアスが処罰されたのが，ゾナラスの記述の中でクリネアスが αὐοτκράτωρ，つまり全権を委任された者であると記されている点からも裏打ちされるように，交渉をおこなったことが越権行為とみなされたからではなく，そのまとめた合意の内容やそこに至る過程がローマにとって不名誉であったからとされている点と，そうしたローマの尊厳を汚したとされた者をローマの約束違反を咎める者に引き渡すという論理と行動である。Cf. Brennan, T. C. (2000a), *The Praetorship in the Roman Republic, vol.1*, New York, 90-91, 283; Rich, J. W. (2011), 'The *Fetiales* and Roman International Relations' in Richardson, J. H. and F. Santangelo eds., *Priests and State in the Roman World*, Stuttgart, 196. ローマは，国益に反する外部との約束を破棄することを，基本的に意に介さなかった。そ

して交わした合意を一方的に無効にし，かつそれによってローマ側のみが大きな利益を得るという場合，自分たち自身を納得させる理由を構築する必要があるとは考えたが，他方で少なくとも前3世紀後半の長い期間，それによって不利益をこうむる者たち，あるいはまたその他の外部の者たちへの，論理的または実務的なケアはしばしば非常におざなりだったことが，ここからは読みとれる。

38　条約の批准がなぜ遅れることになったのかは判然としないが，既に引用したリウィウスのテクストの終わりの部分（Liv. 26.24.14-15）にもある通り，それがローマ側の問題であった以上，Errington (1989), *op. cit.*, 100の述べるように，ローマにおいて条約について不満の声があり，それが批准を遅らせる一因となったと考えることは妥当といえるだろう。ただし，ラエウィヌスが前210年度にローマに帰還することなく本人不在のうちにコンスルに選出されていることを踏まえれば，この点をそれほど重視すべきではない（Liv. 26.22.13）。Cf. Eckstein (2002), *op. cit.*, 271. 一方で，ローマ側の都合で批准が遅れ，それでいて連邦側は合意が成立して早々に軍を動かしたという状況は，ローマ・アイトリア同盟の成立が，ローマ側が連邦に乞う形で結ばれたものではなく，後者のアプローチにより成立したという見方を補強する要素ともいえる。もし共闘がローマの要請を受けて合意へと至ったものであれば，連邦指導部が，自分たちがローマに派遣した使節が相手側の都合で条約批准に必要な作業を進められない状況下で，つまり頼みごとをしておきながらそれ相応の，そしてまた必要性の面でも決して等閑にはできない措置をきちんと講じない者のために，実際に軍を動かすという，容易には取り消しのきかない行動に移るとは考えにくいからである。

39　Liv. 23.33.5, 34.4-10, 38.7-12, 48.3. Cf. Edwell, P. (2011), 'War abroad: Spain, Sicily, Macedon, Africa' in Hoyos, B. D. ed., *A Companion to the Punic Wars*, Malden, MA, 325. なおフィリッポスがハンニバルと同盟を結ぶべく秘密裏にイタリアへと送り込んだ使節であるクセノファネスらは，同半島内を転戦するカルタゴ軍に合流する前に一度ラエウィヌス率いる沿岸守備隊に捕縛された。しかしラエウィヌスはクセノファネスの，自分たちはローマとの同盟のため送り出されたという虚言にまんまと騙され，彼らを解放してしまう。ところが使節たちはハンニバルと盟約を交わして帰国しようという際，今度はフラックスの艦隊に拘束される。そしてこの時は，マケドニアの条約批准を見届けるためハンニバルが同行させたカルタゴ人の存在や保持していた条約文書によりその任務が露見し，使節一行はそのままローマへと護送されることとなったという。Cf. App. *Mac.* 1; Polyb. 7.9.

40　Liv. 24.10.4, 11.3, 40.1-7, 44.5, 25.3.6, 26.22.1, 26.4; Errington (1989), *op. cit.*, 101.

41　なお，このガルバのもとで註33で述べた一個レギオ程度の陸戦部隊の展開もおこなわれたわけであるが，やはりこれもラエウィヌスのもとに集約されたアドリア海方面軍中のそれの半分程度だったといえる。Cf. Liv. 26.22.1, 27.7.16.

42　例えばこの前211年の同盟成立後，アイトリア使節のクライネアスはスパルタに対マケドニア戦への参加を促す演説で，同王国がいかにギリシアに害をなしてきたかを，マケドニア人への強い反感をにじませつつ縷々語っている。Cf. Polyb. 9.28-

31.

43 Liv. 26.24.15, 25.8-9; Polyb. 9.39.1-7, 40.4-6. Cf. Walbank (1967), *op. cit.*, 182-183.

44 この年，フィリッポスは再びイリュリアに矛先を向けてオリコスとアポッロニア方面を攻めた。しかし程なく，今度はマケドニア北西のペラゴニアへと転進し，さらにそこからやはりマケドニア北西に居住していたダルダニア人の集落シンティアを攻略してから，トラキアのマエディと表記される集団を攻撃している（Liv. 26.25.2-5）。アイトリアとローマの作戦行動の始まる時期と，こうしたフィリッポスの作戦の時期との関係については，Grainger (1999), *op. cit.*, 308 が詳しい。

45 アイトリアがどの程度の戦闘員を動員し得たのか，確かな根拠をもって論じることは難しい。しかし前3世紀の末に傭兵のリクルーター兼指揮官に転身したスコパスは，自身がギリシアで，そしておそらく主にアイトリアで集めた傭兵を率いてプトレマイオス5世のもとで小さくない活躍をしつつもシドンでアンティオコス3世に降伏を余儀なくされた際に，1万名の兵士をなお保有していたという。さらにその後，プトレマイオスから新たな軍資金を預かってアイトリアに帰国した前199年の夏には，騎兵500名と歩兵6000名をさらに徴募したと伝えられている。シドンで降伏した際の1万名には非アイトリア人も少なからず混ざっていたと思われるが，スコパスの二度目の傭兵集めがあって少し後の，第二次マケドニア戦争のクライマックスともいうべきキュノスケファライ会戦の頃，また連邦はさらに騎兵400名と歩兵6000名を動員している。Cf. Jerome, *In Danielem* 11.15-16; Joseph. *AJ* 12.132; Liv. 31.43.5-7; Plut. *Flam.* 7.3; Polyb. 16.18-19, 39; Porph. *FGrH* 260 Fr.46; Hammond, N. G. L. (1988), 'The Campaign and the Battle of Cynoscephalae in 197 BC', *JHS* 108, 65-66.

46 アイトリアが同盟成立後すぐにアカルナニア進攻に動いたという情報を，先行研究は特に疑問視していない。Cf. Walbank (1967), *op. cit.*, 182.

47 Cf. Hammond and Walbank (1988), *op. cit.*, 403.

48 例えばローマ軍との共闘でコリントス湾に面するアンティキュラを奪取し，さらにローマ側が手に入れたアイギナ島を譲渡されている。そして同島はよく知られているように，ローマ・アイトリアの対マケドニア戦線の成立からしばらく後にこれに加わったペルガモンのアッタロス朝のアッタロス1世に，おそらく占領後すぐに売却された。Liv. 26.26.1-3; Polyb. 9.42.5, 22.8.9-10. Cf. Allen, R. E. (1971), 'Attalos I and Aigina', *ABSA* 66, 1.

49 ただし，その後アカルナニアの領域を本格的に狙った作戦が本当に一度も実行されなかったのかどうかは判然としない。というのも，前208/7年頃にアカルナニアが，小アジアにあるマイアンドロスのマグネシアによるアルテミス・レウコフリュエネの祭典のアシュリア認定をおこなったことを示す碑文が，アカルナニアという連合体を構成する当時のメンバー共同体の名を記しているのであるが，その並び順からして同国は，この時までにオイニアダイ，フォイティアイ，マトロポリス，アスタコス，コロンタイを失っているようにみえるからである。前211年のローマ軍の攻撃で失われたオイニアダイなど以外がどのような経緯でアカルナニアの手を離

れたのか，あるいは本当に失われたのかどうかを確かめるのは難しいが，この碑文が，ローマ・アイトリア同盟がなお有効な時期のものとみなすことに有力な批判がない以上，これらの共同体の名が見えないことが，両国による前211年あるいはそれ以降の作戦の結果であるという可能性は否定できない。*I.Magnesia* 31. Cf. Liv. 26.24.15; Polyb. 9.39.2; Habicht (1957a), *op. cit.*, 92–98; Rigsby, K. J. (1996), *Asylia: Territorial Inviolability in the Hellenistic World*, Berkeley, no. 81; Dany (1999), *op. cit.*, 165; Grainger (1999), *op. cit.*, 313; Perlman, P. J. (2000), *City and Sanctuary in Ancient Greece: the Theorodokia in the Peloponnese*, Göttingen, 116–118. もっとも，本碑にはアシュリア認定があった時期にコロンタイの人ニカイオスがストラテゴスだったと記されているので，認定に名を連ねていないことから即，同市その他がこの時アカルナニアに属していなかったと断じるのが，早計であるという点は明示しておくべきだろう。なお註28で登場した碑文が発見された地であるテュッレイオンは，認定に名を連ねている。またこの*I.Magnesia* 31とナンバリングされた碑文自体はマグネシア市があった場所で見つかっているが，碑文の37行目から41行目の文によると，アカルナニア側は同じ文言を刻んだ碑文を註30で登場したアクティオンのアポッロン聖域に建立したらしい。このアポッロン聖域を元々管理していたアナクトリオンの名も，このマグネシア碑文末尾に見える。さらに付言すると，アカルナニアによるアシュリア認定の年代は，実はこのマグネシア碑文からだけではあまりはっきりしない。同国の政務官の名前がそれほど知られていないので，他国の政務官名や古代の文献などと照らし合わせるなどしつつニカイオスその他の役職就任時期や経歴を現在の暦に当てはめるという作業がほとんどできないからである。ただしマグネシアは非常に多くの勢力にアシュリア認定を求める使節を派遣しているので，碑文中に記された使節たちの名前を他の事例と比較していくと，前208/7年ないしその少し後に同市使節がアカルナニアやその周辺諸国に接触していたことは，基本的に間違いなさそうである。Cf. Sosin, J. D. (2009), 'Magnesian Inviolability', *TAPhA* 139, 369–410.

50 Liv. 26.25.9–17.

51 ローマ・アイトリア同盟成立から少し後のアカルナニアの使節リュキスコスの発言が示すように，彼らがマケドニアとその対外政策を同調させていることは，同時代人の間でもよく認識されていた(Polyb. 9.32.1–4)。

52 Cf. Grainger (1999), *op. cit.*, chaps. 3–6; Scholten (2000), *op. cit.*, chap. 1.

53 例えば前270年代初頭とみられている時期になされた，アテナイの芸術家たちに免税特権を付与した決議においては，アイトリアの２名を含めて８名のヒエロムネモンしか登場しない。*IG* II$^2$.1132 ll. 1–39. Cf. Lefèvre, F. (1995), 'La chronologie du IIIe siècle à Delphes, d'après les actes amphictioniques (280–200)', *BCH* 119, 169. その一方で同じ前270年代の後半に生じたアポッロン・ピュティオス，つまりはデルフォイで祀られているアポッロンの聖財盗難事件の捜査に関する決議には，アイトリアの３名を含めた16名のヒエロムネモンがあらわれる。*FD* III.2.205. Cf. Lefèvre (1995), *op. cit.*, 172.

54 Grainger, J. D. (1995), 'The Expansion of the Aitolian League, 280–260 BC',

*Mnemosyne* 48, 313-343; Scholten (2000), *op. cit.*, 235-252.

55　E.g. *FD* III.3.184; *CID* IV.43. なおこの二つは，それぞれに記されたアイトリアのヒエロムネモンたちの名前とデルフォイのアルコンのそれが同じである点から，同年度の碑文とわかるのであるが，これによると当時のヒエロムネモン会議の場におかれたグランマテウス，つまり書記役もまた連邦が派遣した者だったという。Cf. Lefèvre (1995), *op. cit.*, 180.

56　E.g. *CID* IV.66. Cf. Lefèvre (1995), *op. cit.*, 195.

57　E.g. *CID* IV.79. Cf. Scholten (2000), *op. cit.*, 249. 付け加えると，前3世紀の終わり頃まで，アイトリアのヒエロムネモンの各人がどこの出身であるのかはあまりふれられないのであるが，例えば第一次マケドニア戦争期の碑 *FD* III.2.86 には，時のヒエロムネモンがアイトリア地方のリュシマケイアだけでなく，テッサリアのタウマコスとファルサロス，西ロクリスのオイノエの出身者であることなどが明示されており，アイトリア連邦のデルフォイのアンフィクティオニア掌握と，連邦の構成メンバーの拡大が少なからず連動していたことがうかがえる。Cf. Sosin (2009), *op. cit.*, 375.

58　E.g. Diod. 16.30; Thuc. 1.121.

59　例えばペロポネソス戦争の少し前の時期，スパルタは自分たちが他に先んじてデルフォイで神託を得る特権を保有していることを同地において宣伝したが，ペリクレスもアテナイ人が同様の立場を保有できるよう運動し，これに成功するとスパルタ人たちと同じ場所でアテナイも同様の特権を有していることを人々に示し，自分たちの国際的な地位がスパルタに劣るものではないことを世に知らしめたということが Plut. *Per.* 21 で語られている。

60　Champion, C. (1995), 'The *Soteria* at Delphi: Aetolian Propaganda in the Epigraphical Record', *AJPh* 116, 213-220.

61　例えば前194/3年度の後半には，アレクサンドレイア・トロアスの人でセレウコス朝のアンティオコス3世の友臣でもあったヘゲシアナクスがデルフォイのプロクセノスに認定されている(*Syll*³ 585 ll.41-44)。Cf. Walbank (1967), *op. cit.*, 615-616. アイトリアの人々は第二次マケドニア戦争においてもローマと協力することを選んだが，その戦後処理をめぐる対立の中で同国に強い敵意を抱くようになる。ただしローマの大部隊がギリシアに展開していた間は，ローマを批判はしても同国が対マケドニア戦後に築いたギリシア秩序を直接破壊するような動きは示さなかった。しかしローマ軍が前194年にギリシアから撤退すると次第に反ローマの姿勢をあからさまに示すようになっていき，先行研究はこのヘゲシアナクスのプロクセニア認定も，その始まりの一つの兆しであるとみている。というのも，第二次マケドニア戦争の終わり頃からローマとセレウコス朝はその勢力圏をめぐって対立を深めるようになっていく。そしてこのプロクセノス認定は，ヘゲシアナクスがそれに関する話し合いのためローマに赴くも不調に終わり，そのことをアンティオコスへと報告に戻る途中でおこなわれたようであるからである。Cf. Grainger, J. D. (2002), *The Roman War of Antiochos the Great*, Leiden, 147-150. つまりローマとの対立がより鮮明になったアンティオコスの友臣をデルフォイのプロクセノスとすること

で，連邦は彼を顕彰に値する立派な人物であると喧伝し，間接的に彼らと対立するローマを非難したわけである。

62 Larsen, J. A. O. (1952), 'The Assembly of the Aetolian League', *TAPA* 83, 1-33; Grainger (1999), *op. cit.*, chap.9; Scholten (2000), *op. cit.*, 6, 25-26.

63 Cf. Polyb. 5.100-103; Scholten (2000), *op. cit.*, 227-228.

64 Polyb. 5.107.5. Cf. Walbank (1957), *op. cit.*, 629; Scholten (2000), *op. cit.*, 227-228.

65 Polyb. 5.104, esp. 10. 例えばDeininger (1971), *op. cit.*, 25は，この演説をギリシア人によるローマの東方進出への抵抗の始まりとみなしている。Cf. Marincola, J. (2001), *Greek Historians*, Oxford, 131-132; Dmitriev (2011), *op. cit.*, 145-151.

66 Thuc. 1.22.

67 Polyb. e.g. 1.1.1-6.2.

68 E.g. Walbank (1957), *op. cit.*, 29; Champion, C. B. (1997), 'The Nature of Authoritative Evidence in Polybius and Agelaus' Speech at Naupactus', *TAPA* 127, 111-114, 123-126; Dmitriev (2011), *op. cit.*, 149.

69 Polyb. 5.107.6.

70 E.g. Oost (1954a), *op. cit.*, 33.

71 Polyb. 5.107.7. Champion, C. B. (2011), 'Polybius and Aetolia: a Historiographical Approach' in Marincola, J. ed., *A Companion to Greek and Roman Historiography*, Oxford, 357-361.

72 Mackil (2013), *op. cit.*, 117-121. 軍事的な危機により結束が揺らいだケースとしては，例えば第二次マケドニア戦争が始まり，ローマの大部隊がギリシアに上陸したのをみてアカイアがヘラス同盟を離脱してローマ側に立った際，その有力加盟国の一つアルゴスが，それ以前からのマケドニアとの友誼からあえてマケドニア軍を市内に引き入れたという事件が知られている。Liv. 32.25. Cf. Briscoe, J. (1973), *A Commentary on Livy Books XXXI-XXXIII*, Oxford, 211, 214-215.

73 E.g. Polyb. 4.16.10-11, 5.3.1. Cf. Grainger, J. D. (2000), *Aitolian Prosopographical Studies*, Leiden, 81-82.

74 戦役の始まりとそこにスコパス，およびドリマコスがどうかかわったかは，Polyb. 4.3.5-5.10を参照されたい。スコパスは前220/19年のストラテゴス在任後しばらく公的な活動が確認できなくなるが，既にみた通り，ラエウィヌスがアイトリアとの同盟交渉をおこなった時期に再び同役職を務めている(Liv. 26.24.7; Polyb. 4.37.1)。また*IG* IX.$1^2$.1.4 l.8, 29 ll.20-21, 31 ll.124-125などから，彼はアイトリア西方の有力ポリスであるトリコニオンの人でソサンドロスという人物の息子だったことが確認できる。ドリマコスも前219/8年にストラテゴスを務めて後しばらく史料にあらわれなくなるが，前212/1年にローマ・アイトリア同盟成立の連邦側の立役者の一人となった上，翌年度には再びストラテゴスに就任して再開された対マケドニア戦争の指揮を執っている(Liv. 26.24.7; Polyb. 4.67.1, 9.42.1)。こうした状況は，この二人がこの前220年代末から前210年代において連邦の反マケドニア勢力の中心的存在であり，そしてその政治的浮沈が連邦における主戦派の声の強さとかなりの程度イコールであったことをうかがわせる。なお付言すると，ドリマコ

スに関しては，これをスコパスの兄弟とみるか，あるいは親族ではあるがもう少し血縁的に遠い人物だったとみるかで，研究者間で若干の混乱がみられる。Polyb. 4.3.5, 5.1, 18.54.4によると，彼はトリコニオンの人にしてニコストラトスという人物の息子で，かつまた同じ共同体の人で前221/0年度ストラテゴスを務めたアリストンおよびスコパスの親族であるという。ところが「トリコニオンの人にしてニコストラトスの息子ドリマコス」という人物は，ポリュビオスの史料以外では確認できない。*IG* IX.1².1.30は「トリコニオンのドリマコス」が四期目のストラテゴス職を，同碑文の中でその後に書かれている「カリュドンのアレクサンドロス」が二期目のストラテゴス職を前196/5年に得るよりも前に獲得したことを明示している。ストラテゴスに就任するような「トリコニオンのドリマコス」はリウィウスやポリュビオスの史料に登場する，つまり本書に既に何度も登場しているドリマコス以外に知られていないので，このドリマコスと四期目のストラテゴスを務めたドリマコスとは同一人物であると，一見すると考えられる。その一方，*IG* IX.1².1.31 ll.74-85は「トリコニオンの人にしてソサンドロスの息子ドリマコス」が，「トリコニオンのドリマコス」が ブラルコス(同職については後で詳述する)，カリュドンのアレクサンドロスとアルシノエのファイネアスがそれぞれヒッパルコスとグランマテウスを務めた折，とある外国の市民をアイトリアのプロクセノスに認定する際の保証人を務めたことを伝えている。アレクサンドロスとファイネアスは，前200年代から前190年代にかけてアイトリアの指導部を構成した者たちであるので，この「トリコニオンの人にしてソサンドロスの息子ドリマコス」もやはり本書の議論に既にたびたび出てきているスコパスの同時代人で，しかも出身地と父親の名前からすると彼の兄弟とみてよい。つまり手持ちの史料が伝えるところをすべてそのまま受け入れると，前3世紀終わり頃のアイトリアのトリコニオンには，ソサンドロスの息子ドリマコスと，ニコストラトスの息子ドリマコスという，二人のドリマコスがいたことになるのであるが，ソサンドロスの息子ドリマコスはポリュビオスから，ニコストラトスの息子の方は現存の碑文から，まったく無視された存在となっているわけである。ポリュビオスはドリマコス個人に強い反感を抱いていたのかその人柄を酷評し，かつその「父親」たるニコストラトスもやはり不遜な人物であったと述べている(Polyb. 4.3.5)。このことから，いわば悪の系譜の存在を読者に印象付けるため意図的に，それとも無意識的に誤ってドリマコスとニコストラトスの親子関係を論じているとも考えられるのであるが，実際のところどうであったのかは確言できない。付け加えると，本註で少し登場した前221/0年度，つまりは同盟市戦争開始期のストラテゴスだったアリストンであるが，彼も戦後は史料にあらわれなくなる。ただこちらの場合は，前3世紀半ばからデルフォイのアンフィクティオニアに派遣されるヒエロムネモンを務めるなどの政治キャリアを積んでいる人物なので，単純に年齢のためとも考えられる。Cf. *IG* IX.1².1.31 ll.183-184; *Syll*³ 444; Grainger (2000), *op. cit.*, 119.

75 Polyb. 5.91.1, 96.1-100.8.

76 ただしデルフォイで見つかっている，とある奴隷身分の者を解放したことを記す文書を刻んだ *SGDI* II 2049と番号付けされた碑文は，本文でもふれたようにアゲ

タスが再度ストラテゴス職を獲得したことを伝えている。Grainger (2000), *op. cit.*, 181 はこれを前201/0年，つまりローマの第二次マケドニア戦争と同国に味方してのアイトリアのそれへの参加が決定される少し前の時期のことと推定している。ただ同碑文には，当時デルフォイでアルコンを務めていたのがエウアンゲロスであると明示されており，Lefèvre (1995), *op. cit.*, 205-206 は消去法的にではあるが，このことから同文書は前202/1年のものではないかと推測している。決定打となる情報がないので時期の確定は難しいが，どちらの推定も大きくは外れていないはずである。というのも，同碑文はまた，奴隷解放に際してアポッロン祭司のエウクレスとクセノンと他数名の役職者や名士が証人となったことを伝えているからである。Fontenrose, J. E. (1978), *The Delphic Oracle: its Responses and Operations, with a Catalogue of Responses*, Berkeley, 218 が述べているように，デルフォイのアポッロン祭司（定員２名）は少なくとも前200年頃には終身職となっていた。そして *SGDI* II 2073 によると，アルシノエのファイネアスが連邦ストラテゴスを務め，デルフォイでオルタイオスがアルコンを務めた時，同神官職はクセノンと，そしてエウクレスに代わってアタンボスが保有していた。Polyb. 18.1.4 から，ファイネアスのストラテゴス在任は前198/7年度と確定している。つまりアゲタスは，遅くとも前199/8年度には二度目のストラテゴス職を得ていると断言できるわけである。ただしアゲタスのストラテゴス一期目の時期から前199/8年までのアイトリア・デルフォイの政務官保有者名やその順は不鮮明な部分も多いので，もう少し早い時期にアゲタスの二期目が来た可能性も否定はしにくい。なおテルモスで見つかっている台座碑文 *IG* IX.$1^2$.1.59 には，上部にアイトリア連邦加盟国のラミアがストラテゴスである「カッリポリスの人にしてロカゴスの息子アゲタスに」という文言があり，さらにその下に少し空白をおいてから，ストラトンがストラテゴスである時にアイトリアがとあるスミュルナ市民二名に連邦市民権を付与したことが記されている。ストラテゴスに就いたアゲタスはここで取り上げているアゲタス以外には知られていないので，本碑と今は失われている像は，彼が前218/7年度ストラテゴスを務めた際に少なくともその作成が決定されたといえる。また，ストラトンがいつストラテゴスに就任したかの考察はもう少し後でおこなうが，状況証拠からするとその数年後のことと思われる。これらの点を素直に解すと，アゲタスがストラテゴス在任中にラミア市が彼を讃えて像を作成して台座と共にテルモスに送り，数年後の連邦当局が台座の空白部分に市民権付与決議を刻んだということになる。このことはストラテゴス在任中のアゲタスが尊敬を集めた人物であったことと，しかしその後で，その像の台座をある意味で省資源的に活用してしまってもよい存在となった，つまり少なからず受ける敬意が少なくなったということを示唆する。付け加えると，*Syll*$^3$ 532 によると，ラミアの人々は同じ年度に今しがた出てきたスミュルナ市の出身の女流詩人アリストダマを，自分たちの街に滞在している間におこなった芸術活動を通してアイトリア人という種族や祖先たちの栄光を人々に思い起こさせたという理由で顕彰し，プロクセニア認定をおこなった他，市民権や放牧をおこなう権利，そして身の安全を保障するアシュリア特権などを付与している。Cf. Rutherford, I. (2009), 'Aristodama and the Aetolians: an Itinerant Poetess and her Agenda' in

Hunter, R. and I. Rutherford eds., *Wandering Poets in Ancient Greek Culture: Travel, Locality and Pan-Hellenism*, Cambridge, 237-248. このことは前述したアイトリアの結束力の強さの一端を示すと同時に，立像の件と合わせて，ラミアが特にある種の愛国主義的な運動が盛んな地域であったことを示唆する。

77 E.g. Grainger (2000), *op. cit.*, 69-72. また *Syll* つまり *Sylloge Inscriptionum Graecarum* の編集に取り組んだディッテンベルガーもこの時期のストラテゴスについていくつかの考察をおこなっており，例えば前216/5年頃にラッタモスがこれに就いたとみているが，やはりその後の研究はこれを特に支持していない。Cf. *Syll*³ 539; Sosin (2009), *op. cit.*, 375.

78 Polyb. 5.30.2, 91.3.

79 *IG* IX.1².1.31 ll.28-43, 99-105. Cf. Scholten (2000), *op. cit.*, 193-197.

80 *IG* IX.1².1.29.

81 Cf. Broughton, T. R. S. (1951), *The Magistrates of the Roman Republic, vol.1, 509 B.C.-100 B.C.*, New York, 258-259.

82 Liv. 27.30.1. Cf. Grainger (2000), *op. cit.*, 290-291.

83 なお Grainger (1999), *op. cit.*, 297 は，ピュッリアスのストラテゴス一期目を前223/2年，二期目を前215/4年度と推定している。本書がここまでに示した状況証拠から，少なくとも二期目に関する推定は基本的には正しい。しかし，前215/4年を特に推す理由は存在しない。一期目の時期についても，事情は同じである。ただし *IG* IX.1².1.31 ll.44-48 はいつの年度か判然としないものの，このピュッリアスとそしてスコパスが別々の共同体に所属する外国人二名にプロクセノスと思しき資格の認定をおこなった折，共同で保証人を務めたことを伝えているのであるが，どちらのケースにおいてもピュッリアスの名を先に記している。このことは絶対的な証拠とはいえないものの，ピュッリアスがスコパスよりも名士としてより格の高い人物だったこと，例えば前220年にスコパスがおそらく最初のストラテゴス職を得た時点で既にそれを経験していたことを示唆する。

84 Polyb. 5.30.1-7, 91.1-92.6.

85 *Syll*³ 546. Cf. *IG* IX.1².1.177; Ager, S. L. (1996), *Interstate Arbitrations in the Greek World, 337-90 B.C.*, Berkeley, no. 55.

86 Scholten (2000), *op. cit.*, 154-155. 付け加えると，*IG* IX.1².1.31 ll.28-30, 99-101 によると，ピュッリアスのストラテゴス一期目にはアルキッポスというメリタイアの者がグランマテウスを務めている。このことは，同ストラテゴス在任時期が，Grainger (1999), *op. cit.*, 297 が推す前223/2年であるという推定を特にサポートするものではないにせよ，前220年代に入ってしばらく後にピュッリアスのストラテゴス一期目があったとみることは，十分に妥当と判断できるということを示しているといえる。

87 *IG* IX.1².1.169A.

88 Cf. Schmitt (1969), *op. cit.*, Nr.508.

89 Cf. Scholten (2000), *op. cit.*, 196-197.

90 Polyb. 4.57.2-58.12.

91　*IG* IX.1$^2$.1.31 ll.146–147.

92　Larsen (1952), *op. cit.*, 1–7; Grainger (2000), *op. cit.*, 50–52; Scholten (2000), *op. cit.*, 26, 66. なお前３世紀前半に作成されたとみられる碑文には，ストラテゴスの次にヒッパルコスへの言及がなく，すぐグランマテウスの名が記されているものもあるので，ヒッパルコス職は連邦の草創期からあったわけではないのだろう。E.g. *IG* IX.1$^2$.1.12, 13.

93　Cf. Grainger (2000), *op. cit.*, 70–71. 付け加えると，ストラテゴス経験者がヒッパルコスなど下位の公職に就いたと断言できる事例は，管見の限り存在しない。

94　*IG* IX.1$^2$.1.3 ll.16–22. Cf. Schmitt (1969), *op. cit.*, Nr.480.

95　Bousquet, J. (1988), 'La stèle des Kyténiens au Létôon de Xanthos', *REG* 101, 12–53. Cf. *SEG* XXXVIII.1476. このクサントス碑文については後でより詳しく論じる。ただ，その中でアゲラオスのストラテゴス在任がプトレマイオス朝のプトレマイオス４世の統治17年目と重なることが明示されている点と，その一方で碑文を発表したブスケと *SEG* の編者たちがこのストラテゴスのアゲラオスを，前217/6年度ストラテゴスのナウパクトスのアゲラオスが再登板したものとみなしていることの是非は，ここで述べておくべきだろう。というのも，まずこのプトレマイオス４世の名と在位年数のおかげで，碑文に記された文書の作成時期は前206/5年である，付言すると，言及されている月名からアイトリアの同年度にも当たると確定できる。しかし一方で，このクサントス碑文のアゲラオスへの言及部分には，実は出身地が明示されていない。つまりここに出てくるアゲラオスがナウパクトスのアゲラオスか，それともアルシノエのそれかは，にわかには判断できないからである。ただ筆者としては，当該文書が前206/5年のものと確定できるならば，そこにストラテゴスとして登場するアゲラオスは，ナウパクトスのそれや，あるいはまた他では知られていない同名の人物などではなく，アルシノエのアゲラオスであるとみるべきだと考える。というのは，これも後の議論で詳しく述べるが，この前206/5年時点の連邦は，軍事的劣勢からマケドニアと再び和平を結ぶ方向に舵を切っているからである。こうした状況は，上記の先行諸研究も想定していると思しき，ナウパクトスの和約締結に貢献したナウパクトスのアゲラオスならば，また比較的許容しやすい和平をアイトリアにもたらしてくれるのではという期待から，人々が彼をストラテゴスに再び推すという展開をもたらしたように，一見すると思われる。しかし，テルモスで見つかっている，マイアンドロスのマグネシアが市民団としてアイトリアからアシュリア認定を得たことを記す *IG* IX.1$^2$.1.4C の碑文は，ナウパクトスのアゲラオスがストラテゴスの二期目を務めた折，スコパスがグランマテウス職に在ったことを明示している。そして先行諸研究のマグネシアのアシュリア認定獲得のための運動をめぐる議論や，同盟市戦争期にストラテゴスとして国を率いたスコパスがなおグランマテウスであることなどから，当該碑文の作成時期およびナウパクトスのアゲラオスの二期目のストラテゴス職は，ほぼ間違いなく前220年代末のことと断定できる。Cf. Rigsby (1996), *op. cit.*, no.67. そうなると，前217/6年度にナウパクトスのアゲラオスは三期目のストラテゴスを務めたこととなり，前206/5年にはかなりの高齢だったはずである。パンタレオンが五期もストラテゴスを務めた

ことから，アイトリアの人々は比較的年配の者が国家元首となることを必ずしも非としなかったと考えられる。しかし彼の五期目は明らかに平時であり，ストラテゴスが陣頭指揮を執って戦いを勝利に導くことが求められるような事態はほぼ想定されなかった。一方で前206/5年は，年度が始まった段階では疑いなくなお戦時下にあり，たとえ当局が和平を望んでも率先して戦争指導にあたる必要に迫られることが十分に予期された。こうした情勢においては，現役を離れて久しい者よりも，体力的余裕があると見込まれ，また既にヒッパルコスを務めているということから，能力や経験の面でそれなりに信頼のおける者とみなされていたはずの人物の方に有権者の期待は集まっただろう。これらの点を考えると，先行研究はそもそもこちらを検討対象としないこともままあるが，アルシノエのアゲラオスこそが，この年度のストラテゴスとして最もありそうだとみるべきである。

96 *IG* IX.1².1.31 ll.144–181. Cf. Grainger (2000), *op. cit.*, 261. なお，この年度のグランマテウス名は読みとれない。

97 *IG* XII.2.15 ll.1–6 は，同じ年度中にまたミュティレネ市民への安全保障認定がおこなわれたことを伝えており，こうした動きも当時の連邦の対外的な働きかけの強化の証として理解するべきだろう。Cf. *SEG* XLIV.688; Jördens, A. and G. Becht-Jordens (1994), ‘Ein Eberunterkiefer als “Staatssymbol” des Aitolischen Bundes (*IG* XII 2.15): Politische Identitatssuche im Mythos nach dem Ende der spartanischen Hegemonie’, *Klio* 76, 172–184, esp. 172.

98 フィリッポスがハンニバルと同盟してローマとの開戦を決意したのも，そもそもはアイトリアをはじめとした反マケドニア陣営に対する優勢の確保と，それによるギリシアでのマケドニアの国際的な地位に自信を抱いたことによるものだった(Polyb. 5.101.9–102.1)。

99 *IG* IX.1².1.59. Cf. Grainger (2000), *op. cit.*, 70–71. 同碑文については註76でも少しふれた。ここに刻まれた文書がパンタレオンのストラテゴス五期目より後のものとみなす妥当性については，この後に論じる。

100 Polyb. 4.65.6–7; *Syll³* 523. Cf. McShane, R. B. (1964), *The Foreign Policy of the Attalids of Pergamum*, Urbana, 100–101.

101 App. *Mac.* 1; Zonar. 9.4.

102 Grainger (1999), *op. cit.*, 105. 付け加えると，*IG* IX.1².1.17A l.54 によると，前263年頃アイトリアはL・ウォルケイウスなるローマ人をプロクセノスと認定しており，Grainger (1999), *loc. cit.* はここから前３世紀の第二四半期からこの時期に至るまで，ローマと連邦には友好的な関係が成立していたとみている。しかし彼はこの前210年代に至るまでそれが継続していたと判断するに足るような証拠をこれといって提示してはいない。また，Just. 28.1-2 は，同世紀の第三四半期頃に生じた，アイトリアがアカルナニアに圧力をかけるという事件に際して，後者がローマに支援を要請し，それを受けてローマが使節を通じアイトリアに自重を促したにもかかわらず，アイトリアがこれを拒絶したということを伝えているが，これについてもグレンジャーは特に，例えばこの件がローマ・アイトリア間にどのような影響を及ぼしたかなどについて論じてはいない。なおこの件を史実とみることの妥当性

については，Dany (1999), *op. cit.*, 98-108 が詳しく述べている。

103 この台座碑文というのは，既に註76と99でも取り上げた *IG* IX.$1^2$.1.59 のことである。付言すると，アゲタスに関する記述の部分を特に *IG* IX.$1^2$.1.59A，少し間をおいたところに記されたストラトンのストラテゴス在任時の市民権付与の記述を *IG* IX.$1^2$.1.59B と表記することもある。

104 *Syll³* 546; *IG* IX.$1^2$.1.188. Cf. Ager (1996), *op. cit.*, no. 56. なお *IG* IX.$1^2$.1.59 と同じような理由から，*Syll³* 546 もメリタイアとクシュニアイの紛争の部分を *Syll³* 546A，ペレイアとのそれを *Syll³* 546B というように表記することも多い。

105 *IG* IX.$1^2$.1.188 ll.1-2.

106 Polyb. 13.1-2, 18.54.4. Cf. Walbank (1967), *op. cit.*, 413-415, 625.

107 *IG* IX.$1^2$.1.188 ll.32-37.

108 Plut. *Arat.* 33.

109 *IG* IX.$1^2$.1.1.31 ll.74-93, esp. 75, 80-82.

110 *Syll³* 563. Cf. Rigsby (1996), *op. cit.*, 280-325. アンティオコスによるテオスへのアシュリア認定は，それ自体が前３世紀末の地中海東部の外交上の重要事件で，本研究の展開とも少なからず関係がある。しかしこれは本章よりも後の議論のテーマにより近いので，詳細はそちらに譲る。

111 Grainger (2000), *op. cit.*, 8.

112 Polyb. 21.32. Cf. Walbank, F. W. (1979), *A Historical Commentary on Polybius, vol. 3*, Oxford, 135.

113 Grainger (2002), *op. cit.*, 239-252.

114 ただし前172年頃にデルフォイを訪ねたアッタロス朝の時の王エウメネス２世をパンタレオンの孫でアルキダモスの息子であるパンタレオンがエスコートしているので(Liv. 42.15)，ギリシアに働きかけをしてくることがある者との接触は引き続きもったと思われる。Cf. Briscoe (2012), *op. cit.*, 206; Walbank (1979), *op. cit*, 78.

115 前190年代のストラテゴスについては，次の章で扱う前200年代の連邦をめぐる議論との関連の方がより強いので，細かな議論はそちらに譲りたい。

116 Cf. Sosin (2009), *op. cit.*, 375.

117 *FD* III.3.54; Grainger (1999), *op. cit.*, 537.

118 *IG* IX.$1^2$.1.28, esp. ll.7-8.

119 Just. 31.3.2-4; Liv. 35.20.1-22.2, 25.1-30.12; Paus. 8.50.7-9; Plut. *Phil.* 14.1-15.2; Polyb. 33.16.6. 前180年代以降のスパルタとアカイアの緊張関係の概要については Gray, B. (2013), 'Scepticism about Community: Polybius on Peloponnesian Exiles, Good Faith (*Pistis*) and the Achaian League', *Historia* 62, 323-360 を参照されたい。

120 Liv. 29.12.13-14; Polyb. 9.28-39. Cf. App. *Mac.* 4.

121 Polyb. 5.77. Walbank (1957), *op. cit.*, 602-607.

122 Polyb. 5.107.4; Walbank (1957), *op. cit.*, 632.

123 なお註35でもふれたように，ローマ側がコルキュラを取り戻したのは前213年あたりとみられている。これが正しければ，パンタレオンのストラテゴス五期目が少

なくとも前213/2年より前でありそうなことも踏まえると，アイトリアは，早いうちからその海軍力の不足により実質的に放棄されていたと考えられているとはいえ，コルキュラがマケドニア傘下にあるうちから同島の者と接触し，かつ同地をラエウィヌス率いるローマ軍が奪還する様子を，それほどの数の者を間に挟むことなく知ったと考えてよいことになる。

124 Liv. 26.24.9. この中であげられた諸勢力やその指導者のうち，イリュリアのスケルディライダスとプレウラトスのみはローマともそれ以前に交渉があったと考えられるが，その他は明らかに連邦がかねてより交流を重ねてきた相手といえる。またスケルディライダスにしても，同盟市戦争時に既にドリマコス，スコパス，そしてこの時は戦争推進に尽力していたナウパクトスのアゲラオスが友好的に交渉をおこなっている(Polyb. 4.16.9-11)。

125 Liv. 26.24.7; Polyb. 9.42.1.

126 E.g. Liv. 27.30.16-17.

127 Polyb. 11.5.5-9. Cf. Eckstein (2002), *op. cit.*, 286-291.

128 Polyb. 9.28-39.

129 主戦派がどのような戦略を描いてローマとの同盟を成立させたのかという点は，史料に明示されていない。しかし条約が，アカルナニアに限らずコルキュラより南の占領地が連邦に引き渡されるべきと定めていることと，その後の作戦がコリントス湾やエリスでローマと共同しつつおこなわれた一方で，ローマやその後同盟に加わったアッタロス朝の海軍によりさらに広範な沿岸域への攻撃がおこなわれたことも踏まえると(Liv. 26.24.11, 26.26.1-4, 27.32.1-10, 28.5.1-19; Polyb. 11.5.8)，アイトリア自体は周辺領域の併合ないしは回復に力を入れつつ，同時多発的に親マケドニア勢力を攻撃してフィリッポスを牽制するという方向を考えていたとみるべきだろう。

## 第2章　フォイニケ和約とギリシア人たちの「世論」

1 E.g. Rich (1984), *op. cit.*, 126-180; Eckstein (2008), *op. cit.*, e.g. 104-107.

2 Liv. 26.24.12-13. Cf. Austin (2006), *op. cit.*, no. 77.

3 Liv. 26.25.8-26.4; Polyb. 9.39.2, 40.4-6. Cf. Walbank (1967), *op. cit.*, 179.

4 Eckstein (2002), *op. cit.*, 273. 付け加えると，アイトリアの北隣のアタマニアも前3世紀の最後の十年頃に，既にアイトリアが掌握して久しくなっていたデルフォイのアンフィクティオニアにヒエロムネモンを送るようになった様子から，この頃同連邦に対し友好的な姿勢を示すようになっていたと思われる(*CID* IV.86 1.9)。このことは，前206年頃にフィリッポスがザキュントスを与えるまで，同国がマケドニアの味方になることを明言しなかったことからもうかがえる(Liv. 36.31.11)。Fine, J. V. A. (1932), 'The Problem of Macedonian Holdings in Epirus and Thessaly in 221 B.C.', *TAPA* 63, 143-145; Oost, S. I. (1957), 'Amynander, Athamania, and Rome', *CPh* 52, 3-4.

5 Liv. 27.30.1-3; Polyb. 9.42. なおアッタロスは名誉職としての色合いが濃厚であったが，ピュッリアスと並んで前210/09年度の連邦ストラテゴスに選ばれていたら

しい。Grainger (1999), *op. cit.*, 319.

6 Liv. 27.30.4-15, esp. 4. Cf. Ager (1996), *op. cit.*, no. 57.

7 Huß, W. (1976), *Untersuchungen zur Außenpolitik Ptolemaios' IV*, München, 167; Eckstein (2002), *op. cit.*, 273-276.

8 Liv. 28.5.1.

9 Allen, R. E. (1983), *The Attalid Kingdom: a Constitutional History*, Oxford, 68.

10 Cf. Ager (1996), *op. cit.*, 159-160.

11 Liv. 27.30.5. 〔 〕は筆者の補い。

12 Walbank (1940), *op. cit.*, 89-90; Eckstein (2002), *op. cit.*, 274.

13 E.g. Polyb. 4.3.1, 5.107.5-7.

14 Liv. 27.30.11. Cf. Gruen (1984), *op. cit.*, 530.

15 Liv. 27.29.9, 31.9-10; Polyb. 9.30.6. Cf. Walbank (1967), *op. cit.*, 169.

16 Polyb. 10.25.1-5. Cf. Schmitt, H. H. (1957), *Rom und Rhodos*, München, 195.

17 Eckstein (2002), *op. cit.*, 276. Cf. Walbank (1967), *op. cit.*, 229.

18 Polyb. 10.25.5.

19 Liv. 28.7.13-15. Eckstein (2002), *op. cit.*, 282-283.

20 Liv. 28.5.13; Polyb. 10.42.4. Cf. Larsen (1952), *op. cit.*, 19-22; Walbank (1967), *op. cit.*, 257-258.

21 Liv. 27.31.9-33.5, 28.5.1-7.12; Polyb. 10.41-42. Cf. Walbank (1940), *op. cit.*, 93-96.

22 Polyb. 11.4-6, esp. 5.6, 9. なおこのトラシュクラテスの名はポリュビオスの写本断片の欄外に記されたもので，ロドス代表というのも推測であるが，説得力ある反論を展開する材料もないため，一般にこの同定に従って多くの研究者は話を進める。Cf. Champion, C. B. (2000), 'Romans as BAPBAPOI: Three Polybian Speeches and the Politics of Cultural Indeterminacy', *CPh* 95, 434.

23 Polyb. 5.103.9-104.11, 9.32-39, esp. 9.38.1-39.6. Cf. Deininger (1971), *op. cit.*, 25-34.

24 Cf. Baronowski, D. W. (2011), *Polybius and Roman Imperialism*, London, 149, 207.

25 E.g. Champion (2000), *op. cit.*, 429-437, Eckstein (2002), *op. cit.*, 290.

26 Liv. 28.7.10; Plut. *Phil.* 10; Polyb. 11.7.2-3, 11.1-18.10. Cf. Habicht, Ch. (1956), 'Über die Kriege zwischen Pergamon und Bithynien', *Hermes* 84, 92-95; Eckstein (2002), *op. cit.*, 292 n.79. マカニダスについては Walbank (1967), *op. cit.*, 255 を参照されたい。またメッセニアやエリスなど他の反マケドニア勢力の活動も，この時期にはほとんど史料にあらわれなくなる。

27 Cf. Liv. 26.26.1-4.

28 App. *Mac.* 3: . . . Σουλπικίου δ᾽ εἰπόντος οὐκ εἶναι κυρίου περὶ τῆς εἰρήνης τι κρῖναι, καὶ ἐς τὴν βουλὴν κρύφα ἐπιστέλλοντος ὅτι Ῥωμαίοις συμφέρει πολεμεῖν Αἰτωλοὺς Φιλίππῳ, ἡ μὲν βουλὴ τὰς συνθήκας ἐκώλυσε, . . . なおこの記述を前207年の状況のものととらえることの妥当性については，Eckstein (2002), *op. cit.*,

284-288を参照されたい。付言すると，この時期の調停者たちの中には，前章でふれたようにローマとの同盟に先立ってアイトリアが友好関係の構築を進めていた，ミュティレネの代表の姿もあった。

29 Rich (1984), *op. cit.*, 143-144; Eckstein (2002), *op. cit.*, 285. 付言すると，この時期のアンブラキアの立場はやや不鮮明といえる。王政期エペイロスにおいてはその重要拠点だった同市であるが，前230年代末に体制が崩壊すると，まずそれから程なくアイトリアの傘下に収まったらしい。Scholten (2000), *op. cit.*, 145-153. しかし同盟市戦争期になるとフィリッポスが，王政に代わって連邦制的体制を構築したエペイロス人たちの同市奪回の求めを受け，その準備の一環として同市近郊のアンブラコスを攻略する。ただ，フィリッポスはアンブラコスをエペイロス人たちに委ねたというが(Polyb. 4.61.1-63.3)，アンブラキアそれ自体が攻められたという記述は史料にない。地理的に，アンブラコスがエペイロスの保有するところとなって，アンブラキアがアイトリア側に残留し続けることができたのかは大いに怪しい。しかしアンブラキアは，前190年末に勃発したローマとアイトリア・セレウコス朝の衝突の最末期に，アイトリアがローマの攻勢を支える拠点として活用され，しかもその防衛戦において大軍を投入したローマでさえ，力ずくでは勝利を得るに至らなかった(e.g. Liv. 38.3.9-7.13)。つまりアンブラキアがエペイロスの圧力に抗し続け，同盟市戦争後もアイトリア側に残留していた可能性も完全には否定しがたい。一方で，前章でも取り上げた，デルフォイのアンフィクティオニアの決議を刻み込んだ*FD* III.2.86 (cf. *CID* IV.95)と番号付けされている碑文は，アイトリアに所属する共同体から派遣されたヒエロムネモンとは別枠で，アンブラキアが独自のそれを送り出したことを伝えている。文中にアイトリアのストラテゴスとして登場するラッタモスの在任期間がよくわからないので，年代が判然としない決議文だが，連邦枠のヒエロムネモンがおそらく11名もいることを踏まえると，アイトリアがデルフォイへのコントロールを非常に強めた前3世紀の終わりのものであることは間違いない。つまり，アンブラキアがアイトリアと所縁の深い都市であったことは疑いないのであるが，その深度や継続性については，目下のところ確定しがたい。

30 Polyb. 11.5.8. Cf. Walbank (1967), *op. cit.*, 276.

31 Polyb. 9.28-39. Cf. Wooten, C. (1974), 'The Speeches in Polybius: an Insight into the Nature of Hellenistic Oratory', *AJPh* 95, 239-240; Dany (1999), *op. cit.*, 157-158.

32 Polyb. 11.6.9-10. Cf. Liv. 27.30.14, 28.7.15-16, 8.1-6; Walbank (1967), *op. cit.*, 277.

33 例えば，マケドニア北方のダルダニア人やトラキアのマエディ族の活動は，フィリッポスにたびたびギリシア方面での戦闘の中断を余儀なくさせている。Just. 29.4.6; Liv. 26.25.3, 7, 27.33.1; Blinkenberg, Ch. (1941), *Lindos. Fouilles et recherches, 1902-1914. Vol. II, Inscriptions*, Copenhagen, no. 2 col.C ll.127-131. 最後にあげたリンドス碑文についてはBurstein, S. M. (1985), *The Hellenistic Age from the Battle of Ipsos to the Death of Kleopatra VII*, Cambridge, no. 46も参照されたい。

34 App. *Mac.* 3. 訳文中の〔　〕は筆者の補い。

35 *IG* IX.1$^2$.1.28.

36 Grainger (2000), *op. cit.*, 271.

37 *IG* IX.1$^2$.1.31 ll.68-69.

38 Grainger (2000), *op. cit.*, 298 にまとめられた彼の経歴も参照されたい。

39 *IG* IX.1$^2$.1.31 l.61.

40 Liv. 31.32.

41 Briscoe (1973), *op. cit.*, 138.

42 Liv. 35.33.9. Cf. *SGDI* II 1969, 1984, 2127, 2128.

43 Liv. 36.24.12, 37.46.5.

44 なおダモクリトスは，マイアンドロスのマグネシア跡で見つかっている碑文 *IG* IX.1$^2$.1.186 によると，おそらく同市がある年のアルテミス・レウコフリュエネの祭典・競技会に先立って各国に派遣した使節，つまりテオーロイの，接受役であるテオロドコスを務めている。同文書は欠落部が多く，テオーロイの名前の部分も失われている。しかしテオドロコスの語やそれを務めた者の父親の名前がはっきりと残っていることに加え，各行の字数がほぼ特定できることから，先行研究の間でこの任をダモクリトスが担ったとみることに基本的に異論はない。ただしそれが，アイトリアがアルテミス・レウコフリュエネの祭典，特にそのアシュリアないし神聖不可侵性を認定してどれほど経った頃かという点には，なお確定的な解答を提示できない状態にある。Cf. Rigsby (1996), *op. cit.*, no. 76; Funke, P. (2015), 'Aitolia and the Aitolian League' in Beck, H. and P. Funke eds., *Federalism in Greek Antiquity*, Cambridge, 107. そのためダモクリトスのキャリアアップとこのテオロドコスの役目の関係性を論じることも，今のところはできない。

45 *IG* IX.1$^2$.1.31 l.66. Cf. Grainger (2000), *op. cit.*, 271.

46 *IG* IX.1$^2$.1.31 l.75.

47 Polyb. 13.1a; *IG* IX.1$^2$.1.95; *Syll*$^3$ 563. Cf. *IG* IX.1$^2$.1.192; Walbank (1967), *op. cit.*, 413; Grainger (2000), *op. cit.*, 71, 90; Kotsidou, H. (2000), *Τιμὴ καὶ Δόξα: Ehrungen für hellenistische Herrscher im griechischen Mutterland und in Kleinasien unter besonderer Berücksichtigung der archäologischen Denkmäler*, Berlin, Nr.108. なおアレクサンドロスのストラテゴス一期目の年代については，前章の註110やその周辺の本文でふれた。

48 Liv. 34.23.5-11. Cf. Briscoe (1981), *op. cit.*, 85-88.

49 Liv. 36.28.3; Polyb. 20.10.5; *IG* IX.1$^2$.1.30 ll.10-16. Cf. Grainger (2000), *op. cit.*, 90.

50 この点は前章註74でふれた。

51 *IG* IX.1$^2$.1.31 ll.106-113, 118-125. Cf. Grainger (2000), *op. cit.*, 266. なおファイネアスの名への言及はないが，スコパスがストラテゴスの三期目を経験したことは，ナウパクトスで見つかっている，奴隷解放文書を刻み込んだと思しき *IG* IX.1$^2$.3.613 の碑文からも確認できる。

52 この点は Corsten, Th.「Review: Joseph B. Scholten, The Politics of Plunder: Aitolians and their Koinon in the Early Hellenistic Era, 279-217 B.C.; John D.

Grainger, The League of the Aitolians; John D. Grainger, Aitolian Prosopographical Studies」『西洋古代史研究』 4 (2004年), 52頁で既に指摘されている。付言すると,この決議文中の保証人にはフュラクスの他, アリストファモスなるイタリアのタレントゥムの者へのプロクセニア認定のそれとしてアンブラキアのカリクレスの名があげられている(*IG* IX.1².1.31 ll.82-83)。タレントゥムは前213/2年にローマから離反してカルタゴ側に味方するが, 同市のアクロポリスはこの時点から前209年にローマ軍がタレントゥムを再征服するまで一貫してローマ側の手にあり続けていたため, 周辺地域はタレントゥム離反の最初の段階から強い緊張状態にあった。Fronda, M. P. (2010), *Between Rome and Carthage: Southern Italy during the Second Punic War*, Cambridge, 211-217, 240. このため, その前213/2～前209年の間にアイトリアの者が, タレントゥムの者たちのうちでプロクセニア認定するに値するような人物と交流することが物理的に可能であったとは考えにくい。そしてここまでの検討から, 同市周辺で戦闘が始まった時点ではなおパンタレオンが存命ないし現役だったかもしれない点も加味すると, アレクサンドロスとファイネアスがそれぞれヒッパルコスとグランマテウスを務めた年度というのは, 前209年にタレントゥムがローマに再占領され, 責任者の処分などの戦後処理がひと段落してから,つまり前209/8年より少し後ということがあったとのが最もありそうな時期といえるだろう。また註29でふれた通り, アンブラキアが同盟市戦争期以降もアイトリアに所属していたかは判断が難しいが, 連邦のプロクセニア認定において連邦に所属していない者が保証人を務めるということがあったとは考えにくいことから, 本決議が作成された時点においては, アンブラキアはアイトリアに帰属していたとみるべきだろう。

53 前3世紀半ばにアイトリアがアカルナニアと交わした条約では, 連邦側の政務官としてストラテゴス, ヒッパルコス, グランマテウス各1名に続いて, 7名ずつのエピレクタルケスと会計役の名が登場している(*IG* IX.1².1.3 ll.16-22)。これに基づき Rzepka, J. (2009), *The Aetolian Elite Warriors and Fifth-Century Roots of the Hellenistic Confederacy*, Warszawa, 23 は, 連邦には7つの徴兵区があって各区を兵士の選抜役と会計役がペアになって受け持っていたと論じる。ただ, 連邦の領土の増減がしばしばあった中で, こうした体制が長期的に維持されたかはわからない。

54 Cf. Sherk, R. K. (1990), 'The Eponymous Officials of Greek Cities: I', *ZPE* 83, 259; Scholten (2000), *op. cit.*, 62-65.

55 *SGDI* II 2070 ll.1-2: βουλαρχέοντος τοῦ Λοκρικοῦ τέλεος Δαμοτέλεος Φυσ/κέος μηνὸς Ἀγυείου, . . . なおここの文言からもうかがえるように, テロスのブラルコスはおそらく他の多くの連邦の名祖となり得る政務官と同じく, 定員は1名だったと思われる。

56 なお Str.10.460 によると, アルシノエはプトレマイオス2世の妻の名に因んで付けられた名前で, それ以前はコノペという都市名だったといわれているが, ポリュビオスの記述においてはコノペとアルシノエの両方の呼称がやや混在するような格好になっている(e.g. Polyb. 4.64, 9.45)。Cf. Walbank (1957), *op. cit.*, 518.

57　付言すると，認定を受けた者の中にはデルフォイの市民もおり（*IG* IX.$1^2$.1.31 ll.84），このことはアイトリアがデルフォイを併合するまでには至らなかったことを示す。

58　Grainger (2000), *op. cit.*, 49.

59　Polyb. 20.10.5ではメネストラトス，21.31.13ではメネスタスと表記されている。名前が異なるという理由から素直に別人と解してもよさそうなのであるが，戦争の責任者として特に取り上げられる人物が所により変わるとも考えにくいことから，写本ないしはポリュビオスの書き誤りと一般にみられている。実際，ギリシア情勢の叙述のための情報源としてポリュビオスの作品を多用しているリウィウスの作品では，メネスタスで統一されている（Liv. 36.28.3, 38.10.6）。Walbank (1979), *op. cit.*, 81, 131.

60　Grainger (2000), *op. cit.*, 234 n.177.

61　Van Effenterre, H. (1953), 'Inscriptions de Delphes: Décrets d'acceptation des Leucophryéna', *BCH* 77, no. 4 ll.6-8. なお本文中の〔　〕は校訂者の推定を踏まえつつ筆者が補った部分の意。Cf. Rigsby (1996), *op. cit.*, no. 78.

62　van Effenterre (1953), *op. cit.*, 168-176; Rigsby (1996), *op. cit.*, 203-205; Sosin (2009), *op. cit.*, 372.

63　ドリマコスは，時期は不鮮明ながら碑文に刻まれた文章の書き順からして間違いなく，カリュドンのアレクサンドロスが二期目のストラテゴス職を得た前196/5年度より前にストラテゴス「四期目」を務めているので（*IG* IX.$1^2$.1.30），あるいはこのブラルコスがストラテゴス三期目としてカウントされているという可能性も考えたくなるが，傍証はない。ただこれが否定されるなら，第一次マケドニア戦争終結から第二次マケドニア戦争開幕までの，やはり政務官を誰が務めたのか議論の余地がある数年の中のどこかでも，史料は残っていないが三期目のストラテゴスを務めたことになる。

64　Eckstein (2002), *op. cit.*, 291.

65　Bousquet (1988), *op. cit.*, 12-53; *SEG* XXXVIII.1476.

66　Scholten (2000), *op. cit.*, 170-171. 碑文の内容や神話に記された絆，およびそうしたロジックを用いた外交手法についてはMa, J. (2003), 'Peer Polity Interaction in the Hellenistic World', *Past and Present* 180, 9-13およびChaniotis, A. (2009), 'Travelling Memories in the Hellenistic World' in Hunter, R. and I. Rutherford eds., *Wandering Poets in Ancient Greek Culture: Travel, Locality and Pan-hellenism*, Cambridge, 249-255も参照されたい。

67　*SEG* XXXVIII.1476 ll.17-65. Cf. Bousquet (1988), *op. cit.*, 44.

68　*SEG* XXXVIII.1476 ll.38-42: . . . χαριεῖσθαί τε ἡμᾶς ὑπακούσαν/τας εἰς ταῦτα οὐ μόνον αὐτοῖς ἀλλὰ καὶ Αἰτωλοῖς καὶ / τοῖς ἄλλοις Δωριεῦσι πᾶσιν, καὶ μάλιστα τῶι βασιλεῖ Πτ[ο]/λεμαίωι ὄντι συγγενεῖ Δωριέων κατὰ τοὺς βασιλεῖς / τοὺς ἀφ' Ἡρακλέους Ἀργεάδας· なお，キュティニオンがアイトリアの加盟国であった点は，デルフォイで見つかった，連邦加盟国から派遣されたヒエロムネモンが12名もいることから間違いなく前3世紀の終わりの方以降のものといえるアンフィ

クティオニアの決議文で，その12名のうちの１人がキュティニオンの者であることからも確認できる(*FD* III.4.362)。

69　*SEG* XXXVIII.1476 ll.84-88. プトレマイオス朝がヘラクレスの後裔を称していたことについては，例えばプトレマイオス３世の戦勝を記念して作成されたといわれる *OGIS* 54から確認できる。Cf. Burstein (1985), *op. cit.*, no. 99.

70　*SEG* XXXVIII.1476 ll.73-79, 88-110, esp. 107-110. アンティオコスのテオス進軍については前章でも少しふれたが，そこで述べた際と同じく，詳細についてはより関連性の深いトピックを扱う後の章に譲る。ただ少し先走った話をすると，この前205年頃アンティオコスは自ら軍を率いてテオスやその近辺に進みつつあったことが確実視されているので，彼とアイトリアの関係が対マケドニア戦の再開以前と比べてどうであったかは判断しがたいが，クサントスの人々にとって彼の存在感が無視できないものだったことは間違いない。Cf. Austin (2006), *op. cit.*, no. 191.

71　もう一つ指摘しておきたいのは，アイトリア当局やキュティニオンがここで，以前より友誼があり第一次マケドニア戦争中もしばらくは共闘関係にあったアッタロス朝ではなく，セレウコス朝の名をあえて出している点である。クサントス文書においては，その王アンティオコスへのアプローチも，彼がヘラクレスの後裔であるからというように説明されているが(*SEG* XXXVIII.1476 ll.74-76)，ヘラクレスとのつながりであれば，そのアンティオコスによりまさにこの時期にテオスを失って彼に対し劣勢に立たされつつあったアッタロス朝の拠点であるペルガモンも，ヘラクレスの息子テレフォスを介してヘラクレス所縁の地といえるからである(Paus. 1.4.6)。つまりアイトリア・キュティニオン側は，神話的絆という，一見すると突拍子もないロジックを用いて資金援助を求めているのであるが，これらはその実，クサントスの人々にはその宗主プトレマイオス朝や，あるいはまたその力を増しつつあるセレウコス朝とのつながりをアピールした方が，より大きなインパクトを与えられるのではないかといった具合の，実務的計算の産物であったといえるわけである。

72　これらの点については，既に前章註95でより詳しく論じた。

73　App. *Mac.* 3; Polyb. 11.4.1.

74　*IG* XII.2.15 ll.1-6, 20-23, 27-30. この碑文自体は前章の註97でも紹介した。

75　App. *Mac.* 9.

76　Polyb. 18.3.1. やや不思議な言い回しだが，18.20.9では Ἀλέξανδρος Ἴσιος と表記されているので，「イソス(あるいはイシアか？)の人アレクサンドロス」と同時代人に呼ばれていたという意味だろう。このイソス(あるいはイシア？)なる地がどこなのかはよくわからないが，Walbank (1979), *op. cit.*, 120 は Thuc. 3.101.2 に出てくるヘッシアのことではないかと推測している。なお，Ἴσιος という表記は *IG* IX $1^2$1.17, *SGDI* II 1949, 1993, 2011 からも確認できる。さらに付言すると，一部欠落により読めなくなっているのでやや不確実だが，このアレクサンドロスはパンタレオンが五期目のストラテゴスを務め，かつアルシノエのアゲラオスがヒッパルコスを務めた年度におこなわれた諸プロクセノス認定の一つでその保証人を務めてもいる(*IG* IX $1^2$1.31 l.163)。

77 なお，クサントス碑文でアゲラオスの後にその名が記されているパンタレオンとモロッソスについてであるが，彼らがどういった人物なのかは，基本的にわからない。ただデルフォイで見つかった前３世紀末のものと思われる文書を刻んだとある碑文は，「アルケラス(もしくはアルケラオス)がアルコンを務め，タランティノス，グラウコス，バビュロス，オルタイオス，ニカンドロスが評議員を務めた時」に「アルシノエの人でネオンの息子であるパンタレオン」が「アイトリア人たち」より任命された「神殿とポリスのエピメレテス」を務めたと伝えている(*Syll*[3] 534A ll.2–6)。Cf. Lefèvre (1995), *op. cit.*, 206. 確言はできないが，活動時期からするとクサントス碑文のパンタレオンは，アゲラオスと出身地が同じであるこのアルシノエのパンタレオンであるようにも思われる。また同じくデルフォイの碑文 *CID* IV.82 は，ローマ・アイトリア同盟の成立の頃にアイトリアがアンフィクティオニアのヒエロムネモンとして派遣した人物の一人にラミア人のモロッソスという者がいたことを伝えている。これもやはり確定はできないが，クサントス碑文のそれとあるいは同一人物かもしれない。Cf. Lefèvre (1995), *op. cit.*, 199–200. なお本章註４で取り上げた *CID* IV.86 は，デルフォイのアンフィクティオニアが，キオスからヒエロムネモンとして派遣されたポリュカリデスなる人物を顕彰したことを伝えている。キオスも調停使節を派遣した国々の一角であり(App. *Mac.* 3; Liv. 27.30.4; Polyb. 11.4.1)，もし最近の研究者が推測するように，同碑文が単に前３世紀の最後の十年頃というだけでなく，より細かく前206年頃のものだったならば，これもアイトリアが当時，調停者たちと急接近した証の一つとして数えてよいだろう。Cf. Sánchez, P. (2001), *L'Amphictionie des Pyles et de Delphes: recherches sur son rôle historique, des origines au IIe siècle de notre ère*, Stuttgart, 298.

78 Liv. 29.12.1.

79 Eutrop. 3.19; Liv. 28.11.8–12.9; Zonar. 9.11.

80 Liv. 27.10.11–12 によると，前209年に元老院は緊急時であることを理由に，神殿にあった *aurum vicensimarium*，つまり奴隷解放の際に課せられていた５％税を基に蓄えられていた金塊4000ポンドを引き出し，550ポンドずつを２名のコンスルとガルバなど３名の指揮官に分配し，その他を必要物資購入などに充て，急場をしのいだという。Cf. Hollander, D. B. (2007), *Money in the Late Roman Republic*, Leiden, 33. また Liv. 28.11.11 にあるイタリアの農村の荒廃は，当然，物資の不足という状況を招いただろう。なお本書で用いるポンドは，いずれもローマのそれである。

81 E.g. Polyb. 11.24a.1–3.

82 Liv. 30.24.3–4, 26.12.

83 App. *Mac.* 4; Liv. 29.12.1–2. Cf. Polyb. 18.38.8; Walbank (1967), *op. cit.*, 599.

84 Liv. 29.12.2–3. なおこの頃イベリア半島の平定作戦がひとまず終結し，ローマ軍を率いていたＰ・コルネリウス・スキピオ(大スキピオ)が前205年度のコンスルを選ぶ選挙に間に合うよう意識しつつ帰還している(App. *Hisp.* 38; Polyb. 11.33.8)。また Liv. 28.38.5 は，この時に大スキピオが，１万4342ポンドの銀および大量の銀貨を持ち帰ったと述べている。Cf. Richardson, J. S. (1986), *Hispaniae: Spain and*

*the Development of Roman Imperialism, 218-82 BC*, Cambridge, 57-58. 註80で述べた，ガルバの作戦の始まりの頃の金塊の緊急放出と併せて，こうした中でのトゥディタヌスの派遣と彼の新たな作戦は，ローマの軍事行動が，多分にぎりぎりの資金繰りに左右されていたことを示唆する。ただローマが前207年にカルタゴのハンニバルの弟ハスドルバルを破った際の戦利品という名目で，200ポンドの重さの黄金冠と1000ポンド前後の銀像数体をこの前205年にデルフォイに奉納している点も踏まえると(Liv. 28.45.8)，この時期にはそうした財政的問題もいくらかは解消されていたのだろう。

85 Polyb. 13.1-2. なお Grainger (2000), *op. cit.*, 298-299 は *IG* IX.$1^2$.1.31 ll.106-109, 3.613 ll.1-3 および今まさに取り上げた部分の一節 Polyb. 13.2.1 を根拠に，前205/4年をスコパスの三期目のストラテゴス在任期間にカウントしている。ただし碑文史料からスコパスが三期目のストラテゴスをどこかで務めたことは認められるものの，Walbank (1967), *op. cit.*, 413-414 が述べるように，ポリュビオスが同節で記す「アイトリア人たちのストラテゴスであるスコパスはそれらの負債減免のための法令制定に挑戦したために同職を得るのに失敗すると，目をアレクサンドレイアへと向け (ὅτι Σκόπας Αἰτωλῶν στρατηγὸς ἀποτυχὼν τῆς ἀρχῆς, ἧς χάριν ἐτόλμα γράφειν τοὺς νόμους, μετέωρος ἦν εἰς τὴν Ἀλεξάνδρειαν,)」の頭の部分には，ὁ Σκόπας τῶν Αἰτωλῶν νομογράφος と改めるべきという説もある。これが正しければ，スコパスは現存史料から確定している前220/19年，前212/1年に加えてもう一期，前205/4年とは別のところでストラテゴスを務め，この前205/4年に四期目を得ようとして失敗したことになる。ただしこの場合，τῆς ἀρχῆς がストラテゴス職と解しづらくなり，政権を再び狙うのを諦めエジプトに向かうという流れもわかりにくくなる。現行の文だとこうした問題は生じないため，あえて読み替えなくともよいようにも思われるが，この場合テクストを単純に訳すと，スコパスは連続してのストラテゴス就任を図ったように読め，アイトリアにこれを禁じる法があったかどうかはわからないが，そうした例も確認されないので，こちらはこちらで釈然としないものが残る。ただ Grainger (1999), *op. cit.*, 345 がおこなっているように，ἀποτυχὼν τῆς ἀρχῆς を「同職を得るのに失敗して」ではなく「同職を全うすることができず(辞任することとなった)」というように解釈すればこの問題も解決する。本書がここまでみてきたように，連邦ストラテゴスの就任順の完全解明は難しいものの，この前3世紀の終わり頃についてはおおむねいつの時期に誰がその地位にあったのかは確定でき，かつこのことを示すためこれまでおこなった検討を踏まえると，この前205/4年度より前にスコパスのストラテゴス在任期間が3年度あったようにはあまりみえないので，筆者としては基本的にこの見方を推したい。またスコパスが債務解消に失敗し，かつストラテゴス職を失ったことで国を出たというのであれば，一方でこれまで共に対マケドニア戦を推進し，なおかつ債務対策委員も一緒に務めたドリマコスがなぜかその後も連邦に残ったことも (cf. Polyb. 18.54.4)，それなりに整合的に理解できる。彼の方は政策の実現に失敗したとはいえ，ストラテゴスを降ろされるという屈辱的な経験をしたわけではないからである。ただ，こうした見方は現存する諸情報を矛盾なく説明するものの，史料的に完全に

認められているというわけではない点は留意しておかなければならないだろう。なお Mackil (2013), *op. cit.*, 312-313は，テルモスで見つかっている *IG* IX.1²‌.1.70の碑文に刻まれた，カリュドンのリュコスなる人物が債権を放棄してプレウロン市民団より顕彰されたことを伝える文書を，スコパスとドリマコスが負債問題に取り組んだことによる部分的成果のあらわれなのではないかとみているが，本文には特に時期を明示する文言がないので，これも確定はできない。

86 ただしキュノスケファライ戦直前期の和平会議でのアイトリア側のフィリッポスへの要求からすると(Polyb. 18.3.12)，エキノスはそのままマケドニア領となったと思われる。

87 なお前章の註45でもいくらかふれたが，スコパスはエジプトに移って後，プトレマイオス4世が没し，さらに内外の混乱もあってセレウコス朝によるプトレマイオス朝への攻撃が懸念されるようになると，後者の依頼でギリシアに戻って傭兵を募るということをしている。最初の募集をおこなった前204年から前203年くらいにかけての時期にギリシアやアイトリアでどの程度の人数が集まったのかはよくわからないが(Polyb. 15.25.16-18)，再度の募集がなされた前200/199年には，この年度の連邦ストラテゴスであるダモクリトスの妨害を受けながらも，連邦において歩兵6000，騎兵500を集めたという(Liv. 31.42.5)。Cf. Briscoe (1973), *op. cit.*, 149. このことは，プトレマイオス朝の給与の魅力や，当時の連邦市民の窮乏の深刻さを示すといえるが，これだけの人数が必ずしも永久的にというわけではなかったにせよ国を出る決意をした点からは，スコパスやドリマコス，そして彼らの同調者と，この人々とは一線を画す者たちとの間に根深い対立があったこともあらためてうかがえる。付け加えると，プトレマイオス4世がいつ没したのかという点にも，史料の説明がやや不鮮明なため以前より議論があるが，基本的には正式な発表が王国指導部からなされた前204年の夏より数カ月前のこととみられている。Grainger, J. D. (2010), *The Syrian Wars*, Leiden, 235-236. こうした状況は，スコパスがエジプトに迎えられたのが，プトレマイオスが没する直前の前205年末頃であったことを示すものといえるかもしれない。王国指導部が公式に，あるいはまた秘密裏に慌ただしくなったところで，彼を同時代の感覚でも相当な高給で迎えるという決定が(Polyb. 13.2)，決定権をもつ者が目まぐるしく変わる中でなされたとはいささか考えにくいからである。

88 E.g. Liv. 26.25; Polyb. 9.40.4-6.

89 Liv. 29.12.4-7. なお戦争末期の詳細は，このリウィウスの第29巻12章が主な情報源となるが，先行研究は，彼はこれをポリュビオスの現存していない記述を基に書いたとみなし，大筋でその内容の信憑性を認めている。Schmitt (1969), *op. cit.*, Nr.543; Derow, P. S. (1979), 'Polybius, Rome, and the East', *JRS* 69, 6-7; Eckstein (2002), *op. cit.*, 293-294. ただし後述する部分では，リウィウスが親ローマ的な心情から修正・加筆したのではないかという議論がある。

90 Liv. 29.12.7.

91 *IG* IX.1².1.30. やはりテルモスで見つかっているこの碑文は，本章の註63でも紹介した，ドリマコスが四期目のストラテゴスの時におこなわれた若干名の外国人へ

の連邦市民権付与の文書を掲載し，かつその後にカリュドンのアレクサンドロスが二期目のストラテゴスを務めた年度中のそれを載せている。アレクサンドロスは前196/5年度にストラテゴスの二期目を務めており，また前198/7年度にはファイネアス，前197/6年度にはカリュドンのアレクサメノスが同職にあったことがポリュビオスから確認できるので，ドリマコスのストラテゴス四期目が入り得る年度は基本的には前3世紀末ということになる。

92 なお前章の註76で論じたように，前3世紀最末期の頃にはまた，おそらく同盟市戦争の最中にストラテゴスの一期目を務め，戦後しばらく政治の表舞台から去ることになったアゲタスが同職二期目を得ている(*SGDI* II 2049)。その経歴上，彼は基本的にドリマコスやスコパスと政治的利害を共有する関係だったと判断できるため，彼のストラテゴスとしての再登板は，ドリマコスのそれと同じく，スコパスがアイトリアを去った後も，彼や彼の路線を是とする人々がなおかなりの支持を市民たちから得ていたことのあらわれといえるだろう。

93 Liv. 29.12.8-10.

94 同国がこの戦役に積極的に参加していたかは判然としないが，和平前にはアイトリアからアカイア，アカルナニア，ボイオティア，テッサリアの住民たちと同じようにマケドニア陣営とみなされており，またエペイロスの方でもフィリッポスに，参戦したイリュリアの反マケドニア派スケルディライダスとプレウラトスの動きを通報している(Polyb. 9.38.5, 10.41.4)。

95 Liv. 29.12.11-12, esp. 11. 実際，フィリッポス側の和解案なるものは一切伝わっていない。アカルナニアの領土喪失については前章第2節などで論じた。アタマニアに関しても，第一次マケドニア戦争の頃のアイトリアとの関係に本章註4でいくらかふれたが，ここでいま少しこの国について述べておきたい。アタマニア人たちはおおむねエペイロス人たちの居住圏から南東の山岳地帯で暮らしていた人々で，ギリシア神話に登場するボイオティアのオルコメノスの王アタマスの子孫ともいわれるが，これを非ギリシア人ないしそれに近い集団とみなす古代史家も多い。アテナイやスパルタが覇を競った時代にも，彼らの存在はギリシアの先進地域の人々に知られていたが，同時代のアイトリア周辺と同じく，総じて存在感は希薄である。ヘレニズム時代に入るとエペイロスのピュッロスに征服されたとされるが，前3世紀後半には独自の王国を営んでおり，ローマがギリシアにかかわる頃には，アミュナンドロスなる人物が王位にあった。Cf. Rigsby (1996), *op. cit.*, 297. その領域はよくわからない部分が多いが，ただLiv. 38.1.7には4つの要地の名が記されており，うち2つのテウドリアとアルギテアはおおむね位置が特定されている。Cf. Briscoe, J. (2008), *A Commentary on Livy, Books 38-40*, Oxford, 31.

96 Liv. 29.12.13. イリュリアの地理的事情およびローマとアティンタニアとのかかわりについては，Hammond, N. G. L. (1989), 'The Illyrian Atintani, the Epirotic Atintanes and the Roman Protectorate', *JRS* 79, 11-25を参照されたい。

97 Liv. 27.30.12-13. Cf. Eckstein (2008), *op. cit.*, 97.

98 Liv. 29.12.16.

99 May, J. M. F. (1946), 'Macedonia and Illyria (217-167 B.C.)', *JRS* 36, 49-52.

100 Polyb. 7.9.13-14.

101 Liv. 29.12.14.

102 Schmitt (1969), *op. cit.*, 283.

103 Habicht, Ch. (2006), *The Hellenistic Monarchies: Selected Papers*, Ann Arbor, 4-6.

104 E.g. Larsen, J. A. O. (1937), 'The Peace of Phoenice and the Outbreak of the Second Macedonian War', *CPh* 32, 25; Dreyer, B. (2007), *Die römische Nobilitätsherrschaft und Antiochos III (205 bis 188 v. Chr.)*, Hennef, 105-106.

105 App. *Hann.* 56a; Liv. 29.10.4-8, 11.5-8. Cf. Erskine, A. (2001), *Troy between Greece and Rome: Local Tradition and Imperial Power*, Oxford, 219-223.

106 例えばアイトリアは，ここまで幾度も取り上げたように，有力者や著名人を中心とした，外国の個人と自分たちの共同体を友好関係で結ぶプロクセニアの概念・慣行を活用し，外部における自国の支持勢力拡大を積極的に進めた。ローマにも外部の人間との友好関係を結ぶ概念として *hospitium* があったが，外交政策の一環として用いられることは，ギリシアとは対照的に基本的になかった。Nybakken, O. E. (1946), 'The Moral Basis of *Hospitium Privatum*', *The Classical Journal* 41, 248-251; Badian (1958), *op. cit.*, 11-12, 154-155. また Erskine, A. (1993), 'Hannibal and the Freedom of the Italians', *Hermes* 121, 58-62 が論じているように，イタリアに進攻したハンニバルが圧政者からの解放を掲げてイタリア諸都市に反ローマ蜂起を促した際にその反応が芳しくなかったことは(e.g. Polyb. 3.77.3-7, 85.3-4)，前3世紀末までのローマ人を含めたイタリアの人々が，本章で取り上げたヘレニズム諸国の人々もおこなったような，大義やスローガンを掲げ，それを利用しつつ国際的な多数派工作をおこなうという発想もほぼもっていなかったことを示唆する。

107 Liv. 29.11.10, 12.16. Cf. Eckstein (2008), *op. cit.*, 111-112.

108 App. *Mac.* 4: . . . καὶ τὰς συνθήκας οὐδέτεροι βεβαίους, οὐδ᾽ ἀπ᾽ εὐνοίας, ἐδόκουν πεποιῆσθαι.〔　〕は筆者の補い。

109 Liv. 27.4.10; Polyb. 9.11a. Cf. Walbank (1967), *op. cit.*, 137.

110 可能性のレベルでは，調停あるいは仲裁という，当事者外の人々が自分たちの紛争に介入してくるという状況全般をそもそもローマが嫌っていたことが，調停者たちとの交渉が成功裏に進まなかった背景にあるというようにも考えられるが，既に Eckstein, A. M. (1988), 'Rome, the War with Perseus, and Third Party Mediation', *Historia* 37, 418-419 や Ager, S. L. (1991), 'Rhodes: the Rise and Fall of a Neutral Diplomat', *Historia* 40, 30 が論じているように，それを裏付ける史料的証拠はない。

## 第3章　フォイニケ和約後のローマとヘレニズム諸国

1 E.g. Koehn, C. (2007), *Krieg - Diplomatie - Ideologie: zur Außenpolitik hellenistischer Mittelstaaten*, Stuttgart, 9-17.

2 例えば Pfeilschifter, R. (2005), *Titus Quinctius Flamininus: Untersuchungen zur romischen Griechenlandpolitik*, Göttingen がフラミニヌスをローマの対ギリシア外交の中心人物として取り上げ，より軍事的な色合いの濃い活動に関しても，やや

古いが Eckstein, A. M. (1976), 'T. Quinctius Flamininus and the Campaign against Philip in 198 B. C.', *Phoenix* 30, 119–142 などがある。この他にも本書の主たるテーマからは逸れるが，フラミニヌスがギリシア語に堪能でまたその文化を愛好したとされていることなどから(cf. Plut. *Flam.* 5), Badian, E. (1970), *Titus Quinctius Flamininus: Philhellenism and Realpolitik*, Cincinnati のように，ローマへのギリシア的文化や発想の流入を論じる文脈でも，彼の言動やその影響はしばしば議論される。

3 Cf. Liv. 32.7.8–10; Eckstein (2008), *op. cit.*, 279–280.

4 Gruen (1984), *op. cit.*, 215–216; Eckstein (1987), *op. cit.*, 281–282.

5 Fronda (2010), *op. cit.*, 277–279, 329–330; Rawlings (2011), *op. cit.*, 302, 312, 316–318.

6 App. *Hann.* 56a; Liv. 29.10.4–8, 11.5–8.

7 E.g. Burton, P. J. (1996), 'The Summoning of the Magna Mater to Rome (205 B.C.)', *Historia* 45, 60–63; Eckstein (2008), *op. cit.*, 123.

8 Evans, R. J. (2012), *A History of Pergamum: beyond Hellenistic Kingship*, London, 27.

9 Gruen, E. S. (1990), *Studies in Greek Culture and Roman Policy*, Leiden, 6–7.

10 Orlin, E. M. (2002), *Temples, Religion, and Politics in the Roman Republic*, Leiden, 110–111.

11 Liv. 29.11.1–2, 12.14. Cf. Austin (2006), *op. cit.*, no. 80.

12 前章においては，アッタロス朝は主たる検討対象でなかったためそれほどの紙幅を割かなかったが，第一次マケドニア戦争期のアッタロス１世に焦点を当てた論考としては，日本でもやや古いものながら柘植一雄「アッタロス一世と第一マケドニア戦争」『人文論究』17(1967年)23～44頁がある。

13 Liv. 29.11.3; Broughton (1951), *op. cit.*, 255, 260, 265, 269, 275, 277–278.

14 Gruen (1984), *op. cit.*, 203–249.

15 Liv. 29.11.3: . . . *M. Valerium Laevinum, qui bis consul fuerat ac res in Graecia gesserat, M. Caecilium Metellum praetorium, Ser. Sulpicium Galbam aedilicium, duos quaestorios, Cn. Tremellium Flaccum et M. Valerium Faltonem.*

16 Broughton (1951), *op. cit.*, 272, 275, 280, 287, 292, 296, 300; Eckstein, A. M. (2009), *Mediterranean Anarchy, Interstate War, and the Rise of Rome*, London, 279 n.122.

17 Liv. 30.24.1–4. Cf. Degrassi, A. (1954), *Fasti Capitolini*, Torino, 62.

18 Briscoe (1973), *op. cit.*, 181.

19 Broughton (1951), *op. cit.*, 235–305.

20 E.g. Polyb. 18.38.7–8.

21 例えば既に登場したファビウス・マクシムスは前217年にディクタトルとしてハンニバルと戦っていた折，慎重な用兵を続けたことでローマ側の被害の拡大を緩和することはできたもののそれを止めるには至らなかったため市民団から非難された。そして彼が祭儀を名目に前線から呼び戻されることとなり，そうした中で副官に相

当するマギステル・エクィトゥムを務めていたM・ミヌキウス・ルフスが局地戦で勝利をおさめると，市民団はファビウスのそれまでの方針とその結果を失敗と断じ，それを彼に代っていくらか挽回したようにみえたルフスにファビウス・マクシムスと同等の権限を与えた(Liv. 22.18.8, 23.9-27.11; Polyb. 3.94.8-9, 101.1-103.5)。また前210年に大スキピオが24歳という年齢にもかかわらずイベリア半島における対カルタゴ戦の指揮権を求めた際には，市民団は戦死した前任者にして大スキピオの父でもあるP・コルネリウス・スキピオ(前218年度コンスル)と伯父にあたるCn・コルネリウス・スキピオ(前222年度コンスル)のことをプラス・マイナス両方の面から思い出しつつ，その声に応じたと伝えられている(App. *Hisp*. 17-18; Liv. 26.18.2-19.9)。

22 Cf. Broughton (1951), *op. cit.*, 301-302; Pina Polo, F. (2011), *The Consul at Rome: the Civil Functions of the Consuls in the Roman Republic*, Cambridge, 178.

23 Liv. 30.24.1-3.

24 Broughton (1951), *op. cit.*, 348, 351.

25 Liv. 34.43.3-9.

26 Brennan (2000a), *op. cit.*, 896.

27 Liv. 29.10.1-3. Cf. Drogula, F. K. (2015), *Commanders and Command in the Roman Republic and Early Empire*, Chapel Hill, 141.

28 クラッススの同僚コンスルだった大スキピオは，この時シチリアで前記のようにカルタゴ本国攻撃の準備にあたっており，一見するとQ・メテッルスに選挙管理の依頼がなされたのは，単にこうした両現職コンスルがそれぞれの事情により当該業務を実行できないため，前年度コンスルの彼にその役が回ってきただけというようにも思われる。しかしそうであれば，Q・メテッルスの同僚だったL・ウェトゥリウス・フィロの方がこの任によりふさわしかっただろう。というのも彼はQ・メテッルス，およびP・リキニウス・ウァルスと共に，メタウルスでローマ軍が勝利した折，それをローマ市民たちに報告する役を務めた。そしてそれがきっかけとなって，おそらく戦場での功績と相まって，人々からメテッルスと共に次年度のコンスルに推されて前206年度コンスル職を獲得し，コンスル就任後も，またもメテッルスと同じく南イタリアでの対カルタゴ戦に従事した。メテッルスの方はさらにコンスル就任に先立って，やはり選挙管理のために任命されたディクタトルのもとでその副官たるマギステル・エクィトゥムを，任務の性質上明らかに短期間とはいえ務め，またコンスル任期満了後はその指揮権が一年延長されるということもあった。しかしフィロが前209年度にプラエトルに選出された際にそれよりも下位のアエディリスにメテッルスが就任し，その後もメテッルスがプラエトル職を得た様子がない点や，フィロの方の指揮権が延長されなかったのが単純に次年度政務官の選挙を取り仕切る都合によるものだった点を踏まえると，純然たる政治指導者としてのキャリア，および年齢や功績の点では，少なくともこの前205年の段階では，フィロの方がメテッルスよりやや上に位置していたといえる。Cf. Liv. 28.9.19; Broughton (1951), *op. cit.*, 286, 289-291, 295, 297-298, 301-302; Pina Polo (2011), *op. cit.*, 190-191. こうした状況にもかかわらず，選挙管理が主要任務であるとはい

えディクタトル就任の依頼がQ・メテッルスになされ，一方で彼がディクタトル就任後，フィロをマギステル・エクィトゥムに任命していることは，Q・メテッルスやその弟M・メテッルスがクラッススと政治的・個人的に親しかったことと，またそうした理由からキャリア面でQ・メテッルスに理不尽に出し抜かれた形になっていたフィロに，不十分ながらもある種の補償をしなければという意識が，関係者たちの間にあったことを示すとみてよいだろう。

29　Liv. 31.9.5-10. Cf. Briscoe (1973), *op. cit.*, 80.

30　E.g. Val.Max. 1.1.6. Cf. Liv. 30.1.4-6.

31　例えばカンナエ戦後には，相対的に近場といえるデルフォイに，災厄克服のための神託を仰ぐべく使節が派遣された(App. *Hann.* 27; Liv. 23.11.1-6; Zonar. 9.3)。

32　なおBriscoe (1973), *op. cit.*, 80はQ・メテッルスに関しても，第二次ポエニ戦争期のかかわりから大スキピオに近かったという見解を示しているが，この前205年時点では，第一次マケドニア戦争を可能な限りローマやあるいはまた戦いを指揮した者たちに好ましい形で終わらせようとする動きは，大スキピオの関心事だったアフリカ進軍を妨げるものではないので，弟M・メテッルスに協力した彼の立場については気にしなくともよいだろう。

33　Liv. 27.36.5, 31.3.2-6. なお先行研究はパエトゥスを，大スキピオの伸長を快く思わない指導層の一人だったとみているが，その妥当性は本節の議論とはひとまずかかわりないのでここではこれ以上考察しない。Cf. Briscoe (1973), *op. cit.*, 33.

34　本章註28で登場したフィロやQ・メテッルスがメタウルスでの勝利を伝えて人々を歓喜させ，コンスル就任のきっかけとしたように，大勢の目の集まる空間に立つ機会や公務は，立身出世をめざす者にとっては明らかに一種の利権だった。実際，ここで取り上げたM・メテッルスは，結果的にはコンスルに昇れなかったものの，第二次マケドニア戦争後にマケドニアから切り離されたテッサリアが彼を顕彰したことを伝える*Arch. Eph.* (1910), 374.22の碑文から，同戦役後のギリシア秩序を決定するために元老院が派遣した十人委員会の一員の座を，つまりローマはもとよりギリシアの人々からも大いに注目されただろう立場を，ガルバなど再度の対マケドニア戦開始に動いた人々と共に獲得し，それを活用して少なくともギリシアにおいて自身の知名度向上や現地の人々との私的紐帯形成に努めたことがわかっている。Cf. Broughton (1951), *op. cit.*, 337-338; Gruen (1984), *op. cit.*, 170 n.70. Ser・ガルバについても，結果的には果たせなかったものの，おそらくこの前205年の使節団に参加することで他のアエディリス経験者たちにキャリア面で差をつけ，プラエトルなどに昇格しやすくなるようにしようという思惑が，既にコンスルを経験しているP・ガルバやこれと親しい者たちの間にはあっただろう。また同使節団に参加したウァレリウス・ファルトについては，前201年度に首尾よくプラエトルに就任した翌年，つまり開戦派がいよいよ対フィリッポス開戦へと漕ぎ着けた時期，同僚たちが退任した中で唯一指揮権を延長される，ある種の特別扱いを受けている。一方でトレメッリウス・フラックスについては，前202年度にシチリア島担当のプラエトルとなった折，前任者にしてやはり対マケドニア開戦派の一員として本章の後の部分でより詳しく語られることになるP・ウィッリウス・タップルスから指揮

下の軍団を引き継ぎつつも，島の海岸部は艦隊と共にそのタップルスが引き続き守るというように，実質的に共同で同島を守ることとされたことが知られている。こうした措置はトレメッリウスに好意的な配慮とはいいがたく，むしろ同僚に近い軍指揮権保有者が近辺におかれ，場合によっては気まずい思いをしなければならなくなったかもしれないことも考えると，彼のみは他の4名と異なり，同派の同調者ではなかったのかもしれない。Cf. Broughton (1951), *op. cit.*, 316-317, 320, 324.

35 Liv. 28.45.8.

36 Allen (1983), *op. cit.*, 70-71.

37 Cf. Liv. 22.57.5.

38 App. *Mac.* 4; Liv. 29.12.4-5. Cf. Polyb. 18.38.8.

39 Broughton, T. R. S. (1952), *The Magistrates of the Roman Republic, vol.2, 99 B.C.-31 B.C.*, New York, 544.

40 Liv. 27.43.12. Cf. Wiseman, T. P. (1985), *Catullus and His World: a Reappraisal*, Oxford, 36.

41 Liv. 29.37.2. Cf. Broughton (1951), *op. cit.*, 306.

42 Liv. 29.14.9-14; Ovid. *Fasti* 4.291-348; Suet. *Tib.* 2.3. Cf. Orlin, E. M. (2010), *Foreign Cults in Rome: Creating a Roman Empire*, Oxford, 76-82.

43 Liv. 36.36.3-4. Cf. Briscoe (1981), *op. cit.*, 274-276.

44 Bauman, R. A. (1983), *Lawyers in Roman Republican Politics: a Study of the Roman Jurists in Their Political Setting, 316-82 BC*, München, 113 n.130. Cf. Broughton (1952), *op. cit.*, 604.

45 なお，デルフォイへの使節が派遣された時点ではコンスルの大スキピオとクラッススはまだローマにいたので(cf. Liv. 28.46.1)，具体的に誰を使節として派遣するかを決める際には，この両名の意見が大きな影響力をもっただろう。

46 なおローマの指導者が民衆から支持を得るためにしばしばおこなったことが広く知られている競技会や祭典の主催，そしてそれらへの自身の資金，ないしは自身が外地で得た戦利品の投入とそのことを広く喧伝するという行為もこの時期既にみられるようになっており，特にこの前3世紀末には，今まさに取り上げている大スキピオがこの手法によってその勢力の強化を進めていた。Cf. Kay, P. (2014), *Rome's Economic Revolution*, Oxford, 16-17, 35. 例えば，イベリア半島から戻ってすぐ，彼は対カルタゴ戦で得た戦利品を用いての競技祭の開催を元老院に認めさせ，また北アフリカでの勝利の後にも遠征の中で自分のものとしたと思しき資金を投じ，自身の凱旋式と合わせて豪華なイベントを数多く催している(Liv. 28.38.14; Polyb. 16.23.7)。彼のような圧倒的な勝利とそれによる大量の戦利品獲得を第一次マケドニア戦争で果たせず，当然戦いの中で得た金品を用いて民衆受けするイベントを次々に開催するというわけにはいかなかったラエウィヌスやP・ガルバらにとって，こうした状況は控えめにみても目障りないし不快であっただろう。付け加えると，本章はローマが第二次マケドニア戦争へと向かっていく中で，その動きの中核を成した者たちを早々に議論の俎上に乗せるためマグナ・マテル招来を初めに検討したが，前註からも明らかなように，時系列の上ではデルフォイへの遣使の方が先にお

こなわれた。

47　Liv. 29.10.4-8.

48　ただ一方で，メタウルスでのそれ以上の勝利の予告は，大スキピオがとりかかろうとしていたアフリカ遠征に対する人々の期待を高める働きをもしたので，デルフォイの神託の解釈・活用に関しては，それを主導したのはあるいは大スキピオ側で，ラエウィヌスやP・ガルバらはこれに乗る形で動いたとも考えられる。Cf. Gruen (1990), *op. cit.*, 23-25.

49　Liv. 30.26.1-4, esp. 2, 42.1-10. なお先行研究は彼を，前204年に『シビュラの書』の直接的な管理を担う *decemviri sacris faciundis*（「祭儀執行十人委員」としばしば訳される）の一員となり，そして前200年末頃に没したM・アウレリウス・コッタとみている。Cf. Warrior, V. M. (1996), *The Initiation of the Second Macedonian War: an Explication of Livy Book 31*, Stuttgart, 101. これが正しければ，この前203年のエピソードに出てくるアウレリウスは，この後で示すように，明らかに対マケドニア開戦派の重要なメンバーであったことから，彼の同神職就任は，前203年のSer・ガルバ，および前202年のC・ガルバのポンティフェクス就任と併せ，同派による神官団への影響力強化が，前205年以降も進められていたことを示唆するものといえるかもしれない。Cf. Broughton (1951), *op. cit.*, 309, 314, 318-319.

50　Liv. 31.3.4, 5.5. Cf. Briscoe (1973), *op. cit.*, 61.

51　マケドニアに使節が派遣された際，既に前203年度コンスルたちは各々の任地に赴いていたので（Liv. 30.1.9, 3.1），使節の選定は既に幾度か登場し，当時は首都担当プラエトルの役を帯びていたパエトゥスが主導したと思われる。

52　E.g. Holleaux (1921), *op. cit.*, 278 n.1; Broughton (1951), *op. cit.*, 322 n.3; Gruen (1984), *op. cit.*, 222 n.86.

53　Walbank (1967), *op. cit.*, 456.

54　Warrior (1996), *op. cit.*, 101-103.

55　E.g. Polyb. 18.1.14.

56　既に記したようにリウィウスは，間違いなくポリュビオスの著作を本書が取り扱う時代の主要史料として活用している。特に，ギリシアで生じた事件についての彼の作品への依存度の高さは古くから指摘されている。ただ一方で，ローマ内部の，特にギリシア世界と直接的なかかわりが薄い出来事に関しての彼の記述は，当然ながら相対的に少ない。そのためこうした事項を記述するにあたっては，リウィウスはその他の時代のそれと同じく，明らかにローマの作家たちが残した記録を重要な情報源としている。そうした人々は先行研究の間では一般に「年代記作家たち」と呼ばれている。そして，一部の研究者たちはしばしば，リウィウスが稀に個々の事件の報告者としてあげるウァレリウス・アンティアスやクラウディウス・クアドリガリウスのような個人名を頼りに，さらに詳しく，各巻・各章の記述のソースを明らかにしようともしている。ただこちらについては，ポリュビオスのようにまとまった分量の作品が伝存しているわけではないため，反論の余地の乏しい議論を展開するのは難しいのが実情である。Cf. Briscoe (1973), *op. cit.*, 1-12. なお付言すると，第1章註102でも取り上げたように，Just. 28.1-2は，前3世紀の後半のいずれか

の年にアカルナニアが隣国のアイトリアから圧迫されているとローマに訴えてきたと伝えている。この記述の中にローマがこうしたアカルナニアを「同盟者」として扱ったということは記されていないが，それでも，アドリア海を渡ってローマにアプローチするということ自体は，第一次マケドニア戦争がこの直前まで戦われていたことも勘案すれば，前203年頃にはもう既に多くのギリシア人たちにとって，決して突飛な行動ではなかったといえるだろう。

57　Dorey, T. A. (1957), 'Macedonian Troops at the Battle of Zama', *AJPh* 78, 185-187.

58　Liv. 30.26.3. なお Briscoe (1973), *op. cit.*, 55 も，フィリッポスが大部隊をカルタゴ支援に送ったということはなかったであろうが，いくばくかの人数を非公式に派遣したというのはありそうであると述べている。

59　App. *Mac.* 4.2.

60　ローマの対カルタゴ戦勝利を決定づけたザマ会戦の時期は確定しがたいが，前202年の10月頃とみられている。Walbank (1967), *op. cit.*, 446.

61　App. *Mac.* 4.2; Liv. 31.2.1-2; Polyb. 16.27.2-4. Cf. Briscoe (1973), *op. cit.*, 55-56.

62　Just. 30.3.1-4, 31.1.1-2; Val.Max. 6.6.1. Cf. Heinen, H. (1972), 'Die politischen Beziehungen zwischen Rom und dem Ptolemäerreich von ihren Anfängen bis zum Tag von Eleusis (273-168 v. Chr.)', *ANRW* I-1, 647-650; Walbank (1979), *op. cit.*, 321-327; Sherk, R. K. (1984), *Rome and the Greek East to the Death of Augustus*, Cambridge, no. 3.

63　Meloni, P. (1955), *Il valore storico e le fonti del libro macedonico di Appian*, Rome, 45-49; Derow (1979), *op. cit.*, 7-8; Meadows, A. R. (1993), 'Greek and Roman Diplomacy on the Eve of the Second Macedonian War', *Historia* 42, 51-52.

64　Holleaux (1921), *op. cit.*, 293-297; Eckstein (2008), *op. cit.*, 213.

65　Walbank (1967), *op. cit.*, 446.

66　Cf. Polyb. 6.14.10, 16.1, 17.1.

67　Cf. Walbank (1967), *op. cit.*, 528-529.

68　なお何度かふれた，東方の様子を探り，またローマ国内の戦意高揚を図ろうという意図のもとに送り出されたラエウィヌス艦隊も，同使節団派遣後，北イタリア戦線から帰還した前201年度コンスルのパエトゥス主催の元老院会議で手配された。Liv. 31.3; Warrior (1996), *op. cit.*, 52-58.

69　Briscoe (1973), *op. cit.*, 180.

70　なお，こうした公職歴にもかかわらずフラミニヌスがプロプラエトルの資格でタレントゥムを預けられた事情については，Badian, E. (1971), 'The Family and Early Career of T. Quinctius Flamininus', *JRS* 61, 102-111 が，仮説の域を出ているとはいいがたいものの，前任者Q・クラウディウス・フラメンとの血縁関係を提案している。

71　Liv. 31.4.1-3; Briscoe (1973), *op. cit.*, 62-63.

72　この点はフラミニヌスが前198年度コンスルに立候補する際，植民事業への参加とその恩恵を受けた人々が自分を支持したことが彼に自信を与えたと記す Plut.

*Flam*. 2からも裏付けられる。またPfeilschifter (2005), *op. cit.*, 41-54も，土地を付与された者たちがこれまでのいくつかの植民のケースでそうであったようにラテン市民権保有者という位置づけになったのであれば，彼ら自身の票がその後の選挙に影響を及ぼすということはなかっただろうと述べつつ，しかし土地を付与された者たちの親類縁者の存在も考慮すれば，やはり当該事業の実行者となることは，その者自身の集票力強化に結び付いただろうと論じている。

73 Liv. 31.3.2-3. この艦隊はそれまで，対カルタゴ戦の一環としてティレニア海周辺の警備にあたっていたという。ただ，その規模に関し史料の記述に一部不鮮明なところがあるなどの理由から，ラエウィヌスが預けられた艦船の数や，そしてまた艦隊の派遣という情報の信憑性それ自体にもしばしば疑問が投げかけられてきた。しかし先行研究の議論をみる限り，矛盾のない説明も可能で，実際，多くの論者が今ではこの数字やラエウィヌス艦隊派遣の情報を信頼できるものと認めている。Cf. Petzold (1940), *op. cit.*, 71; Walbank (1940), *op. cit.*, 127 n.7; Thiel, J. H. (1946), *Studies on the History of Roman Sea-Power in Republican Times*, Amsterdam, 219-223; Briscoe (1973), *op. cit.*, 60-61; Warrior (1996), *op. cit.*, 55-56.

74 マギステル・エクィトゥムは通常ディクタトルが独自の判断で任命したので，基本的に選ばれた者と選んだ者の関係は良好だったとみてよいだろう。一見すると，註21で取り上げた，前217年にディクタトルに就任したファビウス・マクシムスと，その時にマギステル・エクィトゥム職を帯びたルフスの折り合いが悪かったという事例から，こうした見方には問題があるようにも思われる。しかしファビウス・マクシムスの時には，通常ディクタトルの直接の指名役たるコンスルと連絡がつかず，*populus*が，つまり，おそらく民会に集まった人々が，それもディクタトルとマギステル・エクィトゥムを一括して選定している(Liv. 22.8.5-7, esp. 6. Cf. Polyb. 3.87.9)。Plut. *Fab*. 4の方では，そうではなくルフスを選んだのはファビウスであるとされているが，ファビウスがファレルヌム方面でハンニバル軍を捕捉し損ない註21でもふれたように祭儀を執りおこなうべしという理由でローマに呼び戻されてしまった際，彼の作戦に異を唱えていたルフスが実質的にその後任となっていることを勘案すると(Liv. 22.18.8; Polyb. 3.94.8-9)，任命の形がイレギュラーなこともあってか，ファビウスの場合にはその権限は相対的に脆弱で，マギステル・エクィトゥム選定に関しても基本的にリウィウスが記す通り，ファビウスの希望とは無関係にルフスが選ばれたとみるべきだろう。そしてそうなると，この件に関しては，ディクタトルとマギステル・エクィトゥムの関係が良好ではなかったことも特に不思議ではないといえる。なお付け加えると，ファビウスはまた人心の一新を図るため，ディクタトル就任後すぐ同職設置の直接のきっかけであるトラシメヌス湖での前217年度コンスルC・フラミニウスの敗死について，その敗北はフラミニウスが神事や鳥占いを蔑ろにしたからであると論じ，元老院を通して『シビュラの書』の管理をおこなう十人委員会(本章註49で登場した委員会)に，予言の書を調べて神々の怒りを鎮める術を提示するよう命じている。そして委員たちは関連すると判断した事項，例えばシチリアのウェヌス・エリキュナの招来の必要などを報告したという(Liv. 22.9.7-11)。Cf. Orlin (2002), *op. cit.*, 97-98. このことは，同予言書とその

時々の政治的都合との関連をあらためて示すものといえる。

75 Liv. 32.1.1-2, 8.1-4. これはガルバが対マケドニア戦を担当することとなった前200年度においても同じであった。Cf. Gruen (1984), *op. cit.*, 205.

76 Liv. 31.20. Briscoe (1973), *op. cit.*, 108-110.

77 Liv. 30.40.7-41.9. Cf. Eckstein (1987), *op. cit.*, 263-264. 研究者たちはおおむね, ロングスと大スキピオのそれぞれの父親が前218年にコンスルとして共にハンニバルにあたり, またロングスと大スキピオ自身も共に前194年度にコンスルを務め, そしてまた共に北イタリアで戦ったことに両家の提携関係をみている。確かに, ロングスの父は大スキピオの父と対ハンニバル戦について意見を異にしていたものの, これをかなりの程度尊重しており(Polyb. 3.70.1-7), ここに両者ないしは両家の協力関係を見出すことはあるいは可能かもしれない。ただこれだけでは前200年の時点のロングスと大スキピオの良好な関係, あるいはロングスが後者の意を受けて行動するというような関係にあったと論じる根拠としてはやや弱い。そこでさらに目を向けたいのが, コンスルとなったロングスが前194年に, 同僚コンスルの大スキピオと共に北イタリアで戦うことになるまでの流れである。というのも, この年のコンスルの任地は大スキピオ自身がクレームを入れたこともあって紛糾し, 通例の籤ではなく元老院内での話し合いで決められたからである(Liv. 34.43.3-9)。Cf. Briscoe (1981), *op. cit.*, 116-117. もし二人の関係が特に親しいものでなかったなら, あえて同じ地域が割り当てられることはなかっただろう。特にこの時期ローマは, 北イタリアだけでなくイベリア半島でも長期にわたる戦いを続けており, 後者の地域は比較的プラエトルが派遣されることが多かったものの, コンスルもしばしば担当していた。とりわけこの前194年度の同半島の情勢は緊迫しており, 上手く事を運べば凱旋式を狙うこともできた。Cf. Broughton (1951), *op. cit.*, 339-346. こうした状況にもかかわらずロングスと大スキピオが同じ地域を担当したという点は, 両者がそれぞれ自分のためだけに功績を積み増すことよりも, 比較的近距離にあって必要に迫られればすぐに共同できる体制を構築することを是と考えられるような関係にあったことを示す。ただ付言すると, この前200年の凱旋式をめぐる衝突は, 大スキピオとレントゥルス一家の対立という図式より, 他ならぬ大スキピオがイベリア半島でカルタゴ勢力を打倒した後に正規政務官としてそれを成し遂げたわけではなかったからという理由で式典の栄誉にまったく与れなかったというエピソードにより多くの注意を払いつつ, 同式を挙行するにあたってのルールをめぐる同時代人の間の意見のぶれや対立という観点から論じられることも多い。E.g. Pittenger, M. R. P. (2008), *Contested Triumphs: Politics, Pageantry, and Performance in Livy's Republican Rome*, Berkeley, 59-60.

78 Liv. 32.2.6-7.

79 なおL・レントゥルスが第二次マケドニア戦争後, トラキア方面へと進出しつつあったセレウコス朝のアンティオコス3世とローマの関係を調整するための交渉を, 註34でも少しふれた戦後のギリシア秩序決定のため結成された十人委員会のメンバーに選ばれていたタップルスらと共におこない(Polyb. 18.49.2-50.1), さらにCn・レントゥルスも同じ委員会に選ばれていることも(Liv. 33.35.2-12; Plut. *Flam.*

12.1; Polyb. 18.48.2)，この兄弟が開戦派と近いところにいた，あるいはむしろその一員であったことの傍証といってよいだろう。

80　付け加えると，Sex・パエトゥスは前200年度にアエディリスを務めているが，前199年にプラエトルに就いた様子がないにもかかわらず前198年度コンスルに選ばれており，フラミニヌスほどではないが実は彼もやや異例な速度で昇格を果たしている。これもやはり，彼やまた兄P・パエトゥスが対マケドニア開戦派の者たちと協調，ないしはそのメンバーそのもので，同派のめざすところのため力を尽くしつつ，引き換えにそのネットワークの支援を得てキャリアアップを進めるという立ち位置にあったことを裏付けているといってよいだろう。Cf. Broughton (1952), *op. cit.*, 526.

81　Cf. Briscoe (1973), *op. cit.*, 158.

82　Liv. 32.19.1-23.3, 28.3-12. Cf. Derow, P. S. (1976), 'The Roman Calendar, 218-191 BC', *Phoenix* 30, 271 n.22.

83　Liv. 31.4.2. なお Bauman (1983), *op. cit.*, 112-115 はこの土地付与事業を，P・パエトゥスやその一族がこの時期に行政面で業績を上げることに意を注いでいた中で手がけた諸事業の一部とみており，ペンヌスもそうしたパエトゥス一族と協力関係にあったのだろうと論じている。

84　E.g. Liv. 29.20.1-5, 30.27.1-5.

85　Cf. Bauman (1983), *op. cit.*, 193-196. ただし残るM・フルウィウス・フラックスとP・セルウィリウスに関しては，前者はフラミニヌスの前198年度コンスル立候補を彼のキャリア不足を理由に反対した，時のトリブヌス・プレビスと同一人物かもしれないと推測されているがはっきりとしたことはわからず，後者も他でこの人物のものといえそうな活動がみられずその政治的立場も判然としない。Briscoe (1973), *op. cit.*, 63-64. こうした状況は一見すると，この二名が大スキピオおよび対マケドニア開戦派のいずれとも特段に親しい関係にあったわけではなく，さらにそこから，タップルスとフラミニヌスについても同様の可能性が指摘できることを示唆するようにも思われる。しかし少なくとも，註34でふれたようにトレメッリウスがやや変則的な形でその権限を実質的に制限された点，つまりタップルスがいささか不規則な装いのもとでその指揮権を延長されて経験・キャリア向上の面で優遇されたといえる点や，本註前半部で述べたように十分な公職歴がないと批判されたにもかかわらずフラミニヌスがコンスルに立候補できしかも当選を果たしたことと，そして両名がコンスル職獲得の直前ともいえるこの前201年にローマの市民たちへの影響力の拡大を図る上で旨味の多い土地付与委員の席を得ていることは，彼らが，そしてまたおそらくフラックスとセルウィリウスについても，どういった集団に属したかはさておき，ともかくも一匹狼的な存在ではなかったことを十分に示すといえるだろう。

86　Cf. Walbank (1967), *op. cit.*, 528.

87　Liv. 31.5.1-6.4.

88　Cf. Polyb. 15.1.3, 4.1; Eckstein (2008), *op. cit.*, 257-259.

89　Liv. 31.6.5-6, 8.1, 6.

90 Rose, H. J. (1996, first published in 1936), *A Handbook of Latin Literature: from the Earliest Times to the Death of St. Augustine*, Methuen, 54-55. またプラウトゥス，鈴木一郎訳・註『古代ローマ喜劇全集　第4巻　プラウトゥスⅣ』東京大学出版会(1978年)243〜245頁，およびプラトゥス，高橋宏幸他訳・註『ローマ喜劇集4』京都大学学術出版会(2002年)613〜624頁の同作解題も参照されたい。

91 Pl. *St.* 454-504. Cf. Liv. 31.50.3; Briscoe (1973), *op. cit.*, 67.

92 Owens, W. M. (2000), 'Plautus' *'Stichus'* and the Political Crisis of 200 B.C.', *AJPh* 121, 404; Eckstein (2008), *op. cit.*, 257-258.

93 なお，マッシリオタの方も前述の第二次マケドニア戦争後，ギリシア秩序決定のための十人委員会に入っているのであるが(Liv. 33.35.2, 39.2; Polyb. 18.48.3, 50.3)，前187年度になるまでプラエトルに昇格できていない点をみると，こちらは有力な家門や党派と密接につながってはいなかったか，あるいは場当たり的に協力者を変える人物だったようにも思われる。Cf. Briscoe (1973), *op. cit.*, 163-164.

94 Liv. 31.49.5. Cf. Briscoe (1973), *op. cit.*, 161.

95 リウィウスの書き順からするとこの前200年の平民祭は次年度政務官選挙の直後にあったように読めるが，仮にそうであっても反戦気運を再び盛り上がらせかねない運動は，既にみた初回の開戦動議の否決や，またタップルスが対マケドニア戦を担当することになった折に兵士たちの一部に従軍を拒絶する動きが生じたことからも示されるように，開戦を是としない声が市民レベルでも間違いなく存在した当時にあっては，十分に開戦派への揺さぶりとなっただろう。Cf. Liv. 31.49.12, 50.3, 32.3.2-7; Briscoe (1973), *op. cit.*, 172-173.

96 Liv. 31.49.6.

97 Briscoe (1973), *op. cit.*, 86.

98 Liv. 34.42.4, 35.8.1-9, 10.1-11, 24.4-5. Cf. Briscoe (1973), *op. cit.*, 162.

99 なおここで登場したナシカは，クアエストル就任前だったという前204年度に，前述のマグナ・マテルの御神体がオスティアへと運ばれてきた折，元老院から「最良にして最も高貴な者」であるという理由から，これを接受する役を任されてもいる(Liv. 29.14.5-11; cf. App. *Hann.* 56; Cic. *Har.Resp.* 27; Dio Cass. fr. 57.61; Diod. 34.33.1-2; Silius, 17.1-47; Val.Max. 7.5.2, 8.15.3)。これも多くの人々の耳目が集まる一種のセレモニーであったので，その中で特に皆の注目の的となる役が彼に与えられたことは，あるいはここでもまた，女神招来に動いた人々，つまり対マケドニア開戦派の，大スキピオ陣営との友好的な関係構築を図ろうという思惑が働いていたかもしれない。

100 Liv. 32.7.1-3. ケンソルによる議員除籍は，前184年に大カトーがフラミニヌスの兄弟L・クィンクティウス・フラミニヌスをそうした際のように，コンスル経験者などが対象であれば重大な不行跡があったことをしっかりと論じなければならなかったが(Plut. *Cato Mai.* 17-19)，そうでない場合には，例えば前204年や前194年および前189年のように，単に除籍人数と対象が顕職経験者でなかったという程度のことが記されるだけで，特に注目されることなく，つまりは比較的容易に不適格，あるいは邪魔であると感じられる者を排除できた(Liv. 29.37.1, 34.44.4, 38.28.2)。

除籍に関する表現については，Briscoe (2008), *op. cit.*, 357-358を参照されたい。なお前199年のケンソル選挙の時期は史料に明示されていないが，同職は基本的に5年ごとに選出され，そして前214年度および前184年度中のそれに関しては，コンスルたちが抽選で定められた任地に赴く前に選挙がなされたとあるので（Liv. 24.10.2; 39.41.5），前199年にも同じ頃に選挙があったとみてよいだろう。ただしこれはローマのカレンダーの上での話で，現代の暦でいつのことかをはっきりさせるのは非常に難しい。以前より先行研究は，史料にみえる季節に関する記述や天体現象に関するそれなどを頼りに，各事件が現代の暦でいつの頃に相当するかを検討し，例えばこのローマの前199年度についても，Derow (1976), *op. cit.*, 265-281, esp. 272-273は，この時代のローマの年度の始まりであるマルティウスの月の15日を現代の暦で前199年1月末頃と算定しているが，異論の余地がないと断言しがたいのが現状である。

101 Liv. 32.3.2-7, 7.8-13; Plut. *Flam.* 2.1-2. なおタップルス指揮下の兵士たちの間での騒動は，アフリカ遠征に参加した兵士たちの一部が，以前になされた約束とは異なり，本人が従軍することをきちんと承諾したわけではなかったにもかかわらず派遣部隊に入れられてしまったことに起因するらしい。こうした状況は，ローマ当局がこの前199年度，大スキピオの指揮下にあった者以外で長期の従軍を強いられていた兵士たちにも，褒賞として彼の軍の者たちと同じように土地を分与し，かつ除隊させるといった配慮をしなければならなくなっていたことなどにより（Liv. 32.1.6），対マケドニア戦に振り向ける兵士の確保に苦慮していたことをうかがわせる。Cf. Pfeilschifter (2005), *op. cit.*, 45.

102 なお前197年に植民がなされた際におかれた三人委員会には3年という任期が設定されていたが，これは5つの植民市を建設する業務も含まれてのものなので（Liv. 32.29.3-4），この点への言及がないフラミニヌスらが担当した事業は，選挙の時点では終わっていたとみてよいだろう。Cf. Briscoe (1973), *op. cit.*, 225-226.

103 Liv. 32.7.8-10; Plut. *Flam.* 3.

104 Liv. 32.36.10.

105 E.g. Plut. *Fab.* 24-27.

106 Liv. 30.26.5-6, 40.5.

107 なおPolyb. 18.10.8では，Q・ブテオはフラミニヌスの妻の兄ないし弟の息子とも，妻の姉ないし妹の息子ともとれる書き方をしているが，リウィウスはなぜか後者とより細かく記している。Cf. Walbank (1967), *op. cit.*, 561. またL・レントゥルスについてであるが，前述のように彼は，L・マンリウス・アキディヌスと共にではあるが，前206年から数年間，大スキピオの後任としてイベリア半島で指揮権を保有した。そして実はこの人事は，大スキピオがローマに帰還する際に半島の指揮官として残した，彼の数年来の対カルタゴ戦での腹心M・ユニウス・シラヌスとL・マルキウス・セプティムスを排除する形でおこなわれた。大スキピオがシラヌスとセプティムスをあくまで正式な後任がやって来るまでの中継ぎと考えていたのか，あるいはある程度の期間，半島で指揮権を保有するものと考えていたのを元老院が無視する形でレントゥルスとアキディヌスを後任としたのかは判然としない。

ただ大スキピオとしては，前210年にプラエトルを務めているアキディヌスはともかく，同地での作戦を長年支えてくれ個人的にも信頼していただろうシラヌスとセプティムスに代わってその同僚指揮官とされたL・レントゥルスが，前205年にようやく(本人がローマ不在の選挙で)アエディリスを得た程度の年齢・キャリアだったことは，あまり面白くなかっただろう。つまり既に述べたCn・レントゥルスの件以前から，大スキピオとL・レントゥルスの関係はかなりあからさまに微妙なものだったわけである。Cf. Broughton (1951), *op. cit.*, 279, 302; Richardson (1986), *op. cit.*, 62; Walbank (1967), *op. cit.*, 312.

108 Liv. 32.16.2-5, 28.3-12. Cf. Broughton (1951), *op. cit.*, 325, 328-329, 332, 334. なおリウィウスはここでL・フラミニヌスをレガトゥスであると表記しているが，彼は前199年に首都担当のプラエトルを務めているので，先行研究は彼の艦隊指揮権はインペリウムを保有したレガトゥスではなくプロプラエトルとしてのものだったのではないかとみている。Cf. Brennan (2000a), *op. cit.*, 205-210. 付言すると，T・フラミニヌスがコンスルに立候補した時になおアエディリスやプラエトルを経験していなかった一方でL・フラミニヌスが同じ時期にプラエトルの任にあったという状況は，彼がT・フラミニヌスの兄であったことを強く示唆する。

109 なおケテグスは，アエディリスさえ未経験だった前201年末から前200年にかけL・レントゥルスの後任としてイベリア半島の統治を任された点や(明らかにアキディヌスの指揮権の方は前200年の末頃までそのままだった)，プラエトルに就任した様子がないにもかかわらず前197年度コンスル職を得るというやや異例の昇格を果たし，さらに前193年に大スキピオおよびM・ミヌキウス・ルフスと共にカルタゴとヌミディアの紛争の仲裁の任にあたっていることから，大スキピオの与党だったとみてよい。またこのM・ルフスも，同世代のQ・ルフスと同じく，そうした大スキピオとの縁や，そのQ・ルフスの前197年コンスル在任時のケテグスとの良好な関係から，対マケドニア戦開戦派よりは大スキピオに近かったように思われる。Cf. Liv. 33.22.1-23.9, 34.62.16-18; Broughton (1952), *op. cit.*, 551, 592; Briscoe (1973), *op. cit.*, 108-109. ただし彼ら両前197年度コンスルをさしおいてフラミニヌスが引き続き対マケドニア戦を担当することにこの両名や他の者が反対した様子はないので，既に論じた通り，大スキピオはこの時期にはひとまず開戦派と協調し，むしろそれを活かして自派の者の地位向上を図ることに意を注いでいたのだろう。

110 E.g. App. *Mac.* 13; *IG* XII.9.931; *SEG* XXII.214, 266 ll.13-14, XXIII.412; *Syll*$^3$ 592, 616.

111 Eckstein (2008), *op. cit.*, 280-281.

112 Paus. 7.7.8-9, 8.1-2, 10.36.6. Cf. Arafat, K. W. (1996), *Pausanias' Greece: Ancient Artists and Roman Rulers*, Cambridge, 81 n.4.

113 E.g. Pfeilschifter (2005), *op. cit.*, 91-116; Eckstein (2008), *op. cit.*, 282-302; Dmitriev (2011), *op. cit.*, 166-199.

114 Liv. 33.24.3-7, 25.4-8; Polyb. 18.42.1-5.

115 Briscoe (1973), *op. cit.*, 295.

116 Polyb. 18.48.2-3. Cf. Broughton (1951), *op. cit.*, 337, 339.

117 Liv. 33.39.2; Polyb. 18.49.2. Cf. Walbank (1967), *op. cit.*, 621; Briscoe (1973), *op. cit.*, 322. この点は註79でも軽くふれた。

118 なお，開戦前にマケドニア周辺で反フィリッポスの扇動をおこなったM・アウレリウスと同一人物と思われるM・アウレリウス・コッタとラエウィヌスに関しては，前200年度の末頃に相次いで没したことがLiv. 31.50.4-5に記されている。Cf. Briscoe (1973), *op. cit.*, 164. また第一次マケドニア戦争でいくらかその評価を落としたようにも思われるラエウィヌス家だが，前182年と前179年に彼とやや年齢の離れた息子たちがプラエトルに就任したことが知られている。Cf. Brennan, T. C. (2000b), *The Praetorship in the Roman Republic, vol. 2*, New York, 655. フォイニケ和約時の東方派遣部隊の責任者だったトゥディタヌスについては，前200年に東方各国との交渉に送り出されて以降については記録がない。ただ正確な関係は不明ながら明らかに近い血縁にあたるC・センプロニウス・トゥディタヌスが前198年にアエディリス，翌年にはプラエトルへと比較的早い出世を遂げ，しかしイベリア半島でそのプラエトルとしての任務中，戦傷を負って没したということが知られている。Cf. Brennan (2000a), *op. cit.*, 165.

119 蜂起したエジプト原住民は前206年の終わり頃に自分たちの指導者を王と仰ぎ，さらにプトレマイオス朝側の守備隊が残したと思しき文書の断片やその残存状況からすると，前204年末頃にはいわゆる上エジプトの中心地であるテバイを掌握し，さらに北上する構えをもみせていたらしい。この王は前2世紀に入る頃に没したようであるが，蜂起した人々は彼に続いて立った王を指導者に前180年代半ばまで戦い続けた。Cf. Porph. *FGrH* 260 Fr.46; Hölbl, G. (2001), *A History of the Ptolemaic Empire*, London, 154-155; Grainger (2010), *op. cit.*, 255. なおこの原住民の蜂起については，日本でも周藤芳幸『ナイル世界のヘレニズム――エジプトとギリシアの遭遇』名古屋大学出版会(2014年)312〜330頁が既にその概要や関連事項に関する議論をおこなっている。

120 Schmitt (1969), *op. cit.*, Nr.547.

121 App. *Mac.* 4.

122 このことは前198年のロクリスのニカイアでの和平会談の際，フィリッポスの側から指摘され，またロドス・アッタロス朝側もそれに関し反論しなかった(Polyb. 18.6.2)。

123 Diod. 28.1.1.

124 Cf. Buraselis, K. (2000), *Kos between Hellenism and Rome: Studies on the Political, Institutional, and Social History of Kos from ca. the Middle Second Century B.C. until Late Antiquity*, Philadelphia, 9.

125 *IC* I.v.52, xiv.1, 2, 15, II.i.1, v.17, xii.21, xvi.1. Cf. Savalli-Lestrade, I. 2012. '*ΥΠΕΡ ΤΗΣ ΠΟΛΕΩΣ*: Les intervenants étrangers dans la justice et dans la diplomatie des cités hellénistiques', *Les Cahiers du Centre Gustave-Glotz* 23, 156, 172.

126 Diod. 27.3, 28.1; Polyai. *Strat.* 5.17.2.

127 *IG* XII.3.91; *I.Iasos* 150. Cf. Magie (1939), *op. cit.*, 35-36; Meadows, A. R. (1996), 'Four Rhodian Decrees. Rhodes, Iasos and Philip V', *Chiron* 26, 257-260; Wiemer,

H. -U. (2002), *Krieg, Handel und Piraterie: Untersuchungen zur Geschichte des hellenistischen Rhodos*, Berlin, 187–189.

128 前の二つの節でもふれたアイトリアによるローマへの再度の共闘の申し入れも，この文脈でなされたらしい。Cf. Eckstein (2008), *op. cit.*, 211–213.

129 Polyb. 15.21-24, 16.2-9; Str. 12.4.3.

130 アビュドス包囲戦についてはLiv. 31.16.7を参照されたい。またフィリッポスがペルガモンの街を攻めた際も，アッタロス朝側は市内に籠ってニケフォリオンなどを含む近郊部が破壊されるのを座視していた(Polyb. 16.1.1-6)。ニケフォリオンやそこで祀られているアテナ・ニケフォロスとペルガモン市およびアッタロス朝とのかかわりについては，Allen (1983), *op. cit.*, 123–129で詳しく説明されている。一方，キオス島近海での海戦においてマケドニア側が投入したのは，サモスのプトレマイオス朝の基地を接収した際に手に入れた艦船を合わせても，53隻のκατάφρακτος(「甲板装備船」などと訳される)と，そして150隻のλέμβος(同「艀船」)とπρίστις(同「旗魚船」)などであったのに対し，ビュザンティオンの援軍を加えたロドス・アッタロス朝側は65隻のκατάφρακτοςと9隻のτριεμιολία(同「軽三段櫂船」)，3隻の三段櫂船を動員できた(Polyb. 16.2.9-10)。

131 Berthold, R. M. (1984), *Rhodes in the Hellenistic Age*, Ithaca, 123; Koehn (2007), *op. cit.*, 155–156, 182–183.

132 Gabrielsen, V. (1997), *The Naval Aristocracy of Hellenistic Rhodes*, Aarhus, 75–77. こうした状況はまた，前227年にロドスが大地震に襲われた際のエピソードからも間接的に確認できる。災害の発生を知るや，マケドニアやセレウコス朝，そしてはるか西方のシチリアのシュラクサイを含め，ヘレニズム諸国の多くが，ロドスとのそれまでの友好関係を理由に，そしてまた困難の中にある友邦に対し鷹揚であるという評判を得るため，競うように支援物資を送るなどしたが，アッタロス朝に関してはこうした動きが一切知られていないからである(Plin. *NH* 34.41; Polyb. 5.88-90; Str. 14.2.5)。

133 McShane (1964), *op. cit.*, 100–101.

134 アッタロス朝の始まりからこの第二次マケドニア戦争期までの状況については，Allen (1983), *op. cit.*, 9–75が全体的な説明をおこなっている。またやはり概説的ながら，アッタロス1世の小アジアでの活動については，日本でも柘植一雄「アッタロス一世と小アジアのギリシア諸都市との関係について」『関西学院史学』13(1971年) 1～16頁が検討を進めている。

135 Polyb. 22.8.9-10.

136 当然ロドスからは，自分たちが勢力を扶植して久しいエーゲ海域に後から参入してきた競合者としてアッタロス朝はとらえられており，同国がその他の国々と友好関係の樹立・維持に努めた一方で，アッタロスとはそのようにした様子がなかったのも，こうした事情がその背景にはあった。Cf. Eckstein (2008), *op. cit.*, 195–196; Ma, J. T. (2013), 'The Attalids: a Military History' in Thonemann, P. ed., *Attalid Asia Minor: Money, International Relations, and the State*, Oxford, 61–62.

137 McDonald and Walbank (1937), *op. cit.*, 184.

138 Diod. 20.81.2-3; Polyb. 30.5.8; Str. 14.2.5. Cf. Reger, G. (1994), 'The Political History of the Kyklades, 260-200B.C.', *Historia* 43, 69; Gabrielsen (1997), *op. cit.*, 46. ロドスが航路，特にヘレスポントス・ボスポロス方面のそれを重視していた事例としては，前220年頃にビュザンティオンが資金難のため黒海と交易するために寄港する船に課税した際の対応が名高い。この時ロドスはこの税に悩まされた各国の求めに応じ，その代表としてビュザンティオンに税の撤廃を求め，交渉が行き詰まるや開戦を決めた。そしてビテュニアやプトレマイオス朝といった有力勢力を味方にしつつ(ただしアッタロス朝の方はビュザンティオンの肩をもった)，最終的にビュザンティオン側に要求を認めさせている(Polyb. 4.37.8-52.10)。Cf. Walbank (1957), *op. cit.*, 486-507; Gabrielsen (1997), *op. cit.*, 44.

139 Polyb. 15.22.1. Cf. Eckstein (2008), *op. cit.*, 195 n.48.

140 Wiemer (2002), *op. cit.*, 200-201; Eckstein (2008), *op. cit.*, 194.

141 Gruen (1984), *op. cit.*, 533.

142 なおPolyb. 15.23.10は，ビテュニアのプルシアスはフィリッポスからキオスを譲られたことを喜んだものの，マケドニア軍が住人を含めて移動可能なものを根こそぎ持ち帰ってしまったことに大いに落胆したと伝える。ただしStr. 12.4.3によると，プルシアスはこのキオスに自分自身の名前を付け，その再建に努めたという。またビテュニアが第一次マケドニア戦争中にミュシアで獲得した地域は，前180年代初頭までビテュニア側の手にあったらしい(Liv. 38.39.15; Polyb. 21.46.10)。

143 Shayegan, M. R. (2011), *Arsacids and Sasanians: Political Ideology in Post-Hellenistic and Late Antique Persia*, Cambridge, 172-173.

144 *SEG* XLI.1003 esp. ll.18-19. Cf. Errington, R. M. (1980), 'Antiochos der Grosse und die Asylie von Teos', *ZPE* 39, 280; Giovannini, A. (1983), 'Téos, Antiochos III et Attale Ier', *Museum Helveticum* 40, 181-183; Dmitriev, S. (1999), 'Three Notes on Attalid History', *Klio* 81, 403; Dreyer, B. (2002b), 'Der 'Raubvertrag' des Jahres 203/2 v. Chr. Zum Inschriftenfragment von Bargylia und Brief von Amyzon', *EA* 34, 129-131; Ma, J. T. (2002), *Antiochus III and the Cities of Western Asia Minor*, New York, 308-311.

145 テオスはアンティオコスにアシュリア・免税認定に謝意を示す決議文の中で，ἀπολύω の語を使いアッタロス朝への支払から「解放」されたと喜びを示す一方，その支払という重荷を課してきたアッタロス朝の君主アッタロスに対しては「王アッタロス」と表示し，その立場をそれなりに尊重する姿勢も示している(*SEG* XLI.1003 ll.19-20)。筆者としてはここに，同市の人々が，成り行き上とはいえその傘下から離れることになったアッタロスに対しても，アンティオコス本人とその軍の前でとはいえ，なるべく刺激することがないようにと苦慮した様子をみてとるべきと考える。

146 Cf. Rigsby (1996), *op. cit.*, 280-325.

147 例えばクレタのエレウテルナへの要請においては，アンティオコスの使節としてハゲサンドロスなるロドス出身の者が登場する(*IC* II.xii.21 ll.13-16)。またローマについては，テオス跡地で見つかっている碑文が，前193年度のプラエトル・ペレ

グリヌス，つまり外国人がかかわる案件を担当するプラエトルだったM・ウァレリウス・メッサッラが自身「およびトリブヌス・プレビス一同と元老院（καὶ / δήμαρχοι καὶ ἡ σύνκλητος）」の名のもとに，アンティオコスの使節メニッポスが，王から託された使命とは別にテオスからの依頼としてローマ側に求めた，同市のアシュリア・免税認定を承認したことを伝えている（*Syll*³ 601, esp. ll.2-3, 19-21）。Cf. Sherk, R. K. (1969), ***Roman Documents from the Greek East: Senatus Consulta and Epistulae to the Age of Augustus***, Baltimore, no. 34. ただしその少し後にローマとセレウコス朝が軍事的に衝突しローマ軍が小アジアに進んだ折には，ローマ側はこのアシュリア認定にもかかわらずテオスを攻略し，そして戦後はアッタロス朝に同市を引き渡している（Liv. 37.27-28; Polyb. 21.46.2）。Walbank (1979), ***op. cit.***, 167-168.

148 E.g. Koehn (2007), ***op. cit.***, 184; Eckstein (2008), ***op. cit.***, 184-189.

149 App. *Mac.* 4.1. Cf. Schmitt, H. H. (1964), ***Untersuchungen zur Geschichte Antiochos' des Grossen und seiner Zeit***, Wiesbaden, 243; Eckstein (2008), ***op. cit.***, 177.

150 Grainger (2010), ***op. cit.***, 246.

151 Wörrle, M. (1988), 'Inschriften von Herakleia am Latmos I: Antiochos III., Zeuxis und Herakleia', ***Chiron*** 18, 436; Eckstein (2008), ***op. cit.***, 159-161.

152 Cf. Polyb. 3.2.8; 16.14.1-20.9; Walbank (1967), ***op. cit.***, 471-473; Wiemer, H. -U. (2001a), ***Rhodische Traditionen in der hellenistischen Historiographie***, Frankfurt am Main, 59-64.

153 Polyb. 16.1.8.

154 McDonald and Walbank (1937), ***op. cit.***, 182; Eckstein (2008), ***op. cit.***, 169-173. ゼウクシスについてはまたErrington (1971), ***op. cit.***, 349-351; Meadows, A. R., P. S. Derow, and J. T. Ma (1995), 'RC 38 (Amyzon) Reconsidered', ***ZPE*** 109, 73も参照されたい。

155 Polyb. 16.1.9.

156 *IC* II.xii.21. Cf. Ager (1996), ***op. cit.***, no. 58.

157 例えばヒエラピュトナに対しては，これを懐柔して攻守同盟を結びつつ同市を介してクレタから傭兵を募る際の拠点とすることに成功したことが知られている（*Syll*³ 581）。Cf. Austin (2006), ***op. cit.***, no. 113.

158 Blümel, W. (2000), 'Rhodisches Dekret in Bargylia', *EA* 32, 94-96; Wiemer, H. -U. (2001b), 'Karien am Vorabend des 2. Makedonischen Krieges. Bemerkungen zu einer neuen Inschrift aus Bargylia', *EA* 33, 1-14; Dreyer (2002b), ***op. cit.***, 119-138.

159 *SEG* LII.1038, esp. ll.10-13: . . . σ]υνστάντος δὲ πολέμου βασιλεῖ Ἀντιόχωι ποτὶ βασιλῆ Π[το]λεμ[αῖον / τὸν] νῦν βασιλεύοντα κυριεῦσαι τοὺς παρὰ βασιλέως Ἀντι[ό]χο[υ -- / Κιλλα]ρῶν καὶ Θωδασων πρὸ τοῦ παρὰ βασιλέως Φιλίππου παρα[δ]ο[θήμειν / --] Ἀντι[ό]χωι Θεάγγελα καὶ . . .

160 Liv. 33.19.10-20.3, 10. Cf. Briscoe (1973), ***op. cit.***, 284-288.

161 E.g. McDonald and Walbank (1937), ***op. cit.***, 187; Berthold, R. M. (1976), 'The

Rhodian Appeal to Rome in 201 B.C.', *The Classical Journal* 71, 100.

162 Polyb. 16.10.15. あまり本書の趣旨とはかかわらないが，ポリュビオスの著作の第16巻には少なからず欠落があり，このため同巻に記されているロドス・アッタロス朝のマケドニアとの戦いの流れについては時系列が一部判然としない。特にこのラデ海戦とキオス海戦のどちらが先に起こったのかについては論争があり，明快な結論は出ていない。Cf. Schmitt (1957), *op. cit.*, 61; Walbank (1967), *op. cit.*, 497-500; Berthold, R. M. (1975), 'Lade, Pergamum and Chios: Operations of Philip V in the Aegean', *Historia* 24, 150-151; Eckstein (2008), *op. cit.*, 164.

163 Polyb. 16.24.1-8 は，この時フィリッポスが，ロドスとアッタロス朝の使節がマケドニアを打倒する支援を得るべくローマに派遣されたことを知り，冬が本格的に始まる前に何とかバルギュリアから脱出しようと知恵をめぐらせたことを伝えている(Cf. Polyai. *Strat.* 4.18.2)。

164 Polyb. 18.2.2-5, esp. 5.

165 Liv. 31.15.8. Cf. Sheedy, K. A. (1996), 'The Origins of the Second Nesiotic League and the Defence of Kythonos', *Historia* 45, 431-433.

166 Liv. 31.45.1-8.

167 Cf. App. *Mac.* 4.1.

168 Polyb. 5.81-86.

169 実際，プトレマイオス朝側がコイレ・シリア方面の総督として派遣していたトラセアスは，早々にアンティオコスに帰順した(*SEG* XXIX.1613.C-G; Joseph. *AJ* 12.138-144)。Cf. Gera D. (1998), *Judaea and Mediterranean Politics, 219 to 161 B.C.E.*, Leiden, 31-34.

170 Diod. 20.88-99, 21.81.4; Polyb. 4.51.5, 5.67.11. Cf. Ager (1991), *op. cit.*, 13-15; Gabrielsen (1997), *op. cit.*, 72-74.

171 Porph. *FGrH* 260 Fr.47.

172 Cf. Liv. 31.14-15, 46; Polyb. 16.25-26; Briscoe (1973), *op. cit.*, 94-100.

173 Polyb. 16.18.2, 22a.1-6. Cf. Grainger (2010), *op. cit.*, 255-262.

### 第4章　第二次マケドニア戦争の始まりとローマ

1　Cornell, T. J. (1996), 'Hannibal's Legacy: the Effects of the Hannibalic War on Italy' in Cornell, T. J., N. B. Rankov, and P. A. G. Sabin, eds., *The Second Punic War: a Reappraisal*, London, 103-111.

2　Liv. 29.37.7; *Per.* 20, 29. Cf. Brunt, P. A. (1971), *Italian Manpower, 225 B.C.-A.D. 14*, London, 13, 46, 62-63.

3　当時のローマの兵士の徴募の方法は，自身もローマの街でこれを目にする機会もあったであろうポリュビオスが細かく書き記している(Polyb. 6.19-21)。

4　E.g. Harris (1979), *op. cit.*, 212-218, 253-254.

5　Liv. 31.22.4.

6　例えば前章でもみたように，フィリッポスは冬が近づくのをみてバルギュリアから引き上げようと考えたが，これは少なからず物資の調達が難しい時期になったか

らだった(Polyb. 16.24.1-8)。またローマに関しても，前4世紀初頭にウェイイを滅ぼした折，冬が到来しても陣を布き続けたため時のトリブヌス・プレビスたちや民衆の反感を買い，人々の賛同を得るのに当時のローマ指導部はかなりの労力を割かなければならなかったという話や，この第二次マケドニア戦争の終わりの方でローマおよびこれに味方したギリシア諸国の代表がフィリッポスと話し合った際，ローマの元老院に暫定的に交わされた合意を和平条件とすることの可否を問おうとするフラミニヌスに，ギリシア人たちがそれはフィリッポスに兵を結集する時間を与えてしまうと反対したところ，フラミニヌスが夏ならばともかく冬が迫っている今この時においては心配無用であると述べたというエピソードが知られている(Liv. 2.1-7.1, 32.36.3-6)。

7 Polyb. 16.24.1. Cf. Walbank (1967), *op. cit.*, 529.

8 Liv. 31.1.9-10.

9 Paus. 1.36.5. アテナイとマケドニアの紛争の細かい部分についてはリウィウスが伝えており，それによると，おそらくは前201年9月の頃のエレウシスの秘儀の場に誤って入ってしまったアカルナニアの者をアテナイの人々が処刑し，これに反発したアカルナニアがヘラス同盟の盟主たるマケドニアに報復のための支援を求めたことで，要請を受け入れたマケドニア・ヘラス同盟とアテナイとの間に衝突が生じたという(Liv. 31.14.6-10)。Cf. Briscoe (1973), *op. cit.*, 43.

10 E.g. Holleaux, M. (1930), 'Rome and Macedon: Philip against the Romans' in *CAH* VIII, 156-157; Petzold (1940), *op. cit.*, 52-60, 66-69.

11 Cf. Holleaux (1921), *op. cit.*, 309-322; McDonald and Walbank (1937), *op. cit.*, 182-190: Eckstein, A. M. (2005), 'The Pact between the Kings, Polybius 15.20.6, and Polybius' View of the Outbreak of the Second Macedonian War', *CPh* 100, 233-242.

12 Magie (1939), *op. cit.*, 34-43; Errington (1971), *op. cit.*, 336-354.

13 なお晩秋の派兵という特異性それ自体は，Bickerman, E. (1985), 'Les préliminaires de la seconde guerre de Macédonie' in Gabba, E., and M. Smith eds., *Religions and Politics in the Hellenistic and Roman Periods*, Como (=*Revue de Phililogie* 9 (1935), 59-81 and 161-176), 131 でも既に指摘されている。またこの「晩秋」をいつの頃と解するかについてBickermanは9月半ば頃を想定しているが，Briscoe (1973), *op. cit.*, 115-116 は，この戦争の記述にあたってリウィウスが大きく依拠しているポリュビオスの季節表現の検討を踏まえ11月初旬あたりの時期と解すべきと述べており，第二次マケドニア戦争に関するリウィウスの記述の詳細な研究をおこなったWarrior (1996), *op. cit.*, 34 も10月末から11月初旬を推している。ただ，第二次マケドニア戦争とこれに先立つ第一次戦役にかかわったローマ指導層の連続性に多くの研究者はそれほどの注意を払っていないことも相俟って，そもそも前200年になってもローマ指導部は必ずしもマケドニアとの再戦を自明のものととらえていなかったという意見もあり，それもあって晩秋の派兵がローマの開戦をめぐる動きの中でどういった意味をもったかという点は，先行研究の中で特に大きな議論の対象とはなっていない。Cf. Bickerman, E. (1945), '*Bellum Philippicum*:

Some Roman and Greek Views: Concerning the Causes of the Second Macedonian War', *CPh* 40, 145–148.

14 Liv. 31.3.1–4.4; Polyb. 16.24.1.

15 Liv. 31.5.1–6.3. なお，この部分の記述によると，ガルバのコンスル就任はマルティウスの月の15日で，そしてこれはリウィウスの著書の第31巻では唯一具体的な情報である。問題はこれが現在の暦でいつに相当するかということだが，前述の通りその特定は難しい。ただ Warrior (1996), *op. cit.*, 33–34 は近辺の年代におこなわれた，暦と実際の季節の移り変わりとのずれを調整するための月の挿入や，Ovid. *Fasti* 6.769 にみられる日付情報などへの検討から共和暦前200年度の始まりは現代の前200年の１月半ばから２月初旬に相当するという結論を導き出しており，またその前に前３世紀末から前２世紀初頭のローマと現代の暦の対応を検討した Derow (1976), *op. cit.*, 272–273 の結論部も同じような結果を提示している。さらに既にみたように，ガルバのコンスル就任が前201/0年冬とポリュビオスが明示している点も踏まえれば，この前200年度の始まりの時期を現在の暦の前200年の晩冬とみることは，基本的に妥当なように思われる。

16 Rich, J. W. (1993), 'Fear, Greed and Glory: the Causes of Roman War-Making in the Middle Republic' in Rich J. W. and G. Shipley eds., *War and Society in the Roman World*, London, 55–56.

17 Liv. 31.5.1–4.

18 Cf. Gell. 4.6; Briscoe (1973), *op. cit.*, 68; Warrior (1996), *op. cit.*, 61.

19 Liv. 31.3.1–6, 5.5.

20 Brizzi, G. and G. Cairo (2015), 'Livy: Overseas Wars' in Mineo, B. ed., *A Companion to Livy*, Chichester, 384.

21 Liv. 31.5.5–6.

22 Warrior (1996), *op. cit.*, 26, 97–98. Cf. Briscoe (1973), *op. cit.*, 43–45.

23 Liv. 31.14.6.

24 E.g. Gruen (1984), *op. cit.*, 385–386.

25 Liv. 31.7.2–15, esp. 6.

26 Briscoe (1973), *op. cit.*, 18–20; Eckstein (2008), *op. cit.*, 254–255.

27 例えば，前３世紀の半ば頃には Ti・クラウディウスなる者がシチリアのエンテッラからプロクセノスの認定を受けており，これは当時のローマ指導層がいわゆるマグナ・グラエキアの人々と個人レベルでもしばしば交流をもっていたことを示す(*SEG* XXX.1120)。なお，エンテッラは厳密にはギリシア人が建設した都市ではなく，彼らがシチリアに入植する以前から同島で暮らしていた人々の集落がその起源であると考えられているが，前４世紀にはギリシア化していたようである。Berger, S. (1992), *Revolution and Society in Greek Sicily and Southern Italy*, Stuttgart, 78; Ampolo, C. (2001), *Da un'antica città di Sicilia: i decreti di Entella e Nakone*, Pisa, 18–19; Mack (2015), *op. cit.*, 16–17.

28 ガルバの演説でも強調されているように，第二次ポエニ戦争では南イタリアのかなりの住人がローマから離反した(Liv. 31.7.11–12)。この意味で，当時のローマ市

民にとっては，同地は決して実感をもって自国といえる地域ではなく，市民たちへの土地の付与も，少なからずこうした離反者たちの旧支配圏にローマの影響力を根付かせるという意図のもとにおこなわれた。Cf. Fronda (2010), *op. cit.*, 307–310.

29　Liv. 32.37; Polyb. 18.11. Cf. Eckstein (1987), *op. cit.*, 284–285.

30　Liv. 32.32–36; Polyb. 18.1.1–10.4.

31　プラウトゥスの時代のローマ喜劇やその上演の模様，およびプラウトゥスの作品の全般的な状況については，プラウトゥス，木村健治他訳・註『ローマ喜劇集 1』京都大学学術出版会(2000年)「総解説」を参照されたい。

32　Liv. 31.5.1, 6.5–8.1.

33　Cf. Holleaux, M. (1920), 'Le prétendu recours des Athéniens aux Romains en 201/200', *REA* 22, 84 n.1; Pina Polo (2011), *op. cit.*, 102 n.28.

34　Balsdon, J. P. V. D. (1954), 'Rome and Macedon, 205–200B.C.', *JRS* 44, 38; Warrior (1996), *op. cit.*, 65–66.

35　Liv. 31.2.5–11, 10.1–11.3.

36　Harris (1979), *op. cit.*, 210–211.

37　Liv. 31.8.5–11, 21.1–22.3. Cf. Eckstein (1987), *op. cit.*, 55.

38　Broughton (1951), *op. cit.*, 323, 326, 330, 332–333, 335, 339, 342–343, 346, 350, 352. こうした状況は，コンスル職に送り込まれた開戦派の者で対マケドニア戦を籤で引き当てなかった方にも軍功をあげる機会を与えたようにも一見すると思われる。しかし前200年度のガルバの同僚コンスル，C・アウレリウス・コッタは，ハミルカル率いるガリア人たちが敗走した後に彼らの領域を報復のため攻めたものの，その実態は掠奪の域を出ず，翌年度にマケドニアを担当したタップルスの同僚 L・コルネリウス・レントゥルスも，さらに翌年度のフラミニヌスの同僚 Sex・アエリウス・パエトゥスも，総じてストイックに振る舞いつつ既にある領域の維持に徹している(Liv. 31.47.5, 32.7.8, 26.1–3, cf. Plin. *NH* 33.142; *CIL* $I^2$ 610)。このことは，開戦派の人々はギリシア方面以外の地域で戦線が拡大することを努めて抑えていたことをうかがわせる。

39　Liv. 26.36.2–12, 29.16.2–3, 31.13.2–9. Cf. Briscoe (1973), *op. cit.*, 91–93; Buraselis, K. (1996), '*Vix Aerarium Sufficeret*: Roman Finances and the Outbreak of the Second Macedonian War', *GRBS* 37, 156–171; Eckstein (2008), *op. cit.*, 260–261.

40　Liv. 33.42.2–4.

41　E.g. Briscoe (1973), *op. cit.*, 93.

42　Warrior (1996), *op. cit.*, 73.

43　Liv. 31.14.1–2.

44　なお Petzold (1940), *op. cit.*, 70, 116–117 を含め，リウィウスの第31巻の記述には以前より多くの研究者が後代の挿入やある種の情報の歪曲の痕跡を見出しているが，ガルバ率いる遠征軍のアドリア海域への進出が晩秋であったという部分は基本的に広く信用されている。Cf. Walbank (1967), *op. cit.*, 534; Briscoe (1973), *op. cit.*, 115.

45　Liv. 31.2.2–4. Cf. Grainger (2017), *op. cit.*, 192 n.6.

46　Liv. 31.9.1-5.

47　Meadows (1993), *op. cit.*, 40-42.

48　Liv. 27.4.5-10; Polyb. 9.11a. Cf. Eckstein (2008), *op. cit.*, 201-202.

49　その背景については不鮮明な点も多いが，一般にローマとプトレマイオス朝の友好関係は，前273年にローマの使節がアレクサンドレイアを訪問したことに始まるとされる。Dion.Hal. *RA* 20.14; Just. 18.2.8-9; Val.Max. 4.3.9. Cf. Huzar, E. G. (1966), 'Egyptian Influences on Roman Coinage in the Third Century B.C.', *The Classical Journal* 66, 337-346; Lampela, A. (1998), *Rome and the Ptolemies of Egypt: the Development of Their Political Relations, 273-80 B.C.*, Helsinki, 33-51.

50　Polyb. 15.25.13. なおフィリッポスはフォイニケ和約成立後のエーゲ海域征服のための作戦の中で，アイトリア出身のディカイアルコスなる人物に海軍の指揮を任せたことが知られている(Diod. 28.1; Polyb. 18.54.7-11)。彼は一般に，第1章や第2章で登場したアイトリアのスコパスがまさにこの前3世紀末にプトレマイオス朝に雇われセレウコス朝との戦いのため傭兵を集めまたその指揮官として働く中でこれと行動を共にするようになり，最終的にはそのスコパスが以前にも記した通りアリュゼイアのアリストメネスに追い落とされた折に，彼と共に処刑されたディカイアルコスと同一人物であると，つまり一種の傭兵指揮官として活動していた人物であるとみられている。Cf. Walbank (1967), *op. cit.*, 625-626. ただ前199/8年にエジプトのプトレマイスで，ディカイアルコスの息子クレイトマコスという人物が王家のための祭儀を執りおこなう祭司を務め，ディカイアルコス本人についても，単純な日当ではなく役人たちが徴税をおこなう度に徴収された金銭の一部が彼のものとなるという，ある種の利権が与えられていたことなどがいくつかのパピルス文書から知られている。E.g. *C.Ptol.Sklav.* I.5; Porten, B. et al. eds. (1996), *The Elephantine Papyri in English: Three Millennia of Cross-Cultural Continuity and Change, Second Revised Edition*, Leiden, C33. Cf. Bagnall and Derow (2004), *op. cit.*, no. 141. この親子が保有したこうした地位や特権のありようは，いくつかの先行研究が説くように，むしろ彼らがスコパスのエジプト来訪以前からプトレマイオス朝に仕える廷臣の立場にあったことを示唆する。Cf. Clarysse, W. and G. Van der Veken (1983), *The Eponymous Priests of Ptolemaic Egypt (P.L. Bat. 24)*, Leiden, 40-41; Criscuolo, L. (2013), 'Ptolemies and Piracy' in Buraselis, K., M. Stefanou, and D. J. Thompson eds., *The Ptolemies, the Sea and the Nile: Studies in Waterborne Power*, Cambridge, 167-168; Keenan, J. G., J. G. Manning, and U. Yiftach-Firanko eds. (2014), *Law and Legal Practice in Egypt from Alexander to the Arab Conquest: a Selection of Papyrological Sources in Translation, with Introductions and Commentary*, Cambridge, 451-452; Johstono, P. (2015), 'Insurgency in Ptolemaic Egypt' in Timothy Howe, T. and L. L. Brice eds., *Brill's Companion to Insurgency and Terrorism in the Ancient Mediterranean*, Leiden, 204. そしてこれが正しかった場合，ディカイアルコスがフィリッポスのため海軍を率いたのも，この時にはマケドニアの傭兵を務めていたからというのではなく，

プトレマイオス朝がフィリッポスとの友好関係の深化を図った際の使節団にディカイアルコスもその一員として同行し，その時にはまだプトレマイオス朝への敵意を鮮明にしていなかったフィリッポスに求められて，ある種の客将としてマケドニアの海軍を率いたためという可能性も出てくる。というのも，フィリッポスは第一次マケドニア戦争の終わりの頃から大規模な海軍の建設に乗り出していた（Liv. 28.8.14）。その進捗具合については判然としないところも多いが，ただどれほどの艦船を用意できたにせよ，その運用に長けた人材まではすぐには育成できなかっただろう。継続的に海軍を動かしてない国家に，その効果的な活用のノウハウが蓄積されているはずがないからである。一方で長らく海軍を運用し続けてきたプトレマイオス朝には，そうした経験のある人物が多くいただろう。そしてディカイアルコスがこれに該当し，なおかつマケドニアへの使節団に参加していたなら，フィリッポスがその経験を買って彼に新しく建設した艦隊の指揮を依頼しても不思議ではない。マケドニアとの関係を強化したいプトレマイオス朝の者なら，フィリッポスの要請を基本的には受け入れ，なおかつあちこちの雇い主のもとで戦って生計を立てる単なる傭兵よりも強い使命感をもって艦隊指揮にあたってくれることが期待できたからである。またこの場合であれば，前 2 世紀初頭に彼が息子と共に王朝内で一定の地位にある者相応の特権を保持しているという状況も，彼がアレクサンドレイア当局から課せられた任務達成のためにマケドニアで海軍を率い，そしてフィリッポスがプトレマイオス朝に明確に敵対するようになったのでエジプトに戻り元の地位に復した，という具合に彼の前200年より前と後の立場の違いを容易に説明できる。

51　Eckstein (2008), *op. cit.*, 151-153.

52　プトレマイオス朝とアテナイの友好関係については，例えばこの時代のアテナイのフュレ（しばしば「部族」と訳される，役職者選出や徴兵などの単位として活用されたポリスの下部組織で，当時のアテナイには全体で13あった〈マケドニアとの争いが始まったことでアンティゴノス朝との関係の中で設立された 2 つのフュレがまさにこの時期に解体されつつあったらしいが〉）の中にプトレマイスの名をもつそれがあったことから裏付けられる。Cf. Walbank (1967), *op. cit.*, 534; Traill, J. S. (1975), *The Political Organization of Attica: a Study of the Demes, Trittyes, and Phylai, and Their Representation in the Athenian Council (Hesperia, Suppl. 14)*, Princeton, 29-30.

53　なおこのプトレマイオス朝使節に対しローマ側は，同王朝側に謝意を示し，使節たちの各人にも5000アッスを贈るという歓待ぶりを示しながら，ローマの出兵は「同盟者」を守ることを目的としたものであるという宣言を提示しつつ，状況に応じてプトレマイオス朝の助力を仰ぎたいとも考えているという旨の声明を併せて出した（Liv. 31.9.4-5）。これは同王朝がローマの行動を是とする理由として提示した説明をローマ側が共有するという意向を明らかにし，かつプトレマイオス朝が今後再びギリシア方面に介入することも歓迎する姿勢を示したものと，つまりローマの配慮に対し返礼をおこなったプトレマイオス朝側にさらなるお返しをしたというようにみるべきだろう。

54 Polyb. 16.27.

55 E.g. Walbank (1967), *op. cit.*, 533-534; Warrior (1996), *op. cit.*, 30.

56 E.g. Bickerman (1945), *op. cit.*, 138-139; Meadows (1993), *op. cit.*, 58; Koehn (2007), *op. cit.*, 192.

57 Ager, S. L. (2009), 'Roman Perspectives on Greek Diplomacy' in Eilers, C. ed., *Diplomats and Diplomacy in the Roman World*, Leiden, 21. なおローマの宣戦のプロセスについてはOost, S. I. (1954b), 'The Fetial Law and the Outbreak of the Jugurthine War', *AJPh* 75, 147-159やあるいはまた毛利晶「古代ローマにおける戦争と宗教」『軍事史学』37(2001年) 6～29頁を参照されたい。

58 Liv. 31.8.3-4によると，民会で開戦が決議された後でガルバは戦争に関連する宗教的業務を扱う神官たち，つまりはフェティアレスに，フィリッポスに対しどのように宣戦布告をおこなうべきかを諮問し，同神官団はフィリッポス本人にアナウンスをおこなうというのでも，マケドニアの支配域に入ってすぐのところにある同国の施設においてそれをおこなうのでも，どちらでも構わないと答申している。このことは，海外の勢力を攻撃するというこれまであまりなかった状況に臨んで従来からのルールをいかに適用するかについて，同時代の指導部においてもにわかには判断がつかない点があったことをうかがわせる。ただ，この前200年春にローマ使節がニカノルにおこなったアナウンスを宣戦布告のプロセスの一環とみなす研究者たちにとって厄介なのは，このフェティアレスの返答を受けて元老院がガルバに，議員以外から適切な者を選んで宣戦布告のために送り出すよう指示している点である。前述の使節三名のうちコンスル経験者であるネロとトゥディタヌスは間違いなく元老院に席をもっていた。またレピドゥスも二人に比べると若年だったといわれているものの，そもそもプトレマイオス朝に対しての使節として選ばれた者が議員にもなっていなかったとも考えにくい。つまり三人ともが元老院の一員であったなら，非議員が務めた宣戦布告のための使者は必然的に別の者が務め，件の三名がアテナイ近郊でおこなったアナウンスはローマの宣戦のプロセス上のそれではないということになるからである。Cf. Rich, J. W. (1976), *Declaring War in the Roman Republic in the Period of Transmarine Expansion*, Bruxelles, 73-87, 128-137; Gera (1998), *op. cit.*, 69-70.

59 実際，ガルバ率いる遠征軍がピンドス山脈西部のマケドニアの勢力圏で優勢に，かつしばしば抵抗する者たちに苛烈な攻撃を加えつつ戦いを進めると，アタマニアの王アミュナンドロスはこれを無視することは危険と判断し，自らローマ軍の陣地を訪ねてアイトリアにローマの味方をするよう促すという役割を負うことでその鋭鋒を免れている(Liv. 31.27.1-28.3)。

60 Petzold (1940), *op. cit.*, 52-57.

61 Polyb. 16.27.5, 34.1-2. なお先行研究はおおむね，アビュドス包囲戦の始まりは夏の終わりの頃だったと考えている。E.g. Berthold (1984), *op. cit.*, 130.

62 Polyb. 16.34.3-7. この話はLiv. 31.18.1-4でも，ほぼポリュビオスの記す通りに伝えられている。

63 Holleaux (1920), *op. cit.*, 84 n.1; Balsdon (1954), *op. cit.*, 38; Walbank (1967), *op.*

*cit.*, 543-544; Warrior (1996), *op. cit.*, 33-34, 65-66.

64 E.g. Polyb. 21.23.7. また App. *Mac.* 4 はフォイニケ和約後にフィリッポスがサモスやキオスを攻略し，さらにロドス，アッタロス朝，およびアテナイの領土を攻撃したが，マケドニア側はこれらの勢力は，ローマとかかわりのない者たちであると認識していたと，つまりフィリッポスが，フォイニケ和約を少なくともあからさまに破ることはしないようにと注意していたことを伝えている。なおこのアッピアノスの『マケドニア戦争』4章の情報の信憑性については，Eckstein (2008), *op. cit.*, 152 を参照されたい。

65 Liv. 30.42.4. Cf. Gruen (1984), *op. cit.*, 385.

66 Liv. 31.11.4-12. Cf. Briscoe (1973), *op. cit.*, 84-85.

67 なおこの時アフリカに派遣されたのは，C・テレンティウス・ウァッロ，Sp・ルクレティウス，Cn・オクタウィウスの三名で(Liv. 31.11.18)，ウァッロについては前章でもみたように，M・アウレリウスがマケドニア周辺で反フィリッポスの扇動をおこなうのを実質的に黙認した，多分に開戦派に近い立場にあったことがうかがえる人物である。またオクタウィウスも，元老院が前192年度に，第二次マケドニア戦争後にローマがギリシアに築いた秩序の維持を人々に訴えるべくギリシアに派遣した使節の任を，フラミニヌス，タップルス，そして前205年の土地付与委員の選定の直接の責任者であったなど前の二人と同じく開戦派と親しかったことがうかがえるカエピオと共に務め，また前194年には第一次マケドニア戦争最末期にローマ軍を率いたトゥディタヌスのレガトゥスとして別動隊を率いた，つまり信頼の厚い副将として活動したC・ラエトリウスなどと共にクロトンにおける植民活動を管理する三人委員を務めていることから，基本的に開戦派のメンバーだったとみてよいだろう。ルクレティウスについては，他二人と同様であったかどうか，その経歴からは判断しがたい。Cf. Broughton (1952), *op. cit.*, 578, 583, 595. しかし三名中少なくとも二名が開戦派と関係の深い人物であったという状況は，このヌミディアへのアプローチも，時のローマ執行部を牛耳る彼らの対マケドニア戦に備えての諸々の施策の一環だったことを示すものといえるだろう。

68 Liv. 31.14.10-15.7; Polyb. 16.25-26. Cf. Gruen (1984), *op. cit.*, 535; Habicht, Ch. (1997), *Athens from Alexander to Anthony*, Cambridge, 196-198. なお先行研究はアテナイの対マケドニア開戦をおおむね前200年の4月頃とみているが，註15でもふれたようにリウィウスの第31巻は個々の事件がいつの出来事であったかをあまり明示していないので，異論を差し挟む余地もないことはない。Cf. Warrior (1996), *op. cit.*, 38-41. なお Polyb. 16.25.9 によると，この時アテナイはアッタロスとの友好の証として彼の名に因んでアッタリスと名付けられたフュレを新設したという。本章註52で述べたように，この時期アテナイはアンティゴノス朝との関係の中で創設されたフュレ二つを廃しているので，フュレの総数は差し引きして12になったことになる。

69 Cf. Walbank (1967), *op. cit.*, 533; Briscoe (1973), *op. cit.*, 1, 94.

70 Liv. 31.15.7-10.

71 プトレマイオス朝側はスコパスらが前201/0年冬に攻勢をかけたことで，冬季に

なったため一時的に主力部隊を下がらせていたセレウコス朝から領土を少なからず取り戻していたのであるが，春になるとアンティオコスが再び大規模な攻撃に動いたため，またも劣勢になっていき，いつのことであるかはっきりしないがこの前200年のうちに戦われたパニオン会戦後はシリア南部やフェニキア地方の維持が不可能となる状況に追い込まれていく。Jerome, *In Danielem* 11.15-16; Joseph. *AJ* 12.132; Polyb. 16.18-19, 39; Porph. *FGrH* 260 Fr.46. Cf. Grainger (2010), *op. cit.*, 256-261.

72 Allen (1983), *op. cit.*, 72.

73 Liv. 31.15.11-16.6; Polyb. 16.29. Cf. Eckstein (2008), *op. cit.*, 276-278.

74 フィリッポスはケルソネソス方面に出撃するのと同じ頃，フィロクレスなる将を一軍と共にアテナイ方面に送り出しているが，そのめざすところは同市の攻略ではなく周辺地域の掠奪，つまりは揺さぶりをかけることだった(Liv. 31.16.2)。これはマケドニアがアテナイを直接的に戦線離脱させるだけの余力がなかったか，あるいはその必要を認めなかったことを示す。このフィロクラテスのアッティカ進攻についてはニカノルのそれと同一視する，つまりポリュビオスだけが伝えているニカノルと，リウィウスのみが伝えているフィロクレスの名のいずれかが誤りで，マケドニアの攻勢自体はこの時期には一度おこなわれただけであるという意見もあるが，基本的には先にニカノル隊が，次いでフィロクレス隊の攻撃があったと考える路線を多くの研究者は支持している。Cf. Gera (1998), *op. cit.*, 66. またロドスはこの頃，フィリッポスがカリア方面に残した部隊とは交戦していたらしい。Cf. *Syll*[3] 586; Reger, G. (1999), 'The Relation between Rhodes and Caria from 246-167BC' in Gabrielsen, V. ed., *Hellenistic Rhodes Politics, Culture, and Society*, Aarhus, 88.

75 Polyb. 16.35.1-2. Cf. Walbank (1967), *op. cit.*, 544; Berthold (1984), *op. cit.*, 133.

76 例えば前199年の夏にローマ軍はアッタロスと共に，キュクラデス諸島の中でロドスがマケドニア軍の守備隊が頑強に守っていたため攻略できなかったアンドロスを攻め，これを制圧するとそのままアッタロスに譲っている(Liv. 31.45.1-8)。Cf. Gruen (1984), *op. cit.*, 536.

77 Warrior (1996), *op. cit.*, 56-58.

78 Cf. Broughton (1951), *op. cit.*, 322.

79 Liv. 31.3.2-3; Briscoe (1973), *op. cit.*, 60-61.

80 Liv. 35.23.5, 42.36.8-37.1. Cf. Warrior (1996), *op. cit.*, 59.

81 Liv. 29.12.5.

### 終章　その後のローマ・ヘレニズム諸国関係

1 Liv. 31.14.3-4, 23.4-28.3, 29.1-32.5, 40.9-41.1. Cf. Grainger (1999), *op. cit.*, 363-365.

2 前200年晩秋以降のローマ軍本隊の動きとこれに対するフィリッポスの対応，およびその中でギリシア北西部の地勢がどうかかわったかを考えるには，半世紀以上前の論稿でありながらなお Hammond, N. G. L. (1966), 'The Opening Campaigns and the Battle of the *Aoi Stena* in the Second Macedonian War', *JRS* 56, 39-54 が

非常に役に立つ。

3　E.g. Liv. 32.9-10; Plut. *Flam.* 4.1.

4　Liv. 32.21. Cf. Burton (2011), *op. cit.*, 102-105.

5　Liv. 9.4.1-5.3, 8.1-10, 9.1-12.2. Cf. Oakley, S. P. (2005), *A Commentary on Livy, Books VI-X, vol. 3*, Oxford, 37-38.

6　*CIL* $I^2$ 609, 610.

7　前191年にアンティオコスは，アイトリアの反ローマ派の支援を得つつギリシアのテルモピュライで時のコンスルM´・アキリウス・グラブリオ率いるローマ軍と衝突した。しかし会戦はローマの勝利に終わり，セレウコス朝側はこれを受けて戦線を小アジアまで一気に後退させる(E.g. Just. 31.1-6; Liv. 36.17.1-19.12, 21.1)。その結果，アンティオコスと結んでローマと戦う道を選んだギリシアの諸勢力は実質的に置き去りにされる形となり，自分たちだけではもはやローマを排除できないと考えていたからこそセレウコス朝を呼び込んだ彼らはその対応に苦慮することになる。特に反ローマの急先鋒であったアイトリアは，テルモピュライがそもそも連邦の勢力圏内であったこともあって，勝利の余勢を駆って連邦領の各地の占領に動くローマ軍に早急に対処しなければならなかった。この時，アイトリアに助け舟を出したのが，戦いが始まる少し前にギリシア諸国にローマから離反しないよう呼びかけて回るべくギリシアに派遣されていたフラミニヌスである。開戦後にはいくつかの勢力が戦乱を利用して第二次マケドニア戦争後に合意された領土・境界線の変更に動くことを抑止すべく奔走していた彼は，グラブリオがアイトリアに全面降伏を求めつつナウパクトスを包囲すると，その陣を訪ねてマケドニアが再度の勢力伸長に動くことを抑制するためにも早々に終戦と秩序の回復に向かうべきであると訴えた。そしてその後で連邦側とも連絡をとり，ついには元老院で戦争終結のための合意について交渉するための休戦を成立させる。フラミニヌスはさらに，アイトリア使節を支援するべくローマに戻り，元老院にも降伏よりはゆるやかな条件での終戦を容認するよう運動した。しかし，新たなコンスルたちの主宰のもとでおこなわれた元老院会議はこれを拒絶し，その後でそのコンスルの一人であるL・コルネリウス・スキピオを軍と共に東方に送り出した。彼は以前にもふれたが大スキピオの兄弟で，彼が東方戦を担当することになったのも通例の籤によってではなく，その大スキピオがL・スキピオの補佐役として従軍したいという強い意向に基づく元老院決議によるものだった(E.g. Just. 31.6-7; Liv. 36.31.1-32.9, 34.1-35.6, 37.1.1-10; Val.Max. 5.5.1)。またL・スキピオの同僚コンスルであるC・ラエリウスも，実は大スキピオの友人にして腹心であり，この意味で，この前190年度のローマの執行部は，多分に大スキピオとその与党がコントロールするところにあったといえる。Cf. Deininger (1971), *op. cit.*, 67-103; Briscoe (1973), *op. cit.*, 294.

8　Liv. 34.43.3-5. Cf. Briscoe (1981), *op. cit.*, 116-117.

9　E.g. Polyb. 21.16-17, 29-32. Cf. Grainger (1999), *op. cit.*, 477-498.

10　例えば前184/3年には，マケドニアと領土などをめぐっての紛争を抱えていた同王国周辺の諸共同体の使節などとマケドニア側のそれが，ローマの力を借りて問題を自分たちに有利に解決させようと，あるいは自分たちを一方的に断じる元老院決

議などが発せられることを阻止すべく，かつてない規模で元老院や有力議員のもとに押しかけるということがあったという（Polyb. 23.1-6）。Cf. Walbank (1979), *op. cit.*, 214-224. こうした状況は，セレウコス朝が敗北を認めさせられた後，ヘレニズム諸国の人々の間に，他の誰でもなくまずローマ人の支持を得ることが自分たちに有利な状況をつくる，あるいは不利益をこうむらないようにする上で重要であるという認識が，急速に広まっていったことの証といえるだろう。

## 補遺　デルフォイにおけるプロクセニア被認定者表とデルフォイ・アイトリアの政務官

1　E.g. *SGDI* II 2000, 2002.

2　Polyb. 4.37.2-3.

3　Cf. Hannah, R. (2005), *Greek and Roman Calendars: Constructions of Time in the Classical World*, London, 80-81.

4　E.g. *SGDI* II 2073. なおファイネアスとアレクサメノスのストラテゴス在任は例えばPolyb. 18.1.4, 43.11からフォローされる。

5　前180/79年からはアタンボスとアミュンタスのペアに代わる（E.g. *SGDI* II 2032）。

6　Liv. 31.34.11.

7　*SGDI* II 2116.

8　*Syll*³ 563C ll.15-16, D ll.5-7.

9　*FD* III.1.451.

## ■略号表

### 古代作家・作品名

| | |
|---|---|
| App. | Appianos |
| *Hann.* | *Hannibalica* |
| *Hisp.* | *Hispanica* |
| *Illy.* | *Illyrica* |
| *Mac.* | *Macedonica* |
| Cic. | Cicero |
| *Har.Resp.* | *De Haruspicum Responsis* |
| Dio Cass. | Cassius Dio |
| Diod. | Diodoros Sikeliotes |
| Dion.Hal. | Dionysios of Halikarnassos |
| *RA* | *Roman Antiquities* |
| Eutrop. | Eutropius |
| Gell. | Gellius |
| Jerome | Hieronymus |
| *In Danielem* | *Commentaria in Danielem* |
| Joseph. | Josephus |
| *AJ* | *Antiquitates Judaeorum* |
| Just. | Justinus |
| Liv. | Livius, *Ab Urbe Condita Libri* |
| *Per.* | *T. Livi Ab Urbe Condita Periochae* |
| Oros. | Orosius |
| Ovid. | Ovidius |
| Paus. | Pausanias |
| Pl. | Plautus |
| *St.* | *Stichus* |
| Plin. | Plinius the Elder |
| *NH* | *Naturalis Historia* |
| Plut. | Plutarchos |
| *Arat.* | *Aratos* |
| *Cato Mai.* | *Cato Maior* |
| *Fab.* | *Fabius Maximus* |
| *Flam.* | *Flamininus* |
| *Marc.* | *Marcellus* |
| *Phil.* | *Philopoimen* |
| *Per.* | *Pericles* |
| Polyai. | Polyainos |
| *Strat.* | *Strategemata* |
| Polyb. | Polybios |
| Porph. | Porphyrios |
| Silius | Silius Italicus |
| Str. | Strabon |
| Suet. | Suetonius |
| *Tib.* | *Tiberius* |
| Thuc. | Thucydides |
| Val.Max. | Valerius Maximus |
| Zonar. | Zonaras |

### 史料集等

| | |
|---|---|
| *Arch. Eph.* | *Αρχαιολογικη εφημερις: εκδιδομενη της Αρχαιολογικης Εταιρειας*, 1910– |
| *CID* IV | Lefévre, F., D. Laroche, and O. Masson eds. (2002), *Corpus des Inscriptions de Delphes, vol. 4: Documents Amphictioniques*, Paris. |
| *CIL* | *Corpus Inscriptionum Latinarum*, 1863– |
| *C.Ptol.Sklav.* | Scholl, R. ed. (1990), *Corpus der ptolemäischen Sklaventexte*, Stuttgart. |
| *FD* III | *Fouilles de Delphes, III: Épigraphie*, 1929– |
| *FGrH* | *Die Fragmente der griechischen Historiker*, 1923– |
| *IC* | Guarducci, M. ed. (1935–50), *Inscriptiones Creticae*, Rome. |

*IG* — *Inscriptiones Graecae*, 1873-

*I.Iasos* — Blümel, W. (1985), *Die Inschriften von Iasos (IGSK 28)*, Bonn.

*I.Magnesia* — Kern, O. (1908), *Die Inschriften von Magnesia am Mäander*, Berlin.

*OGIS* — Dittenberger, W. ed. (1903-05), *Orientis Graeci Inscriptiones*, Leipzig.

*SEG* — *Supplementum Epigraphicum Graecum*, 1923-

*SGDI* — Collitz, H. and F. Bechtel eds. (1884-1915), *Sammlung der griechischen Dialekt-Inschriften*, Göttingen.

*Syll*$^{3}$ — Dittenberger, W. ed. (1915-24), *Sylloge Inscriptionum Graecarum, (third edition)*, Leipzig.

## 研究雑誌等

*ABSA* — *Annual of the British School at Athens.*

*AJPh* — *American Journal of Philology.*

*ANRW* — *Aufstieg und Niedergang der römischen Welt.*

*BCH* — *Bulletin de Correspondance Hellénique.*

*CAH* VII-I$^{2}$ — Walbank, F. W., A. E. Astin, M. W. Frederiksen, and R. M. Ogivie eds. (1984), *The Cambridge Ancient History, Volume, 7, Part 1: The Hellenistic World (Second edition)*, Cambridge.

*CAH* VIII — Cook, S, A., F. E. Adcock, and M. P. Charlesworth, eds. (1930), *The Cambridge Ancient History, Volume VIII: Rome and the Mediterranean (218-183 B.C.)*, Cambridge.

*CAH* VIII$^{2}$ — Astin, A. E., F. W. Walbank, M. W. Frederiksen, and R. M. Ogilvie eds. (1989), *The Cambridge Ancient History, Volume VIII: Rome and the Mediterranean to 133 BC (second edition)*, Cambridge.

*CPh* — *Classical Philology.*

*EA* — *Epigraphica Anatolica.*

*GRBS* — *Greek, Roman, and Byzantine Studies.*

*JHS* — *Journal of Hellenic Studies.*

*JRA* — *Journal of Roman Archaeology.*

*JRS* — *Journal of Roman Studies.*

*REA* — *Revue des études anciennes.*

*REG* — *Revue des études grecques.*

*PCPS* — *Proceedings of the Cambridge Philological Society.*

*TAPA* — *Transactions of the American Philological Association.*

*TAPhA* — *Transactions and proceedings of the American Philological Association.*

*ZPE* — *Zeitschrift für Papyrologie und Epigraphik.*

## ■用語解説（用語は本文の登場順）

**イストミア祭**　イストモスの地(現在のコリントス地峡)で開催された各種スポーツ，音楽および詩歌の国際大会。古代世界においては，オリュンピア祭(古代オリンピック)と同等の権威と人気を誇る国際競技祭だったといわれる。

**プロコンスル**　基本的には，共和政期ローマの常設政務官のうちで最上位のコンスルの職(日本ではしばしば「執政官」と訳される，選挙で選ばれた者が就任した任期1年で定員2名の役職)にあった者が，特定の戦域と軍を預かった後に任期満了を迎えた際に，なお指揮権を保有しつつその地に留まることとされた場合に帯びた立場の呼称。ただし本書が取り上げる前3世紀末には，多数の戦闘区域をカバーする都合から，政務官職を帯びていない者を司令官として起用しプロコンスルという格付けで派遣するということも比較的よく見られた。

**プロプラエトル**　プロコンスルと同じく，基本的には共和政期ローマの常設政務官のうちでコンスルに次ぐ高官職であったプラエトルの者が，特定の地域と軍を預かってその立場を翌年度以降も保つことが認められた場合に帯びた地位の名称。ただしこちらもプロコンスルの場合と同様，前3世紀末には，政務官職にない者がプロプラエトルという資格で特定の戦域と軍を預かるという事例も散見される。

**ヘラス同盟**　全ギリシアをまとめ(ることをめざし)た同盟とでもいうべき組織。古代ギリシアの人々が自分たちをヘレネスと称し，現代のギリシャに相当する地域をヘラスと呼んだことに由来。この名が冠される同盟はここで登場したものが初めてではなく，例えばアレクサンドロス(大王)の父フィリッポス2世が前338年にカイロネイア会戦で勝利した後にスパルタ以外のギリシアの主要勢力を傘下におさめつつ結成した同盟もしばしばこの名で呼ばれる。

**プラエトル**　前出のプロプラエトルについての説明でいくらかふれた通り，共和政期ローマの常設政務官のうちでコンスルに次ぐ高位官職。選挙により選ばれた。しばしば「法務官」と訳されるが，元来は基本的にコンスルが2名ともそれぞれの担当区域における戦闘指揮などのためローマを離れた際に同市を守り，また元老院会議を催しつつその他の政務を続けるためにおかれた役職。時代と共に定員が少しずつ増えていき，法的紛争を担当するプラエトルというものの設置も常態化していくが，本書が取り扱う時期においては，コンスルやプロコンスルが預かるべき最重要の課題と比較すれば緊急性は一段落ちるものの，それでもやはり強い権限を与えられた者が担当すべきと判断された地域や業務(艦隊の建造・指揮など)を受け持つ役どころという色合いが強い。付言すると，第一次マケドニア戦争の最中やその前後においては4名が毎年この役職に選ばれたが，前197年からは6名が基本数となる。

**プラエフェクトゥス**　共和政期からその後の帝政期にかけて，特定の業務を担う部局

の長官職からひとまとまりの部隊の指揮官など，非常に多様な職務に関連しておかれたポジション。このため，ここで登場するプラエフェクトゥスがどの程度の地位であったのかを明言するのは難しい。ただし，コンスルやプロプラエトルといった，間違いなく要職ないしは強い権限を帯びていたといえる諸地位と比べ明らかに史料に登場する頻度が低く，かつその保有者の多くがこうした顕職から縁遠い者たちであったことも踏まえると，本書で取り上げる時期においては，少なくともこの時ラエウィヌスが保有していたプラエトルよりは格の低い立場だったと判断するべきだろう。

**レガトゥス**　外交使節や，あるいはまた現代の高級将校に相当するような地位。ここではもちろん，武官として登場している。前３世紀におけるその地位の高低を論じることはプラエフェクトゥス同様に難しいが，やや特例的にインペリウム(本文でもふれた「任された区域の最高位者としての権限」)が付与されたという事例が散見されることを踏まえると，同権限を帯びることが常であったコンスルおよびプラエトルよりは，基本的に格の低いポジションだったといえる。

**レギオ**　しばしば「軍団」と訳される軍事単位(近代の軍隊における師団のようなものと考えるとよいかもしれない)。共和政期においては，前２世紀末になるまでおおむね重装歩兵3000名，軽装歩兵1200名，騎兵300名の計4500名で１個レギオが構成されたとされる。

**ストラテゴス**　一般に「将軍」とまず解され，実際にアイトリアのそれも全軍の司令官としての性格をもっていた。ただ，国や時代・地域によるばらつきも大きいながら，同職の保有者が軍事以外の面でも指導的役割を果たしているという事例も多く，特に連邦のように基本定員が１名であるようなケースにおいては，最上位の常設政務官としても機能していた。

**ヒッパルコス**　直訳すると「騎兵長官」というような意味の役職。ただし詳しくは後の議論に譲るが，少なくともアイトリアのヒッパルコスの役割は，単に騎兵の長という枠におさまるものではなかった。

**グランマテウス**　一般に「書記役」と解される。実際に国や組織によっては文書の作成を主要な任務としていたと思しき例もある。ただアイトリアのグランマテウスについては，細かい議論はやはり後に譲るが，単純に文書の作成を任されていただけの役とは考えない方がよいだろう。

**アシュリア**　元来は，神域などの神聖な空間においては暴力行為が禁止されるべきという通念や概念を指す語。しかしヘレニズム期には，ある共同体が外部の神域やそれを包摂する国家，そして時にはまたそれに所属する個人などに対し，自分たちがそれを不可侵のものとみなし暴力行為の対象としないと宣言するというような，ある種の敬意を示し，あるいはまた特権を付与することで相手との関係を良好なものとしていくことをめざした一種の外交的ツールの，理論的基盤のようなものになっていた。

**プロクセノス**　「名誉市民」というように訳されることもある地位。基本的に，ある共同体が外国の市民に対し，その人物が自分たちの共同体にとって友好的な者であると認定した証として贈った称号。これを受領した者は，認定元共同体の利益を増進するための働きかけを自身の同胞その他へとおこない，また認定元共同体より訪ねてきた者に可能な限りの便宜を図ることが期待された。そしてこうした協力は，建前の上では無償でおこなわれた。ただし称号の認定は少なくともヘレニズム期においては多くの場合，被認定者への何らかの恩典(例えば，認定元の共同体が保有する都市に何ら制限を受けることなく出入りし，また望むままに物資を出し入れすることができる特権など)の授与をともなっていた。

**アルコン**　一般名詞としては「公職にある者」全般を意味した。しかしここに出てくるデルフォイのそれを含め，いくつかの共同体では「アルコン」という名の役職が名祖政務官として存在した。そしてやや悩ましいことに，そうした共同体においても文書においてはしばしば漠然と役職にある者を指すのにもこの語を用いたため，訳出に際しては「アルコン」の職にある者と実際には別の名の公職にある者との混同に注意する必要がある。

**アルテミス・レウコフリュエネ**　「レウコフリュスのアルテミス」というような意味。アルテミスはゼウスの娘にして女神で，ギリシア世界の各地で崇拝された。既に本文で登場したアポッロンとは双子の関係にあるとされるが，一般に先に生まれたのはアルテミスであるといわれている。レウコフリュスの方は，マイアンドロス川沿いにあったとされる街の名。ギリシアの神々は多くの場合ある種の添え名と共に祀られた。どのような添え名が付けられるかはさまざまだったが(例えばアッタロス朝においては，女神アテナをアテナ・ニケフォロス〈「勝利をもたらす者たるアテナ」〉と呼びつつ祀っていた)，アルテミス・レウコフリュエネの場合はレウコフリュスの街の守護神としてまず崇拝されたといえる。こうしたアルテミス・レウコフリュエネが，なぜここで登場するマイアンドロスのマグネシアによりその祭典・競技を管理されることになったのかはよくわからない。ただしレウコフリュスの領域は，いつの時期からかは不明ながら少なくともヘレニズム期にはマグネシアの勢力下に入っていたようなので，おそらくはその際に女神の祭祀もマグネシア側に吸収されたのだろう。

**シュネドロス**　一般的には「評議の席に連なることを認められた者」というような意味で，前出のシュネドリオンも，基本的にはこのシュネドロスが集まって協議をおこなう場を指す。ただし当然ながら，どういった者がこのシュネドロスとなったかという点については，個別的な議論を要する。

**プロエドロス**　漠然と訳せば「前の列にいる者」というような意味。実際，例えばアテナイにおける同職は，評議会や民会の幹事役の者(複数いてそのうちの１人が議長を務める)として史料にあらわれる。ただしここで扱っているアイトリアを含め，他の共同体でのそれが具体的にどのような存在であったかについては不鮮

明な部分が多い。

**ディクタトル**　定員1名の非常置職で,「独裁官」と訳されることが多い。訳の通り,この職に就いた者には国家より全権が委ねられ,他のどのような権限の保有者もこれよりは下位にあるものとされた。その任命は一般に,非常大権保有者でなければ解決が難しい問題が発生しているという元老院の判断を受け,2名のコンスルのうちでこれとすぐに連絡がついた方が(もし可能だったならば両コンスルが)ふさわしいと思われる人物を指名し,それを民会に出席した人々が承認するという手続きを踏んでおこなわれた。任期は任命に先立ってディクタトルでなければ解決できない課題として提示された案件が処理されるまでとされたが,たとえ完全にその任務が完了しなかったとしても,任命から半年が経過した段階でその権限は失われるものとみなされていた。

**トリブス**　しばしば「地区」と訳される。前3世紀には全部で35存在し,ローマ市民は皆そのどこかに所属した。トリブスは,ローマにあった複数の民会の一種で一般にトリブス民会と呼ばれる集会で,投票単位として機能した。具体的には,まず同じトリブスに所属する者たちで集まって,提示された案の是非について評決をおこない,トリブスとしての1票をどう使うかを決めた。そしてそのトリブス票の多数を集めた案が民会として,そしてローマという国家の決定となった。

**マグナ・マテル**　ペッシヌスをはじめとした小アジア内陸部で崇拝された女神で,ギリシア語ではキュベレとも表記され,またしばしばゼウスなどの神々の母であるレアと同一視された。なおここでいう女神の招来は,具体的には女神のご神体であるとされた黒い隕石(の一部？)をペッシヌスからローマ市内に運び入れるという形で執りおこなわれた。

**『シビュラの書』**　アポッロンの神託を伝える巫女であるシビュラにより古代ギリシアの詩形の一種である六脚韻詩の形でまとめられたという神託集。シビュラがどういった存在であったのかという点についてはギリシア・ローマの神話や伝承の中でもばらつきがあるが(古代の著述家たちの意見はその人数についても分かれている),一般に,ここに登場するローマ人により保有されていた『シビュラの書』は,王政期の終わり頃にナポリの近くにあったギリシア人の植民都市クマエにいたシビュラから譲られた3巻の書だったといわれている。通常はローマの街のカピトリウムの丘にあったユピテルの神殿内で専門の神官団の手で保管されていたが,国家的な危機の折にはローマ指導部の指示に基づき彼らがこれを開き,関連する神託を報告することとされていた。なおこの神官団は,当初定員2名と小規模なものだったが前367年頃に増員され,共和政の末期にさらに15名に増やされるまでは10名体制で運営されていたという。

**アエディリス**　「按察官」や「造営官」というように訳されることもある定員4名の役職。選挙で選ばれる公職の中では低めのランクのものと位置づけられていた。また同職の就任が,より上位の職に就く必須要件というわけでもなかった。しか

し，ローマの街の都市機能の維持や，祭儀・催物，あるいはまた必要に応じて穀物などの手配を担うなど，民衆の日々の暮らしと強く結びついた業務が多かったことから，さらなるキャリアを狙う者は好んでこの職を求め，私財や伝手を活用しつつその職務を成功裏に，そして盛大に遂行しようと競った。

**クアエストル**　「財務官」や「会計検査官」というように訳されることも多い。選挙で選ばれる主な公職のなかでは最も下位のものとされ，ローマの指導者の多くはまずこれを務めて元老院入りしたという。本書が取り扱う時期の頃の定員は10名だった。就任した者は元老院の指示に基づき，国庫の管理や，外地に出る政務官の下僚として財務管理に当たるなどの役割を割り振られた。

**ポンティフェクス**　しばしば「神祇官」と訳される終身の神官職で，複数あったローマの神職のなかでも，特に高い地位にあったとされる。さまざまな国家的祭儀に関与したが，他の公職との兼任も認められていた。当初の定員は３名ないし５名だったといわれるが，前３世紀には９名にまで増やされていた。その選出は，基本的に一人が死没により抜けた折に，残った者たちが好ましいと判断した者を後任に推挙するという形でおこなわれた。

**ポンティフェクス・マクシムス**　ポンティフェクスたちの主席とでもいうべき地位で，「最高神祇官」と訳されることもある。ポンティフェクスと同様に終身職だったので(より細かくいえば，前述の通りポンティフェクスはこの時期には９名だったわけであるが，その席のうちの一つはこのポンティフェクス・マクシムスの者が占めていた)，基本的に前任者が死没すると後任が決定されるということになっていたが，ポンティフェクスの場合と異なりポンティフェクス・マクシムスは市民たちの投票により選ばれた。こうした事情もあってか，他の神官たちに対する優越が法的に認められていたわけではなかったにもかかわらず，ポンティフェクス・マクシムスはローマで最も権威ある神職とされていた。

**アウグル**　「鳥占官」などと訳されることもある神官職の一種。訳の通り，鳥(たち)が飛ぶ様子などから神々の意思を読み取り人々に伝える役割を担っていた。当初の定員は３名だったとされるが，前３世紀には９名体制になっていた。ポンティフェクスと同様に古い歴史を誇る権威ある神職とされ，その選出も同職と同じように１人が世を去ると他の者が後任を推薦するという形でおこなわれたという。

**ケンソル**　「監察官」などと訳されることもある，選挙で選ばれる定員２名の役職。ローマ市民権保有者と認定できる者の数とその財産状況の調査というかなりの時間を要する業務を主要任務としたためか，任期は他の公職と異なり18カ月とやや長かった。初期の状況には不鮮明な点も多いが，前３世紀には，その任にふさわしくない(もしくは堪えない)と判断した者を元老院から除籍し，あるいは議席の獲得を認めないと判定する権限や(元老院の議席はおおむね，選挙で選ばれる公職を務めた者にその任期を満了した後付与され，基本的に終生それを保有することが認められていた)，各種公的事業の管理などを委ねられ，かつ原則としてコ

ンスル経験者が就任すべき権威ある公職として確立していた。

**トリブヌス・ミリトゥム**　各レギオに原則として６名おかれた幕僚のような立場の役職。基本的には指導層の若手が務めたが，前４世紀末からは選挙により選ばれる枠というものが設けられ，かつ次第に拡大していったらしい。また，戦時においては司令官の判断でさらに追加の任命がおこなわれることもあったという。

**マギステル・エクィトゥム**　しばしば「騎兵長官」などと訳されるが，実態としてはディクタトルの補佐役ないしは副将。一般的にはディクタトルが独断で任命することができたとされる。

**トリブヌス・プレビス**　日本においては「護民官」の名の方でよく知られている役職。共和政初期のパトリキ(「貴族」としばしば訳される)とプレブス(これに対応して「平民」として理解されることが多い)の争いの中で，プレブス側の利益代表者として設置された。こうした経緯から，就任できる者もプレブスとカテゴライズされている者に限られた。任期は他の多くの公職と同じく１年で，定員は前５世紀中頃以降10名で固定された。一般に，パトリキ・プレブス間の争いが下火になっていくにつれ，定員の多さもあってか，選挙で選ばれる公職の中では比較的若手，ないしは声望の大きくない者でも狙い得る職とみられるようになっていったとされるが，同職設置の折に認められた拒否権により他の政務官や元老院の決定を無効にできた上，前287年に成立したホルテンシウス法によりトリブヌス・プレビスが主催するプレブスだけが参加できる民会(いわゆる平民会)での決議がローマ全体を拘束できるものとされたことから，ローマ上層部に対する潜在的な脅威や，あるいはまた政治闘争のキーマンになり得る存在ではあり続けた。

**ノウェムベルの月**　ローマの暦の中の月名の一つ。現代英語の November，つまりは11月のもとになった語。ただし王政期から共和政期にかけての時期のかなりの期間にわたり，ローマの暦は１年＝355日を基本とし，なおかつ実際の季節の運行とのずれを解消するため不定期に閏月やより小幅な日数追加がおこなわれたので，史料にあらわれるノウェムベルおよびその他の月が現代の年月日に照らしていつに相当するかを述べるには，個別的な検討を要する。

**コンティオ**　政務官などが必要に応じて開催した一種の政治集会。この会自体ではどのような公的決定をおこなうこともできなかったが，民会その他の正式な審議に先立つ予備的な議論や，政見を人々の前で開陳する場としてしばしば活用された。

**エピメレテス**　一般に「監督役」や「管理者」というように訳される役職あるいは地位。具体的に何を統括するかは付属の文言(例えばここに出てくる「神殿と都市の」というような語句)によった。